吕思勉 著

吕著中国通史

新 华 出 版 社

图书在版编目（CIP）数据

吕著中国通史 / 吕思勉著
北京：新华出版社，2016.10
ISBN 978-7-5166-2886-7
Ⅰ.①吕…　Ⅱ.①吕…　Ⅲ.①中国历史—通俗读物　Ⅳ.①K209
中国版本图书馆CIP数据核字（2016）第256146号

吕著中国通史

作　　者：吕思勉

责任编辑：郑建玲　　**封面设计**：李尘工作室
责任印制：廖成华　　**责任校对**：刘保利

出版发行：新华出版社
地　　址：北京石景山区京原路8号　　**邮　　编**：100040
网　　址：http：//www.xinhuapub.com
经　　销：新华书店
购书热线：010-63077122　　**中国新闻书店购书热线**：010-63072012

照　　排：钟铉工作室
印　　刷：河北鑫宏源印刷包装有限公司
成品尺寸：170mm × 240mm
印　　张：26.5　　**字　　数**：445千字
版　　次：2016年12月第一版　　**印　　次**：2016年12月第一次印刷
书　　号：ISBN 978-7-5166-2886-7
定　　价：48.00元

自　序

我在上海光华大学，讲过十几年的本国史。其初系讲通史。后来文学院长钱子泉先生说：讲通史易与中学以下的本国史重复，不如讲文化史。于是改讲文化史。民国二十七年，教育部颁行大学课程；其初以中国文化史为各院系一年级必修科，后改为通史，而注明须注重于文化。大约因政治方面，亦不可缺，怕定名为文化史，则此方面太被忽略之故。用意诚甚周详。然通史讲授，共止一百二十小时，若编制仍与中学以下之书相同，恐终不免于犯复。所以我现在讲授，把它分为两部分：上册以文化现象为题目，下册乃依时代加以联结，以便两面兼顾。此意在本书绪论中，业经述及了。此册系居孤岛上所编，参考书籍，十不备一；而时间甚为匆促。其不能完善，自无待言。但就文化的各方面加以探讨，以说明其变迁之故，而推求现状之所由来；此等书籍，现在似尚不多，或亦足供参考。故上册写成，即付排印，以代抄写。不完不备之处，当于将来大加订补。此书之意，欲求中国人于现状之所由来，多所了解。故叙述力求扼要，行文亦力求浅显。又多引各种社会科学成说，以资说明。亦颇可作一般读物；单取上册，又可供文化史教科或参考之用。其浅陋误缪之处，务望当代通人，加以教正。

民国二十八年九月二十八日
吕思勉识

绪 论

历史，究竟是怎样一种学问？研究了它，究竟有什么用处呢？

这个问题，在略知学问的人，都会毫不迟疑地作答道：历史是前车之鉴。什么叫做前车之鉴呢？他们又会毫不迟疑地回答道：昔人所为而得，我可以奉为模范；如其失策，便当设法避免；这就是所谓“法戒”。这话骤听似是，细想就知道不然。世界上哪有真正相同的事情？所谓相同，都是察之不精，误以不同之事为同罢了。远者且勿论。欧人东来以后，我们应付他的方法，何尝不本于历史上的经验？其结果却是如何呢？然则历史是无用了么？而不知往事，一意孤行的人，又未尝不败。然则究竟如何是好呢？

历史虽是记事之书，我们之所探求，则为理而非事。理是概括众事的，事则只是一事。天下事既没有两件真正相同的，执应付此事的方法，以应付彼事，自然要失败。根据于包含众事之理，以应付事实，就不至于此了。然而理是因事而见的，合事而求理，无有是处。所以我们求学，不能不顾事实，又不该死记事实。

要应付一件事情，必须明白它的性质。明白之后，应付之术，就不求而自得了。而要明白一件事情的性质，又非先知其既往不可。一个人，为什么会成为这样子的一个人？譬如久于官场的人，就有些官僚气；世代经商的人，就有些市侩气；向来读书的人，就有些迂腐气。难道他是生来如此的么？无疑，是数十年的做官、经商、读书养成的。然则一个国家，一个社会，亦是如此了。中国的社会，为什么不同于欧洲？欧洲的社会，为什么不同于日本？习焉不察，则不以为意，细加推考，自然知其原因极为深远复杂了。然则往事如何好不研究呢？然而以往的事情多呢，安能尽记？社会上每天所发生的事情，报纸所记载的，奚啻亿兆京垓分之一。一天的报纸，业已不可遍览，何况积而至于十年、百年、千年、万年呢？

须知我们要知道一个人，并不要把他以往的事情，通统都知道了，记牢了。我，为什么成为这样一个我？反躬自省，总是容易明白的，又何尝能把自己以往的事，通统记牢呢？然则要明白社会的所以然，也正不必把以往的事，全数记得，只要知道"使现社会成为现社会的事"就够了。然而这又难了。

任何一事一物，要询问它的起源，我们现在不知所对的很多。其所能对答的，又十有八九靠不住。然则我们安能本于既往，以说明现在呢？

这正是我们所以愚昧的原因，而史学之所求，亦即在此。史学之所求，不外乎（一）搜求既往的事实，（二）加以解释，（三）用以说明现社会，（四）因以推测未来，而指示我们以进行的途径。

往昔的历史，是否能肩起这种任务呢？观于借鉴于历史以应付事实导致失败者之多，无疑是不能的。其失败的原因安在？列举起来，也可以有多端，其中最重要的，自然是偏重于政治。翻开《二十五史》来一看，从前都说《二十四史》，这是清朝时候，功令上所定为正史的。民国时代，柯劭忞所著的《新元史》业经奉徐世昌总统令，加入正史之中，所以现在该称《二十五史》了。所记的，全是些战争攻伐，在庙堂上的人所发的政令，以及这些人的传记世系。昔人称《左传》为相斫书；近代的人称《二十四史》为帝王的家谱，说虽过当，也不能谓其全无理由了。单看了这些事，能明白社会的所以然么？从前的历史，为什么会有这种毛病呢？这是由于历史是文明时代之物，而在文明时代，国家业已出现，并成为活动的中心，常人只从表面上看，就认为政治可以概括一切，至少是社会现象中最重要的一项了。其实政治只是表面上的事情。政治的活动，全靠社会做根底。社会，实在政治的背后，做了无数更广大更根本的事情。不明白社会，是断不能明白政治的。所以现在讲历史的人，都不但着重于政治，而要着重于文化。

何谓文化？向来狭义的解释，只指学术技艺而言，其为不当，自无待论。说得广的，又把一切人为的事都包括于文化之中，然则动物何以没有文化呢？须知文化正是人之所以异于动物的。其异点安在呢？凡动物，多能对外界的刺激而起反应，亦多能与外界相调适。然其与外界相调适，大抵出于本能，其力量极有限，而且永远不过如此。人则不然。所以人所处的世界，与动物所处的世界，大不相同。人之所以能如此，（一）由其有特异的脑筋，能想出种种法子。（二）其手和足的作用分开，能制造种种工具，以遂行其计划。（三）又有语言以互相交通，而其扩大的即为文字。此人之所知，所能，可以传之于彼；前人之所知，所能，并可以传之于后。因而人的工作，不是个个从头做起的，乃是互相接续着做的。不像赛跑的人，从同一地点出发，却像驿站上的驿夫，一个个连接着，向目的地进行。其所走的路线自然长，而后人所达到的，自非前人所能知了。然则文化，是因人有特异的禀赋，良好的交通工具而成就的控制环境的共业。动物也有进化，但它的进化，除非改变其机体，以求与外界相适应，这是要靠遗传上变异淘汰等作用，才能达到目的的，自然非常迟慢。人则只须改变其所用的工具，和其对付事物的方法。我们身体的构造，绝无以异于野蛮人，而其控制环境的成绩，却大不相同，即由其一为生物进化，一为文化进化之故。人类学上，证明自冰期以后，人的体质，无大变化。埃及的尸体解剖，亦证明其身体构造，与现今的人相同。可见人类的进化，全是文化进化。恒人每以文化状况，与民族能力，并为一谈，实在是一个重大的错误。遗传学家，论社会的进化，过于重视个体的先天能力，也不免为此等俗见所累。至于有意夸张种族能力的，那更不啻自承其所谓进化，将返于生物进化了。从理论上说，人的行为，也有许多来自机体，和动物无以异的，然亦无不披上文化的色彩。如饮食男女之事，即其最显明之例。所以在理论上，虽不能将人类一切行为，都称为文化行为，在事实上，则人类一切行为，几无不与文化有关系。可见文化范围的广大。能了解文化，自然就能了解社会了。人类的行为，源于机体的，只是能力。其如何发挥此能力，则全因文化而定其形式。

全世界的文化，到底是一元的？还是多元的？这个问题，还非今日所能解决。研究历史的人，即暂把这问题置诸不论不议之列亦得。因为目前分明放着多种不同的文化，有待于我们的各别研究。话虽如此说，研究一种文化的人，专埋头于这一种文化，而于其余的文化，概无所见，也是不对的。因为（一）各别的文化，其中仍有共同的原理存。（二）而世界上各种文化，交流互织，彼此互有关系，也确是事实。文化本是人类控制环境的工具，环境不同，文化自因之而异。及其兴起以后，因其能改造环境之故，愈使环境不同。人类遂在更不相同的环境中进化。其文化，自然也更不相同了。文化有传播的性质，这是毫无疑义的。此其原理，实因人类生而有求善之性智。与相爱之情，仁。所以文化优的，常思推行其文化于文化相异之群，以冀改良其生活，共谋人类的幸福。其中固有自以为善而实不然的，强力推行，反致引起纠纷，甚或酿成大祸，宗教之传布，即其一例。但此自误于愚昧，不害其本意之善。而其劣的，亦恒欣然接受。其深闭固拒的，皆别有原因，当视为例外。这是世界上的文化所以交流互织的原因。而人类的本性，原是相同的。所以在相类的环境中，能有相类的文化。即使环境不同，亦只能改变其形式，而不能改变其原理。正因原理之同，形式不能不异，即因形式之异，可见原理之同，昔人夏葛冬裘之喻最妙。此又不同的文化，所以有共同原理的原因。以理言之如此。以事实言，则自塞趋通，殆为进化无疑的轨辙。试观我国，自古代林立的部族，进而为较大的国家；再进而为更大的国家；再进而臻于统一；更进而与域外交通，开疆拓土，同化异民族，无非受这原理的支配。转观外国的历史，亦系如此。今者世界大通，前此各别的文化，当合流而生一新文化，更是毫无疑义的了。然则一提起文化，就该是世界的文化，而世界各国的历史，亦将可融合为一。为什么又有所谓国别史，以研究各别的文化呢？这是因为研究的方法，要合之而见其大，必先分之而致其精。况且研究的人，各有其立场。居中国而言中国，欲策将来的进步，自必先了解既往的情形。即以迎受外来的文化而论，亦必有其预备条件。不先明白自己的情形，是无从定其迎拒的方针的。所以我们在今日，欲了解中国史，固非兼通外国史不行，而中国史亦自有其特殊研究的必要。

人类以往的社会，似乎是一动一静的。我们试看，任何一个社会，在以往，大都有个突飞猛进的时期。隔着一个时期，就停滞不进了。再阅若干时，又可以突飞猛进起来。已而复归于停滞。如此更互不已。这是什么理由？解释的人，说节奏是人生的定律。个人如此，社会亦然。只能在遇见困难时，奋起而图功，到认为满足时，就要停滞下来了。社会在这时期就会本身无所发明；对于外来的，亦非消极的不肯接受，即积极地加以抗拒。世界是无一息不变的。不论自然的和人为的，都系如此。人，因其感觉迟钝，或虽有感觉，而行为濡滞之故，非到外界变动，积微成著，使其感觉困难时，不肯加以理会，设法应付。正和我们住的屋子，非到除夕，不肯加以扫除，以致尘埃堆积，扫除时不得不大费其力一样。这是世界所以一治一乱的真原因。倘使当其渐变之时，随时加以审察，加以修正，自然不至于此了。人之所以不能如此，昔时的人，都以为这是限于一动一静的定律，无可如何的。我则以为不然。这种说法，是由于把机体所生的现象和超机现象并为一谈，致有此误。须知就一个人而论，劳动之后，需要休息若干时；少年好动，老年好静，都是无可如何之事。社会则不然。个体有老少之殊，而社会无之。个体活动之后，必继之以休息，社会则可以这一部分动，那一部分静。然则人因限于机体之故，对于外界，不能自强不息地为不断的应付，正可藉社会的协力，以弥补其缺憾。然则从前感觉的迟钝，行为的濡滞，只是社会的病态。如因教育制度不良，致社会中人，不知远虑，不能豫烛祸患；又如因阶级对立尖锐，致寄生阶级不顾大局的利害，不愿改革等，都只可说是社会的病态。我们能矫正其病态，一治一乱的现象，自然可以不复存，而世界遂臻于郅治了。这是我们研究历史的人最大的希望。

马端临的《文献通考·序》，把历史上的事实分为两大类：一为理乱兴亡，一为典章经制。这种说法，颇可代表从前史学家的见解。一部二十五史，拆开来，所谓纪传，大部分是记载理乱兴亡一类的事实的，志则以记载典章经制为主。表二者都有。理乱兴亡一类的事实，是随时发生的，今天不能逆料明天。典章经制，则为人预设之以待将来的，其性质较为持久。所以前者可称为动的史实，后者可称为静的史实。史实确乎不外这两类，但限其范围于政治以内，则未免太狭了。须知文化的范围，广大无边。两间的现象，除（一）属于自然的；（二）或虽出于生物，而纯导原于机体的一切都当包括在内。它综合有形无形的事物，不但限制人的行为，而且陶铸人的思想。在一种文化中的人，其所作所为，断不能出于这个文化模式以外，所以要讲文化史，非把昔时的史料，大加扩充不可。教育部所定大学课程草案，各学院共同必修科本有文化史而无通史。后又改为通史，而注明当注重于文化。大约因为政治的现象，亦不可略，怕改为文化史之后，讲授的人全忽略了政治事项之故，用意固甚周详。然大学的中国通史，讲授的时间，实在不多。若其编制仍与中学以下同，所讲授者，势必不免于重复。所以我现在换一个体例。先就文化现象，分篇叙述，然后按时代加以综合。我这一部书，取材颇经拣择，说明亦力求显豁。颇希望读了的人，对于中国历史上重要的文化现象，略有所知，因而略知现状的所以然；对于前途，可以预加推测，因而对于我们的行为，可以有所启示。以我之浅学，而所希望者如此，自不免操豚蹄而祝篝车之诮，但总是我的一个希望罢了。

目　录

下　编

上编

第一章 婚姻

《易经》的《序卦传》说："有天地，然后有万物；有万物，然后有男女；有男女，然后有夫妇；有夫妇，然后有父子；有父子，然后有君臣。"这是古代哲学家所推想的社会起源。他们以为隆古的社会，亦像后世一般，以一夫一妇为基本，成立一个家庭，由此互相联结，成为更大的组织。此等推想，确乎和我们根据后世的制度，以推想古代的情形的脾胃相合。所以几千年来，会奉为不刊之典。然而事实是否如此，却大是一个疑问了。

自有历史以来，不过几千年，社会的情形，却已大有改变了。设使我们把历史抹杀了，根据现在的情形，去臆测周、秦、汉、魏、唐、宋时的状况，那给研究过历史的人听了，一定是一场大笑话，何况邃古之事，去今业已几万年几十万年呢？不知古代的真相，而妄以己意推测，其结果，必将以为自古至今，不过如此，实系因缘起灭的现象，都将认为天经地义，不可变更。这就将发生许多无谓的争执，不必要的保守，而进化的前途被其阻碍了。所以近几十年来，史前史的发见，实在是学术上的一个大进步。而其在社会组织方面，影响尤大。

据近代社会学家所研究：人类男女之间，本来是没有什么禁例的。其后社会渐有组织，依年龄的长幼，分别辈行。当此之时，同辈行之男女，可以为婚，异辈行则否。更进，乃于亲族之间，加以限制。最初是施诸同母的兄弟姊妹的。后来渐次扩充至凡同母系的兄弟姊妹，都不准为婚，就成所谓氏族了。此时异氏族之间，男女仍是成群的，此一群之男，人人可为彼一群之女之夫；彼一群之女，人人可为此一群之男之妻；绝无所谓个别的夫妇。其后禁例愈繁，不许相婚之人愈多。于是一个男子，有一个正妻；一个女子，有一个正夫。然除此之外，尚非不许与其他的男女发生关系。而夫妻亦不必同居；其关系尚极疏松。更进，则夫妻必须同居，一夫一妻，或一夫多妻。关系更为永久，遂渐成后世的家庭了。所以人类的婚姻，是以全无禁例始，逐渐发生加繁其禁例，即缩小其通婚的范围，而成为今日的形态的。以一夫一妻的家庭，为原始的男女关系，实属错误。

主张一夫一妻的家庭，为男女元始关系的形态的，不过说：人类是从猿猴进化而来的，猿猴已有家庭，何况人类？然谓猿猴均有家庭，其观察本不正确。详见李安宅译《两性社会学》附录《近代人类学与阶级心理》第四节。商务印书馆本。即舍此勿论，猿猴也是人类祖先的旁支，而非其正系。据生物学家之说，动物的聚居，有两种形式：一如猫虎等，雌雄同居，以传种之时为限；幼儿成长，即与父母分离；是为家庭动物。一如犬马等，其聚居除传种外，兼以互相保卫为目的；历时可以甚久，为数可以甚多；是为社群动物。人类无爪牙齿角以自卫，倘使其聚居亦以家庭为限，在隆古之世，断乎无以自存；而且语言也必不会发达。所以元始人类的状况，我们虽不得而知，其为社群而非家庭，则殆无疑义。猿类的进化不如人类，以生物界的趋势论，实渐走上衰亡之路，怕正以其群居本能，不如人类之故。而反说人类的邃初，必与猿猴一样，实未免武断偏见了。何况人类的性质，如妒忌及性的羞耻等，均非先天所固有；此观小孩便可知。动物两性聚居，只有一夫一妻，一夫多妻两种形式，人类独有一妻多夫，尤妒忌非先天性质之明证。母爱亦非专施诸子女等，足以证明其非家庭动物的，还很多呢。

现代的家庭，与其说是源于人的本性，倒不如说是源于生活情形。道德不道德的观念，根于习惯；习惯源于生活。据社会学家所考究：在先史时期，游猎的阶级极为普遍。游猎之民，都是喜欢掠夺的，而其时可供掠夺之物极少，女子遂成为掠夺的目的。其后虑遭报复，往往掠夺之后，遗留物件，以为交换。此时的掠夺，实已渐成为贸易。女子亦为交换品之一。是为掠夺的变相，亦开卖买的远源。掠夺来的女子，是和部族中固有的女子地位不同的。她是掠夺她的人的奴隶，须负担一切劳役。此既足以鼓励男子，使之从事于掠夺，又婚姻之禁例渐多，本部族中的女子，可以匹合者渐少，亦益迫令男子从事于向外掠夺。所以家庭的起源，是由于女子的奴役；而其需要，则是立在两性分工的经济原因上的。与满足性欲，实无多大关系。原始人除专属于他的女子以外，满足性欲的机会，正多着呢。游猎之民，渐进而为畜牧，其人之好战斗，喜掠夺，亦与游猎之民同，凡畜牧之民，大抵兼事田猎。而其力且加强。因其食物充足，能合大群；营养佳良，体格强壮之故。牧群须人照管，其重劳力愈甚，而掠夺之风亦益烈。只有农业是源于搜集的，最初本是女子之事。低级的农业，亦率由女子任其责。其后逐渐发达，成为生活所必资。此时经济的主权，操于女子之手。土田室屋及农具等，率为女子所有。部族中人，固不愿女子出嫁；女子势亦无从出嫁；男子与女子结婚者，不得不入居女子族中，其地位遂成为附属品。此时女子有组织，男子则无，或虽有之而不关重要。所以社会上有许多公务，其权皆操于女子之手，如参与部族会议，选举酋长等。此时之女子，亦未尝不从事于后世家务一类的事务，然其性质，亦为公务，与后世之家务，迥乎不同。实为女子的黄金时代。所谓服务婚的制度，即出现于此时。因为结婚不能徒手，而此时的男子，甚为贫乏，除劳力之外，实无可以为聘礼之物之故。其后农业更形重要，男子从事于此者益多。导致以男子为之主，而女子为之辅。于是经济的主权，再入男子之手。生活程度既高，财产渐有赢余，职业日形分化。如工商等业，亦皆为男子之事。个人私产渐兴，有财富者即有权力，不乐再向女子的氏族中作苦，乃以财物偿其部族的损失，而娶女以归。于是服务婚渐变为买卖婚，女子的地位，又形低落了。

以上所述，都是社会学家的成说。返观我国的古事，也无乎不同。《白虎通义·三皇篇》说，古代的人，“知其母而不知其父”，这正是古代的婚姻，无所谓夫妇的证据。人类对于男女性交毫无限制的时代，去今已远，在书本上不易找到证据。至于辈行婚的制度，则是很明白无疑的。《礼记·大传》说宗子合族之礼道：“同姓从宗合族属，异姓主名治际会。名著而男女有别。其夫属乎父道者，妻皆母道也；其夫属乎子道者，妻皆妇道也。谓弟之妻为妇者，是嫂亦可谓之母乎？名者，人治之大者也，可无慎乎？”这正是古代婚姻但论辈行一个绝好的遗迹。这所谓同姓，是指父系时代本氏族里的人。用现在的话来说，就是老太爷、老爷、少爷们。异姓，郑《注》说：“谓来嫁者，”就是老太太、太太、少太太们。从宗，是要依着血系的枝分派别的，如先分为老大房、老二房、老三房，再各统率其所属的房分之类，参看下章自明。主名，郑《注》说：“主于妇与母之名耳。”谓但分别其辈行，而不复分别其枝派。质而言之，就是但分为老太太，太太、少太太，而不再问其孰为某之妻，孰为某之母。“谓弟之妻为妇者，是嫂亦可谓之母乎，”翻做现在的话，就是：“把弟媳妇称为少太太，算做儿媳妇一辈，那嫂嫂难道可称为老太太，算做母亲一辈么？”如此分别，就可以称为男女有别，可见古代婚姻，确有一个专论辈行的时代，在周代的宗法中，其遗迹还未尽泯。夏威夷人对于父、伯叔父、舅父，都用同一的称呼。中国人对于舅，虽有分别，父与伯叔父，母与伯叔母、从母，也是没有分别的。伯父只是大爷，叔父、季父，只是三爷、四爷罢了。再推而广之，则上一辈的人，总称为父兄，亦称父老。老与考为转注，《说文》。最初只是一语，而考为已死之父之称。下一辈则总称子弟。《公羊》何《注》说：“宋鲁之间，名结婚姻为兄弟。”僖公二十五年。可见父母兄弟等，其初皆非专称。资本主义的社会学家说：这不是野蛮人不知道父与伯叔父、舅父之别，乃是知道了而对于他们仍用同一的称呼。殊不知野蛮人的言语，总括的名词虽比我们少，各别的名词却比我们多。略知训诂的人皆知之。如古鸟称雌雄，兽称牝牡，今则总称雌雄，即其一例。既知父与伯叔父、舅父之别，而仍用同一的称呼，这在我们，实在想不出这个理由来。难者将说：父可以不知道，母总是可以知道的，为什么母字亦是通称呢？殊不知大同之世，“人不独亲其亲，不独子其子，”生物学上的母虽止一个，社会学上的母，在上一辈中，是很普遍的。父母之恩，不在生而在养，生物学上的母，实在是无甚关系的，又何必特立专名呢？然则邃初所谓夫妇之制和家庭者安在？《尔雅·释亲》：兄弟之妻，“长妇谓稚妇为娣妇，娣妇谓长妇为姒妇，”这就是现在的妯娌。而女子同嫁一夫的，亦称先生者为姒，后生者为娣。这也是辈行婚的一个遗迹。

社会之所以有组织，乃是用以应付环境的。其初，年龄间的区别，实在大于两性间的区别。后来受文化的影响，此等区别，才渐渐转变。《商君书·兵守篇》说，军队的组织，以壮男为一军，壮女为一军，男女之老弱者为一军，其视年龄的区别，仍重于两性的区别。

所以组织之始，是按年龄分辈份的。而婚姻的禁例，亦起于此。到后来，便渐渐依血统区别了。其禁例，大抵起于血缘亲近之人之间。违犯此等禁例者，俗语谓之“乱伦”，古语则谓之“鸟兽行”，亦谓之“禽兽行”。惩罚大抵是很严重的。至于扩而充之，对母方或父方有血缘关系之人，概不许结婚，即成同姓不婚之制。中国古代的姓，相当于现在社会学上所谓氏族，参看下章。同姓不婚的理由，昔人说是“男女同姓，其生不蕃”。《左氏》僖公二十三年郑叔詹说。“美先尽矣，则相生疾。”同上昭公七年郑子产说。又说是同姓同德，异姓异德。《国语·晋语》司空季子说。好像很知道遗传及健康上的关系的。然（一）血族结婚，有害遗传，科学上的证据古人未必知。（二）而氏族时代所谓同姓，亦和血缘远近不符。（三）至谓其有害于健康，当时更无此说。然则此等都是后来附会之说，并不是什么真正的理由。以实际言，此项禁例，所以能维持久远的，大概还是由于《礼记·郊特牲》所说的“所以附远厚别”。因为文化渐进，人和人之间，妒忌之心，渐次发达，争风吃醋的事渐多，同族之中，必有因争色而致斗乱的，于是逐渐加繁其禁例，最后，遂至一切禁断。而在古代，和亲的交际，限于血缘上有关系的人。异姓间的婚姻，虽然始于掠夺，其后则渐变为卖买，再变为聘娶，彼此之间，无复敌意，而且可以互相联络了。试看春秋战国之世，以结婚姻为外交手段者之多，便可知《郊特牲》附远二字之确。这是同姓不婚之制，所以逐渐普遍，益臻固定的理由。及其既经普遍固定之后，则制度的本身，就具有很大的威权，更不必要什么理由了。

妒忌的感情，是何从而来的呢？前文不是说，妒忌不是人的本性么？然两性间的妒忌，虽非人之本性，而古人大率贫穷，物质上的缺乏，逼着他不能不生出产业上的嫉妒来。掠夺得来的女子，既是掠夺者的财产，自然不能不努力监视着她。其监视，固然是为着经济上的原因，然他男子设或与我的奴隶发生性的关系，就很容易把她带走，于是占有之欲，自物而扩及于人，而和此等女子发生性的关系，亦非得其主人许可，或给以某种利益，以为交换不可了。如租赁，借贷，交换等。《左氏》襄公二十八年，庆封与卢蒲嫳易内；昭公二十八年，祁胜与邬臧通室；现在有等地方，还有租妻之俗；就是这种制度的遗迹。再进，产业上的妒忌，渐变成两性间的妒忌，而争风吃醋之事遂多。内婚的禁忌，就不得不加严，不得不加密了。所以外婚的兴起，和内婚的禁止，也是互为因果的。

掠夺婚起于游猎时代，在中国古书上，也是确有证据的。《礼记·月令》

《疏》引《世本》说：太昊始制嫁娶以俪皮为礼。托诸太昊，虽未必可信，而俪皮是两鹿皮，见《公羊》庄公二十二年何《注》，这确是猎人之物。古婚礼必用雁，其理由，怕亦不过如此。又婚礼必行之昏时，亦当和掠夺有关系。

中国农业起于女子，捕鱼在古代，亦为女子之事，说见第十一章。农渔之民，都是食物饶足，且居有定地的，畋猎对于社会的贡献比较少，男子在经济上的权力不大，所以服务婚之制，亦发生于此时。赘婿即其遗迹。《战国·秦策》说：太公望是齐之逐夫，当即赘婿。古代此等婚姻，在东方，怕很为普遍的。《汉书·地理志》说：齐襄公淫乱，姑姊妹不嫁。“于是下令国中：民家长女不得嫁，名曰巫儿，为家主祠，嫁者不利其家。民至今以为俗。”把此等风俗的原因，归诸人君的一道命令，其不足信，显而易见。其实齐襄公的姑姊妹不嫁，怕反系受这种风俗的影响罢？《公羊》桓公二年，有楚王妻娟之语。何《注》：娟，妹也。可见在东南的民族，内婚制维持较久。《礼记·大传》说：“四世而缌，服之穷也。五世袒免，杀同姓也。六世亲属竭矣，其庶姓别于上，庶姓见下章。而戚单于下，单同殚。婚姻可以通乎？系之以姓而弗别，缀之以族而弗殊，虽百世而婚姻不通者，周道然也。”然则男系同族，永不通婚，只是周道。自殷以上，六世之后，婚姻就可以通的。殷也是东方之国。《汉书·地理志》又说燕国的风俗道：“初太子丹宾养勇士，不爱后宫美女，民化以为俗，至今犹然。宾客相过，以妇侍宿。嫁娶之夕，男女无别，反以为荣。后稍颇止，然终未改。”不知燕丹的举动，系受风俗的影响，反以为风俗源于燕丹，亦与其论齐襄公同病。而燕国对于性的共有制维持较久，则于此可见。燕亦是滨海之地。然则自东南亘于东北，土性肥沃，水利丰饶，农渔二业兴盛之地，内婚制及母系氏族，都是维持较久的。父系氏族，当起于猎牧之民。此可见一切社会制度，皆以经济状况为其根本原因。

人类对于父母亲族，总只能注意其一方，这是无可如何的。所以在母系氏族内，父方的亲族，并不禁止结婚；在父系氏族内，母方的亲族亦然；且有两个氏族，世为婚姻的。中国古代，似亦如此。所以夫之父与母之兄弟同称，舅。夫之母与父之姊妹同称。姑。可见母之兄弟，所娶者即父之姊妹。并非亲姊妹，不过同氏族的姊妹行而已。而我之所嫁，亦即父之氏族中之男子，正和我之母与我之父结婚同。古代氏族，又有在氏族之中，再分支派的。如甲乙两部族，各分为一二两组。甲一之女，必与乙二之男结婚，生子则属于甲二。甲二之女，必与乙一之男结婚，生子则属于甲一。乙组的女子亦然。此系最简单之例，实际还可以更繁复。如此，则祖孙为同族人，父子则否。中国古代，似亦如此。所以祭祀之礼："孙可以为王父尸，子不可以为父尸。"。《礼记·曲礼》。殇与无后者，必从祖祔食，而不从父祔食。《礼记·曾子问》。

近亲结婚，在法律上本有禁令的，并不限于父系。如《清律》："娶已之姑舅两姨姊妹者，杖八十，并离异。"即是。然因此等风俗，根深柢固，法律就成为具文了。

古代所谓同姓，是自认为出于同一始祖的。在父系氏族，则为男子。在母系氏族，则为女子。虽未必确实，他们固自以为如此。同姓与否，和血缘的远近，可谓实无关系。然他们认为同姓则同德，不可结婚，异姓则异德，可以结婚，理由虽不确实，办法尚觉一致。至后世所谓同姓，则并非同出于一源；而同出于一源的，却又不必同姓。如王莽，以姚、妫、陈、田皆黄、虞后，与已同姓，令元城王氏，勿得与四姓相嫁娶。《汉书·莽传》。而王莽、孙咸，以得姓不同，其女转嫁为莽妻。《汉书·訢传》。此等关系，后世都置诸不论了。所谓同姓异姓，只是以父系的姓，字面上的同异为据，在理论上，可谓并无理由，实属进退失据。此因同姓不婚之制，已无灵魂，仅剩躯壳之故。总而言之，现在的所谓姓氏，从各方面而论，都已毫无用处，不过是社会组织上的老废物罢了。参看下章自明。

婚礼中的聘礼，即系卖买婚的遗迹，古礼称为"纳征"。《礼记·内则》说："聘则为妻，奔则为妾"；《曲礼》说："买妾不知其姓则卜之"；则买妾是真给身价的，聘妻虽具礼物，不过仅存形式，其意已不在于利益了。

古代婚礼，传于后世的，为《仪礼》中的《士昏礼》。其节目有六：即（一）纳采，男氏遣使到女氏去求婚。（二）问名，女氏许婚之后，再请问许婚的是哪一位姑娘？因为纳采时只申明向女氏的氏族求婚，并未指明哪一个人之故。（三）纳吉，女氏说明许婚的系哪一位姑娘之后，男氏归卜之于庙。卜而得吉，再使告女氏。（四）纳征，亦谓之纳币。所纳者系玄纁束帛及俪皮。（五）请期，定吉日。吉日系男氏所定，三请于女氏，女氏不肯定，然后告之。（六）亲迎，新郎亲到女氏。执雁而入，揖让升堂，再拜奠雁。女父带着新娘出来，交结他。新郎带着新娘出门。新娘升车，新郎亲为之御。车轮三转之后，新郎下车，由御者代御。新郎先归，在门首等待。新娘车至，新郎揖之而入。如不亲迎的，则新郎三月后往见舅姑。亲迎之礼，儒家赞成，墨家是反对的，见《礼记·哀公问》、《墨子·非儒篇》。是为六礼。亲迎之夕，共牢而食，合卺而酳。古人的宴会，猪牛羊等，都是每人一份的。夫妻则两个人合一份，是谓同牢。把一个瓢破而为两，各用其半，以为酒器，是为合卺。这表示“合体，同尊卑”的意思。其明天，“赞妇见于舅姑。”又明天，“舅姑共飨妇。”礼成之后，“舅姑先降自西阶，宾阶。妇降自阼阶。”东阶，主人所行。古人说地道尊右，故让客人走西阶。表明把家事传给他，自己变做客人的意思。此礼是限于适妇的，谓之“著代”，亦谓之“授室”。若舅姑不在，则三月而后庙见。《礼记·曾子问》说：“女未庙见而死，归葬于女氏之党，示未成妇。”诸侯嫁女，亦有致女之礼，于三月之后，遣大夫操礼而往，见《公羊》成公九年。何《注》说：“必三月者，取一时，足以别贞信。”然则古代的婚礼，是要在结婚三个月之后，才算真正成立的。若在三月之内分离，照礼意，还只算婚姻未完全成立，算不得离婚。这也可见得婚姻制度初期的疏松。

礼经所说的婚礼，是家族制度全盛时的风俗，所以其立意，全是为家族打算的。《礼记·内则》说：“子甚宜其妻，父母不说，出。子不宜其妻，父母曰：是善事我，子行夫妇之礼焉，没身不衰。”可见家长权力之大。《昏义》说：“成妇礼，明妇顺，又申之以著代，所以重责妇顺焉也。妇顺也者，顺于舅姑，和于室人，而后当于夫，以成丝麻布帛之事；以审守委积盖藏。是故妇顺备而后内和理，内和理而后家可长久也，故圣王重之。”尤可见娶妇全为家族打算的情形。《曾子问》说：“嫁女之家，三夜不息烛，思相离也，”这是我们容易了解的。又说：“取妇之家，三日不举乐，思嗣亲也。”此意我们就不易了解了。原来现代的人，把结婚看作个人的事情，认为是结婚者的幸福，所以多有欢乐的意思。古人则把结婚看做为家族而举行的事情。儿子到长大能娶妻，父母就近于凋谢了，所以反有感伤的意思。《曲礼》说：“昏礼不贺，人之序也，”也是这个道理。此亦可见当时家族主义的昌盛，个人价值，全被埋没的一斑。

当这时代，女子遂成为家族的奴隶，奴隶是需要忠实的，所以贞操就渐渐的被看重。“贞妇”二字，昉见于《礼记·丧服四制》。春秋时，鲁君的女儿，有一个嫁给宋国的，称为宋伯姬。一天晚上，宋国失火，伯姬说：“妇人夜出，必待傅姆。”傅姆是老年的男女侍从。必待傅姆，是不独身夜行，以避嫌疑的意思。傅姆不至，不肯下堂，遂被火烧而死。《春秋》特书之，以示奖励。《公羊》襄公三十年。此外儒家奖励贞节之说，还有许多，看刘向的《列女传》可知。刘向是治鲁诗的，《列女传》中，有许多是儒家相传的诗说。秦始皇会稽刻石说：“饰省宣义，有子而嫁，倍死不贞。防隔内外，禁止淫佚，男女洁诚。夫为寄豭，杀之无罪，男秉义程。妻为逃嫁，子不得母，咸化廉清。”按《管子·八观篇》说：“闾闬无阖，外内交通，则男女无别矣。”又说：“食谷水，巷凿井；场圃接，树木茂；宫墙毁坏，门户不闭，外内交通；则男女之别，无自正矣。”《汉书·地理志》说：郑国土陋而险，山居谷汲，男女亟聚会，故其俗淫。这即是秦始皇所谓防隔内外。乃是把士大夫之家，“深宫固门，阍寺守之，男不入，女不出”的制度，见《礼记·内则》。推广到民间去。再嫁未必能有什么禁令，不过宣布其是倍死不贞，以示耻辱，正和奖励贞节，用意相同。寄豭是因奸通而寄居于女子之家的，杀之无罪；妻为逃嫁，则子不得母；其制裁却可谓严厉极了。压迫阶级所组织的国家，其政令，自然总是为压迫阶级张目的。

虽然如此，罗马非一日之罗马，古代疏松的婚姻制度，到底非短期间所能使其十分严紧的。所以表显于古书上的婚姻，要比后世自由得多。《左氏》昭公元年，载郑国徐吾犯之妹美，子南业经聘定了她，子皙又要强行纳聘。子皙是个强宗，国法奈何不得他。徐吾犯乃请使女自择，以资决定。这虽别有用意，然亦可见古代的婚嫁，男女本可自择。不过“男不亲求，女不亲许”，见《公羊》僖公十四年。必须要有个媒妁居间；又必须要“为酒食以召乡党僚友”，《礼记·曲礼》。以资证明罢了。婚约的解除，也颇容易。前述三月成妇之制，在结婚三个月之后，两造的意见觉得不合，仍可随意解除，这在今日，无论哪一国，实都无此自由。至于尚未同居，则自然更为容易。《礼记·曾子问》说：“昏礼：既纳币，有吉日，女之父母死，则如之何？孔子曰：婿使人吊。如婿之父母死，则女之家亦使人吊。婿已葬，婿之伯父，致命女氏曰：某之子有父母之丧，不得嗣为兄弟，使某致命。女氏许诺，而弗敢嫁，礼也。婿免丧，女之父母使人请，婿弗取而后嫁之，礼也。女之父母死，婿亦如之。”一方等待三年，一方反可随意解约，实属不近情理。迂儒因生种种曲说。其实这只是《礼记》文字的疏忽。孔子此等说法，自为一方遭丧而一方无意解约者言之。若其意欲解约，自然毫无限制。此乃当然之理，在当日恐亦为常行之事，其事无待论列，故孔子不之及。记者贸然下了“而弗敢嫁，礼也”六字，一似非等待不可的，就引起后人的误会了。离婚的条件，有所谓七出，亦谓之七弃。（一）无子。（二）淫佚。（三）不事舅姑。（四）口舌。（五）盗窃。（六）嫉妒。（七）恶疾。又有所谓三不去，（一）尝更三年丧不去。（二）贱取贵不去。（三）有所受无所归不去。与五不娶并列，（一）丧妇长女。（二）世有恶疾。（三）世有刑人。（四）乱家女。

（五）逆家女。见于《大戴礼记·本命篇》，和《公羊》庄公二十七年何《注》，皆从男子方面立说。此乃儒家斟酌习俗，认为义所当然，未必与当时的法律习惯密合。女子求去，自然也有种种条件，为法律习惯所认许的，不过无传于后罢了。观汉世妇人求去者尚甚多，如朱买臣之妻等。则知古人之于离婚，初不重视。夫死再嫁，则尤为恒事。这是到宋以后，理学盛行，士大夫之家，更看重名节，上流社会的女子，才少有再嫁的，前代并不如此。《礼记·郊特牲》说："一与之齐，终身不改，故夫死不嫁。"这是现在讲究旧礼教的迂儒所乐道的。然一与之齐，终身不改，乃是说不得以妻为妾，并非说夫死不嫁。《白虎通义·嫁娶篇》引《郊特牲》，并无"故夫死不嫁"五字，郑《注》亦不及此义，可见此五字为后人所增。郑《注》又说："齐或为醮，"这字也是后人所改的。不过郑氏所据之本，尚作齐字，即其所见改为醮字之本，亦尚未窜入"故夫死不嫁"五字罢了。此可见古书逐渐窜改之迹。

后世男子的权利，愈行伸张，则其压迫女子愈甚。此可于其重视为女时的贞操，及其贱视再醮妇见之。女子的守贞，实为对于其夫之一种义务。以契约论，固然只在婚姻成立后、持续时为有效，以事实论，亦只须如此。所以野蛮社会的风俗，无不是如此的，而所谓文明社会，却有超过这限度的要求。此无他，不过男权社会的要求，更进一步而已。女子的离婚，在后世本较古代为难，因为古代的财产，带家族共有的意思多，一家中人，当然都有享受之分。所以除所谓有所受无所归者外，离婚的女子，都不怕穷无所归。后世的财产，渐益视为个人所有，对于已嫁大归之女，大都不愿加以扶养；而世俗又贱视再醮之妇，肯娶者少；弃妇的境遇，就更觉凄惨可怜了。法律上对于女子亦未尝加以保护。如《清律》："凡妻无应出及义绝之状而出之者，杖八十。虽犯七出，有三不去而出之者，减二等，追还完聚。"似乎是为无所归的女子特设的保护条文。然追还完聚之后，当如何设法保障，使其不为夫及夫之家族中人所虐待，则绝无办法。又说："若夫妻不相和谐而两愿离者不坐。"不相和谐，即可离异，似极自由。然夫之虐待其妻者，大都榨取其妻之劳力以自利，安能得其愿离？离婚而必以两愿为条件，直使被虐待者永无脱离苦海之日。而背夫私逃之罪，则系"杖一百，从夫嫁卖"。被虐待的女子，又何以自全呢？彻底言之：现在所谓夫妇制度，本无维持之价值。然进化非一蹴所可几，即制度非旦夕所能改。以现在的立法论，在原则上当定：（一）离婚之诉，自妻提出者无不许。（二）其生有子女者，抚养归其母，费用则由其父负担。（三）夫之财产中，其一部分应视为其妻所应得，离婚后当给与其妻。（四）夫妻异财者勿论。其同财者，嫁资应视为妻之私财，离婚时给还其妻；其业经销用者应赔偿。这固不是根本解决的办法，然在今日，立法上亦只得如此了。而在今日，立法上亦正该如此。

古书中所载的礼，大抵是父系家庭时代的习惯风俗。后世社会组织，迄未改变，所以奉其说为天经地义。而因此等说法被视为天经地义之故，亦有助于此制度之维持。天下事原总是互为因果的。但古书中的事实，足以表示家族主义形成前的制度的亦不少，此亦不可不注意。《礼记·礼运》："合男女，颁爵位，必当年德。"《管子·幼官篇》，亦有"合男女"之文。合男女，即《周官》媒氏及《管子·入国篇》的合独之政。《周官》媒氏："凡男女自成名以上，皆书年月日名焉。令男三十而娶，女二十而嫁。中春之月，令会男女。于是时也，奔者不禁。谓不备聘娶之礼，说见下。司男女之无夫家者而会之。"合独为九惠之政之一。其文云："取鳏寡而和合之，与田宅而家室之，三年然后事之。"此实男女妃合，不由家族主持，而由部族主持之遗迹。其初盖普遍如此。到家族发达之后，部族于通常之结婚，才置诸不管，而只干涉其违法者，而救济其不能婚嫁者了。当男女婚配由部族主持之世，结婚的年龄，和每年中结婚的季节，都是有一定的。婚年：儒家的主张，是男三十而娶，女二十而嫁。《礼记·曲礼》、《内则》等篇，都是如此。《大戴礼记·本命篇》说，这是中古之礼。太古五十而室，三十而嫁。《墨子》、《节用》。《韩非子》，《外储说右下》。则说男二十而娶，女十五而嫁。结婚的年龄，当然不能斠若画一。王肃说：男十六而精通，女十四而能化，自此以往，便可结婚；所谓三十、二十等，乃系为之极限，使不可过。又所谓男三十，女二十，不过大致如此，并非必以三十之男，配二十之女。其说自通。见《诗·摽有梅疏》。《大戴礼》说：三十而室，二十而嫁，天子庶人同礼。《左氏》说：天子十五而生子；三十而室，乃庶人之礼。《五经异义》。贵族生计，较庶人为宽裕，结婚年龄，可以提早，说亦可通。至《墨子》、《韩非子》之说，则系求蕃育人民之意，古代此等政令甚多，亦不足怪。所可怪者，人类生理，今古相同，婚配的要求，少壮之时，最为急切，太古时何以能迟至五十、三十？按罗维（Robert H. Lowie）所著的《初民社会》，吕叔湘译，商务印书馆本。说巴西的波洛洛人（Bororo）男女性交和结婚，并非一事。当其少年时，男女之间，早已发生性的关系，然常是过着浪漫的生活，并不专于一人。倒是年事较长，性欲较淡，彼此皆欲安居时，才择定配偶，相与同居。按人类的性质，本是多婚的。男女同居，乃为两性间的分工互助，实与性欲无甚关系。巴洛洛人的制度，实在是较为合理的。社会制度，往往早期的较后期的为合理。这是因已往的文化，多有病态，时期愈晚，病态愈深之故。中国太古之世，婚年较晚的理由，也可以借鉴而明了。人类性欲的开始，实在二七、二八之年。自此以往，更阅数年，遂臻极盛。此系中国古说，见《素问·上古天真论》。《大戴礼记》、《韩诗外传》、《孔子家语》等说皆同。根于生理的欲念，宜宣泄不宜抑压。抑压之，往往为精神病的根源。然后世将经济上的自立，责之于既结婚的夫妇，则非十余龄的男女所及；又教养子女之责，专由父母任之，亦非十余龄的男女所能，遂不得不将结婚的年龄展缓。在近代，并有因生计艰难，而抱独身主义的。性欲受抑压而横溢，个人及社会两方面，均易招致不幸的结果。这亦是社会制度与人性不能调和的一端。倘使将经济及儿童教养的问题，和两性问题分开，就不至有此患了。所以目前的办法在以节育及儿童公育，以救济迟婚及独身问题。结婚的季节，《春秋繁露》说："霜降逆女，冰泮杀止。"《循天之道篇》。《荀子》同。《大略篇》。王肃说：自九月至正月。见《诗·绸缪疏》。其说良是。古人冬则居邑，春则居野，参看第六、第十四章。结婚的月份，实在是和其聚居的时期相应的。仲春则婚时已过，至此而犹不克婚，则其贫不能备礼可知，所以奔者不禁了。

多妻之源，起于男子的淫侈。生物界的事实，两性的数目，常大略相等。婚姻而无禁例，或虽有禁例而不严密则已，若既限定对于法定的配偶以外，不许发生性的关系，而又有若干人欲多占异性为己有，则有多占的人，即有无偶的人。所以古今中外，有夫妇之制的社会，必皆以一夫一妻为原则。但亦总有若干例外。古代贵族，妻以外发生性的关系的人有两种：一种是妻家带来的，谓之媵。一种是自己家里所固有的，谓之妾。后世媵之实消灭，故其名称亦消灭，但以妾为配偶以外发生性的关系之人之总称。媵之义为送，即妻家送女的人，并不限于女子，如伊尹为有莘氏媵臣是。与婿家跟着新郎去迎接新娘的御相同。媵御的原始，实犹今日结婚时之男女傧相，本无可发生性的关系的理由。后来有特权的男子，不止娶于一家，正妻以外的旁妻，无以名之，亦名之曰媵，媵遂有正妻以外之配偶之义。古代的婚姻，最致谨于辈行，而此规则，亦为有特权者所破坏。娶一妻者，不但兼及其娣，而且兼及其侄，于是有诸侯一娶九女之制。取一国则二国往媵，各以侄娣从。一娶九女之制，据《白虎通义·嫁娶篇》说，天子与诸侯同。亦有以为天子娶十二女的，如《春秋繁露·爵国篇》是。此恐系以天子与诸侯同礼为不安而改之。其实在古代，天子诸侯，在实际上，未必有多大的区别。《礼记·昏义》末节说：天子有一后，三夫人，九嫔，二十七世妇，八十一御妻。按《昏义》为《仪礼·士昏礼》之传，传文皆以释经，独《昏义》此节，与经无涉；文亦不类传体；其说在他处又无所见；而适与王莽立后，备和、嫔、美、御，和人三，嫔人九，美人二十七，御人八十一之制相合，见《汉书·莽传》。其为后人窜入，自无可疑。《冠义》说："无大夫冠礼而有其昏礼？古者五十而后爵，何大夫冠礼之有？"五十而后娶，其为再娶可知。诸侯以一娶九女之故，不得再娶，《公羊》庄公十九年。大夫若亦有媵，安得再娶？管氏有三归，孔子讥其不俭，《论语·八佾》：包咸云：三归，娶三姓女。即系讥其僭人君之礼。所以除人君以外，是决无媵的。至于妾，则为家中的女子，得与家主相接之义。家族主义发达的时代，门以内的事情，国法本不甚干涉。家主在家庭中的地位，亦无人可以制裁他。家中苟有女奴，家主要破坏她的贞操，自无从加以制裁。所以有妾与否，是个事实问题，在法律上，或者并无制限。然古代依身份而立别的习惯，是非常之多的，或有制限，亦未可知。后世等级渐平，依身份而立区别的习惯大半消除，娶妾遂成为男子普遍的权利了。虽然如此，法律上仍有依身份之贵贱，而定妾之有无多寡的。如《唐书·百官志》：亲王有孺人二，媵十；二品媵八；国公及三品媵六；四品媵四；五品媵三。《明律》：民年四十以上无子者，方听娶妾，违者笞四十。但此等法律，多成具文，而在事实上，则多妻之权利，为富者所享受。适庶之别，古代颇严。因为古代等级，本来严峻，妻和妾一出于贵族，一出于贱族，其在社会上的身份，本相悬殊之故。后世等级既平，妻妾之身份，本来的相差，不如前代之甚，所以事实上贵贱之相差亦较微。仅在法律上、风俗上，因要维持家庭间的秩序，不得不略存区别而已。

《颜氏家训》说："江左不讳庶孽，丧室之后，多以妾媵终家事。河北鄙于侧室，不预人流，是以必须重娶，至于三四。"这是江左犹沿古代有媵不再娶的旧风，河北就荡然了。但以妾媵终家事，必本有妾媵而后能然。如其无之，自不能不再娶。再娶自不能视之为妾。《唐书·儒学传》说："郑余庆庙有二妣，疑于祔祭，请于有司。博士韦公肃议曰：古诸侯一娶九女，故庙无二适。自秦以来有再娶，前娶后继皆适也，两祔无嫌。"自秦以来有再娶，即因封建破坏，无复一娶九女及三归等制度之故。韦公肃之议，为前娶后继，皆为适室礼文上的明据。但从礼意上说，同时不能有二嫡的，所以世俗所谓兼祧双娶，为法律所不许。大理院解释，以后娶者为妾。

人类的性质，本来是多婚的。男女皆然。虽由社会的势力加以压迫，终不能改变其本性。所以压迫之力一弛，本性随即呈露。在现社会制度之下，最普遍而易见的，是为通奸与卖淫。通奸，因其为秘密之事，无从统计其多少。然就现社会和历史记载上观察，实可信其极为普遍。卖淫亦然。社会学家说："凡是法律和习惯限制男女性交之处，即有卖淫之事，随之出现。"史家推原卖淫之始，多以为起于宗教卖淫。王书奴著《中国倡伎史》，生活书店本。亦力主此说。然原始宗教界中淫乱的现象，实未可称为卖淫。因为男女的交际，其初本极自由。后来强横的男子，虽把一部分女子占为己有，然只限于平时。至于众人集会之时，则仍须回复其故态。所以各个民族，往往大集会之时，即为男女混杂之际。如郑国之俗，三月上巳之日，于溱、洧两水之上，招魂续魄，拂除不祥，士女往观而相谑。《韩诗》说，据陈乔枞《三家诗遗说考》。《史记·滑稽列传》载淳于髡说："州闾之会，男女杂坐。行酒稽留，六博投壶，相引为曹。握手无罚，目眙不禁。前有堕珥，后有遗簪。""日暮酒阑，合尊促坐。男女同席，履舄交错。杯盘狼籍。堂上烛灭，主人留髡而送客。罗襦襟解，微闻芗泽。"又如前文所引的燕国"嫁娶之夕，男女无别"都是。宗教上的寺院等，也是大众集会之地；而且是圣地；其地的习惯，是不易破坏的。《汉书·礼乐志》说：汉武帝立乐府，"采诗夜诵"。颜师古《注》说："其言辞或秘，不可宣露，故于夜中歌诵。"按《后汉书·高句骊传》说：其俗淫。暮夜辄男女群聚为倡乐。高句骊是好祠鬼神的，而乐府之立，亦和祭礼有关。然则采诗夜诵，怕不仅因其言辞或秘罢？男女混杂之事，后世所谓邪教中，亦恒有之，正和邪有何标准？不过古代之俗，渐与后世不合，则被目为邪而已。然则宗教中初期的淫乱，实不可谓之卖淫。不过限制男女交际的自由，往往与私有财产制度伴随而起。既有私有财产，自有所谓卖买；既有所谓卖买，淫亦自可为卖买的标的。在此情形之下，本非卖买之事，变为卖买的多了，亦不仅淫之一端。

卖淫的根源，旧说以为起于齐之女闾。其事见于《战国策》的《东周策》。《东周策》载一个辩士的话道："国必有诽誉。忠臣令诽在己，誉在上。齐桓公宫中七市，女闾七百，国人非之，管仲故为三归之家，以掩桓公非，自伤于民也。"则市与女闾，确为淫乐之地。《商君书·垦令篇》说："令军市无有女子”；又说：“轻隋之民，不游军市，则农民不淫”，亦市为淫乐之地之一证。女闾则他处无文。按《太平御览》引《吴越春秋》说：“勾践输有过寡妇于山上，使士之忧思者游之，以娱其意”，今本无。亦即女闾之类。女闾，盖后世所谓女户者所聚居。女户以女为户主，可见其家中是没有壮男的。《周官》内宰：“凡建国，佐后立市”；《左传》昭公二十年，晏婴说：“内宠之妾，肆夺于市”，则古代的市，本由女子管理。所以到后来，聚居市中的女子还很多。市和女闾，都不过因其为女子聚居之所，遂成为纵淫之地罢了。其初，也未必是卖淫的。

卖淫的又一来源，是为女乐。女乐是贵族家里的婢妾，擅长歌舞等事的，令其“执技以事上”。婢妾的贞操，本来是没有保障的，自不因其为音乐队员而有异。封建制度破坏，贵族的特权，为平民所僭者甚多，自将流布于民间。《史记·货殖列传》说：赵国的女子，“鼓鸣瑟，跕屣，现在的拖鞋，在古时为舞屣。游媚贵富，入后宫，遍诸侯。”“郑、卫俗与赵相类。”又说：“今夫赵女郑姬，设形容，揳鸣琴，揄长袂，蹑利屣，目挑心招，出不远千里，不择老少者，奔富厚也。”即其事。倡伎本来是对有技艺的人的称谓，并非专指女子。所以女子有此等技艺的，还特称为女伎。然其实是性的诱惑的成分多，欣赏其技艺的成分少。于是倡伎转变为女子卖淫者的称谓，其字也改从女旁了。即娼妓。男子之有技艺者，不复称倡伎。为倡伎之女子，本系婢妾之流，故自古即可卖买。《战国·韩策》说：“韩卖美人，秦买之三千金”其证。后世当娼妓的，也都是经济上落伍的人，自然始终是可以买卖的了。资本的势力愈盛，遂并有买得女子，使操淫业以谋利的。古代的女伎，系婢妾所为，后世政治上还沿袭其遗制，是为乐户。系以罪人家属没入者为之。唐时，其籍属于太常。其额设的乐员，属于教坊司。此系国家的女乐队员，但因其本为贱族，贞操亦无保障，官员等皆可使之执技荐寝以自娱，是为官妓。军营中有时亦有随营的女子，则谓之营妓。民间女子卖淫的，谓之私娼。在本地的称土娼，在异乡的称流娼。清世祖顺治十六年，停止教坊女乐，改用内监。世宗雍正七年，改教坊司为和声署。是时各地方的乐户，亦皆除籍为民。于是在法律上除去一种贱族，亦无所谓官妓。但私娼在当时则是无从禁止的。律例虽有“举贡生员，宿娼者斥革”的条文，亦不过为管束举贡生员起见而已，并非禁娼。

古代掠夺婚姻的习惯，仍有存于后世的。赵翼《陔余丛考》说：“村俗有以婚姻议财不谐，而纠众劫女成婚者，谓之抢亲。《北史·高昂传》：昂兄乾，求博陵崔圣念女为婚，崔不许。昂与兄往劫之。置女村外，谓兄曰：何不行礼？于是野合而归。是劫婚之事，古亦有之。然今俗劫婚，皆已经许字者，昂所劫则未字，固不同也。”按《清律》：“凡豪势之人，强夺良家妻女，奸占为妻妾者绞。配与子孙、弟侄、家人者，罪亦如之。”此指无婚姻契约而强抢的。又说：“应为婚者，虽已纳聘财，期未至，而男家强娶者，笞五十。”指主婚人。“女家悔盟，男家不告官司强抢者，照强娶律减二等。”此即赵氏所谓已经许字之女，照法律亦有罪，但为习俗所囿，法律多不能实行。又有男女两家，因不能负担结婚时的费用，私相协议，令男家以强抢的形式出之的。则其表面为武力的，内容实为经济的了。抢孀等事，亦自古即有。《潜夫论·断讼篇》云：“贞洁寡妇，遭直不仁世叔、无义兄弟，或利其聘币，或贪其财贿，或私其儿子，则迫胁遣送，有自缢房中，饮药车上，绝命丧躯，孤捐童孩者。”又有“后夫多设人客，威力胁载者”。这其中，亦含有武力的经济的两种成分。

卖买婚姻，则无其名而有其实。《断讼篇》又说：“诸女一许数家，虽生十子，更百赦，勿令得蒙一，还私家，则此奸绝矣。不则髡其夫妻，徙千里外剧县，乃可以毒其心而绝其后。”《抱朴子·弭讼篇》，述其姑子刘士由之论说：“末世举不修义，许而弗与。讼阋秽缛，烦塞官曹。今可使诸争婚者，未及同牢，皆听义绝，而倍还酒礼，归其币帛。其尝已再离，一倍裨聘。裨即现在赔偿的赔字。其三绝者，再倍裨聘。如此，离者不生讼心，贪者无利重受。”葛洪又申说自己的意见道：“责裨聘倍，贫者所惮，丰于财者，则适其愿矣。后所许者，或能富殖，助其裨聘，必所甘心。然则先家拱默，不得有言，原情论之，能无怨叹乎？”葛洪之意，要令“女氏受聘，礼无丰约，谓不论聘财多少。皆以即日报版。又使时人署姓名于别版，必十人以上，以备远行及死亡。又令女之父兄若伯叔，答婿家书，必手书一纸。若有变悔而证据明者，女氏父母兄弟，皆加刑罚罪”。可见汉晋之世卖买婚姻之盛。后世契约效力较强，此等事无人敢做，但嫁女计较聘礼，娶妻觊觎妆奁，其内容还是一样的，此非经济制度改变，无法可以改良了。

后世的婚姻，多全由父母做主，本人概不与闻，甚至有指腹为婚等恶习，见《南史·韦放传》。按《清律》，指腹为婚有禁。这诚然是很坏的。然论者遂以夫妇之道苦，概归咎于婚姻的不自由，则亦未必其然。人之性，本是多婚的，男女皆然，所以爱情很难持之永久。即使结婚之时，纯出两情爱慕，绝无别种作用搀杂其间，尚难保其永久，何况现在的婚姻，有别种作用搀杂的，且居多数呢？欲救夫妇道苦之弊，与其审慎于结婚之时，不如宽大于离婚之际，因为爱情本有变动，结婚时无论如何审慎，也控制不住后来的变化的。习俗所以重视离婚，法律也尽力禁阻，不过是要维持家庭。然家庭制度，实不是怎么值得维持的东西，参看下章可明。

统观两性关系，自氏族时代以后，即已渐失其正常。其理由：因女子在产育上，所负的责任较男子为多。因而其斗争的力量，较男子为弱。不论在人类凭恃武力相斗争，或凭恃财力相斗争的时代，女子均渐沦于被保护的地位，失其独立而附属于男子。社会的组织，宜于宽平坦荡，个个人与总体直接，若多设等级，使这一部分人，隶属于那一部分人，那不公平的制度就要逐渐发生，积久而其弊愈深了。近代女权的渐渐伸张，实因工业革命以来，女子渐加入社会的机构，非如昔日蛰居家庭之中，专做辅助男子的事情之故。女子在产育上多尽了责任，男子就该在别一方面多尽些义务，这是公道。乘此机会压迫女子，多占权利，是很不正当的。而欲实行公道，则必自铲除等级始。所以有人说：社群制度是女子之友，家庭制度是女子之敌。然则“女子回到家庭去”这口号，当然只有开倒车的人，才会去高呼了。人家都说现在的女学生坏了，不如从前旧式的女子，因其对于家政生疏了，且不耐烦。殊不知这正是现代女子进步之征兆。因为对于家政生疏，对于参与社会的工作，却熟练了。这正是小的、自私的、自利的组织，将逐渐破坏；大的、公平的、博爱的制度，将逐渐形成的征兆。贤母良妻，只是贤奴良隶。此等教育，亦只好落伍的国家去提倡。我们该教一切男女以天下为公的志愿，广大无边的组织。

第二章 族制

人是非团结不能生存的。当用何法团结呢？过去的事情，已非我们所能尽知；将来的事情，又非我们所能预料。我们现在只能就我们所知道的，略加说述而已。

在有史时期，血缘是人类团结的一个重要因素。人恒狃于其所见闻，遂以此为人类团结唯一的因素，在过去都是如此，在将来也非如此不可了。其实人类的团结，并非是专恃血缘的。极远之事且勿论，即上章所说的以年龄分阶层之世，亦大率是分为老、壮、幼三辈，间有分为四辈的，但以分做三辈为最普通。《礼记·礼运》说："使老有所终，壮有所用，幼有所长"；《论语·雍也篇》说："老者安之，朋友信之，少者怀之"，亦都是分为三辈。而不再问其人与人间的关系的。当此之时，哪有所谓夫妇、父子、兄弟之伦呢？《礼记·礼运》说：大同之世，"人不独亲其亲，不独子其子"，《左传》载富辰的话，也说"大上以德抚民，其次亲亲，以相及也"。僖公二十四年。可见亲族关系，是后起的情形了。

人类愈进步，则其分化愈甚，而其组织的方法亦愈多。于是有所谓血族团体。血族团体，其初必以女子为中心。因为夫妇之伦未立，父不可知；即使可知，而父子的关系，亦不如母子之密之故。如上章所述，人类实在是社群动物，而非家庭动物，所以其聚居，并不限于两代。母及同母之人以外，又有母的母，母的同母等。自己而下推，亦是如此。逐渐成为母系氏族。每一个母系氏族，都有一个名称，是即所谓姓。一姓总有一个始祖母的，如殷之简狄，周之姜嫄即是。简狄之子契，姜嫄之子稷，都是无父而生的。因为在传说中，此等始祖母，本来无夫之故。记载上又说她俩都是帝喾之妃，一定是后来附会的。契、稷皆无父而生，见《诗·玄鸟》、《生民》。《史记·殷周本纪》所载，即是诗说。据陈乔枞《三家诗遗说考》所考证，太史公是用鲁诗说的。姜嫄、简狄，皆帝喾之妃，见《大戴礼记·帝系篇》。《史记·五帝本纪》，亦用其说。

女系氏族的权力，亦有时在男子手中，参看下章。此即所谓舅权制。此等权力，大抵兄弟相传，而不父子相继。因为兄弟是同氏族人，父子则异氏族之故。我国商朝和春秋时的鲁国、吴国，都有兄弟相及的遗迹，鲁自庄公以前，都一代传子，一代传弟，见《史记·鲁世家》。这是由于东南一带，母系氏族消灭较晚之故，已见上章。

由于生业的转变，财产和权力都转入男子手中，婚姻非复男子入居女子的氏族，而为女子入居男子的氏族，见上章。于是组织亦以男为主，而母系氏族遂变为父系氏族。商周自契稷以后，即奉契、稷为始祖，便是这种转变的一件史实。

族之组织，是根据于血缘的。血缘之制既兴，人类自将据亲等的远近，以别亲疏。一姓的人口渐繁，又行外婚之制，则同姓的人，血缘不必亲，异姓的人，血缘或转相接近。所谓族与姓，遂不得不分化为两种组织。族制，我们所知道的，是周代的九族：（一）父姓五服以内。（二）姑母和他的儿子。（三）姊妹和他的儿子。（四）女儿和他的儿子。是为父族四；（五）母的父姓，即现在所谓外家。（六）母的母姓，即母亲的外家。（七）母的姊妹和她们的儿子。是为母族三；（八）妻之父姓。（九）妻之母姓。是为妻族二。这是汉代今文家之说，见于《五经异义》。《诗·葛藟疏》引。《白虎通·宗族篇》同。古文家说，以上自高祖，下至玄孙为九族，此乃秦汉时制，其事较晚，不如今文家所说之古了。然《白虎通义》又载或说，谓尧时父母妻之族各三，周贬妻族以附父族，则今文家所说，亦已非极古之制。《白虎通义》此段，文有脱误，尧时之九族，无从知其详。然观下文引《诗》“邢侯之姨”，则其中该有妻之姊妹。总而言之：族制是随时改变的，然总是血缘上相近的人，和后世称父之同姓为族人，混同姓与同族为一不同，则是周以前所同的。九族中人，都是有服的。其无服的，则谓之党。《礼记·奔丧》郑《注》。是为父党，母党，妻党。

同姓的人，因人口众多，血缘渐见疏远，其团结是否因此就松懈了呢？不。所谓九族者，除父姓外，血缘上虽然亲近，却不是同居的。同姓则虽疏远而仍同居，所以生活共同，利害亦共同。在同居之时，固有其紧密的组织；即到人口多了，不能不分居，而彼此之间，仍有一定的联结，此即所谓宗法。宗法和古代的社会组织，有极大的关系。今略述其制如下：

（一）凡同宗的人，都同奉一个始祖。均系此始祖之后。

（二）始祖的嫡长子，为大宗宗子。自此以后，嫡长子代代承袭，为大宗宗子。凡始祖的后人，都要尊奉他，受他的治理。穷困的却亦可以受他的救济。大宗宗子和族人的关系，是不论亲疏远近，永远如此的，是谓大宗“百世不迁”。

（三）始祖之众子，嫡长子以外之子。皆别为小宗宗子。其嫡长子为继祢小宗。继祢小宗的嫡长子为继祖小宗。继祖小宗的嫡长子为继曾祖小宗。继曾祖小宗的嫡长子为继高祖小宗。继祢小宗，亲兄弟宗事他。受他治理，亦受他救济。继祖小宗，从兄弟宗事他。继曾祖小宗，再从兄弟宗事他。继高祖小宗，三从兄弟宗事他。至四从兄弟，则与继六世祖之小宗宗子，亲尽无服，不再宗事他。是为小宗“五世则迁”。以一人之身论，当宗事与我同高、曾、祖、考四代的小宗宗子及大宗宗子。故曰：“小宗四，与大宗凡五。”

（四）如此，则或有无宗可归的人。但大宗宗子，还是要管理他，救济他的。而同出于一始祖之人，设或殇与无后，大宗的宗子，亦都得祭祀他。所以有一大宗宗子，则活人的治理、救济，死人的祭祀问题，都解决了。所以小宗可绝，大宗不可绝。大宗宗子无后，族人都当绝后以后大宗。

以上是周代宗法的大略，见于《礼记·大传》的。《大传》所说大宗的始祖，是国君的众子。因为古者诸侯不敢祖天子，大夫不敢祖诸侯，《礼记·郊特牲》谓不敢立其庙而祭之。其实大宗的始祖，非大宗宗子，亦不敢祭。所以诸侯和天子，大夫和诸侯，大宗宗子和小宗宗子，小宗宗子和非宗子，其关系是一样的。所以国君的众子，要别立一宗。

郑《注》又推而广之，及于始适异国的大夫。据此，宗法之立，实缘同出一祖的人太多了，一个承袭始祖的地位的人，管理有所不及，乃不得不随其支派，立此节级的组织，以便管理。迁居异地的人，旧时的族长，事实上无从管理他。此等组织，自然更为必要了。观此，即知宗法与封建，大有关系。因为封建是要将本族的人，分一部分出去的。有宗法的组织，则封之者和所封者之间，就可保持着一种联结了。然则宗法确能把同姓中亲尽情疏的人联结在一起。他在九族之中，虽只联结得父姓一族。然在父姓之中，所联结者，却远较九族之制为广。怕合九族的总数，还不足以敌他。而且都是同居的人，又有严密的组织。母系氏族中，不知是否有与此相类的制度。即使有之，其功用怕亦不如父系氏族的显著。因为氏族从母系转变到父系，本是和斗争有关系的。父系氏族而有此广大严密的组织，自然更能发挥其斗争的力量。我们所知，宗法之制，以周代为最完备，周这个氏族，在斗争上是得到胜利的。宗法的组织，或者也是其中的一个原因。

有族制以团结血缘相近的人，又有宗法以团结同出一祖的人，人类因血族而来的团结，可谓臻于极盛了。然而当其极盛之时，即其将衰之候。这是什么原因呢？社会组织的变化，经济实为其中最重要的原因。当进化尚浅之时，人类的互助，几于有合作而无分工。其后虽有分工，亦不甚繁复。大家所做的事，既然大致相同，又何必把过多的人联结在一起？所以人类联结的广大，是随着分工的精密而进展的。分工既密之后，自能将毫不相干的人，联结在一起。此等互相倚赖的人，虽然彼此未必相知，然总必直接间接，互相接触。接触既繁，前此因不相了解而互相猜忌的感情，就因之消除了。所以商业的兴起，实能消除异部族间敌对的感情。分工使个性显著。有特殊才能的人，容易发挥其所长，获得致富的机会。氏族中有私财的人逐渐多，卖买婚即于此时成立。说见上章。于是父权家庭成立了。孟子说：当时农夫之家，是五口和八口。说者以为一夫上父母下妻子；农民有弟，则为余夫，要另行授田，《梁惠王》及《滕文公上篇》。可见其家庭已和现在普通的家庭一样了。士大夫之家，《仪礼·丧服传》说大功同财，似乎比农民的家庭要大些。然又说当时兄弟之间的情形道："有东宫，有西宫，有南宫，有北宫，异居而同财。有余则归之宗，不足则资之宗。"则业已各住一所屋子，各有各的财产，不过几房之中，还保有一笔公款而已。其联结实在是很薄弱的，和农夫的家庭，也相去无几了。在当时，只有有广大封土的人，其家庭要大些。这因为（一）他的元始，是以一氏族征服异氏族，而食其租税以自养的，所以宜于聚族而居，常作战斗的戒备。只要看《礼记》的《文王世子》，就知道古代所谓公族者，是怎样一个组织了。后来时异势殊，这种组织，实已无存在的必要。然既已习为故常，就难于猝然改革。这是一切制度都有这惰性的。（二）其收入既多，生活日趋淫侈，家庭中管事服役的奴仆，以及技术人员，非常众多，其家庭遂特别大。这只要看《周官》的《天官》，就可以知道其情形。然此等家庭，随着封建的消灭，而亦渐趋消灭了。虽不乏新兴阶级的富豪，其自奉养，亦与素封之家无异，但毕竟是少数。于是氏族崩溃，家庭代之而兴。家庭的组织，是经济上的一个单位，所以是尽相生相养之道的。相生相养之道，是老者需人奉养，幼者需人抚育。这些事，自氏族崩溃后，既已无人负责，而专为中间一辈所谓一夫一妇者的责任，自然家庭的组织，不能不以一夫上父母下妻子为范围了。几千年以来，社会的生活情形，未曾大变，所以此种组织，迄亦未曾改变。

从以上所述，可见族制的变迁，实以生活为其背景；而生活的变迁，则以经济为其最重要的原因。因为经济是最广泛，和社会上个个人都有关系；而且其关系，是永远持续，无时间断的。自然对于人的影响，异常深刻，各种上层组织，都不得不随其变迁而变迁；而精神现象，亦受其左右而不自知了。在氏族时代，分工未密，一个氏族，在经济上，就是一个自给自足的团体。生活既互相倚赖，感情自然容易密切。不但对于同时的人如此，即对于以往的人亦然。因为我所赖以生存的团体，是由前人留遗下来的。一切知识技术等，亦自前辈递传给后辈。这时候的人，其生活，实与时间上已经过去的人关系深，而与空间上并时存在的人关系浅。尊祖、崇古等观念，自会油然而生。此等观念，实在是生活情形所造成的。后人不知此理，以为这是伦理道德上的当然，而要据之以制定人的生活，那就和社会进化的趋势背道而驰了。大家族、小家庭等字样，现在的人用来，意义颇为混淆。西洋人学术上的用语，称一夫一妇，包括未婚子女的为小家庭；超过于此的为大家庭。中国社会，（一）小家庭和（二）一夫上父母下妻子的家庭，同样普遍。（三）兄弟同居的，亦自不乏。（四）至于五世同居，九世同居，宗族百口等，则为罕有的现象了。赵翼《陔余丛考》，尝统计此等极大的家庭，第四种。见于正史孝义、孝友传的：《南史》三人，《北史》十二人，《唐书》三十八人，《五代史》二人，《宋史》五十人，《元史》五人，《明史》二十六人。自然有（一）不在孝义、孝友传，而散见于他篇的；（二）又有正史不载，而见于他书的；（三）或竟未见记载的。然以中国之大，历史上时间之长，此等极大的家庭，总之是极少数，则理有可信。此等虽或由于伦理道德的提倡，顾炎武《华阴王氏宗祠记》：“程朱诸子，卓然有见于遗经。金元之代，有志者多求其说于南方，以授学者。及乎有明之初，风俗淳厚，而爱亲敬长之道，达诸天下。其能以宗法训其家人，或累世同居，称为义门者，往往而有。”可见同居之盛，由于理学家的提倡者不少。恐仍以别有原因者居多。《日知录》：“杜氏《通典》言：北齐之代，瀛、冀诸刘，清河张、宋，并州王氏，濮阳侯族，诸如此辈，将近万室。《北史·薛胤传》：为河北太守，有韩马两姓，各二千余家。今日中原北方，虽号甲族，无有至千丁者。户口之寡，族姓之衰，与江南相去复绝。”陈宏谋《与杨朴园书》“今直省惟闽中、江西、湖南，皆聚族而居，族各有祠。”则聚居之风，古代北盛于南，近世南盛于北，似由北齐之世，丧乱频仍，民皆合族以自卫；而南方山岭崎岖之地进化较迟，土著者既与合族而居之时相去未远；流移者亦须合族而居，互相保卫之故。似可认为古代氏族的遗迹，或后世家族的变态。然氏族所以崩溃，正由家族潜滋暗长于其中。此等所谓义门，纵或有古代之遗，亦必衰颓已甚。况又有因环境的特别，而把分立的家庭硬行联结起来的。形式是而精神非，其不能持久，自然无待于言了。《后汉书·樊宏传》，说他先代三世共财，有田三百余顷。自己的田地里，就有陂渠，可以互相灌注。又有池鱼，牧畜，有求必给。“营理产业，物无所弃。这是因其生产的种类较多之故。课役童隶，各得其宜。”分工之法。要造器物，则先种梓漆。简直是一个大规模的生产自给自足的团体。历代类乎氏族的大家族，多有此意。此岂不问环境所可强为？然社会的广大，到底非此等大家族所能与之相敌，所以愈到后世，愈到开化的地方，其数愈少。这是类乎氏族的大家族，所以崩溃的真原因，毕竟还在经济上。但在政治上，亦自有其原因。因为所谓氏族，不但尽相生相养之责，亦有治理其族众之权。在国家兴起以后，此项权力，实与国权相冲突。所以国家在伦理上，对于此等大家族，虽或加以褒扬，而在政治上，又不得不加以摧折。所谓强宗巨家，遂多因国家的干涉，而益趋于崩溃了。略大于小家庭的家庭第二、第三种。表面上似为伦理道德的见解所维持，历代屡有禁民父母在别籍异财等诏令，可参看《日知录》卷十三《分居》条。实则亦为经济状况所限制。因为在经济上，合则力强，分则力弱，以昔时的生活程度论，一夫一妇，在生产和消费方面，实多不能自立的。儒者以此等家庭之多，夸奖某地方风俗之厚，或且自诩其教化之功，就大谬不然了。然经济上虽有此需要，而私产制度，业已深入人心，父子兄弟之间，亦不能无分彼此。于是一方面牵于旧见解，迫于经济情形，不能不合；另一方面，则受私有财产风气的影响，而要求分；暗斗明争，家庭遂成为苦海。试看旧时伦理道德上的教训，戒人好货财、私妻子。而薄父母兄弟之说之多，便知此项家庭制度之岌岌可危。制度果然自己站得住，何须如此扶持呢？所以到近代，除极迂腐的人外，亦都不主张维持大家庭。如李绂有《别籍异财议》，即其一证。至西洋文化输入，论者更其提倡小家庭，而排斥大家庭了。然小家庭又是值得提倡的么？

不论何等组织，总得和实际的生活相应，才能持久。小家庭制度，是否和现代人的生活相应呢？历来有句俗话，叫做“养儿防老，积谷防饥”。可见所谓家庭，实以扶养老者、抚育儿童，为其天职。然在今日，此等责任，不但苦于知识之不足，如看护病人，抚养教育儿童，均须专门知识。实亦为其力量所不及。兼日力财力言之。如一主妇不易看顾多数儿童，兼操家政。又如医药、教育的费用，不易负担。在古代，劳力重于资本，丁多即可致富，而在今日，则适成为穷困的原因。因为生产的机键，自家庭而移于社会了，多丁不能增加生产，反要增加消费。如纺织事业。儿童的教育，年限加长了，不但不能如从前，稍长大即为家庭挣钱，反须支出教育费。而一切家务，合之则省力，分之则多费的，如烹调、浣濯。又因家庭范围太小，而浪费物质及劳力。男子终岁劳动，所入尚不足以赡其家。女子忙得和奴隶一般，家事还不能措置得妥帖。于是独身、晚婚等现象，相继发生。这些都是舶来品，和中国旧俗，大相径庭，然不久，其思想即已普遍于中流社会了。凡事切于生活的，总是容易风行的，从今以后，穷乡僻壤的儿女，也未必死心塌地甘做家庭的奴隶了。固然，个人是很难打破旧制度，自定办法的。而性欲出于天然，自能把许多可怜的儿女，牵入此陈旧组织之中。然亦不过使老者不得其养，幼者不遂其长，而仍以生子不举等人为淘汰之法为救济罢了。这种现象，固已持续数千年，然在今日，业经觉悟之后，又何能坐视其如此呢？况且家庭的成立，本是以妇女的奴役为其原因的。在今日个人主义抬头，人格要受尊重的时代，妇女又何能长此被压制呢？资本主义的学者，每说动物有雌雄两性，共同鞠育其幼儿，而其同居期限，亦因以延长的，以为家庭的组织，实根于人类的天性，而无可改变。姑无论其所说动物界的情形，并不确实。即使退一步，承认其确实，而人是人，动物是动物；人虽然亦是动物之一，到底是动物中的人；人类的现象，安能以动物界的现象为限？他姑弗论，动物雌雄协力求食，即足以哺育其幼儿，人，为什么有夫妇协力，尚不能养活其子女的呢？或种动物，爱情限于家庭，而人类的爱情，超出于此以外，这正是人之所以为人，人之所以异于动物。论者不知人之爱家，乃因社会先有家庭的组织，使人之爱，以此形式而出现，正犹水之因方而为圭，遇圆而成璧；而反以为人类先有爱家之心，然后造成家庭制度；若将家庭破坏，便要“疾病不养；老幼孤独，不得其所”，《礼记·乐记》：“强者胁弱，众者暴寡；知者诈愚，勇者苦怯；疾病不养，老幼孤独，不得其所，此大乱之道也。”这真是倒果为因。殊不知家庭之制，把人分为五口八口的小团体，明明是互相倚赖的，偏使之此疆彼界，处于半敌对的地位，这正是疾病之所以不养，老幼孤独之所以不得其所。无后是中国人所引为大戚的，论者每说，这是拘于“不孝有三，无后为大”之义；《孟子·离娄上篇》。而其以无后为不孝，则是迷信“鬼犹求食”，见《左传》宣公四年。深虑祭祀之绝。殊不知此乃古人的迷信，今人谁还迷信鬼犹求食来？其所以深虑无后，不过不愿其家之绝；所以不愿其家之绝，则由于人总有尽力经营的一件事，不忍坐视其灭亡，而家是中国人所尽力经营的，所以如此。家族之制，固然使人各分畛域，造成互相敌对的情形，然此自制度之咎，以爱家者之心论：则不但（一）夫妇、父子、兄弟之间，互尽扶养之责。（二）且推及于凡与家族有关系的人。如宗族姻亲等。（三）并且悬念已死的祖宗。（四）以及未来不知谁何的子孙。前人传给我的基业，我必不肯毁坏，必要保持之，光大之，以传给后人，这正是极端利他心的表现。利他心是无一定形式的，在何种制度之下，即表现为何种形式。然而我们为什么要拘制着他，一定只许他在这种制度中表现呢？

以上论族制的变迁，大略已具。现再略论继承之法。一个团体，总有一个领袖。在血缘团体之内，所谓父或母，自然很容易处于领袖地位的。父母死后，亦当然有一个继承其地位的人。女系氏族，在中国历史上，可考的有两种继承之法：（一）是以女子承袭财产，掌管祭祀。前章所述齐国的巫儿，即其遗迹。这大约是平时的族长。（二）至于战时及带有政治性质的领袖，则大约由男子尸其责，而由弟兄相及。殷代继承之法，是其遗迹。男系氏族，则由父子相继。其法又有多端：（一）如《左传》文公元年所说：“楚国之举，恒在少者。”这大约因幼子恒与父母同居，所以承袭其遗产。蒙古人之遗产，即归幼子承袭。其幼子称斡赤斤，译言守灶。（二）至于承袭其父之威权地位，则自以长子为宜，而事实上亦以长子为易。（三）又古代妻妾，在社会上之地位亦大异。妻多出于贵族，妾则出于贱族，或竟是无母家的。古重婚姻，强大的外家及妻家，对于个人，是强有力的外援；如郑庄公的大子忽，不婚于齐，后来以无外援失位。对于部族，亦是一个强有力的与国，所以立子又以嫡为宜。周人即系如此。以嫡为第一条件，长为第二条件。后来周代的文化，普行于全国，此项继承之法，遂为法律和习惯所共认了。然这只是承袭家长的地位，至于财产，则总是众子均分的。《清律》：分析家财、田产，不问妻、妾、婢生，但以子数均分。奸生之子，依子量与半分。无子立继者，与私生子均分。所以中国的财产，不因遗产承袭，而生不均的问题。这是众子袭产，优于一子袭产之点。

无后是人所不能免的，于是发生立后的问题。宗法盛行之世，有一大宗宗子，即生者的扶养，死者的祭祀，都可以不成问题，所以立后问题，容易解决。宗法既废，势非人人有后不可，就难了。在此情形之下，解决之法有三：（一）以女为后。（二）任立一人为后，不问其为同异姓。（三）在同姓中择立一人为后。（一）于情理最近，但宗祧继承，非徒承袭财产，亦兼掌管祭祀。以女为后，是和习惯相反的。春秋时，郑国以外孙为后，其外孙是莒国的儿子，《春秋》遂书“莒人灭郑”，见《公羊》襄公五、六年。按此实在是论国君承袭的，乃公法上的关系，然后世把经义普遍推行之于各方面，亦不管其为公法私法了。既和习惯相反，则觊觎财产的人，势必群起而攻，官厅格于习俗，势必不能切实保护。本欲保其家的，或反因此而发生纠纷，所以势不能行。（二）即所谓养子，与家族主义的重视血统，而欲保其纯洁的趋势不合。于是只剩得第（三）的一途。法律欲维持传统观念，禁立异姓为后，在同姓中并禁乱昭穆之序。谓必辈行相当，如不得以弟为子等。其实此为古人所不禁，所谓“为人后者为之子”，见《公羊》成公十五年。于是欲人人有后益难，清高宗时，乃立兼祧之法，以济其穷。一人可承数房之祀。生子多者，仍依次序，分承各房之后。依律例：大宗子兼祧小宗，小宗子兼祧大宗，皆以大宗为重，为大宗父母三年，为小宗父母服期。小宗子兼祧小宗，以本生为重，为本生父母服三年，为兼祧父母服期。此所谓大宗，指长房，所谓小宗，指次房以下，与古所谓大宗小宗者异义。世俗有为本生父母及所兼祧之父母均服三年的，与律例不合。宗祧继承之法，进化至此，可谓无遗憾了。然其间却有一难题。私有财产之世，法律理应保护个人的产权。他要给谁就给谁，要不给谁就不给谁。为后之子，既兼有承袭财产之权利，而法律上替他规定了种种条件，就不啻干涉其财产的传授了。于是传统的伦理观念和私有财产制度发生了冲突。到底传统的伦理观念是个陈旧不切实际的东西，表面上虽然像煞有介事，很有威权，实际上已和现代人的观念不合了。私有财产制度，乃现社会的秩序的根柢，谁能加以摇动？于是冲突之下，伦理观念乃不得不败北而让步，法律上乃不得不承认所谓立爱，而且多方保护其产权。《清律例》：继子不得于所后之亲，听其告官别立。其或择立贤能，及所亲爱者，不许宗族以次序告争，并官司受理。至于养子，法律虽禁其为嗣，实际上仍有之。亦不得不听其存在，且不得不听其酌给财产。亦见《清律例》。因为国家到底是全国人民的国家，在可能范围内，必须兼顾全国人民各方面的要求，不能专代表家族的排外自私之念。在现制度之下，既不能无流离失所之人；家族主义者流，既勇于争袭遗产，而怯于收养同宗；有异姓的人肯收养他，国家其势说不出要禁止。不但说不出要禁止，在代表人道主义和维持治安的立场上说，无宁还是国家所希望的。既承认养子的存在，在事实上，自不得不听其酌给遗产了。这也是偏私的家族观念，对于公平的人道主义的让步，也可说是伦理观念的进步。

假使宗祧继承的意思，而真是专于宗祧继承，则拥护同姓之男，排斥亲生之女，倒也还使人心服。因为立嗣之意，无非欲保其家，而家族的存在，是带着几分斗争性质的。在现制度之下，使男子从事于斗争，确较女子为适宜，这并非从个人的身心能力上言，乃是从社会关系上言。这也是事实。无如世俗争继的，口在宗祧，心存财产，都是前人所谓“其言蔼如，其心不可问”的。如此而霸占无子者的财产，排斥其亲生女，就未免使人不服了。所以有国民政府以来，废止宗祧继承，男女均分遗产的立法。这件事于理固当，而在短时间内，能否推行尽利，却是问题。旧律，遗产本是无男归女，无女人官的。近人笔记云：“宋初新定《刑统》，户绝资产下引《丧葬令》；诸身丧户绝者，所有部曲、客女、奴婢、店宅、资财，并令近亲转易货卖，将营葬事，及量营功德之外，余财并与女。无女均入以次近亲。无亲戚者，官为检校。若亡人在日，自有遗嘱处分，证验分明者，不用此令。此《丧葬令》乃《唐令》，知唐时所谓户绝，不必无近亲。虽有近亲，为营丧葬，不必立近亲为嗣子，而远亲不能争嗣，更无论矣。虽有近亲，为之处分，所余财产，仍传之亲女，而远亲不能争产，更无论矣。此盖先世相传之法，不始于唐。”按部曲、客女，见第四章。入官非人情所愿，强力推行，必多流弊，或至窒碍难行。如隐匿遗产，或近亲不易查明，以致事悬不决，其间更生他弊等。归之亲女，最协人情。然从前的立嗣，除祭祀外，尚有一年老奉养的问题。而家族主义是自私的。男系家族，尤其以男子为本位，而蔑视女子的人格。女子出嫁之后，更欲奉养其父母，势实有所为难。所以旧时论立嗣问题的人，都说最好是听其择立一人为嗣，主其奉养、丧葬、祭祀，而承袭其遗产。这不啻以本人的遗产，换得一个垂老的扶养，和死后的丧葬祭祀。今欲破除迷信，祭祀固无问题，对于奉养及丧葬，似亦不可无善法解决。不有遗产以为交易，在私有制度之下，谁肯顾及他人的生养死葬呢？所以有子者遗产男女均分，倒无问题，无子者财产全归于女，倒是有问题的。所以变法贵全变，革命要彻底。枝枝节节而为之，总只是头痛医头，脚痛医脚的对症疗法。

姓氏的变迁，今亦须更一陈论。姓的起源，是氏族的称号，由女系易而为男系，说已见前。后来姓之外又有所谓氏。什么叫做氏呢？氏是所以表一姓之中的支派的。如后稷之后都姓姬，周公封于周，则以周为氏；其子伯禽封于鲁，则以鲁为氏；国君即以国为氏。鲁桓公的三子，又分为孟孙、叔孙、季孙三氏是。始祖之姓，谓之正姓，氏亦谓之庶姓。正姓是永远不改的，庶姓则随时可改。因为同出于一祖的人太多了，其支分派别，亦不可无专名以表之，而专名沿袭太久，则共此一名的人太多，所以又不得不改。改氏的原因甚多，此只举其要改的根本原理。此外如因避难故而改氏以示别族等，亦是改氏的一种原因。《后汉书·羌传》说：羌人种姓中，出了一个豪健的人，便要改用他的名字做种姓。如爰剑之后，五世至研，豪健，其子孙改称研种；十三世至烧当，复豪健，其子孙又改称烧当种是。这正和我国古代的改氏原理相同。假如我们在鲁国，遇见一个人，问他尊姓，他说姓姬。这固然足以表示他和鲁君是一家。然而鲁君一家的人太多了，鲁君未必能个个照顾到，这个人，就未必一定有势力，我们听了，也未必肃然起敬。假若问他贵氏，他说是季孙，我们就知道他是赫赫有名的正卿的一家。正卿的同族，较之国君的同姓，人数要少些，其和正卿的关系，必较密切，我们闻言之下，就觉得炙手可热，不敢轻慢于他了。这是举其一端，其余可以类推。如以技为官，以官为氏，问其氏，即既可知其官，又可知其技。所以古人的氏，确是有用的。至于正姓，虽不若庶姓的亲切，然婚姻之可通与否，全论正姓的异同。所以也是有用的。顾炎武《原姓篇》说春秋以前，男子称氏，女子称姓，在室冠之以序，如叔隗、季隗之类。出嫁，更冠以其夫之氏族，如宋伯姬、赵姬、卢蒲姜之类。在其所适之族，不必举出自己的氏族来，则亦以其父之氏族冠之，如骊姬、梁嬴之类。又有冠之以谥的，如成风、敬姜之类。这不是男子不论姓，不过举氏则姓可知罢了。女子和社会上无甚关系，所以但称姓而不称其氏，这又可以见得氏的作用。

贵族的世系，在古代是有史官为之记载的。此即《周官》小史之职。记载天子世系的，谓之帝系；记载诸侯卿大夫世系的，谓之世本。这不过是后来的异名，其初原是一物。又瞽矇之职，“讽诵诗，世奠系”。疑当作奠世系。《注》引杜子春说：谓瞽矇“主诵诗，并诵世系”。世系而可诵，似乎除统绪之外，还有其性行事迹等。颇疑《大戴礼记》的《帝系姓》，原出于小史所记；《五帝德》

则是原出于瞽矇所诵的，自然不是完全的。这是说贵族。至于平民，既无人代他记载，而他自己又不能记载，遂有昧于其所自出的。《礼记·曲礼》谓买妾不知其姓，即由于此。然而后世的士大夫，亦多不知其姓氏之所由来的。这因为谱牒掌于史官，封建政体的崩溃，国破家亡，谱牒散失，自然不能知其姓氏之所由来了。婚姻的可通与否，既不复论古代的姓，新造姓氏之事亦甚少。即有之，亦历久不改。阅一时焉，即不复能表示其切近的关系，而为大多数人之所共，与古之正姓同。姓遂成为无用的长物，不过以其为人人之所有，囿于习惯，不能废除罢了。然各地方的强宗巨家，姓氏之所由来，虽不可知，而其在实际上的势力自在。各地方的人，也还尊奉他。在秦汉之世，习为固然，不受众人的注意。汉末大乱，各地方的强宗巨家，开始播迁，到了一个新地方，还要表明其本系某地方的某姓；而此时的选举制度，又重视门阀。于是又看重家世，而有魏晋以来的谱学了。（详见第四章。）

第三章 政　体

社会发达到一定的程度，国家就出现了。在国家出现之前，人类团结的方法，只靠血缘，其时重要的组织，就是氏族，对内的治理，对外的防御，都靠着它。世运渐进，血缘相异的人，接触渐多，人类的组织，遂不复以血统相同为限，聚居一地方的，亦不限于血统相同的人。于是氏族进而为部落。统治者的资格，非复族长而为酋长。其统治亦兼论地域，开国家领土的先河了。

从氏族变为部落，大概经过这样的情形。在氏族的内部，因职业的分化，家族渐渐兴起。氏族的本身，遂至崩溃。各家族非如其在氏族时代，绝对平等，而有贫富之分。财富即是权力，氏族平和的情形，遂渐渐破坏，贫者和富者之间，发生了矛盾，不得不用权力统治。其在异氏族之间，则战斗甚烈。胜者以败者为俘虏，使服劳役，是为奴隶。其但征收其贡赋的，则为农奴。农奴、奴隶和主人之间，自然有更大的矛盾，需要强力镇压。因此益促成征服氏族的本身发生变化。征服氏族的全体，是为平民。其中掌握事权的若干人，形成贵族。贵族中如有一个最高的首领，即为君主的前身。其初是贵族与平民相去近，平民和农奴、奴隶相去远。其后血统相同的作用渐微，掌握政权与否之关系渐大，则平民与农奴、奴隶相去转近，而其与贵族相去转远。参看下章。但平民总仍略有参政之权，农奴和奴隶则否。政权的决定，在名义上最后属于一人的，是为君主政体。属于较少数人的，是为贵族政体。属于较多数人的，是为民主政体。这种分类之法，是出于亚里斯多德（Aristotle）的。虽与今日情形不同，然以论古代的政体，则仍觉其适合。

氏族与部落，在实际上，是不易严密区分的。因为进化到部落时代，其内部，总还保有若干氏族时代的意味。从理论上言，则其团结，由于血统相同，虽实际未必相同，然苟被收容于其团体之内，即亦和血统相同的人，一律看待。而其统治，亦全本于亲族关系的，则为氏族。其不然的，则为部落。因其二者杂糅，不易区别，我们亦可借用《辽史》上的名词，称之为部族。见《营卫志》。至于古代所谓国家，其意义全和现在不同。古所谓国，是指诸侯的私产言之。包括（一）其住居之所，（二）及其有收益的土地。大夫之所谓家者亦然。古书上所谓国，多指诸侯的都城言。都城的起源，即为诸侯的住所。诸侯的封域以内，以财产意义言，并非全属诸侯所私有。其一部分，还是要用以分封的。对于此等地方，诸侯仅能收其贡而不能收其税赋。其能直接收其税赋，以为财产上的收入的，亦限于诸侯的采地。《尚书·大传》说："古者诸侯始受封，必有采地。其后子孙虽有罪黜，其采地不黜，使子孙贤者守之世世，以祠其始受封之人，此之谓兴灭国，继绝世"，即指此。采地从财产上论，是应该包括于国字之内的。《礼记·礼运》说："天子有田以处其子孙，诸侯有国以处其子孙。"乃所谓互言以相备。说天子有田，即见得诸侯亦有田；说诸侯有国，即见得天子亦有国。在此等用法之下，田字的意义，亦包括国，国字的意义，亦包括田。乃古人语法如此。今之所谓国家，古无此语。必欲求其相近的，则为"社稷"二字或"邦"字。社是土神，稷是谷神，是住居于同一地方的人所共同崇奉的。故说社稷沦亡，即有整个团体覆灭之意。邦和封是一语。封之义为累土。两个部族交界之处，把土堆高些，以为标识，则谓之封。引申起来，任用何种方法，以表示疆界，都可以谓之封。如掘土为沟，以示疆界，亦可谓之封。故今辽宁省内，有地名沟帮子。帮字即邦字，亦即封字。上海洋泾浜之浜字，亦当作封。疆界所至之地，即谓之邦。古邦字和国字，意义本各不同。汉高祖名邦，汉人讳邦字，都改作国。于是国字和邦字的意义混淆了。现在古书中有若干国字，本来是当作邦字的。如《诗经》里的"日辟国百里"、"日蹙国百里"便是。封域可以时有赢缩，城郭是不能时时改造的。国与域同从或声，其初当亦系一语，则国亦有界域之意。然久已分化为两语了。古书中用国字域字，十之九，意义是不同的。

贵族政体和民主政体，在古书上，亦未尝无相类的制度。然以大体言之，则君权之在中国，极为发达。君主的第（一）个资格，是从氏族时代的族长沿袭而来的，所以古书上总说君是民之父母。其（二）则为政治或军事上之首领。其（三）则兼为宗教上之首领。所以天子祭天地，诸侯祭社稷等，《礼记·王制》。均有代表其群下而为祭司之权，而《书经》上说："天降下民，作之君，作之师"，《孟子·梁惠王下篇》引。君主又操有最高的教育之权。

君主前身，既然是氏族的族长，所以他的继承法，亦即是氏族族长的继承法。在母系社会，则为兄终弟及，在父系社会，则为父死子继。当其为氏族族长时，无甚权利可争，而其关系亦小，所以立法并不十分精密。《左传》昭公二十六年，王子朝告诸侯，说周朝的继承法，适庶相同则论年，"年钧以德，德钧则卜"。两个人同年，是很容易的事情，同月，同日，同时则甚难，何至辨不出长幼来，而要用德、卜等漫无标准的条件？可见旧法并不甚密。《公羊》隐公元年何《注》说："礼：适夫人无子，立右媵。右媵无子，立左媵。左媵无子，立适侄娣。适姬娣无子，立右媵侄娣。右媵侄娣无子，立左媵侄娣。质家亲亲先立娣。文家尊尊先立侄。《春秋》以殷为质家，周为文家。适子有孙而死，质家亲亲先立弟，文家尊尊先立孙。其双生，质家据见立先生，文家据本意立后生。"定得非常严密。这是后人因国君的继承，关系重大而为之补充的，乃系学说而非事实。

周厉王被逐，宣王未立，周召二公，共和行政，凡十四年。主权不属于一人，和欧洲的贵族政体，最为相像。按《左传》襄公十四年，卫献公出奔，卫人立公孙剽，孙林父、甯殖相之，以听命于诸侯，此虽有君，实权皆在二相，和周召的共和，实际也有些相像。但形式上还是有君的。至于鲁昭公出奔，则鲁国亦并未立君，季氏对于国政，决不能一人专断，和共和之治，相像更甚了。可见贵族政体，古代亦有其端倪，不过未曾发达而成为一种制度。

至于民主政治，则其遗迹更多了。我们简直可以说：古代是确有这种制度，而后来才破坏掉的。《周官》有大询于众庶之法，乡大夫"各帅其乡之众寡而致于朝"，小司寇"摈以序进而问焉"。其事项：为询国危，询国迁，询立君。按《左传》定公八年，卫侯欲叛晋，朝国人，使王孙贾问焉。哀公元年，吴召陈怀公，怀公亦朝国人而问，此即所谓询国危；盘庚要迁都于殷，人民不肯，盘庚“命众悉造于庭”，反复晓谕。其言，即今《书经》里的《盘庚篇》。周太王要迁居于岐，“属其父老而告之”，《孟子·梁惠王下篇》。此即所谓询国迁；《左传》昭公二十四年，周朝的王子朝和敬王争立，晋侯使士景伯往问。士伯立于乾祭，城门名。而问于介众。介众，大众。哀公二十六年，越人纳卫侯，卫人亦致众而问。此即所谓询立君。可见《周官》之言，系根据古代政治上的习惯，并非理想之谈。《书经·洪范》：“汝则有大疑，谋及乃心，谋及卿士，谋及庶人，谋及卜筮。汝则从，龟从，筮从，卿士从，庶民从，是之谓大同。身其康强，子孙其逢，吉。汝则从，龟从，筮从，卿士逆，庶民逆，吉。卿士从，龟从，筮从，汝则逆，庶民逆，吉。庶民从，龟从，筮从，汝则逆，卿士逆，吉。汝则从，龟从，筮逆，卿士逆，庶民逆，作内吉，作外凶。龟筮共违于人，用静吉，用作凶。”此以（一）君主，（二）卿士，（三）庶人，（四）龟，（五）筮，各占一权，而以其多少数定吉凶，亦必系一种会议之法。并非随意询问。至于随意询问之事，如《孟子》所谓“国人皆曰贤，然后察之，见贤焉，然后用之”；“国人皆曰不可，然后察之，见不可焉，然后去之”；“国人皆曰可杀，然后察之，见可杀焉，然后杀之”。《梁惠王下篇》。以及《管子》所谓啧室之议等，见《桓公问篇》。似乎不过是周谘博采，并无必从的义务。然其初怕亦不然。野蛮部落，内部和同，无甚矛盾，舆论自极忠实。有大事及疑难之事，会议时竟有须全体通过，然后能行，并无所谓多数决的。然则舆论到后来，虽然效力渐薄，竟有如郑人游于乡校，以议执政，而然明欲毁乡校之事。见《左传》襄公三十年。然在古初，必能影响行政，使当局者不能不从，又理有可信了。原始的制度，总是民主的。到后来，各方面的利害冲突既深；政治的性质亦益复杂，才变而由少数人专断。这是普遍的现象，无足怀疑的。有人说：中国自古就是专制，国人的政治能力，实在不及西人，固然抹杀史实。有人举此等民权遗迹以自豪，也是可以不必的。

以上所述，是各部族内部的情形。至于合全国而观之，则是时正在部族林立之世。从前的史家，率称统一以前为封建时代，此语颇须斟酌。学术上的用语，不该太拘于文字的初诂。封建二字，原不妨扩而充之，兼包列国并立的事实，不必泥定字面，要有一个封他的人。然列国本来并立，和有一个封他的人，二者之间，究应立一区别。我以为昔人所谓封建时代，应再分为（一）部族时代，或称先封建时代；（二）封建时代较妥。所谓封建，应指（甲）慑服异部族，使其表示服从；（乙）打破异部族，改立自己的人为酋长；（丙）使本部族移殖于外言之。

中国以统一之早闻于世界。然秦始皇的灭六国，事在民国纪元前2132年，自此上溯至有史之初，似尚不止此数，若更加以先史时期，则自秦至今的年代，几乎微末不足道了。所以历史上像中国这样的大国，实在是到很晚的时期才出现的。

从部族时代，进而至于封建时代，是从无关系进到有关系，这是统一的第一步。更进而开拓荒地，互相兼并，这是统一的第二步。这其间的进展，全是文化上的关系。因为必先（一）国力充实，然后可以征服他国。（二）亦必先开拓疆土，人口渐多，经济渐有进步，国力方能充实。（三）又必开拓渐广，各国间壤地相接，然后有剧烈的斗争。（四）而交通便利，风俗渐次相同，便于统治等，尤为统一必要的条件。所以从分立而至于统一，全是一个文化上的进展。向来读史的人，都只注意于政治方面，实在是挂一漏万的。

要知道封建各国的渐趋于统一，只要看其封土的扩大，便可知道。今文家说列国的封土，是天子之地方千里，公、侯皆方百里，伯七十里，子、男五十里，不满五十里的为附庸。《孟子·万章下篇》、《礼记·王制》。古文家则说：公方五百里，侯四百里，伯三百里，子二百里，男百里。《周官》大司徒。这固然是虚拟之辞，不是事实，不论今古文和诸子书，所说的制度，都是著书的人，以为该怎样办所拟的一个草案，并不全是古代的事实。然亦必以当时的情势为根据。《穀梁》说："古者天子封诸侯，其地足以容其民，其民足以满城而自守也。"襄公二十九年。这是古代封土，必须有一个制限，而不容任意扩大的原因。今古文异说，今文所代表的，常为早一时期的制度，古文所代表的则较晚。秦汉时的县，大率方百里，见《汉书·百官公卿表》。可见方百里实为古代的一个政治区域，此今文家大国之封所由来。其超过于此的，如《礼记·明堂位》说："成王封周公于曲阜，地方七百里。"《史记·汉兴以来诸侯年表》说："周封伯禽、康叔于鲁、卫，地各四百里；太公于齐，兼五侯地。"这都是后来开拓的结果，而说者误以为初封时的事实的。列国既开拓至此，谈封建制度的人，自然不能斫而小之，亦不必斫而小之，就有如古文家所说的制度了。以事实言之：今文家所说的大国，在东周时代，已是小国。古文家所说的大国，则为其时的次等国。至其时的所谓大国，则子产称其"地方数圻"；圻同畿，即方数千里，见《左传》襄公三十五年。《孟子》说：

“海内之国，方千里者九，齐集有其一。”《梁惠王上篇》。惟晋、楚、齐、秦等足以当之。此等大国，从无受封于人的；即古文家心目中，以为当封建之国，亦不能如此其大，所以谈封建制度的不之及。

此等大国，其实际，实即当时谈封建制度者之所谓王。《礼记》说：“天无二日，民无二王”，《曾子问》。这只是古人的一个希望，事实上并不能如此。事实上，当时的中国，是分为若干区域，每区域之中，各自有王的。所以春秋时吴、楚皆称王，战国时七国亦皆称王。公、侯、伯、子、男等，均系美称。论其实，则在一国之内，有最高主权的，皆称为君。《礼记·曲礼》：“九州之伯，入天子之国曰牧，于外曰侯，于其国曰君。”其为一方所归往的，即为此一区域中的王。《管子·霸言》说：“强国众，则合强攻弱以图霸；强国少，则合小攻大以图王。”此为春秋时吴、楚等国均称王，而齐晋等国仅称霸的原因。因为南方草昧初开，声明文物之国少，肯承认吴、楚等国为王；北方鲁、卫、宋、郑等国，就未必肯承认齐、晋为王了。倒是周朝，虽然弱小，然其称王，是自古相沿下来的，未必有人定要反对它。而当时较大之国，其初大抵是它所封建，有同姓或亲戚的关系，提起它来，还多少有点好感；而在国际的秩序上，亦一时不好否认它，于是齐桓、晋文等，就有挟天子以令诸侯之举了。霸为伯的假借字。伯的本义为长。《礼记·王制》说：“千里之外设方伯。五国以为属，属有长。十国以为连，连有帅。三十国以为卒，卒有正。二百一十国以为州，州有伯。八州，八伯，五十六正，百六十八帅，三百三十六长。八伯各以其属，属于天子之老二人。分天下以为左右，曰二伯。”这又是虚拟的制度，然亦有事实做根据的。凡古书所说朝贡、巡守等制度，大抵是邦畿千里之内的规模。或者还更小于此。如《孟子·梁惠王下篇》说天子巡守的制度，是“春省耕而补不足，秋省敛而助不给”，这只是后世知县的劝农。后人扩而充之，以为行之于如《禹贡》等书所说的九州之地，于理就不可通了。春天跑到泰山，夏天跑到衡山，秋天跑到华山，冬天跑到恒山，无论其为回了京城再出去，或者从东跑到南，从南跑到西，从西跑到北，总之来不及。然其说自有所本。《公羊》隐公五年说：“自陕以东，周公主之；自陕以西，召公主之”，此即二伯之说所由来。分《王制》的九州为左右，各立一伯，古无此事；就周初的封域，分而为二，使周公、召公各主其一，则不能谓无此事的。然则所谓八州、八伯，恐亦不过就王畿之内，再分为九，天子自治其一，而再命八个诸侯，各主一区而已。此项制度，扩而大之，则如《左传》僖公四年，管仲对楚使所说：“昔召康公命我先君太公曰：五侯九伯，女实征之，以夹辅周室。赐我先君履，东至于海，西至于河，南至于穆陵，北至于无棣。”等于《王制》中所说的一州之伯了。此自非周初的事实，然管仲之说，亦非凭空造作，亦仍以小规模的伯为根据。然则齐桓、晋文等，会盟征伐，所牵连而及的，要达于《王制》所说的数州之广，其规模虽又较大，而其霸主之称，还是根据于此等一州之伯的，又可推而知了。春秋时晋、楚、齐、秦等国，其封土，实大于殷周之初。其会盟征伐的规模，亦必较殷周之初，有过之无不及。特以强国较多，地丑德齐，莫能相尚，不能称王。吴、楚等虽称王，只是在一定区域之内，得其小国的承认。至于战国时，就老实不客气，各自在其区域之中，建立王号了。然此时的局势，却又演进到诸王之上，要有一个共主，而更高于王的称号，从来是没有的。乃借用天神之名，而称之为帝。齐湣王和秦昭王，曾一度并称东西帝；其后秦围邯郸，魏王又使辛垣衍劝赵尊秦为帝，即其事。此时研究历史的人，就把三代以前的酋长，拣了五个人，称之为五帝。所以太昊、炎帝、黄帝、少昊、颛顼之称，是人神相同的。后来又再推上去，在五帝以前，拣了三个酋长，以说明社会开化的次序。更欲立一专名以名之，这却真穷于辞了。乃据“始王天下”之义，加“自”字于“王”字之上，造成一个“皇”字，而有所谓三皇。见《说文》。皇王二字，形异音同，可知其实为一语。至秦王政并天下，遂合此二字，以为自己的称号，自汉以后，相沿不改。

列国渐相吞并，在大国之中，就建立起郡县制度来。《王制》说：“天子之县内诸侯，禄也；外诸侯，嗣也。”又说：“诸侯之大夫，不世爵禄。”可见内诸侯和大夫，法律上本来不该世袭的。事实上虽不能尽然，亦不必尽不然，尤其是在君主权力扩张的时候。倘使天子在其畿内，大国的诸侯在其国内，能切实将此制推行，而于其所吞灭之国，亦能推行此制，封建就渐变为郡县了。（一）春秋战国时，灭国而以为县的很多，如楚之于陈、蔡即是。有些灭亡不见记载，然秦汉时的县名，和古国名相同的甚多，亦可推见其本为一国，没入大国之中，而为其一县。（二）还有卿大夫之地，发达而成为县的。如《左传》昭公二年，晋分祁氏之田以为七县，羊舌氏之田以为三县是。（三）又有因便于战守起见，有意设立起来的，如商君治秦，并小都、乡、邑，聚以为县是。见《史记·商君列传》。至于郡，则其区域本较县为小，且为县所统属。《周书·作雒篇》：“千里百县，县有四郡”。其与县分立的，则较县为荒陋。《左传》哀公二年，赵简子誓师之辞，说“克敌者上大夫受县，下大夫受郡”。然此等与县分立之郡，因其在边地之故，其兵力反较县为充足，所以后来在军事上须要控扼之地，转多设立。甘茂谓秦王曰："宜阳大县也，上党、南阳，积之久矣，名曰县，其实郡也。"春申君言于楚王曰："淮北地边齐，其事急，请以为郡便。"皆见《史记》本传。事实上以郡统制县，保护县，亦觉便利，而县遂转属于郡。战国时，列国的设郡，还是在沿边新开辟之地的。如楚之巫、黔中，赵之云中、雁门、代郡，燕之上谷、渔阳、右北平、辽西、辽东郡等。到秦始皇灭六国后，觉得到处都有驻兵镇压的必要，就要分天下为三十六郡了。

封建政体，沿袭了几千年，断无没有反动之力之理。所以秦灭六国未几，而反动即起。秦汉之间以及汉初的封建，是和后世不同的。在后世，像晋朝、明朝的封建，不过出于帝王自私之心。天下的人，大都不以为然。即封建之人，对于此制，亦未必敢有何等奢望，不过合此别无他法，还想借此牵制异姓，使其不敢轻于篡夺而已。受封者亦知其与时势不宜，惴惴然不敢自安。所以唐太宗要封功臣，功臣竟不敢受。见《唐书·长孙无忌传》。至于秦汉间人，则其见解大异。当时的人，盖实以封建为当然，视统一转为变局。所以皆视秦之灭六国为无道之举，称之为暴秦，为强虎狼之秦。然则前此为六国所灭之国如何呢？秦灭六国，当恢复原状，为六国所灭之国，岂不当一一兴灭继绝吗？倘使以此为难，论者自将无辞可对。然大多数人的见解，是不能以逻辑论，而其欲望之所在，亦是不可以口舌争的。所以秦亡之后，在戏下的诸侯，立即决定分封的方法。当时所封建的：是（一）六国之后，（二）亡秦有功之人。此时的封建，因汉高祖藉口于项王背约，夺其关中之地而起兵，汉代史家所记述，遂像煞是由项王一个人作主，其实至少是以会议的形式决定的。所以在《太史公自序》里，还无意间透露出一句真消息来，谓之"诸侯之相王"。当时的封爵，分为二等：大者王，小者侯，这是沿袭战国时代的故事的。战国时，列国封其臣者，或称侯，或称君，如穰侯、文信侯、孟尝君、望诸君等是。侯之爵较君为高，其地当亦较君为大。此时所封的国，大小无和战国之君相当的，故亦无君之称。诸侯之大者皆称王，项羽以霸王为之长，而义帝以空名加于其上，也是取法于东周以后，实权皆在霸主，而天王仅存虚名的。以大体言，实不可谓之不惬当。然人的见解，常较时势为落后。人心虽以为允洽，而事势已不容许，总是不能维持的。所以不过五年，而天下复归于统一了。然而当时的人心仍未觉悟，韩信始终不肯背汉，至后来死于吕后之手，读史者多以为至愚。其实韩信再老实些，也不会以汉高祖为可信。韩信当时的见解，必以为举天下而统属于一人，乃事理所必无。韩信非自信功高，以为汉终不夺其王，乃汉夺其王之事，为信当时所不能想象。此恐非独韩信如此，汉初的功臣，莫不如此。若使当时，韩信等预料奉汉王以皇帝的空名，汉王即能利用之把自己诛灭，又岂肯如此做？确实，汉高祖翦灭所封的异姓，也是一半靠阴谋，一半靠实力的，并非靠皇帝的虚名。若就法理而论，就自古相传列国间的习惯，当时的人心认为正义者论，皇帝对于当时的王，可否如此任意诛灭呢？也还是一个疑问。所以汉高祖的尽灭异姓之国，楚王韩信，梁王彭越，韩王信，淮南王英布，燕王臧荼、卢绾。惟长沙王吴芮仅存。虽然不动干戈，实在和其尽灭戏下所封诸国，是同样的一个奇迹。不但如此，汉高祖所封同姓诸国，后来酝酿成吴、楚七国这样的一个大乱，竟会在短期间戡定；戡定之后，景帝摧抑诸侯，使不得自治民补吏；武帝又用主父偃之策，令诸侯各以国邑，分封子弟，而汉初的封建，居然就名存而实亡，怕也是汉初的人所不能预料的。

封建的元素，本有两个：一为爵禄，受封者与凡官吏同。一为君国子民，子孙世袭，则其为部落酋长时固有的权利，为受封者所独。后者有害于统一，前者则不然。汉世关内侯，有虚名而无土地，后来列侯亦有如此的，《文献通考·封建考》云："秦、汉以来，所谓列侯者，非但食其邑入而已，可以臣吏民，可以布政令，若关内侯，则惟以虚名受廪禄而已。西都景、武而后，始令诸侯王不得治民，汉置内史治之。自是以后，虽诸侯王，亦无君国子民之实，不过食其所封之邑入，况列侯乎？然所谓侯者，尚裂土以封之也。至东都，始有未与国邑，先赐美名之例，如灵寿王、征羌侯之类是也。至明帝时，有四姓小侯，乃樊氏、郭氏、明氏、马氏诸外戚子弟，以少年获封者。又肃宗赐东平王苍列侯印十九枚，令王子五岁以上能趋拜者，皆令带之。此二者，皆是未有土地，先佩印，受俸廪。盖至此，则列侯有同于关内侯者矣。"然尚须给以廪禄。唐宋以后，必食实封的，才给以禄，则并物质之耗费而亦除去之，封建至此，遂全然无碍于政治了。

后世在中国境内，仍有封建之实的，为西南的土官。土官有两种：一是文的，如土知府、土知州、土知县之类。一是武的，凡以司名的，如宣抚司、招讨司、长官司之类皆是。听其名目，全与流官相同。其实所用的都是部族酋长，依其固有之法承袭。外夷归化中国，中国给以名号，或官或爵。本是各方面之所同，不但西南如此。但其距中国远的，实力不及，一至政教衰微之世，即行离叛而去，这正和三代以前的远国一样。惟西南诸土司，本在封域之内，历代对此的权力，渐形充足，其管理之法，亦即随之而加严。在平时，也有出贡赋，听征调的。这亦和古代诸侯对王朝，小国对大国的朝贡及从征役一样。至其（一）对中国犯顺；（二）或其部族之中，自相争阋；（三）诸部族之间，互相攻击；（四）又或暴虐其民等；中国往往加以讨伐。有机会，即废其酋长，改由中国政府派官治理，是谓“改土归流”，亦即古代之变封建为郡县。自秦至今，近二千二百年，此等土官，仍未尽绝，可见封建政体的铲除，是要随着社会文化的进步，不是政治单方面的事情了。

封建之世，所谓朝代的兴亡，都是以诸侯革天子之命。此即以一强国，夺一强国的地位，或竟灭之而已。至统一之世，则朝代的革易，其形式有四：（一）为旧政权的递嬗。又分为（甲）中央权臣的篡窃，（乙）地方政权的入据。前者如王莽之于汉，后者如朱温之于唐。（二）为新政权的崛起，如汉之于秦。（三）为异族的入据，如前赵之于晋，金之于北宋，元之于南宋，清之于明。（四）为本族的恢复，如明之于元。而从全局观之，则（一）有仍为统一的，（二）有暂行分裂的。后者如三国、南北朝、五代都是。然这只是政权的分裂，社会文化久经统一，所以政权的分立，总是不能持久的。从前读史的人，每分政情为（一）内重，（二）外重，（三）内外俱轻三种。内重之世，每有权臣篡窃之变。外重之世，易招强藩割据之忧。内外俱轻之世，则草泽英雄，乘机崛起；或外夷乘机入犯。惟秦以过刚而折，为一个例外。

政权当归诸一人，而大多数人，可以不必过问；甚或以为不当过问，此乃事势积重所致，断非论理之当然。所以不论哪一国，其原始的政治，必为民主。后来虽因事势的变迁，专制政治逐渐兴起，然民主政治，仍必久之而后消灭。观前文所述，可以见之。大抵民主政治的废坠：（一）由于地大人众，并代表会议而不能召集。（二）大众所议，总限于特殊的事务，其通常的事务，总是由少数主持常务的人执行的。久之，此少数人日形专擅，对于该问大众的特殊事务，亦复独断独行。（三）而大众因情势涣散，无从起而加以纠正。专制政治就渐渐形成了。这是形式上的变迁。若探求其所以然，则国家大了，政情随之复杂，大的、复杂的事情，普通人对之不感兴趣，亦不能措置。此实为制度转变的原因。

然民主的制度可以废坠，民主的原理则终无灭绝之理。所以先秦诸子，持此议论的即很多。因后世儒术专行，儒家之书，传者独多，故其说见于儒家书中的亦独多，尤以《孟子》一书，为深入人心。其实孟子所诵述的，乃系孔门的书说，观其论尧、舜禅让之语，与伏生之《尚书大传》，互相出入可知。司马迁《五帝本纪》亦采儒家书说。两汉之世，此义仍极昌明。汉文帝元年，有司请立太子。文帝诏云："朕既不德，上帝神明未歆享；天下人民，未有慊志；今纵不能博求天下贤圣有德之人而禅天下焉，而曰豫建太子，是重吾不德也，谓天下何？"此虽系空言，然天下非一人一家所私有之义，则诏旨中也明白承认了。后来眭孟上书，请汉帝谁差天下，谁差，访求、简择之义。求索贤人，禅以帝位，而退自封百里，尤为历代所无。效忠一姓，汉代的儒家，实不视为天经地义。刘歆系极博通的人，且系汉朝的宗室，而反助王莽以篡汉；扬雄亦不反对王莽，即由于此。但此等高义，懂得的只有少数人，所以不久即湮晦，而君臣之义，反日益昌盛了。

王与君，在古代是有分别的，说已见前。臣与民亦然。臣乃受君豢养的人，效忠于其一身，及其子嗣，尽力保卫其家族、财产，以及荣誉、地位的。盖起于（一）好战的酋长所豢养的武士，（二）及其特加宠任的仆役。其初，专以效忠于一人一家为主。后来（一）人道主义渐形发达。（二）又从利害经验上，知道要保一人一家的安全，或求其昌盛，亦非不顾万民所能。于是其所行者，渐须顾及一国的公益。有时虽违反君主一人一家的利益，而亦有所不能顾。是即大臣与小臣，社稷之臣与私暱嬖倖的区别。然其道，毕竟是从效忠于一人一家进化而来的，终不能全免此项色彩。至民则绝无效忠于君的义务。两者区别，在古代本极明白，然至后世，却渐渐湮晦了。无官职的平民，亦竟有效忠一姓的，如不仕新朝之类。这在古人看起来，真要莫名其妙了。异民族当别论。民族兴亡之际，是全民族都有效忠的义务的。顾炎武《日知录·正始》条，分别亡国亡天下，所谓亡天下，即指民族兴亡言，古人早见及此了。至于国君失政，应该诛杀改立之义，自更无人提及。

剥极则复，到晚明之世，湮晦的古义，才再露一线的曙光。君主之制，其弊全在于世袭。以遗传论，一姓合法继承的人，本无代代皆贤之理。以教育论，继嗣之君，生来就居于优越的地位，志得意满；又和外间隔绝了，尤其易于不贤。此本显明之理，昔人断非不知，然既无可如何，则亦只好置诸不论不议之列了。君主的昏愚、淫乱、暴虐，无过于明朝之多。而时势危急，内之则流寇纵横，民生憔悴：外之则眼看异族侵入，好容易从胡元手里恢复过来的江山，又要沦于建夷之手。仁人君子，蒿目时艰，深求致祸之原，图穷而匕首见，自然要归结到政体上了。于是有黄宗羲的《明夷待访录》出现，其《原君》、《原臣》两篇，于"天下者天下之天下"之义，发挥得极为深切，正是晴空一个霹雳。但亦只是晴空一个霹雳而已。别种条件，未曾完具，当然不会见之于行动的。于是旁薄郁积的民主思想，遂仍潜伏着，以待时势的变化。

近百年来的时势，四夷交侵，国家民族，都有绝续存亡的关系，可谓危急极了。这当然不是一个单纯的政治问题。但社会文化和政治的分野，政治力量的界限，昔人是不甚明白的。眼看着时势的危急，国事的败坏，当然要把其大部分的原因，都归到政治上去；当然要发动了政治上的力量来救济它；当然要拟议及于政体。于是从戊戌变法急转直下，而成为辛亥革命。中国的民主政治，虽然自己久有根基，而亲切的观感，则得之于现代的东西列强。代议政体，自然要继君主专制而起。但代议政体，在西洋自有其历史的条件，中国却无有。于是再急转直下，而成为现在的党治。

中国古代，还有一个极高的理想，那便是孔子所谓大同，老子所谓郅治，许行所谓贤者与民并耕而食，饔飧而治。这是超出于政治范围之外的，因为国家总必有阶级，然后能成立，而孔、老、许行所想望的境界，则是没有阶级的。参看下两篇自明。

第四章 阶 级

古代部族之间，互相争斗，胜者把败者作为俘虏，使之从事于劳役，是为奴隶；其但收取其赋税的，则为农奴。已见上章。古代奴婢之数，似乎并不甚多。见下。最严重的问题，倒在征服者和农奴之间。国人和野人，这两个名词，我们在古书上遇见时，似不觉其间有何严重的区别。其实两者之间，是有征服和被征服的关系的。不过其时代较早，古书上的遗迹，不甚显著，所以我们看起来，不觉得其严重罢了。所谓国人，其初当系征服之族，择中央山险之地，筑城而居。野人则系被征服之族，在四面平夷之地，从事于耕耘。所以（一）古代的都城，都在山险之处。国内行畦田，国外行井田。（二）国人充任正式军队，野人则否。参看第八、第九、第十四三章自明。上章所讲大询于众庶之法，限于乡大夫之属。乡是王城以外之地，乡人即所谓国人。厉王的被逐，《国语》说："国人莫敢言，道路以目。"然则参与国政，和起而为反抗举动的，都是国人。若野人，则有行仁政之君，即歌功颂德，襁负而归之；有行暴政之君，则“逝将去汝，适彼乐土”，在可能范围之内逃亡而已。所以一个国家，其初立国的基本，实在是靠国人的（即征服部族的本族）。国人和野人之间，其初当有一个很严的界限；彼此之间，还当有很深的仇恨。后来此等界限，如何消灭？此等仇恨，如何淡忘呢？依我推想，大约因：（一）距离战争的年代远了，旧事渐被遗忘。（二）国人移居于野，野人亦有移居于国的，居地既近，婚姻互通。（三）征服部族，是要朘削被征服的部族以自肥的，在经济上国人富裕而野人贫穷；又都邑多为工商及往来之人所聚会，在交通上，国人频繁而野人闭塞；所以国人的性质较文，野人的性质较质。然到后来，各地方逐渐发达，其性质，亦变而相近了。再到后来，（四）选举的权利，（五）兵役的义务，亦渐扩充推广，而及于野人，则国人和野人，在法律上亦无甚区别，其畛域就全化除了。参看第七、第九两章自明。

征服之族和被征服之族的区别，可说全是政治上的原因。至于职业上的区别，则已带着经济上的原因了。古代职业的区别，是为士、农、工、商。士是战士的意思，又是政治上任事而未有爵者之称，可见古代的用人，专在战士中拔擢。至于工商，则专从事于生业。充当战士的人，虽不能全不务农，但有种专务耕种的农民，却是不服兵役的。所以《管子》上有士之乡和工商之乡。见《小匡篇》。《左传》宣公十二年说，楚国之法，“荆尸而举，荆尸，该是一种组织军队的法令。商、农、工、贾，不败其业。”有些人误以为古代是全国皆兵，实在是错误的，参看第九章自明。士和卿大夫，本来该没有多大的区别，因为同是征服之族，服兵役，古代政权和军权，本是混合不分的。但在古代，不论什么职业，多是守之以世。所以《管子》又说：“士之子恒为士，农之子恒为农，工之子恒为工，商之子恒为商。”《小匡》。政治上的地位，当然不是例外，世官之制既行，士和大夫之间，自然生出严重的区别来，农、工、商更不必说了。此等阶级，如何破坏呢？其在经济上，要维持此等阶级，必须能维持严密的职业组织。如欲使农之子恒为农，则井田制度，必须维持。欲使工之子恒为工，商之子恒为商，则工官和公家对于商业的管理规则，亦必须维持。然到后来，这种制度，都破坏了。农人要种田，你没有田给他种，岂能不许他从事别种职业？工官制度破坏了，所造之器，不足以给民用，民间有从事制造的人，你岂能禁止他？尤其是经济进步，交换之事日多，因而有居间卖买的人，又岂能加以禁止？私产制度既兴，获利的机会无限，人之趋利，如水就下，旧制度都成为新发展的障碍了，古代由社会制定的职业组织，如何能不破坏呢？在政治上：则因（一）贵族的骄淫矜夸，自趋灭亡，而不得不任用游士。参看第七章。（二）又因有土者之间，互相争夺，败国亡家之事，史不绝书。一国败，则与此诸侯有关之人，都夷为平民。一家亡，则与此大夫有关的人，都失其地位。（三）又古代阶级，并未像喀斯德（caste）这样的严峻，彼此不许通婚。譬如《左传》定公九年，载齐侯攻晋夷仪，有一个战士，唤作敝无存，他的父亲，要替他娶亲，他就辞谢，说："此役也，不死，反必娶于高、国。"齐国的两个世卿之家。可见贵族与平民通婚是容易的。婚姻互通，社会地位的变动，自然也容易了。这都是古代阶级所以渐次破坏的原因。

奴隶的起源，由于以异族为俘虏。《周官》五隶：曰罪隶，曰蛮隶，曰闽隶，曰夷隶，曰貉隶。似乎后四者为异族，前一者为罪人。然罪人是后起的。当初本只以异族为奴隶，后来本族有罪的人，亦将他贬入异族群内，当他异族看待，才有以罪人为奴隶的事。参看第十章自明。经学中，今文家言，是"公家不畜刑人，大夫弗养；屏诸四夷，不及以政"；谓不使之当徭役。见《礼记·王制》。古文家言，则"墨者使守门，劓者使守关，宫者使守内，刖者使守囿"。《周官》秋官掌戮。固然，因刑人多了，不能尽弃而不用，亦因今文所说的制度较早，初期的奴隶，多数是异族，仇恨未忘，所以不敢使用他了。《穀梁》襄公二十九年：礼，君不使无耻，不近刑人，不押敌，不迩怨。不但如此，社会学家言：氏族时代的人，不惯和同族争斗，镇压本部族之职，有时不肯做，宁愿让异族人做的。《周官》蛮、闽、夷、貉四隶，各服其邦之服，执其邦之兵，以守王宫及野之厉禁正是这个道理。这亦足以证明奴隶的源出于异族。女子为奴隶的谓之婢。《文选·司马子长报任安书》李《注》引韦昭云："善人以婢为妻生子曰获，奴以善人为妻生子曰臧。齐之北鄙，燕之北郊，凡人男而归婢谓之臧，女而归奴谓之获。"可见奴婢有自相嫁娶，亦有和平民婚配的。所以良贱的界限，实亦不甚严峻。但一方面有脱离奴籍的奴隶，一方面又有沦为奴隶的平民，所以奴婢终不能尽绝。这是关系整个社会制度的了。奴隶的免除，有两种方法：一种是用法令。《左传》襄公三十二年，晋国的大夫栾盈造反。栾氏有力臣曰督戎，国人惧之。有一个奴隶，唤作斐豹的，和执政范宣子说道："苟焚丹书，我杀督戎。"宣子喜欢道：你杀掉他，"所不请于君焚丹书者，有如日"。斐豹大约是因犯罪而为奴隶，丹书就是写他的罪状的。一种是以财赎。《吕氏春秋·察微篇》说：鲁国之法，"鲁人有为臣妾于诸侯者，赎之者取金于府。”这大约是俘虏一类。后世奴隶的免除，也不外乎这两种方法。

以上是封建时代的事。封建社会的根柢，是“以力相君”。所以在政治上占优势的人，在社会上的地位，亦占优胜。到资本主义时代，就大不然了。《汉书·货殖列传》说：“昔先王之制：自天子、公、侯、卿、大夫、士，至于皂隶，抱关击柝者，其爵禄、奉养、宫室、车服、棺椁、祭祀、死生之制，各有差品，小不得僭大，贱不得逾贵。”又说：后来自诸侯大夫至于士庶人，“莫不离制而弃本。稼穑之民少，商旅之民多；谷不足而货有余。”谷货，犹言食货。谷、食，本意指食物，引申起来，则包括一切直接供给消费之物。货和化是一语。把这样东西，变成那样，就是交换的行为。所以货是指一切商品。于是“富者木土被文锦，犬马馀肉粟，而贫者短褐不完，唅粟饮水。其为编户齐民同列，而以财力相君，虽为仆隶，犹无愠色”。这几句话，最可代表从封建时代到资本主义时代的变迁。封建社会的根源，是以武力互相掠夺。人人都靠武力互相掠夺，则人人的生命财产，俱不可保。这未免太危险。所以社会逐渐进步，武力掠夺之事，总不能不悬为厉禁。到这时代，有钱的人，拿出钱来，就要看他愿否。于是有钱就是有权力。豪爽的武士，不能不俯首于狡猾悭吝的守财奴之前了。这是封建社会和资本主义社会转变的根源。平心而论：资本主义的惨酷，乃是积重以后的事。当其初兴之时，较之武力主义，公平多了，温和多了，自然是人所欢迎的。资本主义所以能取武力主义而代之，其根源即在于此。然前此社会的规则，都是根据武力优胜主义制定的，不是根据富力优胜主义制定的。武力优胜主义，固然也是阶级的偏私，且较富力优胜主义为更恶。然而人们（一）谁肯放弃其阶级的偏私？（二）即有少数大公无我的人，亦不免为偏见所蔽，视其阶级之利益，即为社会全体的利益；以其阶级的主张，即为社会全体的公道，这是无可如何的事。所以资本主义的新秩序，用封建社会的旧眼光看起来，是很不入眼的；总想尽力打倒他，把旧秩序回复。商鞅相秦，“明尊卑爵秩等级。各以差次名田宅臣妾。衣服以家次。有功者显荣，无功者虽富无所纷华。”《史记》本传。就是代表这种见解，想把富与贵不一致的情形，逆挽之，使其回复到富与贵相一致的时代的。然而这如何办得到呢？封建时代，统治者阶级的精神，最紧要的有两种：一是武勇，一是不好利。惟不好利，故富贵不能淫，贫贱不能移。惟能武勇，故威武不能屈。这是其所以能高居民上，维持其治者阶级的地位的原因。在当时原非幸致。然而这种精神，也不是从天降，从地出；或者如观念论者所说，在上者教化好，就可以致之的。人总是随着环境变迁的。假使人而不能随着环境变迁，则亦不能制驭环境，而为万物之灵了。在封建主义全盛时，治者阶级因其靠武力得来的地位的优胜，不但衣食无忧，且其生活，总较被治的人为优裕，自然可以不言利。讲到武勇，则因前此及其当时，他们的生命，是靠体力维持的，取之于自然界者如田猎。取之于人者，则为战争和掠夺。自能养成其不怕死不怕苦痛的精神。到武力掠夺，悬为厉禁，被治者的生活，反较治者为优裕；人类维持生活最好的方法，不是靠体力限之于自然界，或夺之于团体之外，而反是靠智力以剥削团体以内的人；则环境大变了。治者阶级的精神，如何能不随之转变呢？于是滔滔不可挽了。在当时，中坚阶级的人，因其性之所近，分为两派：近乎文者则为儒，近乎武者则为侠。古书多以儒侠并称，亦以儒墨并称，可见墨即是侠。儒和侠，不是孔、墨所创造的两种团体，倒是孔、墨就社会上固有的两种阶级加以教化，加以改良的。在孔、墨当日，何尝不想把这两个阶级振兴起来，使之成为国家社会的中坚？然而滔滔者终于不可挽了。儒者只成为“贪饮食，惰作务”之徒，见《墨子·非儒篇》。侠者则成为“盗跖之居民间者”。《史记·游侠列传》。质而言之，儒者都是现在志在衣食，大些则志在富贵的读书人。侠者则成为现在上海所谓白相人了。我们不否认，有少数不是这样的人，然而少数总只是少数。这其原理，因为在生物学上，人，大多数总是中庸的，而特别的好，和特别的坏，同为反常的现象。所以我们赞成改良制度，使大多数的中人，都可以做好人；不赞成认现社会的制度为天经地义，责成人在现制度之下做好人，陈义虽高，终成梦想。直到汉代，想维持此等阶级精神，以为国家社会的中坚的，还不乏其人。试看贾谊《陈政事疏》所说圣人有金城之义，董仲舒对策说食禄之家不该与民争利一段，均见《汉书》本传。便可见其大概。确实，汉朝亦还有此种人。如盖宽饶，“刚直高节，志在奉公。”儿子步行戍边，专务举发在位者的弊窦，又好犯颜直谏，这确是文臣的好模范。又如李广，终身除射箭外无他嗜好，绝不言利，而于封侯之赏，却看得很重。广为卫青所陷害而死，他的儿子敢，因此射伤卫青，又给霍去病杀掉，汉武帝都因其为外戚之故而为之讳，然李广的孙儿子陵，仍愿为武帝效忠。他敢以步卒五千，深入匈奴。而且“事亲孝，与士信，临财廉，取与义，分别有让，恭俭下人”，见《汉书·司马迁传》迁报任安书。这真是一个武士的好模范。还有那奋不顾身，立功绝域的傅介子、常惠、陈汤、班超等，亦都是这一种人。然而滔滔者终于不可挽了。在汉代，此等人已如凤毛麟角，魏晋以后，遂绝迹不可复见。岂无好人？然更不以封建时代忠臣和武士的性质出现了。过去者已去，如死灰之不可复燃。后人谈起这种封建时代的精神来，总觉得不胜惋惜。然而无足惜也。这实在不是什么好东西。当时文臣的见解，已不免于褊狭。武人则更其要不得。譬如李广，因闲居之时，灞陵尉得罪了他，如灞陵尉之意，真在于奉公守法，而不是有意与他为难，还不能算得罪他，而且是个好尉。到再起时，就请尉与俱，至军而斩之，这算什么行为？他做陇西太守时，诈杀降羌八百余人，岂非武士的耻辱？至于一班出使外国之徒，利于所带的物品，可以干没；还好带私货推销，因此争求奉使。到出使之后，又有许多粗鲁的行为，讹诈的举动，以致为国生事，引起兵端，见《史记·大宛列传》。这真是所谓浪人，真是要不得的东西。中国幸而这种人少，要是多，所引起的外患，怕还不止五胡之乱。

封建时代的精神过去了。社会阶级，遂全依贫富而分。当时所谓富者，是（一）大地主，（二）大工商家，详见下章。晁错《贵粟疏》说："今法律贱商人，商人已富贵矣；尊农夫，农夫已贫贱矣。俗之所贵，主之所贱；吏之所卑，法之所尊。上下相反，好恶乖迕，而欲国富法立，不可得也。"可见法律全然退处于无权了。

因资本的跋扈，奴婢之数，遂大为增加。中国古代，虽有奴婢，似乎并不靠他做生产的主力。因为这时候，土地尚未私有，旧有的土地，都属于农民。君大夫有封地的，至多只能苛取其租税，强征其劳力，即役。至于夺农民的土地为己有，而使奴隶从事于耕种，那是不会有这件事的。因为如此，于经济只有不利。所以虽有淫暴之君，亦只会弃田以为苑囿。到暴力一过去，苑囿就又变做田了。大规模的垦荒，或使奴隶从事于别种生产事业，那时候也不会有。其时的奴隶，只是在家庭中，以给使令，或从事于消费品的制造，如使女奴舂米、酿酒等。为经济的力量所限，其势自不能甚多。到资本主义兴起后就不然了。（一）土地既已私有，原来的农奴，都随着土地，变成地主的奴隶。王莽行王田之制，称奴隶为"私属"，和田地都不得卖买。若非向来可以卖买，何必有此法令呢？这该是秦汉之世，奴婢增多的一大原因。所以奴婢是由俘虏、罪人两政治上的原因造成的少，由经济上的原因造成的多。（二）农奴既变为奴隶，从事于大规模的垦荒的，自然可以购买奴隶，使其从事耕作。（三）还可以使之从事于别种事业。如《史记·货殖列传》说：刁闲收取桀黠奴，使之逐渔盐商贾之利。所以又说童手指千，比千乘之家。如此，奴婢越多越富，其数就无制限了。此时的奴婢，大抵是因贫穷而鬻卖的。因贫穷而卖身，自古久有其事。所以《孟子·万章上篇》，就有人说：百里奚自鬻于秦养牲者之家。然在古代，此等要不能甚多。至汉代，则贾谊说当时之民，岁恶不入，就要“请爵卖子”，成为经常的现象了。此等奴婢，徒以贫穷之故而卖身，和古代出于俘虏或犯罪的，大不相同，国家理应制止及救济。然当时的国家，非但不能如此，反亦因之以为利。如汉武帝，令民入奴婢，得以终身复；为郎的增秩。其时行算缗之法，遣使就郡国治隐匿不报的人的罪，没收其奴婢甚多，都把他们分配到各苑和各机关，使之从事于生产事业。见《史记·平准书》。像汉武帝这种举动，固然是少有的，然使奴婢从事于生产事业者，必不限于汉武帝之世，则可推想而知，奴隶遂成为此时官私生产的要角了。汉末大乱，奴婢之数，更行增多。后汉光武一朝，用法令强迫释放奴婢很多。均见《后汉书》本纪。然亦不过救一时之弊，终不能绝其根株。历代救济奴隶之法：（一）对于官奴婢，大抵以法令赦免。（二）对于私奴婢则（甲）以法令强迫释放；（乙）官出资财，替他赎身；（丙）勒令以买直为佣资，计算做工的时期，足满工资之数，便把他放免。虽有此法，亦不过去其太甚而已。用外国人作奴婢，后世还是有的。但非如古代的出于俘虏，而亦出于鬻卖。《汉书·西南夷列传》和《货殖列传》，都有所谓“僰僮”，就是当时的商人，把他当作商品贩卖的。《北史·四裔传》亦说：当时的人，多买獠人作奴仆。因此，又引起政治上的侵略。梁武帝时，梁、益二州，岁岁伐獠以自利。周武帝平梁、益，亦命随近州镇，年年出兵伐獠，取其生口，以充贱隶。这在后世，却是少有的事，只有南北分立之世，财力困窘，政治又毫无规模，才会有之。至于贩卖，却是通常现象。如唐武后大足元年，敕北方缘边诸郡，不得畜突厥奴婢；穆宗长庆元年，诏禁登、莱州及缘海诸道，纵容海贼，掠卖新罗人为奴婢，就可见海陆两道，都有贩卖外国人口的了。南方的黑色人种，中国谓之昆仑。唐代小说中，多有昆仑奴的记载，更和欧洲人的贩卖黑奴相像。然中国人亦有自卖或被卖做外国人的奴隶的。宋太宗淳化二年，诏陕西缘边诸郡：先因岁饥，贫民以男女卖与戎人，官遣使者，与本道转运使，分以官财物赎，还其父母；真宗天禧三年，诏自今掠卖人口入契丹界者，首领并处死。诱至者同罪，未过界者，决杖黥配。均见《文献通考》。就是其事。

后汉末年，天下大乱，又发生所谓部曲的一个阶级。部曲二字，本是军队中一个组织的名称。《续汉书·百官志》大将军营五部，部下有曲，曲下有屯。丧乱之际，人民无家可归，属于将帅的兵士，没有战事的时候，还是跟着他生活。或者受他豢养或者替他工作。事实上遂发生隶属的状态。用其力以生产，在经济上是有利的，所以在不招兵的时候，将帅也要招人以为部曲了。《三国志·李典传》说：典有宗族部曲三千余家，就是战时的部曲，平时仍属于将帅之证。《卫觊传》说：觊镇关中时，四方流移之民，多有回关中的，诸将多引为部曲，就是虽不招兵之时，将帅亦招人为部曲之证。平民因没有资本，或者需要保护，一时应他的招。久之，此等依赖关系，已成过去，而其身份被人歧视，一时不能回复，遂成为另一阶级。部曲的女子，谓之客女。历代法律上，奴婢伤害良人，罪较平民互相伤害为重。良人伤害奴婢，则罪较平民互相伤害为轻。其部曲、客女，伤害平民的罪，较平民加重，较奴婢减轻；平民伤害部曲、客女的，亦较伤害奴婢加重，较其互相伤害减轻。所以部曲的地位，是介于良贱之间的。历魏、晋、南北朝至唐、宋，都有这一阶级。

使平民在某种程度以内，隶属于他人，亦由来甚久。《商君书·竟内篇》说："有爵者乞无爵者以为庶子。级乞一人。其无役事也，有爵者不当差徭，在自己家里的时候。庶子役其大夫，月六日。其役事也，随而养之。"有爵者替公家当差徭时，庶子亦跟着他出去。这即是《荀子·议兵篇》所说秦人五甲首而隶五家之制。秦爵二十级，见《汉书·百官公卿表》。级级都可乞人为役，则人民之互相隶属者甚多，所以鲁仲连要说秦人"虏使其民"了。晋武帝平吴以后，王公以下，都得荫人为衣食客及佃客。其租调及力役等，均入私家。此即汉世封君食邑户的遗法，其身份仍为良民。辽时有所谓二税户，把良民赐给僧寺，其税一半输官，一半输寺。金世宗时免之。亦是为此。此等使人对人直接征收，法律上虽限于某程度以下的物质或劳力，然久之，总易发生广泛的隶属关系，不如由国家征收，再行给与之为得。

封建时代的阶级，亦是相沿很久的，岂有一废除即铲灭净尽之理？所以魏晋以后，又有所谓门阀的阶级。魏晋以后的门阀，旧时的议论，都把九品中正制度，见第七章。看作它很重要的原因，这是错误的。世界上哪有这种短时间的政治制度，能造成如此深根固柢的社会风尚之理？又有说：这是由于五胡乱华，衣冠之族，以血统与异族混淆为耻，所以有这风尚的。这也不对。当时的区别，明明注重于本族士庶之间。况且五胡乱华，至少在西晋的末年，声势才浩大的，而刘毅在晋初，已经说当时中正的品评，上品无寒门，下品无世族了。可见门阀之制，并非起源于魏晋之世。然则其缘起安在呢？论门阀制度的话，要算唐朝的柳芳，说得最为明白。见《唐书·柳冲传》。据他的说法：则七国以前，封建时代的贵族，在秦汉之世，仍为强家。因为汉高祖起于徒步，用人不论家世，所以终两汉之世，他们在政治上，不占特别的势力。然其在社会上，势力仍在。到魏晋以后，政治上的势力和社会上的势力合流，门阀制度，就渐渐固定了。这话是对的。当时政治上扶植门阀制度的，就是所谓九品中正，见第七章。至于在社会上，则因汉末大乱，中原衣冠之族，开始播迁。一个世家大族，在本地方，是人人知其为世家大族的，用不着自行表暴。迁徙到别的地方，就不然了。琅邪王氏是世族，别地方的王氏则不然。博陵崔氏是世族，别地方的崔氏则不然。一处地方，就迁来一家姓王的，姓崔的，谁知道他是哪里的王？哪里的崔呢？如此，就不得不郑重声明，我是琅邪王而非别的王氏；是博陵崔而非别的崔氏了。这是讲门阀的所以要重视郡望的原因。到现在，我们旧式婚姻的简帖上，还残留着这个老废物。这时候，所谓门第的高下，大概是根据于：（一）本来门第的高下。这是相沿的事实，为本地方人所共认，未必有谱牒等物为据。因为古代谱牒，都是史官所记。随着封建的崩坏，久已散佚无存了。（二）秦汉以来，世家大族，似乎渐渐的都有谱牒。《隋书》著录，有家谱、家传两门。《世说新语》《注》，亦多引人家的家谱。而其事较近，各家族中，有何等人物、事迹，亦多为众人所能知、所能记，在这时期以内，一个家族中，要多有名位显著的人，而切忌有叛逆等大恶的事。如此，历时稍久，即能受人承认，为其地之世家。历时不久的，虽有名位显著的人，人家还只认为暴发户，不大看得起他。至于历时究要多久，那自然没有明确的界限。（三）谱牒切忌佚亡，事迹切忌湮没。傥使谱牒已亡；可以做世家的条件的事迹，又无人能记忆；或虽能记忆，而不能证明其出于我之家族中；换言之，即不能证明我为某世家大族或有名位之人之后；我的世族的资格，就要发生动摇了。要之，不要证据的事，要没人怀疑；要有证据的事，则人证物证，至少要有一件存在，这是当时判定世族资格的条件。谱牒等物，全由私家掌管，自然不免有散佚、伪造等事。政治总是跟着社会走的。为要维持此等门阀制度，官家就亦设立谱局，与私家的谱牒互相钩考，“有司选举，必稽谱籍而考其真伪”了。亦柳芳语。

当这时代，寒门世族，在仕途上优劣悬殊；甚至婚姻不通，在社交上的礼节，亦不容相并。可参考《陔余丛考·六朝重氏族》条。此等界限，直至唐代犹存。《唐书·高士廉传》及《李义府传》说：太宗命士廉等修《氏族志》，分为九等，崔氏犹为第一，太宗列居第三。又说：魏大和中，定望族七姓，子孙迭为婚姻。唐初作《氏族志》，一切降之。后房玄龄、魏徵、李勣等，仍与为婚，故其望不减。义府为子求婚不得，乃奏禁焉。其后转益自贵，称禁婚家，男女潜相聘娶，天子不能禁。《杜羔传》说：文宗欲以公主降士族，曰："民间婚姻，不计官品，而尚阀阅。我家二百年天子，反不若崔、卢邪？"可见唐朝中叶以后，此风尚未铲除。然此时的门阀，已只剩得一个空壳，经不起雨打风吹，所以一到五代时，就成"取士不问家世，婚姻不问阀阅"之局了。《通志·氏族略》。这时候的门阀，为什么只剩一个空壳呢？（一）因自六朝以来，所谓世族，做事太无实力。这只要看《廿二史札记·江左诸帝皆出庶族》、《江左世族无功臣》、《南朝多以寒人掌机要》各条可见。（二）则世族多贪庶族之富，与之通婚；又有和他通谱，及把自己的家谱出卖的。看《廿二史札记·财昏》、《日知录·通谱》两条可见。（三）加以隋废九品中正，唐以后科举制度盛行，世族在选举上，亦复不占便宜。此时的门阀，就只靠相沿已久，有一种惰力性维持，一受到（四）唐末大乱、谱牒沦亡的打击，自然无以自存了。门阀制度，虽盛于魏晋以后，然其根源，实尚远在周秦以前，到门阀制度废除，自古相传的阶级，就荡然以尽了。指由封建势力所造成的阶级。

然本族的阶级虽平，而本族和异族之间，阶级复起。这就不能不叹息于我族自晋以后武力的衰微了。中国自汉武帝以后，民兵渐废。此时的兵役多以罪人和奴隶充之，亦颇用异族人为兵。东汉以后，杂用异族之风更盛。至五胡乱华之世，遂习为故常。别见第九章。此时的汉人和异族之间，自然不能不发生阶级。史称北齐神武帝，善于调和汉人和鲜卑。他对汉人则说："鲜卑人是汝作客，犹今言雇工。得汝一斛粟，一匹绢，为汝击贼，令汝安宁，汝何为凌之？"对鲜卑人则说："汉人是汝奴。夫为汝耕，妇为汝织，输汝粟帛，令汝温饱，汝何为疾之？"就俨然一为农奴，一为战士了。但此时期的异族，和自女真以后的异族，有一个大异点。自辽以前，契丹为鲜卑宇文氏别部，实仍系五胡的分支。外夷率以汉族为高贵而攀援之，并极仰慕其文化，不恤牺牲其民族性，而自愿同化于汉族。至金以后则不然。这只要看五胡除羯以外，无不冒托神明之胄，如拓跋氏自称黄帝之后，宇文氏自称炎帝之后是。金以后则无此事；北魏孝文帝，自愿消灭鲜卑语，奖励鲜卑人与汉人通婚，自然是一个极端的例子，然除此以外，亦未有拒绝汉族文化的。金世宗却极力保存女真旧风及其语言文字。这大约由于自辽以前的异族，附塞较久，濡染汉人文化较深，金、元、清则正相反之故。渤海与金、清同族，而极仰慕汉人的文化，似由其先本与契丹杂居营州，有以致之，即其一证。对于汉族的压制剥削，亦是从金朝以后，才深刻起来的。五胡虽占据中原，只是一部分政权，入于其手。其人民久与汉族杂居，并未闻至此时，在社会上，享有何等特别的权利。至少在法律上大致如此。契丹是和汉人不杂居的。其国家的组织，分为部族和州县两部分，彼此各不相干。设官分南北面，北面以治部族，南面以治州县。财赋之官，虽然多在南面，这是因汉族的经济，较其部族为发达之故，还不能算有意剥削汉人。到金朝，则把猛安谋克户迁入中原。用集团之制，与汉族杂居，以便镇压。因此故，其所耕之地，不得不连成片段。于是或藉口官地，强夺汉人的土地；如据梁王庄、太子务等名目，硬说其地是官地之类。或口称与汉人互换，而实系强夺。使多数人民流离失所。初迁入时，业已如此。元兵占据河北后，尽将军户即猛安谋克户。迁于河南，又是这么一次。遂至和汉人结成骨仇血怨，酿成灭亡以后大屠戮的惨祸了。见《廿二史札记·金末种人被害之惨》条。元朝则更为野蛮。太宗时，其将别迭，要把汉人杀尽，空其地为牧场，赖耶律楚材力争始止。见《元史·耶律楚材传》。元朝分人为蒙古、色目、犹言诸色人等，包括蒙古及汉族以外的人。其种姓详见《辍耕录》。汉人、灭金所得的中国人。南人灭宋所得的中国人。四种，一切权利，都不平等。如各官署的长官，必用蒙古人。又如学校及科举，汉人、南人的考试较难，而出身反劣。汉人入奴籍的甚多。见《廿二史札记·元初诸将多掠人为私户》条。明代奴仆之数骤增，见《日知录·奴仆》条。怕和此很有关系。清朝初入关时，亦圈地以给旗民。其官缺，则满、汉平分。又有蒙古、汉军、包衣满洲人的奴仆。的专缺。刑法，则宗室、觉罗显祖之后称宗室，自此以外称觉罗。宗室俗称黄带子，觉罗俗称红带子，因其常系红黄色的带子为饰。凡汉人杀伤红黄带子者，罪加一等。惟在茶坊酒肆中则否，以其自亵身份也。及旗人，审讯的机关都不同，宗室、觉罗，由宗人府审讯。与人民讼者，会同户、刑部。包衣由内务府慎刑司审讯。与人民讼者，会同地方官。旗人由将军、都统、副都统审讯。且都有换刑，宗室以罚养赡银代笞、杖，以板责、圈禁代徒、流、充军。雍正十二年，并推及觉罗。其死罪则多赐自尽。旗人以鞭责代笞、杖，枷号代徒、流、充军。死刑以斩立决为斩监候，斩监候为绞。都是显然的阶级制度。民族愈开化，则其自觉心愈显著，其斗争即愈尖锐。处于现在生存竞争的世界，一失足成千古恨，再回头是百年身，诚不可以不凛然了。近来有一派议论，以为满、蒙等族，现在既已与汉族合为一个国族了，从前互相争斗的事，就不该再提及，怕的是挑起恶感。甚至有人以为用汉族二字，是不甚妥当的。说这是外国人分化我们的手段，我们不该盲从。殊不知历史是历史，现局是现局。不论何国、何族，在以往，谁没有经过斗争来？现在谁还在这里算陈账？若虑挑起恶感，而于以往之事，多所顾忌而不敢谈，则全部历史，都只好拉杂摧烧之了。汉族二字不宜用，试问在清朝时代的满汉二字，民国初年的汉、满、蒙、回、藏五族共和等语，当改作何字？历史是一种学术，凡学术都贵真实。只要忠实从事，他自然会告诉你所以然的道理，指示你当遵循的途径。现在当和亲的道理，正可从从前的曾经斗争里看出来，正不必私智穿凿，多所顾虑。总而言之：凡阶级的所以形成，其根源只有两种：一种是武力的，一种是经济的。至于种族之间，则其矛盾，倒是较浅的。近代的人，还有一种缪见，以为种族是一个很大的界限，同种间的斗争，只是一时的现象，事过之后，关系总要比较亲切些。殊不知为人类和亲的障碍的，乃是民族而非种族。种族的同异在体质上，民族的同异在文化上。体质上的同异，有形状可见，文化上的同异，无迹象可求。在寻常人想起来，总以为种族的同异，更难泯灭，这就是流俗之见，需要学术矫正之处。从古以来，和我们体质相异的人，如西域深目高鼻之民，南方卷发黑身之族，为什么彼我之间，没有造成严重的阶级呢？总而言之：社会的组织，未能尽善，则集团与集团之间，利害不能无冲突。“利惟近者为可争，害惟近者为尤切。”这是事实。至于体质异而利害无冲突，倒不会有什么剧烈的斗争的。这是古今中外的历史，都有很明白的证据的。所以把种族看做严重的问题，只是一个俗见。

近代有一种贱民。其起源，或因民族的异同，或因政治上的措置，或则社会上积习相沿，骤难改易。遂至造成一种特别阶级。这在清朝时，法律上都曾予以解放。如雍正元年，于山、陕的乐户，绍兴的惰民；五年于徽州的伴档，宁国的世仆；八年于常熟、昭文的丐户，都令其解放同于平民。乾隆三十六年，又命广东的蜑户，浙江的九姓渔户，及各省有似此者，均查照雍正元年成案办理。这自然是一件好事情。但社会上的歧视，往往非政治之力所能转移。所以此等阶级，现在仍未能完全消灭。这是有待于视压迫为耻辱的人，继续努力的了。

阶级制度，在古昔是多少为法律所维持的。及文化进步觉得人视人为不平等不合于理，此等法律，遂逐渐取消。然社会上的区别，则不能骤泯。社会阶级的区别，显而易见的是生活的不同。有形的如宫室、衣服等等，无形的如语言、举动等等。其间的界限，为社会所公认。彼此交际之间，上层阶级，会自视为优越，而对方亦承认其优越；下层阶级，会被认为低微，而其人亦自视为低微。此等阶级的区别，全由习惯相沿。而人之养成其某阶级的气质，则由于教育；广义的。维持其某阶级的地位，则由于职业。旧时社会所视为最高阶级的，乃读书做官的人，即所谓士。此种人，其物质的享受，亦无以逾于农工商。但所得的荣誉要多些。所以农工商还多希望改而为士，而士亦不肯轻弃其地位。旧时所谓书香之家，虽甚贫穷，不肯轻易改业，即由于此。这还是封建残余的势力。此外则惟视其财力的厚薄，以判其地位的高低。所谓贫富，应以维持其所处的阶级的生活为标准。有余的谓之富，仅足的谓之中人，不足的谓之贫。此自非指一时的状况言，而当看其地位是否稳固。所谓稳固，包含三条件：即（一）财产收入，较劳力收入为稳固。（二）有保障的职业，较无保障的为稳固。（三）独立经营的职业，较待人雇用的为稳固。阶级的升降，全然视其财力。财力足以上升，即可升入上层阶级。财力不能维持，即将落入下层阶级。宫室衣服等，固然如此，即教育职业亦然。如农工商要改做士，则必须有力量能从师读书；又必须有力量能与士大夫交际，久之，其士大夫的气质，乃得养成。此系举其一端，其他可以类推。总之，除特别幸运的降临，凡社会上平流而进的，均必以经济上的地位为其基础。下层社会中人，总想升入上层的；上层社会中人，则想保持其地位。旧时的教育，如所谓奋勉以求上进，如所谓努力勿坠其家声等，无论其用意如何，其内容总不外乎此。至于（一）铲除阶级；（二）组织同阶级中人，以与异阶级相斗争，则昔时无此思想。此因（一）阶级间之相去，并不甚远；（二）而升降也还容易之故。新式产业兴起以后，情形就与从前不同。从前所谓富、中人、贫，相去实不甚远的，今则相去甚远。所谓中产阶级，当分新旧两种：旧的，如旧式的小企业等，势将逐渐为大企业所吞并。新的，如技术、管理人员等，则皆依附大资本家以自存。其生活形式，虽与上层阶级为侪，其经济地位的危险，实与劳工无异。既无上升之望，则终不免于坠落。所以所谓中间者，实不能成为阶级。从下级升至上级，亦非徒恃才能，所能有济。昔时的小富，个人的能力及际遇，足以致之，今之大富豪则不然。现在文明之国，所谓实业领袖，多系富豪阶级中人，由别阶级升入的很少。于是虽无世袭之名，而有世袭之实。上级的地位，既不易变动，下级的恶劣境遇，自然不易脱离。环境逼迫着人改变思想，阶级斗争之说，就要风靡一时了。铲除阶级，自是美事。但盲动则不免危险；且亦非专用激烈手段，所能有济，所以举措不可不极审慎。

第五章 财 产

要讲中国的经济制度，我们得把中国的历史，分为三大时期：有史以前为第一期。有史以后，讫于新室之末，为第二期。自新室亡后至现在，为第三期。自今以后，则将为第四期的开始。

孔子作《春秋》，把二百四十二年，分为三世：第一期为乱世，第二期为升平世，第三期为太平世。这无疑是想把世运逆挽而上，自乱世进入升平，再进入太平的。然则所谓升平、太平，是否全是孔子的理想呢？我们试看，凡先秦诸子，无不认为邃古之世，有一个黄金时代，其后乃愈降而愈劣，即可知孔子之言，非尽理想，而必有其历史的背景。《礼记·礼运》所说的大同、小康，大约就是这个思想的背景罢？大同是孔子认为最古的时代，最好的，小康则渐降而劣，再降就入于乱世了。所谓升平，是想把乱世逆挽到小康，再进而达于大同，就是所谓太平了，这是无可疑的。然则所谓大同、小康，究竟是何时代呢？

人是非劳动不能生存的，而非联合，则其劳

动将归于无效，且亦无从劳动起，所以《荀子》说人不群则不能胜物。见《王制篇》。胜字读平声，作堪字解，即担当得起的意思。物字和事字通训。能胜物，即能担当得起事情的意思，并非谓与物争斗而胜之。当这时代，人是“只有合力以对物，断无因物而相争”的，许多社会学家，都证明原始时代的人，没有个人观念。我且无有，尚何有于我之物？所以这时代，一切物都是公有的。有种东西，我们看起来似乎是私有，如衣服及个人所用的器具之类。其实并不是私有，不过不属于这个人，则无用，所以常常附属于他罢了。以财产之承袭论，亦是如此。氏族时代，男子的遗物，多传于男子，女子的遗物，多传于女子，即由于此。当这时代，人与人之间，既毫无间隔，如何不和亲康乐呢？人类经过原始共产时代、氏族共产时代，以入于家族集产时代，在氏族、家族时代，似已不免有此疆彼界之分，然其所含的公共性质还很多。孔子所向往的大同，无疑的，是在这一个时代以前。今试根据古书，想象其时的情形如下。

这时代，无疑是个农业时代。耕作的方法，其初该是不分疆界的，其后则依家族之数，而将土地分配，所以孔子说“男有分，女有归”。此即所谓井田制度。井田的制度，是把一方里之地，分为九区。每区一百亩。中间的一区为公田，其外八区为私田。一方里住八家，各受私田百亩。中间的公田，除去二十亩，以为八家的庐舍，一家得二亩半。还有八十亩，由八家公共耕作。其收入，是全归公家的。私田的所入，亦即全归私家。此即所谓助法。如其田不分公私，每亩田上的收获，都酌提若干成归公，则谓之彻法。土田虽有分配，并不是私人所有的，所以有“还受”和“换主易居”之法。受，谓达到种田的年龄，则受田于公家。还，谓老了，达到无庸种田的年龄，则把田还给公家。因田非私人所有，故公家时时可重行分配，此即所谓“再分配”。三年一换主易居，即再分配法之一种。在所种之田以外，大家另有一个聚居之所，是之谓邑。合九方里的居民，共营一邑，故一里七十二家，见《札记·杂记》《注》引《王度记》。《公羊》何《注》举成数，故云八十家。邑中宅地，亦家得二亩半，合田间庐舍言之，则曰“五亩之宅”。八家共一巷。中间有一所公共的建筑，是为“校室”。春、夏、秋三季，百姓都在外种田，冬天则住在邑内。一邑之中，有两个老年的人做领袖。这两个领袖，后世的人，用当时的名称称呼他，谓之父老、里正。古代的建筑，在街的两头都有门，谓之闾。闾的旁边，有两间屋子，谓之塾。当大家要出去种田的时候，天亮透了，父老和里正，开了闾门，一个坐在左塾里，一个坐在右塾里，监督着出去的人。出去得太晚了；或者晚上回来时，不带着薪樵以预备做晚饭，都是要被诘责的。出入的时候，该大家互相照应。所带的东西轻了，该帮人家分拿些。带的东西重了，可以分给人家代携，不必客气。有年纪、头发花白的人，该让他安逸些，空手走回来。到冬天，则父老在校室里，教训邑中的小孩子，里正则催促人家“缉绩”。住在一条巷里的娘们，聚在一间屋子里织布，要织到半夜方休。以上所说的，是根据《公羊》宣公十五年何《注》、《汉书·食货志》，撮叙其大略。这虽是后来人传述的话，不全是古代的情形，然还可根据着他，想象一个古代农村社会的轮廓。

农田以外的土地，古人总称为山泽。农田虽按户口分配，山泽是全然公有的。只要依据一定的规则，大家都可使用。如《孟子》所说的“数罟不入洿池”，“斧斤以时入山林”等。田猎的规则，见《礼记·王制》。《周官》有山虞、林衡、川衡、泽虞、迹人、丱人等官，还是管理此等地方，监督使用的人，必须遵守规则，而且指导他使用的方法的，并不封禁。

这时候，是无所谓工业的。简单的器具，人人会造，较繁复的，则有专司其事的人。但这等人，绝不是借此以营利的。这等人的生活资料，是由大家无条件供给他的，而他所制造的器具，也无条件供给大家用。这是后来工官之本。

在本部族之内，因系公产，绝无所谓交易。交易只行于异部族之间。不过以剩余之品，互相交换，绝无新奇可喜之物。所以许行所主张的贸易，会简单到论量不论质。见《孟子·滕文公上篇》。而《礼记·郊特牲》说：“四方年不顺成，八蜡不通。”言举行蜡祭之时，不许因之举行定期贸易。蜡祭是在农功毕后举行的，年不顺成，就没有剩余之品可供交易了。此等交易，可想见其对于社会经济，影响甚浅。

倘在特别情形之下，一部族中，缺少了甚么必要的东西，那就老实不客气，可以向人家讨，不必要有什么东西交换。后来国际间的乞籴，即原于此。如其遇见天灾人祸，一个部族的损失实在太大了，自己无力回复，则诸部族会聚集起来，自动替他填补的。《春秋》襄公三十年，宋国遇到火灾，诸侯会于澶渊，以更宋所丧之财，更为继续之意，即现在的赓字。亦必是自古相沿的成法。帮助人家工作，也不算得什么事的。《孟子》说：“汤居亳，与葛为邻。葛伯放而不祀。汤使人问之曰：何为不祀？曰：无以供牺牲也。汤使遗之牛羊。葛伯食之，又不以祀。汤又使人问之曰：何为不祀？曰：无以供粢盛也。汤使亳众往为之耕。”《滕文公下》。这件事，用后世人的眼光看起来，未免不近情理。然如齐桓公会诸侯而城杞，《春秋》僖公十四年。岂不亦是替人家白效劳么？然则古代必有代耕的习惯，才会有这传说。古代国际间有道义的举动还很多，据此推想，可以说：都是更古的部族之间留传下来的。此即孔子所谓“讲信修睦”。

虽然部族和部族之间，有此好意，然在古代，部族乞助于人的事，总是很少的。因为他们的生活，是很有规范的，除非真有不可抗拒的灾祸，决不会沦于穷困。他们生活的规范，是怎样呢？《礼记·王制》说：冢宰“以三十年之通制国用，量入以为出。”“三年耕，必有一年之食。九年耕，必有三年之食。以三十年之通，虽有凶旱水溢，民无菜色。”这在后来，虽然成为冢宰的职责，然其根源，则必是农村固有的规范。不幸而遇到凶年饥馑，是要合全部族的人，共谋节省的。此即所谓凶荒札丧的变礼。在古代，礼是人人需要遵守的。其所谓礼，都是切于生活的实际规则，并不是什么虚文。所以《礼记·礼器》说：“年虽大杀，众不恇惧，则上之制礼也节矣。”

一团体之中，如有老弱残废的人，众人即无条件养活他。《礼记·王制》说：孤、独、鳏、寡，“皆有常饩”。又说：“喑、聋、跛、躃、断者、骨节断的人。侏儒，体格不及标准。该包括一切发育不完全的人。百工各以其器食之。”旧说：看他会做什么工，就叫他做什么工。这解释怕是错的。这一句和上句，乃是互言以相备。说对孤、独、鳏、寡供给食料，可见对此等残废的人，亦供给食料，说对此等残废的人，供给器用，可见对孤、独、鳏、寡亦供给器用。乃古人语法如此。《荀子·王制篇》作“五疾上收而养之”可证。

此等规则都实行了，确可使匹夫、匹妇，无不得其所的；而在古代，社会内部无甚矛盾之世，我们亦可以相信其曾经实行过的。如此，又何怪后人视其时为黄金时代呢？视古代为黄金时代，不但中国，希腊人也有这样思想的。物质文明和社会组织，根本是两件事。讲物质文明，后世确是进步了。以社会组织论，断不能不承认是退步的。

有许多遗迹，的确可使我们相信，在古代财产是公有的。《书经·酒诰篇》说：“群饮，汝勿佚，尽执拘以归于周，予其杀。”这是周朝在殷朝的旧土，施行酒禁时严厉的诰诫。施行酒禁不足怪，所可怪的，是当此酒禁严厉之时，何不在家独酌？何得还有群饮触犯禁令的人，致烦在上者之诰诫？然则其所好者，在于饮呢？还是在于群呢？不论什么事，根深柢固，就难于骤变了。汉时的赐酺，不也是许民群饮么？倘使人之所好，只在于饮而不在于群，赐酺还算得什么恩典？可见古人好群饮之习甚深。因其好群饮之习甚深，即可想见其在邃古时，曾有一个共食的习惯。家家做饭自己吃，已经是我们的耻辱了。《孟子》又引晏子说："师行而粮食。"粮同量，谓留其自吃的部分，其余尽数充公。这在晏子时，变成虐政了，然推想其起源，则亦因储藏在人家的米，本非其所私有，不过借他的房屋储藏，更古则房屋亦非私有。所以公家仍可随意取去。

以上所说，都是我们根据古籍所推想的大同时代的情形。虽然在古籍中，已经不是正式记载，而只是遗迹，然有迹则必有迹所自出之履，这是理无可疑的。然则到后来，此等制度，是如何破坏掉的呢?

旷观大势，人类全部历史，不外自塞而趋于通。人是非不断和自然争斗，不能生存的。所联合的人愈多，则其对自然争斗的力愈强。所以文明的进步，无非是人类联合范围的扩大。然人类控制自然的力量进步了，控制自己的力量，却不能与之并进。于是天灾虽澹，而人祸复兴。

人类的联合，有两种方法：一种是无分彼此，通力合作，一种则分出彼此的界限来。既分出彼此的界限，而又要享受他人劳动的结果，那就非于（甲）交易、（乙）掠夺两者之中择行其一不可了。而在古代，掠夺的方法，且较交易为通行。在古代各种社会中，论文化，自以农业社会为最高；论富力，亦以农业社会为较厚，然却很容易被人征服。因为（一）农业社会，性质和平，不喜战斗。（二）资产笨重，难于迁移。（三）而猎牧社会，居无定所，去来飘忽，农业社会，即幸而战争获胜，亦很难犁庭扫穴，永绝后患。（四）他们既习于战斗，（五）又是以侵略为衣食饭碗的，得隙即来。农业社会，遂不得不于可以忍受的条件之下，承认纳贡而言和；久之，遂夷为农奴；再进一步，征服者与被征服者，关系愈益密切，遂合为一个社会，一为治人者，食于人者，一为治于人者，食人者了。封建时代阶级制度的成立，即缘于此。参看上章。

依情理推想，在此种阶级之下，治者对于被治者，似乎很容易为极端之剥削的。然（一）剥削者对于被剥削者，亦必须留有余地，乃能长保其剥削的资源。（二）剥削的宗旨，是在于享乐的，因而是懒惰的，能够达到剥削的目的就够了，何必干涉人家内部的事情?（三）而剥削者的权力，事实上亦或有所制限，被剥削者内部的事情，未必容其任意干涉。（四）况且两个社会相遇，武力或以进化较浅的社会为优强，组织必以进化较深的社会为坚凝。所以在军事上，或者进化较深的社会，反为进化较浅的社会所征服；在文化上，则总是进化较浅的社会，为进化较深的社会所同化的。职是故，被征服的社会，内部良好的组织，得以保存。一再传后，征服者或且为其所同化，而加入于其组织之中。古语说君者善群，这群字是动词，即组织之义。而其所以能群，则由于其能明分。见《荀子·王制》、《富国》两篇。据此义，则征服之群之酋长，业已完全接受被征服之群之文化，依据其规则，负起组织的责任来了。当这时代，只有所谓君大夫，原来是征服之族者，拥有广大的封土，收入甚多，与平民相悬绝。此外，社会各方面的情形，还无甚变更。士，不过禄以代耕，其生活程度，与农夫相仿佛。农则井田之制仍存，工商亦仍无大利可牟。征服之族，要与被征服之族在经济上争利益者，亦有种种禁例，如"仕则不稼，田则不渔"之类。见《礼记·坊记》。《大学》：孟献子曰："畜马乘，不察于鸡豚；伐冰之家，不畜牛羊。"董仲舒对策，说公仪子相鲁，之其家，见织帛，怒而出其妻；食于舍而茹葵，愠而拔其葵。曰："吾已食禄，又夺园夫红女利乎？"此等，在后来为道德上的教条，在当初，疑有一种禁令。然则社会的内部，还是和亲康乐的，不过在其上层，多养着一个寄生者罢了。虽然和寄生虫并存，还不至危及生命健康，总还算一个准健康体，夫是之谓小康。

小康时代，又成过去，乱世就要来了。此其根源：（一）由初期的征服者，虽然凭恃武力，然其出身多在瘠苦之地，其生活本来是简陋的。凡人之习惯，大抵不易骤变，俭者之不易遽奢，犹奢者之不能复俭。所以开国之主，总是比较勤俭的。数传之后，嗣世之君，就都变成生于深宫之中，长于阿保之手的纨袴子弟了。其淫侈日甚，则其对于人民之剥削日重，社会上的良好规制，遂不免受其影响。如因政治不善，而人民对于公田耕作不热心，因此发生履亩而税的制度，使井田制度受其影响之类。（二）则商业发达了，向来自行生产之物，可以不生产而求之于人；不甚生产之物，或反可多生产以与人交易。于是旧组织不复合理，而成为获利的障碍，就不免堕坏于无形了。旧的组织破坏了，新的组织，再不能受理性的支配，而一任事势的推迁。人就控制不住环境，而要受环境的支配了。

当这时代，经济上的变迁，可以述其荦荦大端如下：

（一）因人口增加，土地渐感不足，而地代因之发生。在这情形之下，土地荒废了，觉得可惜，于是把向来田间的空地，留作道路和备蓄泄之用的，都加以垦辟，此即所谓"开阡陌"。开阡陌之开，即开垦之开。田间的陆地，总称阡陌。低地留作蓄水泄水之用的，总称沟洫。开阡陌时，自然把沟洫也填没了。参看朱子《开阡陌辨》。这样一来，分地的标记没有了，自然可随意侵占，有土之君，利于租税之增加，自然也不加以禁止，或且加以倡导，此即孟子所谓“暴君污吏，必慢其经界”。《滕文公上篇》。一方面靠暴力侵占，一方面靠财力收买，兼并的现象，就陆续发生了。

（二）山泽之地，向来作为公有的，先被有权力的封君封禁起来，后又逐渐入于私人之手。《史记·平准书》说：汉初山川、园池，自天子至于封君，皆各为私奉养。此即前代山泽之地。把向来公有的山泽，一旦作为私有，在汉初，决不会，也决不敢有这无理的措置，可见自秦以前，早已普遍加以封禁了。管子官山府海之论，虽然意在扩张国家的收入，非以供私人之用，然其将公有之地，加以封禁则同。《史记·货殖列传》所载诸大企业家，有从事于畜牧的，有从事于种树的，有从事于开矿的，都非占有山泽之地不行。这大约是从人君手里，以赏赐、租、买等方法取得的。

（三）工业进化了，器用较昔时为进步，而工官的制造，未必随之进步。或且以人口增加而工官本身，未尝扩张，量的方面，亦发生问题。旧系家家自制之物，至此求之于市者，亦必逐渐增加。于是渐有从事于工业的人，其获利亦颇厚。

（四）商人，更为是时活跃的阶级。交换的事情多了，居间的商人随之而增多，这是势所必至的。商业的性质，是最自利的。依据它的原理，必须以最低的价格只要你肯卖。买进，最高的价格只要你肯买。卖出。于是生产者、消费者同受剥削，而居间的阶级独肥。

（五）盈天地之间者皆物，本说不出什么是我的，什么是你的。所以分为我的、你的，乃因知道劳力的可贵，我花了劳力在上面的东西，就不肯白送给你。于是东西和东西，东西和劳力，劳力和劳力，都可以交换。于是发生了工资，发生了利息。在封建制度的初期，封君虽然霸占了许多财产，还颇能尽救济的责任，到后来，便要借此以博取利息了。孟子述晏子的话，说古代的巡狩，“春省耕而补不足，秋省敛而助不给”。《梁惠王下篇》。而《战国策》载冯煖为孟尝君收债，尽焚其券以市义，就显示着这一个转变。较早的时代，只有封君是有钱的，所以也只有封君放债。后来私人有钱的渐多，困穷的亦渐众，自然放债取利的行为，渐渐的普遍了。

（六）在这时代，又有促进交易和放债的工具发生，是为货币的进步。别见《货币篇》。货币愈进步，则其为用愈普遍，于是交易活泼，储蓄便利，就更增进人的贪欲。物过多则无用，所以在实物经济时代，往往有肯以之施济的。货币既兴，此物可以转变为他物，储蓄的亦只要储蓄其价值，就不容易觉得其过剩了。

在这种情形之下，就发生下列三种人：

（一）大地主。其中又分为（甲）田连阡陌及（乙）擅山泽之利的两种人。

（二）大工商家。古代的工业家，大抵自行贩卖，所以古人统称为商人。然从理论上剖析之，实包括工业家在内，如汉时所称之“盐铁”，谓制盐和鼓铸铁器的人。其营业，即是侧重在制造方面的。

（三）子钱家。这是专以放债取息为营业的。

要知道这时代的经济情形，最好是看《史记》的《货殖列传》。然《货殖列传》所载的，只是当时的大富豪。至于富力较逊，而性质相同的，小地主、小工商及小的高利贷者。那就书不胜书了。

精神现象，总是随着生活环境而变迁的。人，是独力很难自立的，所以能够生存，无非是靠着互助。家族制度盛行，业已把人分成五口、八口的一个个的小单位。交易制度，普遍的代替了分配、互助之道，必以互相剥削之方法行之，遂更使人们的对立尖锐。人在这种情形之下，要获得一个立足之地甚难，而要堕落下去则甚易。即使获得了一个立足之地，亦是非用强力，不易保持的。人们遂都汲汲皇皇，不可终日。董仲舒说：“天下攘攘，皆为利往；天下熙熙，皆为利来。”《史记·货殖列传》有一段，剖析当时所谓贤士、隐士、廉吏、廉贾、壮士、游侠、妓女、政客、打猎、赌博、方技、犯法的吏士、农、工、商贾，各种人的用心，断言他的内容，无一而非为利。而又总结之曰：“此有智尽能索耳，终不余力而让财矣。”《韩非子》说：无丰年旁入之利，而独以完给者，非力则俭。无饥寒疾病祸罪之殃，而独以贫穷者，非侈则惰。征敛于富人，以布施于贫家，是夺力俭而与侈惰。《显学篇》。话似近情，然不知无丰年旁入之利，无饥寒疾病祸罪之殃的条件，成立甚难；而且侈惰亦是社会环境养成的。谁之罪？而独严切的责备不幸的人，这和“不独亲其亲，不独子其子”，“货恶其弃于地也，不必藏于己；力恶其不出于身也，不必为己”的精神，竟不像是同一种动物发出来的了。人心大变，此即所谓乱世。

孔子所谓小康之世，大约从有史时代就开始的。因为我们有确实的历史，始于炎黄之际，已经是一个干戈扰攘的世界了。至于乱世，其机缄，亦是早就潜伏的，而其大盛，则当在东周之后。因为封建制度，是自此以后，才大崩溃的。封建制度的崩溃不是什么单纯的政治作用，实在是社会文化进步，而后政治作用随之的，已见第三章。新文化的进步，就是旧组织的崩溃。然在东周以后，社会的旧组织，虽已崩溃，而人们心上，还都觉得这新成立的秩序为不安；认为它是变态，当有以矫正之。于是有两汉时代不断的社会改革运动。酝酿久之，到底有新室的大改革。这大改革失败了，人们才承认社会组织的不良，为与生俱来，无可如何之事，把病态认为常态了。所以我说小康的一期，当终于新室之末。

汉代人的议论，我们要是肯细看，便可觉得他和后世的议论，绝不相同。后世的议论，都是把社会组织的缺陷，认为无可如何的事，至多只能去其太甚。汉代人的议论，则总是想彻底改革的。这个，只要看最著名的贾谊、董仲舒的议论，便可见得。若能细读《汉书》的《王贡两龚鲍》和《眭两夏侯京翼李传》，就更可明白了。但他们有一个通弊，就是不知道治者和被治者，根本上是两个对立的阶级。不知领导被压迫阶级，以图革命，而专想借压迫阶级之力，以为人民谋解放。他们误以为治者阶级，便是代表全社会的正义的，而不知道这只是治者阶级中的最少数。实际，政治上的治者阶级，便是经济上的压迫阶级，总是想榨取被治阶级（即经济上的被压迫阶级）以牟利的。治者阶级中最上层的少数人，只是立于两者之间，使此两阶级得以保持一个均衡，而实际上还是偏于治者一方面些。要想以它为发力机，鼓动了多数治者，为被治者谋幸福，真是缘木求鱼，在理论上决不容有这回事。理所可有，而不能实现之事多矣，理所必无，而能侥幸成功之事，未之前闻。这种错误，固然是时代为之，怪不得古人。然而不能有成之事，总是不能有成，则社会科学上的定律，和自然科学上的定律，一样固定，决不会有例外。

在东周之世，社会上即已发生两种思潮：一是儒家，主张平均地权，其具体办法，是恢复井田制度。一是法家，主张节制资本，其具体办法，是（甲）大事业官营；（乙）大商业和民间的借贷，亦由公家加以干涉。见《管子·轻重》各篇。汉代还是如此。汉代儒家的宗旨，也是要恢复井田的。因为事不易行，所以让步到“限民名田”。其议发于董仲舒。哀帝时，师丹辅政，业已定有办法，因为权戚所阻挠，未能实行。法家的主张，桑弘羊曾行之。其最重要的政策，是盐铁官卖及均输。均输是官营商业。令各地方，把商人所贩的出口货做贡赋，官贩卖之于别地方。弘羊的理论，略见《盐铁论》中。著《盐铁论》的桓宽，是反对桑弘羊的，《盐铁论》乃昭帝时弘羊和贤良文学辩论的话，桓宽把它整理记录下来的。贤良文学，都是治儒家之学的。弘羊则是法家，桓宽亦信儒家之学。其记录，未必会有利于弘羊，然而我们看其所记弘羊的话，仍觉得光焰万丈，可知历来以弘羊为言利之臣，专趋承武帝之意，替他搜括，实在是错误的。但弘羊虽有此种抱负，其筹款的目的是达到了，矫正社会经济的目的，则并未达到。汉朝所实行的政策，如减轻田租，重农抑商等，更其无实效可见了。直到汉末，王莽出来，才综合儒法两家的主张，行一断然的大改革。

在中国经学史中，有一重公案，便是所谓今古文之争。今古文之争，固然自有其学术上的理由，然和政治的关系亦绝大。提倡古文学的刘歆、王莽，都是和政治很有关系的人。我们向来不大明白他们的理由，现在却全明白了。王莽是主张改革经济制度的人。他的改革，且要兼及于平均地权和节制资本两方面。今文经是只有平均地权的学说，而无节制资本的学说的。这时候，社会崇古的风气正盛。欲有所作为，不得不求其根据于古书。王莽要兼行节制资本的政策自不得不有取于古文经了。这是旁文。我们现在且看王莽所行的政策：

（一）他把天下的田，都名为王田；犹今言国有，奴婢名为私属，都不得卖买。男口不盈八，而田过一井的，分余田与九族乡党。

（二）设立六筦之制：（甲）盐，（乙）酒，（丙）铁，（丁）山泽，（戊）五均赊贷，（己）铁布铜冶。其中五均赊贷一项，是控制商业及借贷的。余五项，系将广义的农业和工业，收归官营。

（三）五均，《汉书·食货志》《注》引邓展，谓其出于河间献王所传的《乐语》、《乐元语》。臣瓒引其文云："天子取诸侯之土，以立五均，则市无二贾，四民常均；强者不得困弱，富者不得要贫；则公家有余，恩及小民矣。"这是古代的官营商业。其为事实或法家的学说未可知，而要为王莽的政策所本。王莽的制度：是改长安东西市令，又于洛阳、邯郸、临淄、宛、成都五处，都设司市师。师是长官之意。各以四时仲月，二、五、八、十一月。定该区中货物的平价。货物实系有用而滞销的，照他的本钱买进。物价腾贵，超过平价一钱时，汉时钱价贵，故超过一钱，即为腾贵。则照平价出卖。又在司市师之下，设泉府丞。丞是副官的意思。经营各种事业的人，都要收税，名之为贡。其额按纯利十分之一。泉府收了这一笔贡，用以借给困乏的人。因丧祭等事而借的，只还本，不取息，借以营利的，取年息十分之一。

王莽的变法，成功的希望是不会有的，其理由已述于前。固然，王莽的行政手段很拙劣，但这只是枝节。即使手段很高强，亦不会有成功的希望。因为根本上注定要失败的事，决不是靠手段补救得来的。但是王莽的失败，不是王莽一个人的失败，乃是先秦以来言社会改革者公共的失败。因为王莽所行，并不是王莽一个人的意见，乃是先秦以来言社会改革者公共的意见。王莽只是集此等意见的大成。经过这一次改革失败之后，人遂群认根本改革为不可能，想把乱世逆挽之而至于小康的思想，从此告终了。中国的社会改革运动，至此遂告长期的停顿。

虽然在停顿时期，枝节的改革，总还不能没有的。今亦略述其事如下：

当这时代，最可纪念的，是平和的、不彻底的平均地权运动。激烈的井田政策既经绝望，平和的限民名田政策还不能行，于是又有一种议论，说平均地权之策，当行之于大乱之后，地广人稀，土田无主之日。于是有晋朝的户调式，北魏的均田令，唐朝的租庸调法。这三法的要点是：（一）因年龄、属性之别，以定受田的多少。（二）在北魏的均田令中，有露田和桑田的区别。唐朝则名为口分田和世业田。桑田和世业田，是可以传世的，露田和口分田，则受之于官，仍要还之于官。（三）唐制又有宽狭乡之别。田亩之数，足以照法令授与的为宽乡，不足的为狭乡。狭乡授田，减宽乡之半。（四）有余田的乡，是要以给比连之乡的。州县亦是如此。（五）徙乡和贫无以葬的人，得卖世业田。自狭乡徙宽乡的，得并卖口分田。口分田非其所有，无可卖之理。这该是奖励人民从狭乡迁到宽乡去的意思。法律上的解释，等于官收其田而卖却之，而将卖田所得之款，发给为奖励费。许其自卖，只是手续简便些罢了。（六）虽然如此，世业田仍有其一定制限，买进的不得超过此限度，在最小限度以内，亦不得再卖却。统观三法，立法之意，是不夺其私有之田，无田者则由官给，希冀减少反抗，以渐平均地权，其立法之意诚甚善。然其实行至何程度，则殊可疑。晋法定后，天下旋乱，曾否实行，论者甚至有怀疑的。北魏及唐，曾实行至何程度，历史上亦无明确的记载。即使实行了，而人总是有缓急的；缓急的时候，不能不希望通融，在私产制度之下，谁肯白借给你来？救济的事业，无论如何，是不能普遍的。救济事业之量，决不能等于社会上需要救济之量，这是有其理论上的根据的。因为救济人者，必先自觉有余，然后能斥其所余以救济人。然救济人者的生活程度，必高于所救济的人，因而他所拿出来的，均摊在众人头上，必不能使被救济者之生活程度，与救济之者相等。而人之觉得足不足，并不是物质上真有什么界限，而往往是和他人的生活状况相比较的。如此，故被救济者在心理上永无满足之时。又在现在的社会组织之下，一个人的财富，往往是从剥削他人得来的，而他的自觉有余必在先，斥其余以救济他人必在后。自剥削至于救济，其中必经过相当的时间。在此时间之中，被剥削者，必已负有很大的创伤，即使把所剥削去的全数都还了他，亦已不够回复，何况还不能全数还他呢？于是不得不有抵卖之品。而贫民是除田地之外，无物可以抵卖的。如此，地权即使一度平均，亦很难维持永久。何况并一度之平均而不可得呢？再者：要调剂土满和人满，总不能没有移民，而在现在的文化状况之下，移民又是很难实行的。所以此等平均地权的方法，不论事实，在理论上已是很难成立的了。据记载，唐朝当开元时，其法业已大坏。至德宗建中元年，民国纪元前1132年。杨炎为相，改租庸调法为两税法，人民有田无田，田多田少，就无人过问了。自晋武帝太康元年民国纪元前1632年。平吴行户调法至此，前后适五百年。自此以后，国家遂无复平均地权的政策。间或丈量，不过为平均赋税起见，而亦多不能彻底澄清。兼并现象，依然如故，其中最厉害的，为南宋时浙西一带的兼并。因为这时候，建都在临安，浙西一带，阔人多了，竞以兼并为事。收租奇重。宋末，贾似道要筹款，就用低价硬买做官田。田主固然破产了。佃户自此要向官家交租，又非向私家交租时“额重纳轻”之比，人民已受了一次大害。到明初平张士诚，太祖恶其民为士诚守，对于苏松、嘉湖之田，又定以私租为官税。后来虽屡经减免，直到现在，这一带田赋之重，还甲于全国。兼并的影响，亦可谓深了。

物价的高低，东汉以后，更无人能加以干涉。只有食粮，关系人民的利害太切了，国家还不能全然放任。安定谷价的理论，始于李悝。李俚说籴谷价。甚贱伤农，甚贵伤民，此民字指谷之消费者，与农为谷之生产者立于对待的地位。主张当新谷登场时，国家收买其一部分，至青黄不接时卖出，以保持谷的平价。汉宣帝时，谷价大贱，大司农耿寿昌，于若干地方行其法，名其仓为常平仓。此法虽不为牟利起见，然卖出之价，必比买进之价略高，国家并无所费，而人民实受其益，实可称法良意美。然在古代，谷物卖买未盛则有效。至后世，谷物的市场日广，而官家的资本甚微，则即使实力奉行，亦难收控制市场之效；何况奉行者又多有名无实，甚或并其名而无之呢？所以常平仓在历代法令上，虽然是有的时候多，实际上并无效力。隋文帝时，工部尚书长孙平创义仓之法，令人民于收成之日，随意功课，即于当社立仓存贮。荒歉之时，用以救济。后周时有惠民仓。将杂配钱一种杂税的名目。的几分之几，折收谷物，以供凶年平粜之用。宋时又有广惠仓。募人耕没入和户绝田，收其租以给郭内穷苦的人民。这都是救济性质。直到王安石出来，行青苗法，才推广之，以供借贷之用。青苗法是起于李参的。李参在陕西做官时，命百姓自度耕种的赢余，告贷于官。官贷之以钱。乃秋，随赋税交还。王安石推行其法于诸路。以常平、广惠仓所储的钱谷为贷本。仓本所以贮谷，后世因谷的储藏不便，亦且不能必得，遂有兼储钱的。需用时再以钱买谷，或竟发钱。当时反对者甚多，然其本意是好的，不过官不是推行此法的机关不免有弊罢了。反对青苗的人，有的说它取息二分太重，这是胡说，当时民间利率，实远重于此。青苗之弊：在于（一）人民不敢与官交涉。（二）官亦不能与民直接，势必假手于吏胥，吏胥多数是要作弊的，人民更不敢与之交涉。（三）于是听其自然，即不能推行。（四）强要推行，即不免抑配。（五）借出之款，或不能偿还，势必引起追呼。（六）又有勒令邻保均赔的。（七）甚有无赖子弟，谩昧尊长，钱不入家。或他人冒名诈请，莫知为谁的。总而言之，是由于办理的机关的不适宜。南宋孝宗乾道四年，建州大饥。朱子请于府，得常平仓粟六百石，以为贷本。人民夏天来借的，到冬加二归还。以后逐年如此。小荒则免其半息，大荒则全免其息。如此十四年，除将原本六百石还官外，并将余利，造成仓廒，得粟三千一百石，以为社仓。自此借贷就不再收息了。朱子此法，其以社为范围，与长孙平的义仓同。不但充平粜及救济，而兼供借贷，与王安石的青苗法同。以社为范围，则易于管理，易于监察，人民可以自司其事。如此，则有将死藏的仓谷出贷，化为有用的资本之利，而无青苗法与官交涉之弊。所以历来论者，都以为此法最善；有与其提倡常平、义仓，不如提倡社仓的倾向。义仓不如社仓，诚然无可争辩，这是后起者自然的进步。常平和社仓，则根本不是一件事。常平是官办的，是和粮食商人斗争的。义仓和社仓，都是农民互助的事。固然，农民真正充足了，商人将无所施其剥削，然使将现在社会上一切剥削农民之事，都铲除了，农民又何至于不足呢？固然，当时的常平仓，并没有控制市场之力；至多当饥荒之际，开办平粜，惠及城市之人。然此乃常平办理之不得其法，力量的不够，并不是其本质不好。依正义及经济政策论，国家扶助农民和消费者，铲除居间者的剥削，还是有这义务；而在政策上也是必要的。所以常平和社仓，至少该并行不废。再者，青苗法以官主其事，固然不好，社仓以人民主其事，也未必一定会好的。因为土豪劣绅，和贪官污吏，是同样要吮人膏血的，并无彼此之分。主张社仓的，说社仓范围小，十目所视，十手所指，管理的人，难于作弊。然而从来土豪劣绅都是明中把持、攘夺，并不是暗中攫取的。义仓创办未几，即或因人民不能管理，而移之于县。社仓，据《文献通考》说：亦是“事久而弊，或主之者倚公以行私，或官司移用而无可给，或拘纳息米而未尝除，甚者拘催无异正赋”。以为非有“仁人君子，以公心推而行之”不为功。可见防止贪污土劣的侵渔，仍不能无藉于人民的自卫了。平抑粮食以外他种物价之事，东汉以后无之。只有宋神宗熙宁五年，曾立市易司，想平抑京师的物价，然其后事未能行。

借贷，亦始终是剥削的一种方法。最初只有封君之类是有钱的人，所以也只有他们能营高利贷的事业。后来事实虽然变换了，还有借他们出面的。如《汉书·谷永传》说：当时的掖庭狱，“为人起债，代人放债。分利受谢”是。亦有官自放债的。如隋初尝给内官以公廨钱，令其回易生利，这种公廨钱，就是可以放债的。其类乎封建财产的，则南北朝以后，僧寺颇多殷富，亦常为放债的机关。私人放债取利，较大的，多为商贾所兼营，如《后汉书·桓谭传》：谭上疏陈时政，说：“今富商大贾，多放钱货，中家子弟，为之保役”，则并有代他奔走的人了。《元史·耶律楚材传》说：当时的回鹘，多放羊羔利。利上起利。回鹘也是从西域到中国来经商的。这是因商人手中，多有流动资本，所以兼营此业最便。至于土豪劣绅之类，即在本地方营高利贷业的，其规模自然较此为小，然其数则甚多，而其手段亦极酷辣。《宋史·食货志》载司马光疏，说当时的农民，“幸而收成，公私之债，交争互夺；谷未离场，帛未下机，已非己有”；《陈舜俞传》说：当时放债的人，虽“约偿缗钱，而谷粟、布缕、鱼盐、薪蔌、耰锄、斧锜之属，皆杂取之”；便可见其一斑了。大抵借贷有对人信用和对物信用两种。对物信用，须能鉴别其物，知其时价；对人信用，则须调查其人之财产及行为，亦有一番事情，且须有相当知识。这在放债者方面，亦须有一种组织。所以逐渐发达，而成为近代的钱庄及当铺。

中国历代，社会上的思想，都是主张均贫富的，这是其在近代所以易于接受社会主义的一个原因。然其宗旨虽善，而其所主张的方法，则有未善。这因历代学者，受传统思想的影响太深，而对于现实的观察太浅之故。在中国，思想界的权威，无疑是儒家。儒家对于社会经济的发展，认识本不如法家的深刻，所以只主张平均地权，而忽略了资本的作用。这在当时，还无怪其然，古代学问的发达，不能不为地域所限。儒学盛于鲁。法家之学，托诸管子，疑其初盛于齐。《史记·货殖列传》说：太公封于齐，地泻卤，人民寡，太公劝女工，极技巧，通鱼盐，人物归之，襁至而辐凑，齐冠带衣履天下。这或者出于附会。然齐鱼盐工商之业皆盛，则是不诬的。齐国在当时，资本必较发达，所以节制资本的思想，就起于其地了。然至后世，学者的眼光，仍限于这一个圈子里，就可怪了。如前述汉代儒家的议论，即其一证。宋学兴起，在中国思想界，是最有特色的。宋儒亦很留心于政治和社会问题。而纯粹的宋学家，亦只重视复井田为致太平之策，那又是其一证。然此犹其小者。至其大者，则未审国家的性质。不知国家是阶级时代的产物，治者阶级，总是要剥削被治者以牟利的。其中虽有少数大公无我的人，然而总只是少数。其力量，较诸大多数的通常人，远觉绵薄。即使这少数人而得位乘时，使其监督大多数人，不敢放手虐民，即所谓去其泰甚，已觉得异常吃力。至于根本上改变其性质，则其事必不可能。如此，所以历代所谓治世的政治，往往是趋于放任的；而一行干涉的政策，则往往召乱。然则但靠国家之力，如何能均平贫富呢？新莽以此失败了，而后世的人，还是这种思想。我们试看王安石的《度支副使厅壁题名记》，他说："合天下之众者财，理天下之财者法，守天下之法者吏也。吏不良，则有法而莫守；法不善，则有财而莫理；有财而莫理，则阡陌闾巷之贱人，皆能私取予之势，擅万物之利，以与人主争黔首，而放其无穷之欲；非必贵强桀大而后能如是；而天子犹为不失其民者，盖特号而已耳。虽欲食蔬衣敝，憔悴其身，愁思其心，以幸天下之给足而安吾政，吾知其犹不得也。然则善吾法而择吏以守之，以理天下之财，虽上古尧、舜，犹不能毋以此为急务，而况于后世之纷纷乎？"他看得天下之物，是天下人所公有；当由一个代表正义的人，为之公平分配，而不当由自私自利的人，擅其利而私其取予，以役使众人；其意昭然若揭。然欲以此重任，责之于后世的所谓天子，云胡可得呢？中国读书人所以有这思想，是因为其受传统思想的影响太深，在传统思想上，说这本是君之责任故。然在极古的时代，君权大而其所治之国小；而且大同时代的规则，尚未尽废，或者可以做到几分。在后世，则虽甚神圣，亦苦无下手之处了。而中国讲改革的人，都希望着他，如何能不失败呢？龚自珍是近代最有思想的人。他的文集里，有一篇文章，标题为《平均篇》，畅发一切乱源，根本都在经济上分配的不平。最高的治法，是能使之平均。就其现象，与之相安，则不足道。其观察亦可谓极深刻。然问其方法，则仍是希望握政权者，审察各方面的情形，而有以措置之，则仍是一条不通的路而已。龚氏是距离现在不过百年的人，而其思想如此，可见旧日的学者，其思想，全然局限于这一个范围之中。这是时代为之，自然怪不得古人。然在今日，却亦不可不知道昔人所走的路是一条不通的路，而再奉其思想为金科玉律。

现代的经济情形，和从前又大不相同了。自从西力东侵以来，我们的经济，已非复闭关独立之世，而与世界息息相通。在工业革命以前，最活跃的是商人阶级。所以历代的议论，都主张重农抑商。自工业革命以后，则商人反成为工业家的附属，不过略沾其余润，所以中国推销洋货的人，即世所称为买办阶级者，在中国社会里，虽俨然是个富豪，而以世界眼光观之，则仍不免在小贫之列。在现代的经济状况之下，断不容我们固步自封。世界的经济情形，自从工业发达了，积集的资本遂多，而金融资本，又极跋扈。工业品是要寻求销路的，而且还要霸占资源，就是固定和流动的资本，也要输出国外，皆不得不以武力保其安全。于是资本主义发展而成为帝国主义。历代的劳资对立，资本家是在国内的，现在则资本家在国外。于是民生问题和民族问题，并为一谈，再不能分离解决了。我们现在，该如何审慎、勇敢、强毅，以应付这一个目前的大问题呢？

第六章 官制

官制是政治制度中最繁复的一门。（一）历代设官既多，（二）而又时有变迁。（三）它的变迁又不是审察事实和制度不合而条理系统地改正的，而是听其迁流之所至。于是有有其名而无其实的，亦有有其实而无其名的。名实既不相符，循其名遂不能知其实。而各官的分职，亦多无理论可循。求明白其真相，就很不容易了。然官制毕竟是政治的纲领。因为国家要达其目的，必须有人以行之。这行之之人，就是所谓官。所以明于一时代所设之官，即能知其时所行之政。对于历代的官制，若能知其变迁，即亦能知其政治的变迁了。

人的见解，总是较时代落后一些的。时代只有新的，而人之所知，却限于旧。对付未来的方法，总是根据既往的情形，斟酌而出之的。所以无论如何，不能全合。制度才定出来，即已不适于用。制度是拗不过事实的，（一）非格不能行，（二）即名存实亡，这是一切制度都如此的，而官制亦不能例外。我国的官制，大略可分为六期：（一）自周以前，为列国时代的制度。（二）而秦及汉初统一时代的制度，即孕育于其末期。（三）因其大体自列国时代蜕化而来，和统一时代不甚适合，不久即生变迁。各方面变迁的结果，极其错杂不整。直至唐朝，才整理之，成为一种有系统的制度。（四）然整理甫经就绪，又和事实不符。唐中叶以后，又生变迁，而宋朝沿袭之。（五）元以异族，入主中原，其设施自有特别之处。明朝却沿袭着它。清朝的制度，又大略沿袭明朝。然因实际情形的不同，三朝的制度，又自有其大相违异之处。（六）清朝末叶，因为政体改变，官制亦随之改变。然行之未久，成效不著。直至今日，仍在动荡不定之中。以上略举其变迁的大概，以下再略加说明。因为时间所限，亦只能揭举其大纲而已。

官有内外之分。内官即中央政府之官，是分事而治的。全国的政务，都汇集于此，依其性质而分类，一官管理一类的事。又有综合全般状况，以决定施政的方针的，是即所谓宰相。外官则分地而治。在其地界以内，原则上各事都要管的。出于地界以外，则各事一概不管。地方区划，又依等级而分大小。上级大的区划，包含若干下级小的区划。在行政上，下级须听上级的指挥。这是历代官制的通则。

列国并立之世，到春秋战国时代，已和统一时代的制度相近了。因为此时期，大国之中，业已包含若干郡县。但其本身，仍只等于后世一个最大的政治区域。列国官制：今文家常说三公、九卿、二十七大夫、八十一元士。但这只是爵，没有说出他的职守来。三公依今文家说，是司马、司徒、司空。九卿无明文。古文家说，以太师、太傅、太保为三公。少师、少傅、少保为三孤。冢宰、天官。司徒、地官。宗伯、春官。司马、夏官。司寇、秋官。司空冬官。为六卿。许慎《五经异义》。按今文说的三公，以配天、地、人。司马主天，司徒主人，司空主地。古文说的六卿，以配天、地、四时。此外还有以五官配五行等说法。见《左传》昭公十七年、二十九年。《春秋繁露·五行相胜篇》。这不过取古代的官，随意拣几个编排起来，以合于学说的条理而已。和古代的事实，未必尽合。古代重要的官，不尽于此；并非这几个官特别重要，不过这几个官，亦是重要的罢了。司马是管军事的，司徒是统辖人民的，司空是管建设事务的。古代穴居，是就地面上凿一个窟窿，所以谓之司空。空即现在所用的孔字。《周官》冬官亡佚，后人以《考工记》补之。其实这句话也靠不住。性质既不相同，安可相补？不过《考工记》也是讲官制的。和《周官》性质相类，昔人视为同类之书，合编在一起，后人遂误以为补罢了。《周官》说实未尝谓司空掌工事，后世摹仿《周官》而设六部，却以工部拟司空，这是后人之误，不可以说古事的。冢宰总统百官，兼管宫内的事务，其初该是群仆的领袖。所以大夫之家亦有宰。至于天子诸侯，则实际本来差不多的。天子和诸侯、大国和小国制度上的差异，不过被著书的人说得如此整齐，和实际亦未必尽合。宗伯掌典礼，和政治关系最少，然在古代迷信较深之世，祭祀等典礼，是看得颇为隆重的。司寇掌刑法，其初当是军事裁判。说详第十章。三公坐而论道，三孤为之副，均无职事。按《礼记·曾子问》说："古者男子，内有傅，外有慈母。"《内则》说：国君世子生，"择于诸母与可者，必求其宽裕慈惠，温良恭俭，慎而寡言者，使为子师，其次为慈母，其次为保母。"太师、太傅、太保，正和师、慈、保三母相当。古夫亦训傅，两字盖本系一语，不可以称妇人，故变文言慈。然则古文的三公，其初乃系天子私人的侍从，本与政事无关系，所以无职事可言。《周官》说坐而论道之文，乃采诸《考工记》，然《考工记》此语，"坐而论道，谓之王公"。是指人君言，不是指大臣言的，说《周官》者实误采。总而言之：今文古说，都系春秋战国时的学说，未必和古代的事实密合。然后世厘定制度的人，多以经说为蓝本。所以虽非古代的事实，却是后世制度的渊源。

列国时代的地方区划，其大的，不过是后世的乡镇。亦有两种说法：《尚书大传》说："古八家而为邻，三邻而为朋，三朋而为里，七十二家，参看上章。五里而为邑，十邑而为都，十都而为师，州十有二师焉。"这是今文说。《周官》则乡以五家为比，比有长。五比为闾，闾有胥。四闾为族，族有师。五族为党，党有正。五党为州，州有长。五州为乡，乡有大夫。遂以五家为邻，邻有长。五邻为里，里有宰。四里为酂，酂有长。五酂为鄙，鄙有师。五鄙为县，县有正。五县为遂，遂有大夫。这是古文说。这两种说法，前者和井田之制相合，后者和军队编制相合，在古代该都是有的。后来井田之制破坏，所以什伍之制犹存，今文家所说的组织，就不可见了。

汉初的官制，是沿袭秦朝的。秦制则沿自列国时代。中央最高的官为丞相。秦有左、右，汉通常只设一丞相。丞相之副为御史大夫。中央之官，都是分事而治的。只有御史是皇帝的秘书，于事亦无所不预，所以在事实上成为丞相的副手。汉时丞相出缺，往往以御史大夫升补。武官通称为尉。中央最高的武官，谓之太尉。这是秦及汉初的制度。今文经说行后，改太尉为司马，丞相为司徒，御史大夫为司空，谓之三公，并称相职。又以太常、本名奉常，掌宗庙礼仪。光禄勋、本名郎中令，掌宫、殿，掖门户。卫尉、掌宫门卫屯兵。太仆、掌舆马。廷尉、掌刑辟，尝改为大理。大鸿胪、本名典客，掌归义蛮夷。宗正、掌亲属。大司农、本名治粟内史，掌谷货。少府，掌山海池泽之税。为九卿。这不过取应经说而已，并无他种意义。三公分部九卿，太常、光禄勋、卫尉属司马，太仆、廷尉、大鸿胪属司徒，宗正、大司农、少府属司空。亦无理论根据。有大事仍合议。后汉司马仍称太尉。司徒、司空，均去大字，余皆如故。

外官：秦时以郡统县。又于各郡都设监御史。汉不遣监御史，丞相遣使分察州。按州字并非当时的区域名称，后人无以名之，乃名之为州。所以截至成帝改置州牧以前，州字只是口中的称呼，并非法律上的名词。武帝时，置部刺史十三人，奉诏书六条，分察诸郡。（一）条察强宗巨家。（二）条察太守侵渔聚敛。（三）条察失刑。（四）条察选举不平。（五）条察子弟不法，都是专属太守的。（六）条察太守阿附豪强。成帝时，以何武之言，改为州牧。哀帝时复为刺史。后又改为州牧。后汉仍为刺史，而止十二州，一州属司隶校尉。武帝置，以治巫蛊的，后遂命其分察一部分郡国。按《礼记·王制》说："天子使其大夫为三监，监于方伯之国，国三人"，这或者附会周初的三监，说未必确，然天子遣使监视诸侯，实即大国之君，遣使监视其所封或所属的小国。则事所可有。大夫之爵，固较方伯为低。秦代御史之长，爵不过大夫。汉刺史秩仅六百石，太守则两千石。以卑临尊，必非特创之制，必然有所受之。以事实论，监察官宜用年少新进的人，任事的官，则宜用有阅历有资望之士，其措置亦很适宜的。何武说："古之为治者，以尊临卑，不以卑临尊"，不但不合事宜，亦且不明经义。旧制恢复，由于朱博，其议论具载《汉书》，较之何武，通达多了。太守，秦朝本单称守，汉景帝改名。秦又于各郡置尉，景帝亦改为都尉。京师之地，秦时为内史所治。汉武帝改称京兆尹，又分其地置左冯翊、右扶风，谓之三辅。诸王之国，设官本和汉朝略同。亦有内史以治民。七国乱后，景帝乃令诸侯王不得自治民，改其丞相之名为相，使之治民，和郡守一样。县的长官，其秩是以户数多少分高下的。民满万户以上称令，不满万户称长。这由于古代的政治，是属人主义，而非属地主义之故。侯国的等级，与县相同。皇太后、公主所食的县称为邑。县中兼有蛮夷的谓之道。这亦是封建制度和属人主义的色彩。

秦汉时的县，就是古代的国，读第三章可见。县令就是古代的国君，只能总握政治的枢机，发踪指示，监督其下。要他直接办事，是做不到的。所以真正的民政，非靠地方自治不可。后世地方自治之制，日以废坠，所以百事俱废。秦汉时则还不然。据《汉书·百官公卿表》和《续汉书·百官志》：其时的制度系以十家为什，五家为伍，一里百家，有里魁检察善恶，以告监官。十里一亭，亭有长。十亭一乡，乡有三老，有秩啬夫、游徼。三老管教化，体制最尊。啬夫职听讼，收赋税，其权尤重。人民竟有知啬夫而不知有郡县的，见《后汉书·爰延传》。和后世绝不相同。

以上所述，是秦及汉初的制度。行之未几，就起变迁了。汉代的丞相，体制颇尊，权限亦广。所谓尚书，乃系替天子管文书的，犹之管衣服的谓之尚衣，管食物的谓之尚食，不过是现在的管卷之流。其初本用士人，汉武帝游宴后庭，才改用宦官，谓之中书谒者令。武帝死后，此官本可废去，然自武帝以来，大将军成为武官中的高职。昭宣之世，霍光以大将军掌握政权。其时的丞相，都是无用或年老的人，政事悉从中出，沿袭未改。成帝时，才罢中书宦官，然尚书仍为政本，分曹渐广。后汉光武，要行督责之术。因为宰相都是位高望重的人，不便督责他，于是崇以虚名，而政事悉责成尚书。尚书之权遂更大。魏武帝握权，废三公，恢复丞相和御史大夫之职。此时相府复有大权，然只昙花一现。魏文帝篡汉后，丞相之官，遂废而不设。自魏晋至南北朝，大抵人臣将篡位时则一设之，已篡则又取消。此时的尚书，为政务所萃，然其亲近又不敌中书。中书是魏武帝为魏王时所设的秘书监，文帝篡位后改名的，常和天子面议机密。所以晋初荀勖从中书监迁尚书令，人家贺他，他就发怒道："夺我凤皇池，诸君何贺焉"了。侍中是加官，在宫禁之中，伺候皇帝的。汉初多以名儒为之。从来贵戚子弟，多滥居其职。宋文帝自荆州入立，信任王府旧僚，都使之为侍中，与之谋诛徐羡之等，于是侍中亦参机要。至唐代，遂以中书、门下、尚书三省为相职。中书主取旨，门下主封驳，尚书承而行之。尚书诸曹，魏晋后增置愈广，皆有郎以办事。尚书亦有兼曹的。隋时，始以吏、户、礼、兵、刑、工六曹分统诸司。六曹皆置侍郎，诸司则但置郎，是为后世以六部分理全国政务之始。三公一类的官，魏晋后亦时有设置，都不与政事，然仍开府分曹，设置僚属。隋唐始仿《周官》，以太师、太傅、太保为三公，少师、少傅、少保为三孤，都不设官属。则真成一个虚名，于财政亦无所耗费了。九卿一类的官，以性质论，实在和六部重复的。然历代都相沿，未曾并废。御史大夫改为司空后，御史的机关仍在。其官且有增置。唐时分为三院：曰台院，侍御史属之。曰殿院，殿中侍御史属之。曰监院，监察御史属之。御史为天子耳目，历代专制君主，都要防臣下的壅蔽，所以其权日重。

前汉的改刺史为州牧，为时甚暂。至后汉末年，情形就大不同了。后汉的改刺史为州牧，事在灵帝中平五年，因四方叛乱频仍，刘焉说由刺史望轻而起。普通的议论，都说自此以后，外权就重了。其实亦不尽然。在当时，并未将刺史尽行改作州牧。大抵资深者为牧，资浅者仍为刺史，亦有由刺史而升为牧的。然无论其为刺史，为州牧，实际上都变成了郡的上级官，而非复监察之职。而且都有兵权，如此，自然要尾大不掉了。三国分离，刺史握兵之制，迄未尝改。其为乱源，在当时是人人知道的。所以晋武帝平吴后，立即罢州牧，省刺史的兵，去其行政之权，复还监察之职。这真是久安长治之规。惜乎“虽有其言，不卒其事。”《续汉书·百官志》《注》语。而后世论者，转以晋武帝的罢州郡兵备，为召乱的根源，真是徇名而不察其实了。东晋以后，五胡扰乱，人民到处流离播迁，这时候的政治，还是带有属人主义的。于是随处侨置州郡，州的疆域，遂愈缩愈小，浸至与郡无异了。汉朝只有十三州，梁朝的疆域，远小于汉，倒有一百零七州。此时外权之重，则有所谓都督军事，有以一人而督数州的，亦有以一人而督十数州的。甚至有称都督中外诸军的。晋南北朝，都是如此。后周则称为总管。隋时，并州郡为一级，文帝开皇三年，罢郡，以州统县，职同郡守。炀帝改州为郡。并罢都督府。唐初，又有大总管、总管，后改称大都督、都督，后又罢之。分天下为若干道，设观察使等官，还于监察之旧。

唐代的官制，乃系就东汉、魏、晋、南北朝的制度，整理而成的。其实未必尽合当时的时势。所以定制未几，变迁又起。三省长官，都不除人。但就他官加一同中书门下平章事等名目，就视为相职了。而此两省的长官，实亦仍合议于政事堂，并非事后审查封驳。都督虽经废去，然中叶以后，又有所谓节度使，参看第九章。所驻扎的地方，刺史多由其兼领。支郡的刺史，亦都被其压迫而失职。其专横，反较前代的刺史更甚。这两端，是变迁最大的。而中叶以后，立检校、试、摄、判、知等名目，用人多不依资格，又为宋朝以差遣治事的根源。

宋朝设中书省于禁中。宰相称同平章事，次相称参知政事。自唐中叶以后，户部不能尽总天下的财赋，分属于度支、盐铁二使。宋朝即合户部、度支、盐铁为三司，各设使、副，分案办事。又设三司使副以总之，号为计相。枢密使，唐时以宦官为之，本主传达诏命。后因宦官握兵，遂变为参与兵谋之官。宋朝亦以枢密院主兵谋。指挥使，本藩镇手下的军官。梁太祖篡位后，未加改革，遂成天子亲军。宋朝的禁军，都隶属殿前司、侍卫马军亲军司、侍卫步军亲军司。各设指挥使，谓之三衙。宋初的官，仅以寓禄秩，即借以表明其官有多大，所食的俸禄有多少。而别以差遣治事。名为某官的人，该官的职守，都是与他无涉的。从表面上看来，可谓错乱已极。但差遣的存废、离合，都较官缺为自由，可以密合事情。所以康有为所著《官制议》，有《宋官制最善》一篇，极称道其制。宋朝的改革官制，事在神宗元丰中，以《唐六典》为模范，然卒不能尽行。以三省长官为相职之制，屡经变迁，卒仍复于一个同平章事，一个参知政事之旧；枢密主兵之制，本来未能革除；三衙之制，亦未能改，便可见其一斑。

宋初惩藩镇的跋扈，悉召诸节镇入朝，赐第留之京师，而命朝臣出守列郡，谓之权知军州事。特设通判，以分其权。县令亦命京朝官出知，以削藩镇之权，而重亲民之选。特设的使官最多。其重要的，如转运使，总一路的财赋，发运使，漕淮、浙、江、湖六路之粟。他如常平茶盐、茶马、坑冶、市舶，亦都设立提举司，以集事权于中央。太宗命诸路转运使，各命常参官一人，纠察州军刑狱。真宗时，遂独立为一司，称为提点刑狱，简称提刑。是为司法事务，设司监察之始。南渡后，四川有总领财赋。三宣抚司罢后，见第九章。亦设总领以筹其饷。仍带专一报发御前军马文字衔，则参预并及于军政了。

元朝以中书省为相职，枢密使主兵谋，御史台司纠察。尚书省之设，专以位置言利之臣。言利之臣败，省亦旋废。而六部仍存，为明清两朝制度所本。设宣政院于中央，以辖吐蕃之境，亦为清代理藩院之制所本。元代制度，关系最大的是行省。前代的尚书行台等，都是暂设的，以应付临时之事，事定即撤。元朝却于中原之地，设行中书省十，行御史台二，以统辖路府州县。明朝虽废之而设布政、按察两司，区域则仍元之旧。清朝又仍明之旧。虽然略有分析，还是庞大无伦，遂开施政粗疏，尾大不掉之渐了。唐初，惟京兆、河南称府设尹，后来梁州以为德宗所巡幸，亦升为兴元府。宋朝则大州皆升为府，几有无州不府之势。其监司所辖的区域则称为路。元于各路设宣慰司，以领府州县而上属于省。然府亦有不隶路而直隶于省的。州有隶于府的，亦有不隶于府，而直隶于路的，其制度殊为错杂。

明清两朝的制度，大体相沿。其中关系最大的，在内为宰相的废罢，在外为省制的形成。明初本亦设中书省，以为相职。后因胡惟庸谋反，大祖遂废其官，并谕后世子孙，不得议设宰相。臣下有请设宰相的，处以极刑。于是由天子亲领六部。此非嗣世之主所能，其权遂渐入殿阁学士之手。清世宗时，又设立军机处。机要之事，均由军机处径行，事后才下内阁，内阁就渐渐的疏阔了。六部：历代皆以尚书为主，侍郎为副。清代尚侍皆满汉并置。吏、户、兵三部，又有管部大臣，以至权责不一。明废宰相后，政务本由六部直接处理。后虽见压于内阁，究竟权力还在。吏、兵二部，尤真有用人及指挥军事之权，清朝则内官五品，外官道府以上，全由内阁主持。筹边之权，全在军机。又明朝六部用人，多取少年新进，清朝则一循资格，内官迁转极难，非六七十不得至尚侍。管部又系兼差，不能负责。于是事事照例敷衍，行政全无生气了。

御史一官，至明代而其权益重，改名为都察院。都御史、副都御史、佥都御史均分置左、右。又有分道的监察御史。在外则巡按清军、提督学校、巡漕、巡盐等事，一以委之，而巡按御史代天子巡狩，其权尤重。这即是汉朝刺史之职。既有巡按，本可不必再行遣使。即或有特别事务，非遣使不可，亦以少为佳。然后来所谓巡抚者，愈遣而愈频繁。因其与巡按御史不相统属，权限不免冲突，乃派都御史为之。其兼军务的加提督衔，辖多事重的，则称总督。清代总督均兼兵部尚书，右都御史、巡抚均兼兵部侍郎，右副都御史，又均有提督军务，兼理粮饷之衔，成为常设的官了。给事中一官，前代都隶门下省。明废门下省，而仍存给事中，独立为一官，分吏、户、礼、兵、刑、工六科，以司审查封驳。其所驳正，谓之科参，在明代是很有权威的，清世宗将给事中隶属于都察院，就将审查和纠察，混为一谈了。翰林在唐朝，为艺能之士。如书、画、弈棋等。待诏之所，称为杂流，与学士资望悬绝，玄宗时，命文学之士居翰林中，称为供奉。与集贤殿学士分掌制诰。后改称为学士，别立学士院，即以翰林名之。中叶后颇参机密，王叔文要除宦官，即居翰林中，可见其地位的重要。宋代专以居文学之士，其望愈清。至明中叶后，则非进士不入翰林，非翰林不入内阁，六部长官，亦多自此而出。其重要，更非前代所及了。

外官：明废行省，于府州之上，设布政、按察两司，分理民政及刑事，实仍为监司之官。监司之官侵夺地方官权限，本来在所不免。清代督抚既成为常设之官，又明代布政司的参政参议，分守各道，按察司的副使佥事，分巡各道的，至清朝，亦失其本来的性质，而在司府之间，俨若别成为一级。以府州领县，为唐宋相沿之制。元时，令知州兼理附郭县事，明时遂省县入州，于是州无附郭县。又有不领县而隶属于府的，遂有直隶州与散州之别。清时，同知、通判有驻地的谓之厅，亦或属于府，或直达布政司，称为散厅及直隶厅。地方制度，既极错杂。而（一）督抚，（二）司，（三）道，（四）府、直隶州、厅，（五）县、散州、厅，实际成为五级。上级的威权愈大，下级的展布愈难。积弊之深，和末造中央威权的不振，虽有别种原因，官制的不善，是不能不尸其咎的。

藩属之地，历代都不设官治理其民，而只设官监督其酋长，清朝还是如此的。奉天、吉林、黑龙江三省，清朝称为发祥之地。其实真属于满洲部落的，不过兴京一隅。此外奉天全省，即前代的辽东、西，本系中国之地。吉、黑二省，亦是分属许多部落的，并非满洲所有。此等人民，尚在部落时代，自不能治以郡县制度。清朝又立意封锁东三省，不许汉人移殖。所以其治理之法，不但不能进步，而反有趋于退步之势。奉天一省，只有奉天和锦州二府，其余均治以将军、副都统等军职。蒙古、新疆、西藏，亦都治以驻防之官。这个固然历代都是如此，然清朝适当西力东侵之时，就要情见势绌了。末年回乱平后，改新疆为行省。日俄战后，改东三省为行省。蒙古、西藏，亦图改省，而未能成功。藩属之地，骤图改省，是不易办到的。不但该地方的人民，感觉不安。即使侥幸成功，中国亦无治理其地的人才。蒙、藏的情形，和新疆、东三省是不同的。东三省汉人已占多数，新疆汉人亦较多，蒙、藏则异于是。自清末至民国初年，最好是中央操外交、军事、交通、币制之权，余则听其自治。清季既不审外藩情势，和内地的不同，操之过急，以致激而生变。民国初年，又不能改弦易辙，许其自治，以生其回面内向之心，杜绝强邻的觊觎。因循既久，收拾愈难，这真是贾生所说，可为痛哭、流涕、长太息的了。

以上是中国的旧官制，中西交通以来，自然不能没有变动。其首先设立的，是总理各国事务衙门。实因咸丰八年，中英《天津条约》规定要就大学士、尚书中简定一员，和英国使臣接洽而起，不过迫于无可如何，并非有意改革。内乱平后，意欲振兴海军，乃设立海军衙门。后来却将其经费，移以修理颐和园，于是中日战后，海军衙门反而裁撤了。庚子以后，又因条约，改总理衙门为外务部，班列六部之前。其时举办新政，随事设立了许多部处。立宪议起，改革旧官制，增设新机关，共成外务、吏、民政、新设的巡警部改。度支、户部改。新设的财政处、税务处并入。礼、太常、光禄、鸿胪三寺并入。学、新设的学务处改，国子监并入。陆军、兵部改，太仆寺和新设的练兵处并入。农工商、工部改，新设的商部并入。邮传、理藩、理藩院改。法刑部改。十一部，除外务部有管理事务大臣、会办大臣各一人外，余均设尚书一人、侍郎二人，不分满汉。都察院亦改设都御史一人、副都御史二人。前此左都御史，满汉各一。左副都御史各二。右都御史、副都御史但为督抚兼衔。大理寺改为院，以司最高审判。宣统二年，立责任内阁，设总协理大臣。裁军机处及新设的政务处及吏、礼二部，其事务并入内阁。而增设海军部及军谘府。今之参谋部。改尚书为大臣，与总协理负连带责任。外官则仍以督抚为长官。于其下设布政、提法、按察司改。提学、盐运、交涉五司，劝业、巡警二道，而裁分巡、分守道。此等制度，行之为日甚浅，初无功过可言。若从理论上评论：内官增设新官，将旧官删除归并，在行政系统上，自然较为分明，于事实亦较适切。若论外官，则清末之所以尾大不掉，行政粗疏，其症结实在于省制。当时论者，亦多加以攻击。然竟未能改革，相沿以迄于今，这一点不改革，就全部官制，都没有更新的精神了。

民国成立，《临时政府组织大纲》定行政分五部，为外交、内务、财政、军务、交通。这是根据理论规定的，后修改此条。设陆军、海军、外交、司法、财政、内务、教育、实业、交通九部。其时采美国制，不设总理。孙文逊位后，袁世凯就职北京，《临时政府组织大纲》改为《临时约法》，设总理，分实业为农林、工商二部。三年，袁世凯召开约法会议修改《临时约法》为《中华民国约法》。即所谓《新约法》。复废总理，设国务卿。并农林、工商二部为农商部。袁世凯死后，黎元洪为总统，复设总理。外官：民军起义时，掌握一省军权的称都督。管理民政的称民政长。废司、道、府、直隶州、厅及散州、厅的名称，但存县。袁世凯改都督为将军，民政长为巡按使，于其下设道尹。护国军起，掌军权的人，复称都督。黎元洪为总统，改将军、都督都称督军，巡按使称省长。其兼握几省兵权，或所管之地，跨及数省的，则称巡阅使。裁兵议起，又改称督理或督办军务善后事宜，然其尾大不掉如故。国民党秉政，在训政时期内，以党代人民行使政权，而以国民政府行使治权。其根本精神，和历代的官制，大不相同，其事又当别论。

无官之名，而许多行政事务，实在倚以办理的为吏。凡行政，必须依照一定的手续。因此职司行政的人，必须有一定的技术。这种技术，高级官员往往不甚娴习，甚或不能彻底通晓，非有受过教育，经过实习的专门人员以辅助之不可。此等责任，从前即落在胥吏肩上。所以行政之权，亦有一部分操于其手。失去了他，事情即将无从进行的。吏之弊，在于只知照例。照例就是依旧，于是凡事都无革新的精神。照例的意思，在于但求无过，于是凡事都只重形式，而不问实际。甚至利用其专门智识以舞弊。所以历来论政的人，无不深恶痛绝于吏，尤以前清时代为甚，然其论亦有所蔽。因为非常之事，固然紧要，寻常政务，实更为紧要而不可一日停滞。专重形式，诚然不好，然设形式上的统一不能保持，政治必将大乱。此前清末年，所以诏裁胥吏，而卒不能行。其实从前所谓吏，即现在所谓公务员，其职实极重要，而其人亦实不能缺。从前制度的不善，在于（一）视其人太低，于是其人不思进取，亦不求名誉，而惟利是图。（二）又其人太无学识，所以只能办极呆板的事。公务员固以技术为要，然学识亦不可全无，必有相当的学识，然后对于所行之政，能够通知其原理，不至因过于呆板而反失原意。又行政的人，能通知政治的原理，则成法的缺点，必能被其发现。于立法的裨益，实非浅鲜。昔时之胥吏，是断不足以语此的。（三）其尤大的，则在于无任用之法，听其私相传授，交结把持。自民国以来，因为政治之革新，法律的亟变，已非复旧时的胥吏所能通晓，所以其人渐归自然淘汰，然现在公务员的任用、考核，亦尚未尽合法，这是行政的基础部分，断不可不力求改良的。

古代官职的大小，是以朝位和命数来决定的。所谓命数，就是车服之类的殊异。古人所以看得此等区别，甚为严重。然因封建制度的破坏，此等区别，终于不能维持了。朝位和俸禄的多少，虽可分别高低，终嫌其不甚明显，于是有官品之别。官品起于南北朝以来。南朝陈分九品。北朝魏则九品之中，复分正从；四品以下，且有上中下阶，较为复杂。宋以后乃专以九品分正从。官品之外，封爵仍在。又有勋官、散官等，以处闲散无事的官员。此等乃国家酬庸之典，和官品的作用，各不相同的。

官俸，历代更厚薄不同，而要以近代之薄为最甚。古代大夫以上，各有封地。家之贫富，视其封地之大小、善恶，与官职的高下无关。无封地的，给之禄以代耕，是即所谓官俸。古代官俸，多用谷物，货币盛行以后，则钱谷并给。又有实物之给，又有给以公田的。明初尚有此制，不知何时废坠，专以银为官俸。而银价折合甚高，清朝又沿袭其制，于是官吏多苦贫穷。内官如部曹等，靠印结等费以自活，外官则靠火耗及陋规。上级官不亲民的，则诛求于下属。京官又靠外官的馈赠。总而言之，都是非法。然以近代官俸之薄，非此断无以自给的。而有等机关，收取此等非法的款项，实亦以其一部分支给行政费用，并非全入私囊。所以官俸的问题，极为复杂。清世宗时，曾因官俸之薄，加给养廉银，然仍不足支持。现代的官俸，较之清代，已稍觉其厚。然究尚失之于薄，而下级的公务员尤甚。又司法界的俸禄，较之行政界，不免相形见绌，这亦是亟须加以注意的。

第七章 选　举

国家，因为要达其目的，设立许多机关，这许多机关，都是要有人主持的。主持这些机关的人，用何法取得呢？这便是选举问题。

选举是和世袭对立的。按世袭之法，倘一个位置出缺，便有一个合法继承的人，不容加以选择。选举之法则不然，它是毫无限制，可以任有选举权者，选举最适宜的人去担任的。这是就纯粹的选举和世袭说；亦有从两方面说，都不很纯粹的，如虽可选择，仍限于某一些人之内之类是。但即使是不纯粹的选举，也总比纯粹的世袭好些。西洋某史家曾把中国两汉时代的历史，和罗马相比较，他说：凡罗马衰亡的原因，中国都有的。却有一件事，为中国所有，罗马所无，那便是选举。观此，便知选举制度关系之重大了。

选举制度，在三代以前，是与世袭并行的。俞正燮《癸巳类稿》，有一篇《乡兴贤能论》，说得最好，他说：古代的选举，是限于士以下的，大夫以上是世官。这是什么理由呢？第四章已经说过：

原始的政治，总是民主的，到后来，专制政治，才渐渐兴起，如其一个国家是以征服之族和被征服之族组成的，高级的位置自然不容被征服之族染指。即使原是一族，而专制政治既兴，掌握政权的人，也就渐渐的和群众离开了。所以选举仅限于士以下。

士以下的选举乃系古代部族，专制政治尚未兴起时的制度，留遗下来的。其遗迹略见于《周官》。据《周官》所载：凡是乡大夫的属官，都有考察其民德行道艺之责。三年大比，则举出其贤者能者，“献贤能之书于王”。《周官》说：“此之谓使民兴贤，入使治之；使民兴能，出使长之。”俞正燮说：入使治之，是用为乡吏。即比闾族党之长，见上章。出使长之，是用为伍长，这是不错的。比闾族党等，当系民主部族固有的组织，其首领，都是由大众公举的。专制政体兴起后，只是把一个强有力的组织，加于其上，而于此等团体固有的组织，并未加以破坏，所以其首领还是出于公举的，不过专制的政府，也要加以相当的参预干涉罢了。如虽由地方公举，然仍须献贤能之书于王。

在封建政体的初期，上级的君大夫等，其品性，或者比较优良，但到后来，就渐渐的腐化了。由于上级的腐化和下级的进步，参看第四章。主持国政者，为求政治整饬起见，不得不逐渐引用下级分子，乡间的贤能，渐有升用于朝廷的机会，那便是《礼记·王制》所说的制度。据《王制》说：是乡论秀士，升诸司徒，曰选士。司徒论选士之秀者，而升诸学，曰俊士。既升于学，则称造士。大乐正论造士之秀者，以告于王，而升诸司马，曰进士。司马辨论官材，官指各种机关，谓分别其材能，适宜于在何种机关中办事。论进士之贤者，以告于王，然后因其材而用之。按《周官》司士，掌群臣之版，名籍。以治其政令，岁登下其损益之数，也是司马的属官。《礼记·射义》说：古者“诸侯贡士于天子，天子试之于射宫。其容体比于礼，其节比于乐，而中多者，得与于祭。其容体不比于礼，其节不比于乐，而中少者，不得与于祭。”以中之多少，定得与于祭与否，可见射宫即在太庙之中。古代规制简陋，全国之中，只有一所讲究的屋子，谓之明堂。也就是宗庙，就是朝廷，就是君主所居的宫殿，而亦即是其讲学的学校，到后来，这许多机关才逐渐分离，而成为各别的建筑。详见第十五章。合观《周官》、《王制》、《射义》之文，可知在古代，各地方的贡士，是专讲武艺的。到后来，文治渐渐兴起，于是所取的人才，才不限于一途。所以司马要辨论官材，此时的司马，乃以武职兼司选举，并非以武事做选举的标准了。此为选举之逐渐扩大，亦即世袭之渐被侵蚀。

到战国之世，世变益亟，腐败的贵族，再也支持不了此刻的政治。而且古代的贵族，其地位，是与君主相逼的，起于孤寒之士则不然，君主要整顿政治，扩充自己的权力，都不得不用游士。而士人，也有怀抱利器，欲奋志于功名的。又有蒿目时艰，欲有所藉手，以救生民于涂炭的。于是君主和游士相合，以打击贵族，贵族中较有为的，亦不得不引用游士。选举之局益盛，世袭之制愈微。然这时候，游士还是要靠上级的人引用的。到秦末，豪杰起而亡秦，则政权全入下级社会之手，更无所谓贵族和游士的对立了。此为汉初布衣将相之局。《廿二史札记》有此一条，可参看。在此情势之下，用人自然不拘门第，世袭之局，乃于此告终。

汉以后，选举之途，重要的，大概如下所述：

（一）征召：这是天子仰慕某人的才德，特地指名，请他到京的。往往有聘礼等很恭敬的手续。

（二）辟举：汉世相府等机关，僚属多由自用，谓之辟。所辟的人，并无一定的资格，做过高官的人以至布衣均可。

（三）荐举：其途甚广。做官的人，对于自己手下的属员，或虽未试用，而深知其可用的人，都可以荐举。就是不做官的布衣，深知什么人好，也未始不可以上书荐举的，并可上书求自试。此等在法律上都毫无制限，不过事实上甚少罢了。

（四）吏员：此系先在各机关中服务，或因法律的规定，或由长官的保荐，由吏而变做官的。各机关中的吏，照法律上讲，都可以有出路。但其出路的好坏，是各时代不同的。大体古代优而后世劣。

（五）任子：做到某级官吏，或由在上者的特恩，可以保荐他的儿子，得一个出身，在汉世谓之任子。亦可推及孙、弟、兄弟之子孙等。任的本义为保，但其实，不过是一种恩典罢了，被保者设或犯罪，保之者，未必负何等责任的。任在后世谓之荫。明以后，又有荫子入监之例，即使其入国子监读书。国家既可施恩，又不令不学无术的人滥竽充选，立法之意，是很好的。惜乎入监读书，徒有其名罢了。

（六）专门技术人员：此等人员，其迁转，是限于一途的。其技术，或由自习而国家擢用，或即在本机关中养成。如天文、历法、医学等官是。此制起源甚古。《王制》："凡执技以事上者，不贰事，不移官"，即是。

（七）捐纳：这即是出钱买官做。古书中或称此为赀选，其实是不对的。赀选见《汉书·景帝本纪》后二年，乃因怕吏的贪赃，假定有钱的人，总要少贪些，于是限定有家赀若干，乃得为吏。这只是为吏的一个条件，与出钱买官做，全然无涉。又爵只是一个空名，所以卖爵也不能算做卖官的。暗中的卖官鬻爵，只是腐败的政治，并非法律所许，亦不能算做选举的一途。历代卖官之事见后。

以上都是入官之途。但就历代立法者的意思看起来，这些都只能得通常之才，其希望得非常之材的，则还在

（八）学校

（九）科举

两途。学校别于第十五章中详之。科举又可分为（甲）乡贡，（乙）制科。乡贡是导源于汉代的郡国选举的。以人口为比例，由守相岁举若干人。制科，则汉代往往下诏，标出一个科名，如贤良方正、直言极谏等类，令内外官吏荐举。何等官吏，有选举之权，亦无一定，由诏书临时指定。其科目并无限制。举行与否，亦无一定。到唐代，才特立制科之名。

汉代的用人，是比较没有什么阶级之见的。唐柳芳论氏族，所谓"先王公卿之胄，才则用，不才弃之"，见《唐书·柳冲传》。但是（一）贵族的势力，本来潜伏着；（二）而是时的选举，弊窦又甚多，遂至激成九品中正之制，使贵族在选举上，气焰复张。这时候选举上的弊窦如何呢？自其表面言之，则（甲）如贵人的请托。如《后汉书·种暠传》说：河南尹田歆，外甥王谌名知人。歆谓之曰："今当举六孝廉，多得贵戚书令，不宜相违。欲自用一名士，以报国家，尔助我求之。"便可见当时风纪之坏。然（乙）贵人的请托，实缘于士人的奔走。看《潜夫论》、《务本》、《论荣》、《贤难》、《考绩》、《本政》、《潜叹》、《实贡》、《交际》等篇）、《申鉴》《时事》。《中论》、《考伪》、《谴交》。《抱朴子》《审举》、《交际》、《名实》、《汉过》。诸书可知。汉代士人的出路，是或被征辟，或被郡县署用，或由公卿郡国举荐，但此等安坐不易得之。于是或矫激以立名；或则结为徒党，互相标榜，奔走运动。因其徒党众多，亦自成为一种势力，做官的人，也有些惧怕他；在积极方面，又结交之以谋进取。于是有荒废了政事，去酬

应他们的。又有丰其饮食居处，厚其送迎，以敷衍他们的，官方因之大坏。究之人多缺少，奔走运动的人，还是有得有不得。有些人，因为白首无成，反把家资耗废了，无颜回家，遂至客死于外。这实在不成事体，实有制止他们在外浮游的必要。又因当时的选举，是注重品行的，而品行必须在本乡才看得出，于是举士必由乡里，而九品中正之制以生。

九品中正之制，起于曹魏的吏部尚书陈群。于各州置大中正，各郡置中正。依据品行，将所管人物，分为上上、上中、上下、中上、中中、中下、下上、下中、下下九等。这是因历来论人，重视乡评，所以政治上有此措置。但（一）乡评的所谓好人，乃社会上的好人，只须有德，政治上所用的人，则兼须有才。所以做中正的人，即使个个都能秉公，他所以为好的人，也未必宜于政治。（二）何况做中正的人，未必都能公正，（甲）徇爱憎，（乙）快恩仇，（丙）慑势，（丁）畏祸等弊，不免继之而起呢？其结果，就酿成晋初刘毅所说的，“惟能知其阀阅，非复辨其贤愚”，以致“上品无寒门，下品无世族”了。因为世族是地方上有势力之家，不好得罪他，至于寒门，则是自安于卑贱的，得罪了他，亦不要紧。这是以本地人公开批评本地的人物，势必如此而后已的。九品中正，大家都知道是一种坏的制度。然直至隋文帝开皇年间才罢。前后历三百四五十年。这制度，是门阀阶级造成的，而其维持门阀阶级之力亦极大，因为有些制度后，无论在中央政府和地方政府，世族和寒门的进用，都绝对不同了。如后魏之制，士人品第有九，九品以外，小人之官，复有七等。又如蔡兴宗守会稽郡，举孔仲智子为望计，贾原平子为望孝。仲智高门，原平一邦至行，遂与相敌，当时亦以为异数。

九品中正之制既废，科举就渐渐的兴起了。科举之制，在取士上，是比较公平的，切实的，这是人人所承认的，为什么兴起如此之晚呢？用人的条件，第一是德，第二是才，第三才数到学识。这是理论上当然的结果，事实上也无人怀疑。考试之所觇，只是学识。这不是说才德可以不论，不过明知才德无从考校，与其因才德之无从考校，并其学识的试验而豁免之，尚不如就其学识而试验之，到底还有几分把握罢了。这种见解，是要积相当经验，才会有的。所以考试之制，必至唐宋之世，才会兴盛。考试之制，其起源是颇远的。西汉以前本无所谓考试。晁错、董仲舒等的对策，乃系以其人为有学问而请教之，并非疑其意存冒滥，加以考试。所以策否并无一定；一策意有未尽，可以至于再策三策，说见《文献通考》。直至东汉顺帝之世，郡国所举的人，实在太不成话了。左雄为尚书令，乃建议“诸生试家法，文吏试笺奏”。家法，指所习的经学言。史称自是牧守莫敢轻举，察选清平，就可见得考试的效验了。但是自此以后，其法未曾认真推行。历魏晋南北朝至隋，仍以不试为原则。科举之制兴于唐，其科目甚多，秀才系最高科目，高宗永徽二年后停止。此外尚有俊士、明法、明字、明算、一史、三史、开元礼、道举、童子等科，均见《唐书·选举志》。常行的为明经和进士。进士科是始于隋的，其起源，历史记载，不甚清楚。据杨绾说：其初尚系试策，不知什么时候，改试了诗赋。到唐朝，此科的声光大好。这是社会上崇尚文辞的风气所造成的。唐时，进士科虽亦兼试经义及策，然所重的是诗赋。明经所重的是帖经、墨义。诗赋固然与政治无涉，经学在政治上，有用与否，自今日观之，亦成疑问。这话对从前的人，自然是无从说起，但像帖经、墨义所考的只是记诵。帖经、墨义之式，略见《文献通考》。其意，帖经是责人默写经文，墨义则责人默写传注，和今学校中专责背诵教科书的考试法一般。其无用，即在当日，亦是显而易见的。为什么会有这种奇异的考试法呢？这是因为把科举看做抡才大典，换言之，即在官吏登庸法上，看做惟一拔取人才之途，怕还是宋以后的事，在唐以前，至多只是取才的一途罢了。所以当时的进士，虽受俗人看重，然在政治上，则所取的人并不多，而其用之亦不重。唐时所取进士，不过二三十人，仍须应吏部释褐试，或被人荐举，方得入官；授官亦不过丞尉；见《日知录·中式额数》、《出身授官》两条。可见科举初兴，不过沿前代之法而渐变，并非有什么隆重的意思，深厚的期望，存乎其间了。所以所试的不过是诗赋和帖经、墨义。帖经、墨义所试，大约是当时治经的成法，诗赋疑沿自隋朝。隋炀帝本好辞华，所设的进士科，或者不过是后汉灵帝的鸿都门学之类。聚集一班会做辞赋和写字的人，其中并有流品极杂的，见《后汉书》本纪及《蔡邕传》。进士科的进而为抡才之路，正和翰林的始居杂流，后来变成清要一样。这是制度本身的变化，不能执后事以论其初制的。科举所试之物，虽不足取，然其取士之法，则确是进步而可纪念的。唐制，愿应举者皆“怀牒自列于州县”。州县先试之，而后送省。尚书省。初由户部“集阅”，考功员外郎试之。玄宗开元时，因考功员外郎望轻，士子不服，乃移其事于礼部。宋太祖时，知贡举的人，有以不公被诉的，太祖乃在殿廷上自行复试。自此省试之外，又有殿试。前此的郡国选举，其权全操于选举之人。明明有被选举之才，而选举不之及，其人固无如之何。到投牒自列之制兴，则凡来投牒者，即使都为州县所不喜，亦不得不加以考试，而于其中取出若干人；而州县所私爱的人，苟无应试的能力，即虽欲举之而不得。操选举之权者，大受限制，被选举之权，即因此而扩大。此后白屋之士，可以平步青云；有权的人，不能把持地位，都是受此制度之赐。所以说其制度是大可纪念的。考试的规则逐渐加严，亦是助成选举制度的公平的。唐时，考官和士子交通，还在所不禁。考官采取声誉，士子托人游扬，或竟自怀所作文字投谒，都不算犯法的事。晚唐以后，规则逐渐加严，禁怀挟和糊名易书等制度，逐渐兴起。明清继之，考试关防，日益严密。此似不尊重人格，但利禄之途，应试者和试之者，都要作弊，事实上亦是不得不然的。

以上所说的，均系乡贡之制。至于制科，则由天子亲策，其科目系随时标出。举行与否，亦无一定。唐代故事，详见《文献通考·选举考》中。

对于科举的重视，宋甚于唐，所以改革之声，亦至宋而后起。科举之弊有二：（一）学非所用，（二）所试者系一日之短长。从经验上证明：无学者亦可弋获，真有学问者，或反见遗。对于第一弊，只须改变其所试之物即可。对于第二弊，则非兼重学校不行。不然，一个来应试的人，究曾从事于学问与否，是无从调查的。仁宗时范仲淹的改革，便针对着这两种弊窦：（一）罢帖经、墨义，而将诗赋策论通考为去取。唐朝的进士，亦兼试帖经及策，明经亦兼试策，但人之才力有限，总只能专精一门，所以阅卷者亦只注重一种，其余的都不过敷衍了事。明清时代，应科举的人，只会做四书文，亦由于此。（二）限定应试的人，必须在学三百日，曾经应试的人一百日。他的办法，很受时人反对，罢相未几其法即废。到神宗熙宁时，王安石为相，才大加以改革。安石之法：（一）罢诸科，独存进士。这是因社会上的风气，重进士而轻诸科起的。（二）进士罢试诗赋，改试论、策。其帖经、墨义，则改试大义。帖经专责记诵，大义是要说明义理，可以发抒意见的。（三）别立新科明法，以待不能改业的士子。（四）安石是主张学校养士的，所以整顿太学，立三合之法，以次递升。升至上合生，则可免发解及礼部试，特赐之第。熙宁贡举法，亦为旧党所反对。他们的理由是：（一）诗赋声病易晓，策论汗漫难知，因此看卷子难了。这本不成理由。诗赋既是无用之学，即使去取公平，又有何益呢？（二）但他们又有如苏轼之说，谓以学问论，经义、策、论，似乎较诗赋为有用。以实际论，则诗赋与策、论、经义，同为无用。得人与否，全看君相有无知人之明。取士之法，如科举等，根本无甚关系，不过不能不有此一法罢了。这话也是不对的。科举诚不能皆得人，然立法之意，本不过说这是取士的一法，并没有说有此一法之后，任用时之衡鉴，任用后之考课，都可置诸不论。况且国家取士之途，别种都是注重经验的；或虽注重学识，而非常行之法，只有学校、科举，是培养、拔擢有学识的人的常法。有学识的人，固然未必就能办事，然办事需用学识的地方，究竟很多。大概应付人事，单靠学识无用，决定政策等，则全靠学识。“人必先知其所事者为何事，然后有欲善其事之心”，所以学识和道德，亦有相当的关系。衡鉴之明，固然端赖君相，然君相决不能向全国人中，漫无标准，像淘沙般去觅取。终必先有一法，就全体之中，取出一部分人来，再于其中施以简择。此就全体之中取出其中一部分人之法，惟有科举是注重学识的，如何能视之过轻？经义、策、论，固亦不过纸上空谈，然其与做官所需要的学识关系的疏密，岂能视之与诗赋同等？所以旧党的议论，其实是不通的。然在当时，既成为一种势力，即不能禁其不抬头。于是至元祐之世，而熙宁之法复废。熙宁贡举之法虽废，旧法却亦不能回复了。因为考试是从前读书人的出身之路，所试非其所习，习科举之业的人，是要反对的。熙宁变法时，反对者之多，其理由实亦在此。到元祐要回复旧法时，又有一班只习于新法的人，要加以反对了。于是折衷其间，分进士为诗赋、经义两科。南宋以后，遂成定制。连辽、金的制度，也受其影响。金诗赋、经义之外，又有律科。诗赋、经义称进士，律科称举人。又有女真进士科，则但试策论，系金世宗所立。辽、金科目，均须经过乡、府、省三试。省试由礼部主持，即明清的会试。元、明、清三代，都只有会试和本省的乡试。

近代科举之法，起于元而成于明。元代的科举，分蒙古、色目人和汉人、南人为两榜。蒙古、色目人考两场：首场经义，次场策论。汉人、南人考三场：首场经义，次场古赋和诏、诰、表，三场策论。这是（一）把经义、诗赋，并做一科了。（二）而诸经皆以宋人之说为主，以及（三）乡会试所试相同，亦皆为明清所沿袭。明制：首场试四书五经义，次场试论判，又于诏、诰、表内科一道，三场试策。清制：首场试四书义及诗一首，次场试五经义，三场亦试策。明清所试经义，其体裁是有一定的。（一）要代圣贤立言。（二）其文体系逐段相对，谓之八股。八股文体的性质，尽于此二语：（一）即文中的话不算自己所说，而算代圣贤说一篇较详尽的话。（二）则历来所谓对偶文字，系逐句相对，而此则系逐段相对，所以其体裁系特别的。又八股文长短亦有定限。在清代，是长不能过七百字，短不能不满三百字。此等规则，虽亦小有出入，但原则上是始终遵守的。因有（一）之条件，所以文中不能用后世事，这是清代学者，疏于史事的一个原因。其式为明太祖及刘基所定，故亦谓之制义。其用意，大概是防士子之竞骛新奇的。科举名额有定，而应试者多。如清末，江南乡试，连副贡取不满二百人，而应试者数逾二万。限于一定的题目，在几篇文字内，有学问者亦无所见其长。于是有将文字做得奇奇怪怪，以期动试官之目的，此弊在宋代已颇有。明清时代科举之弊，在于士子只会做几篇四书义，其余全是敷衍了事，等于不试。士子遂至一物不知。此其弊，由于立法的未善。因为人之能力，总是有限的，一个人不过懂得一门两门。所以历代考试之法，无不分科，就其所习而试之。经义、诗赋的分科，就等于唐朝的明经进士。这二者，本来不易兼通。而自元以来，并二者为一。三场所试的策，绝无范围。所以元、明、清三朝的科举，若要实事求是，可说是无人能应。天下事，责人以其所不能为者，人将并其所能为者而亦不为，这是无可如何的事。明清科举致弊之原，即在于此。宋代改革科举之意，是废诗赋而存经义、策论，这个办法，被元、明、清三代的制度推翻了。其学校及科举并用之意，到明朝，却在形式上办到。明制，是非国子监生和府州县学生，不能应科举的。府州县学生应科举，是先须经过督学使者的试验的，谓之科考。科考录取的人，才得应乡试。但后来，除文字违式者外，大抵是无不录取的。非学生，明代间取一二，谓之“充场儒士”，其数极少。所以《明史》谓其“学校储材，以待科举”。按科举所试，仅系一日之短长，故在事实上，并无学问，而年少气盛，善于作应试文字者，往往反易弋获，真有学问者反难。学校所授，无论如何浅近，苟使认真教学，学生终必在校肄习几年，必不能如科举之一时弋取。但课试等事，极易徒有其名，学问之事，亦即有名无实。毕业实毕年限之弊，实自古有之，并不自今日始。使二者相辅而行，确系一良好的制度，但制度是拗不过事实的。入学校应科举的人，其意既在于利禄，则学问仅系工具，所以从前应举的人，称应举所作文字为敲门砖。利禄才是目的。目的的达到，是愈速愈好的。（一）假使科举与学校并行，年少气盛的人，亦必愿应科举而不愿入学校。（二）况且应试所费，并来往程途计之，远者亦不过数月，平时仍可自谋生活，学校则不能然。所以士之贫者，亦能应科举而不能入学校。（三）何况学校出身，尚往往不及科举之美呢。职是故，明朝行学校储才以待科举之制后，就酿成这样的状况：（一）国子监是自有出身的，但其出身不如科举之美，则士之衰老无大志者都归之。（二）府州县学，既并无出身；住在学校里，又学不到什么，人家又何苦而来“坐学”？作教官的人，亦是以得禄为目的的。志既在于得禄，照经济学的原理讲，是要以最少的劳费，得最大的效果的。不教亦无碍于利禄，何苦而定要教人？于是府州县学，就全然有名无实了。明初对于国子监，看得极为隆重。所以后来虽然腐败，总还维持着一个不能全不到校的局面，到清朝，便几乎和府州县学一样了。

制科在唐朝，名义上是极为隆重的。但因其非常行之典，所以对于社会的影响，不如乡贡的深刻。自宋以后，大抵用以拔取乡贡以外的人才，但所取者，亦不过长于辞章，或学问较博之士。设科本意，虽非如此，然事实上不过如此，看《宋史·选举志》可知。清圣祖康熙十八年，高宗乾隆元年，曾两次举行博学鸿词科，其意还不过如此。德宗光绪二十五年，诏开经济特科，时值变法维新之际，颇有登用人才之意。政变以后，朝廷无复此意，直到二十九年，才就所举的人，加以考试，不过敷衍了事而已。

科举在从前，实在是一种文官考试。所试的科目，理应切于做官之用。然而历代所试，都不是如此的。这真是一件极奇怪的事。要明白此弊之由来，则非略知历史上此制度的发展不可。古代的用人，本来只求有做官的智识技能，此智识两字，指循例办公的智识言，等于后世的幕友胥吏，不该括广泛的智识。别无所谓学问的。后来社会进化了，知道政治上的措置，必须通知原理，并非循例办事而已足。于是学问开始影响政治，讲学问的人，亦即搀入政治界中。秦朝的禁“以古非今”，只许学习“当代法令”，“欲学法令，以吏为师”，是和此趋势相反的。汉朝的任用儒生，则顺此趋势而行。这自然是一种进步。但既知此，则宜令做官的人，兼通学问，不应将做官的人与学问之士，分为两途，同时并用。然汉朝却始终如此。只要看当时的议论，总是以儒生、文吏并举，便可知道。《续汉书·百官志》《注》引应劭《汉官仪》，载后汉光武帝的诏书，说“丞相故事，四科取士：（一）曰德行高妙，志节清白。（二）曰学通行修，经中博士。（三）曰明达法令，足以决疑，能案章覆问，文中御史。（四）曰刚毅多略，遭事不惑，明足以决，才任三辅令”。第一种是德行，第四种是才能，都是无从以文字考试的。第二种即系儒生，第三种即系文吏。左雄考试之法，所试的亦系这两科。以后学者的议论，如《抱朴子》的《审举篇》，极力主张考试制度，亦说律令可用试经之法试之。国家的制度，则唐时明法仍与明经并行，所沿袭的还系汉制。历千年而不知改变，已足惊奇。其后因流俗轻视诸科，把诸科概行废去，明法一科，亦随之而废，当官所需用的智识技能，在文官考试中，遂至全然不占地位。（一）政治上的制度，既难于改变；（二）而迂儒又有一种见解，以为只要经学通了，便一切事情，都可对付，法令等实用不着肄习，遂益使此制度固定了。历史上有许多制度，凭空揣度，是无从明白其所以然的。非考其事实，观其变迁不可。科举制度，只是其一端罢了。

近代的科举制度，实成于明太祖之手。然太祖并非重视科举的人。太祖所最重的是荐举，次之则是学校。当时曾令内外大小臣工，皆得荐举，被荐而至的，又令其转荐，由布衣至大僚的，不可胜数。国子监中，优礼名师，规则极严，待诸生亦极厚，曾于一日之中，擢六十四人为布、按两司官。科举初设于洪武三年，旋复停办，至十五年乃复设。当时所谓三途并用，系指（一）荐举，（二）进士贡监，（三）吏员。见《日知录·通经为吏》条。一再传后，荐举遂废，学校浸轻，而科举独重。此由荐举用人，近于破格，非中主所能行。学校办理不能认真，近于今所谓毕业即毕年限。科举（一）者为习惯所重，（二）则究尚有一日之短长可凭，所以为社会所重视。此亦不能谓绝无理由。然凡事偏重即有弊，何况科举之本身，本无足取呢？明制：进士分为三甲。一甲三人，赐进士及第。二甲若干人，赐进士出身。三甲若干人，赐同进士出身。一甲第一人，授翰林院修撰。第二、第三人授编修。二、三甲均得选庶吉士。庶吉士本系进士观政在翰林院、承敕监等衙门者之称。明初，国子监学生，派至各衙门实习的，谓之历事。进士派至各衙门实习的，谓之观政。使其于学理之外，再经验实事，意本甚善。然后亦成为具文。庶吉士初本不专属翰林。成祖时，命于进士二甲以下，择取文理优者，为翰林院庶吉士，自此才为翰林所专。后复命就学文渊阁。选翰、翰林院。詹詹事府。官教习。三年学成，考试授官，谓之散馆。出身特为优异。清制：二、三甲进士，亦得考选庶吉士。其肄业之地，谓之庶常馆。选满汉学士各一人教习，视为储才之地。然其所习者，不过诗赋、小楷而已。乡举在宋朝还不过是会试之阶，并不能直接入官。明世始亦为入仕之途。举贡既特异于杂流，进士又特异于举贡。所谓三途并用者，遂成（一）进士，（二）举贡，（三）吏员。见《明史·选举志》。在仕途中，举贡亦备遭轻视排挤，杂流更不必论了。清制以科目、贡监、荫生为正途，荐举、捐纳、吏员为异途，异途之受歧视亦殊甚。然及末造，捐纳大行，仕途拥挤，亦虽欲歧视而不可得了。

卖官之制，起于汉武帝。《史记·平准书》所谓“入羊为郎”、“入财者得补郎”、“吏得入谷补官”、买武功爵者试补吏皆是。后世虽有秕政，然不为法令。明有纳粟入监之例，亦仍须入监读书。清则仅存虚名。实官捐，顺康时已屡开，嘉道后尤数，内官自郎中，外官自道府而下，皆可报捐。直至光绪二十七年才停，从学校、科举、吏员等出身之士，虽不必有学识，究不容一物不知，捐纳则更无制限，而其数又特多。既系出资买来，自然视同营业。清季仕途人员的拥塞，流品的冗杂，贪污的特盛，实在和捐纳之制是大有关系的。

元代各机关长官，多用蒙古人。清朝则官缺分为满、汉、包衣、汉军、蒙古，这实在是一种等级制度。已见第四章。满缺有一部分是专属于宗室的，其选举权在宗人府；包衣属内务府，均不属吏部。

以上所说，大略都是取士之制，即从许多人民中，拔擢出一部分人来，给他以做官的资格。其就已有做官资格的人，再加选试，而授之以官，则普通称为“铨选”。其事于古当属司马，说已见前。汉朝，凡有做官的资格，而还未授官的，皆拜为郎，属于光禄勋，分属五官中郎将、左中郎将、右中郎将，谓之三署郎。光禄勋岁于其中举茂材四行。其选授之权，初属三公府，东西曹主其事。后来尚书的吏曹，渐起而攘夺其权。灵帝时，吕强上言：“旧典选举，委任三府。”“今但任尚书，或复敕用。”可见到后汉末，三公已不大能参预选举了。曹魏以后，既不设宰相，三公等官，亦不复参与政事，选权遂专归尚书。唐制：文选属于吏部，武选属于兵部。吏部选官，自六品以下，都先试其书、判，观其身、言。五品以上则不试，上其名于中书门下。宋初，选权分属中书、枢密及审官院，吏部惟注拟州县官。熙宁改制，才将选权还之吏部。神宗说古者文武不分途，不以文选属吏，武选属兵为然。于是文武选皆属吏部，由尚书、侍郎，分主其事。明清仍文选属吏，武选属兵。明代吏部颇有大权，高官及边任等，虽或由廷推，或由保举，然实多由吏部主其事。清代则内分于军机、内阁，外分于督、抚，吏部所司，真不过一吏之任而已。外官所用僚属，自南北朝以前，均由郡县长官，自行选用，其权属于功曹。所用多系本地人。隋文帝始废之，佐官皆由吏部选授。此与选法之重资格而轻衡鉴，同为一大变迁，而其原理是相同的，即不求有功，但求防弊。士大夫蔽于阶级意识，多以此等防弊之法为不然。然事实上，所谓官僚阶级，总是以自利为先，国事为后的。无以防之，势必至于泛滥不可收拾。所以防弊之法，论者虽不以为然，然事实上卒不能废，且只有日益严密。

用人由用之者察度其才不才，谓之衡鉴。鉴是取譬于镜子，所以照见其好坏；衡则取喻于度量衡，所以定其程度的。用人若在某范围之中，用之者得以自由决定其取舍，不受何等法律的限制，则谓之有衡鉴之权。若事事须依成法办理，丝毫不能自由，即谓之依据资格。二者是正相反对的。资格用人，起于后魏崔亮的停年格，专以停解先后为断，是因胡灵后秉政，许武人入选，仕途拥挤，用此为手段，以资对付的。崔亮自己亦不以为然。北齐文襄帝做尚书时，就把它废掉了。唐开元时，裴光庭又创循资格。然自中叶以后，检校、试、摄、判、知之法大行，皆以资格不相当之人任事，遂开宋朝以差遣治事之端。明孙丕扬创掣签法。资格相同者，纳签于筒，在吏部堂上，由候选者亲掣。不到者由吏部堂官代掣。当时亦系用以对付中人请托的，见于慎行《笔麈》。然其后卒不能废。大抵官吏可分为政务官和事务官。政务官以才识为重，自不能专论资格。事务官不过承上官之命，依据法律，执行政务。其事较少变化。用法能得法外意，虽是极好的事，然其事太无凭据，若都藉口学识，破弃资格，一定得才的希望少，徇私的弊窦多。所以破格用人，只可视为偶然之事，在常时必不能行，历来诋资格之论，都是凭臆为说，不察实际情形的。

回避之法，亦是防弊的一端。此事古代亦无之。因为回避之法，不外两端：（一）系防止人与人间的关系，（二）则防止人与其所治的地方的关系。在世官制度之下，世家大族，左右总是姻亲；而地不过百里，东西南北，亦总系父母之邦，何从讲起回避？地方既小，政治之监察既易，舆论之指摘亦严，要防止弊窦，亦正无藉乎回避。所以回避之法，在封建制度下，是无从发生的。郡县制度的初期，还毫无形迹，如严助、朱买臣均以吴人而为会稽守，即其明证。东汉以后，此制渐渐发生。《后汉书·蔡邕传》说：时制婚姻之家，及两州人士，不得对相监临，因此有三互之法，《注》：三互，谓婚姻之家，及两州人不得交互为官也。是为回避之法之始。然其法尚不甚严。至近世乃大为严密。在清代，惟教职止避本府，余皆须兼避原籍、寄籍及邻省五百里以内。京官父子、祖孙，不得同在一署。外官则五服之内，母、妻之父及兄弟、女婿、外甥、儿女姻亲、师生，均不得互相统属。皆以卑避尊。此等既以防弊，亦使其人免得为难，在事实上亦不得不然。惟近代省区太大，服官的离本籍太远，以致不悉民情风俗，甚至言语不通，无从为治。以私计论，来往川资，所费大巨，到任时已不易筹措，罢官后竟有不能归家的，未免迫人使入于贪污，亦是立法未善之处。

选举之法，无论如何严密，总不过慎之于任用之初。（一）人之究有德行才识与否，有时非试之以事不能知；（二）亦且不能保其终不变节。（三）又监督严密，小人亦可为善，监督松弛，中人不免为非；所以考课之法，实较选举更为重要。然其事亦倍难。因为（一）考试之法，可将考者与被考者隔离；（二）且因其时间短，可用种种方法防弊；（三）不幸有弊，所试以文字为凭，亦易于复试磨勘，在考课则办不到。考课之法，最早见于书传的，是《书经》的三载考绩，三考黜陟。《尧典》，今本《舜典》。《周官》太宰，以八柄诏王驭群臣，一曰爵，二曰禄，三曰予，四曰置，五曰生，六曰夺，七曰废，八曰诛。亦系此法。汉朝京房欲作考功课吏法，因此为石显所排。王符著《潜夫论》极称之，谓为致太平之甚。见《考绩篇》。魏世刘劭，亦曾受命作都官考课及说略。今其所著《人物志》具存，论观人之法极精，盖远承《文王官人》之绪。《大戴礼记》篇名。《周书》亦有此篇，但称《官人》。按京房尝受学焦延寿，延寿称“得我道以亡身者，京生也”。京房《易》学，虽涉荒怪，然汉世如此者甚多，何致有亡身之惧？疑《汉书》文不完具。京房课吏之法，实受诸延寿，得我道以亡身之说，实指课吏之法言之。如此，则考课之法，在古代亦系专门之业，而至后来乃渐失其传者了。后世无能讲究此学的。其权，则初属于相府，后移于尚书，而专属于吏部。虽有种种成法，皆不过奉行故事而已。吏部系总考课的大成的。各机关的属官，由其长官考察；下级机关，由上级机关考察，为历代所同。考课有一定年限。如明代，京官六年一考察，谓之京察。外官三年一考察，谓之外察，亦谓之大计，武职谓之军政。清朝均三年一行。考察有一定的项目，如清朝文官，以守、才、政、年为四格。武官又别有字样，按格分为三等。又文武官均以不谨、罢软、浮躁、才力不及、年老、有疾为六法。犯此者照例各有处分。然多不核其实，而人事的关系却颇多。高级的官，不由吏、兵部决定的，明有自陈，清有由部开列事实请旨之法，余皆由吏、兵部处理。

第八章 赋税

中国的赋税，合几千年的历史观之，可以分为两大类：其（一）以最大多数的农民所负担的田税、军赋、力役为基本，随时代变化，而成为种种形式。自亡清以前，始终被看做是最重要的赋税。其（二）自此以外的税，最初无有，后来逐渐发生，逐渐扩张，直至最近，才成为重要部分。

租、税、赋等字样，在后世看起来，意义无甚区别，古代则不然。汉代的田税，古人称之为税，亦即后世所谓田赋。其收取，据孟子说，有贡、助、彻三法。夏后氏五十而贡，殷人七十而助，周人百亩而彻。五十、七十当系夏殷顷亩，较周为小，不然，孟子所说井田之制，就不可通了。又引龙子的话，说“贡者，校数岁之中以为常”，即是取几年的平均额，以定一年的税额。乐岁不能多，凶年不能减。所以龙子诋为恶税。助法，据孟子说，是将一方里之地，分为九百亩。中百亩为公田，外八百亩为私田。一方里之地，住居八家。各受私田百亩。共耕公田。公田所入，全归公家；私田所入，亦全归私家，不再收税。彻则田不分公私，而按亩取其几分之几。按贡法当是施之被征服之族的。此时征服之族与被征服之族，尚未合并为一，截然是两个团体。征服之族，只责令被征服之族，每年交纳农作品若干。其余一切，概非所问，此时纳税的实系被征服之族之团体，而非其个人。所以有此奇异的制度。至于助、彻，该是平和部族中自有的制度，在田亩自氏族分配于家族时代发生的。参看第二、第五两章自明。三者的税额，孟子说："其实皆十一也。"这亦不过以大略言之。助法，照孟子所说，明明是九一，后儒说：公田之中，以二十亩为庐舍，八家各耕公田十亩，则又是十一分之一。古人言语粗略，计数更不精确，这是不足以为怀疑孟子的话而加以责难的根据。古代的田制有两种：一种是平正之地，可用正方形式分划，是为井田。一种是崎岖之地，面积大小，要用算法扯算的，是为畦田。即圭田。古代征服之族，居于山险之地，其地是不能行井田的，所以孟子替滕文公规划，还说"请野九一而助，国中什一使自赋"。既说周朝行彻法，又说虽周亦助，也是这个道理。参看第四章自明。

赋所出的，是人徒、车、辇、牛、马等，以供军用。今文家说：十井出兵车一乘。《公羊》宣公十年，昭公元年何《注》。古文家据《司马法》，而《司马法》又有两说：一说以井十为通，通为匹马，三十家，出士一人，徒二人。通十为成，成十为终，终十为同，递加十倍。《周官》小司徒郑《注》引。又一说以四井为邑，四邑为丘，有戎马一匹，牛三头。四丘为甸，出戎马四匹，兵车一乘，牛十二头，甲士三人，步卒七十二人。郑注《论语·学而篇》"道千乘之国"引之，见《小司徒疏》。今文家所说的制度，常较古文家早一时期，说已见前。古文家所说的军赋，较今文家为轻，理亦由此。《司马法》实战国时书。战国时国大了，所以分担的军赋也轻。

役法，《礼记·王制》说："用民之力，岁不过三日。"《周官·均人》说：丰年三日，中年二日，无年一日。《小司徒》说："上地家七人，可任也者家三人。中地家六人，可任也者二家五人。下地家五人，可任也者家二人。凡起徒役，毋过家一人，以其余之羡。惟田与追胥竭作。"案田与追胥，是地方上固有的事，起徒役则是国家所要求于人民的。地方上固有的事，总是与人民利害相关的，国家所要求于人民的，则利害未必能一致，或且相反。所以法律上不得不分出轻重。然到后来，用兵多而差徭繁，能否尽守此规则，就不可知了。古代当兵亦是役的一种。《王制》说："五十不从力政，政同征，即兵役外的力役。六十不与服戎。"《周官·乡大夫》说："国中自七尺以及六十，野自六尺以及六十有五皆征之。”《疏》说七尺是二十岁，六尺是十五岁。六尺是未成年之称，其说大约是对的。然则后期的徭役，也比前期加重了。

以上是古代普遍的赋税。至于山林川泽之地，则古代是公有的。手工业，简易的人人会做，艰难的由公家设官经营。商业亦是代表部族做的，说已见第五章。既无私有的性质，自然无所谓税。然到后来，也渐渐的有税了。《礼记·曲礼》："问国君之富，数地以对，山泽之所出。”古田地字通用，田之外兼数山泽，可见汉世自天子至封君，将山川、园池、市井租税之入，皆作为私奉养，由来已久。参看第五章。市井租税，即系商税。古代工商业的分别，不甚清楚，其中亦必包含工税。按《孟子·王制》，都说“市廛而不税，关讥而不征。”廛是民居区域之称。古代土地公有，什么地方可以造屋，什么地方可以开店，都要得公家允许的，不能乱做。所以《孟子·滕文公上篇》，记“许行自楚之滕，踵门而告文公曰：闻君行仁政，愿受一廛而为氓，文公与之处”。然则市廛而不税，即系给与开店的地方，而不收其税，这是指后世所谓“住税”而言，在都邑之内。关讥而不征，自然是指后世所谓“过税”而言。然则今文住税、过税俱无。而《周官》司市，必“凶荒札丧”，才“市无征而作布”；造货币。司关必凶荒才“无关、门之征”，门谓城门。则住税过税都有了。又《孟子·公孙丑下篇》说：“古之为市者”，“有司者治之耳。有贱丈夫焉，必求龙断而登之，以左右望而罔市利。人皆以为贱，故从而征之”，龙即陇字。龙断，谓陇之断者。一个人占据了，第二个人再不能走上去与之并处。罔即今网字。因为所居者高，所见者远，遥见主顾来了，可以设法招徕；而人家也容易望见他，自可把市利一网打尽了。这是在乡赶集的，而亦有税，可见商税的无孔不入了。此等山川、园池、市肆租税，都是由封建时代各地方的有土之君，各自征收的，所以很缺乏统一性。

赋税的渐增，固由有土者的淫侈，战争的不息，然社会进化，政务因之扩张，支出随之巨大，亦是不可讳的。所以白圭说：“吾欲二十而取一。”孟子即说：“子之道，貉道也。”貉“无城郭，宫室，宗庙祭祀之礼。无诸侯币帛饔飧，无百官有司，故二十取一而足”。然则赋税的渐增，确亦出于事不获已。倘使当时的诸侯大夫，能审察情势，开辟利源，或增设新税，或就旧税之无害于人民者而增加其税额，原亦不足为病。无如当时的诸侯大夫，多数是不察情势，不顾人民的能否负担，而一味横征暴敛。于是田租则超过十一之额，而且有如鲁国的履亩而税，见《春秋》宣公十五年。此因人民不尽力于公田，所以税其私田。井田制度破坏尽了。力役亦加多日数，且不依时令，致妨害人民的生业。此等证据，更其举不胜举。无怪乎当时的仁人君子，都要痛心疾首了。然这还不算最恶的税。最恶的税，是一种无名的赋。古书中赋字有两义：一是上文所述的军赋，这是正当的。还有一种则是不论什么东西，都随时责之于民。所以《管子》说："岁有凶穰，故谷有贵贱。令有缓急，故物有轻重。"《国蓄篇》。轻就是价贱，重就是价贵。在上者需用某物，不管人民的有无，下令责其交纳，人民只得求之于市，其物的价格就腾贵，商人就要因此剥削平民了。《管子》又说：以室庑籍，以六畜籍，以田亩籍，以正人籍，以正户籍。籍即是取之之意。以室庑籍，当谓按户摊派。以田亩籍，则按田摊派。正人、正户，当系别于穷困疲羸的人户而言。六畜，谓畜有六畜之家，当较不养者为富。《山权数》云："若岁凶旱水泆，民失本，则修宫室台榭，以前无狗后无彘者为庸。"此以家无孳畜为贫穷的证据。所以以之为摊派的标准。其苛细可谓已甚了。古代的封君，就是后世乡曲的地主。后世乡曲的地主，需要什么东西，都取之于佃户的，何况古代的封君，兼有政治上的权力呢？无定时、无定物、无定数，这是最恶的税。

秦汉之世，去古未远，所以古代租税的系统，还觉分明。汉代的田租，就是古代的税，其取之甚轻。高祖时，十五税一。文帝从晁错之说，令民入粟拜爵，十三年，遂全除田租。至景帝十年，乃令民半出租，为三十而税一。后汉初年，尝行十一之税。天下已定，仍三十而税一。除灵帝曾按亩敛修宫钱外，始终无他横敛，修宫钱只是横敛，实不能算增加田租。可谓轻极了。但古代的田，是没有私租的，汉世则正税之外，还有私租，所以国家之所取虽薄，农民的负担，仍未见减轻，还只有加重。王莽行王田之制时，诏书说汉时的私租，"厥名三十，实十税五"，则合三十税一的官租，是三十分之十六了。汉代的口钱，亦称算赋。民年十五至五十六，出钱百二十，以食天子。武帝又加三钱，以补车骑马。见《汉书·高帝纪》四年、《昭帝纪》元凤四年《注》引如淳说引《汉仪注》。按《周官》太宰九赋，郑《注》说赋是"口率出泉"。又说："今之算泉，民或谓之赋，此其旧名与？"泉钱一字。观此，知汉代的算赋，所谓人出百二十钱以食天子者，乃古代横敛的赋所变。盖因其取之无定时、无定物、无定数，实在太暴虐了，乃变为总取钱若干，而其余一切豁免。这正和五代时的杂征敛，宋世变为沿纳；明时的加派，变为一条鞭一样。见下。至于正当的赋，则本是供军用的，所以武帝又加三钱以补车骑马。汉代的钱价，远较后世为贵，人民对于口钱的负担，很觉其重。武帝令民生子三岁出口钱，民至于生子不举。元帝时，贡禹力言之。帝乃令民七岁乃出口钱。见《汉书·贡禹传》。役法：《高帝纪》二年《注》引如淳说，《律》：年二十三，傅之畴官，各从其父畴学之。畴之义为类。古行世业之法，子弟的职业，恒与父兄相同；所谓士之子恒为士，农之子恒为农，工之子恒为工，商之子恒为商。参看阶级章。而每一类的人，都有其官长，《国语·周语》：说宣王要料民于太原，仲山父谏，说“古者不料民而知其多少。司民协孤终，司商协民姓，司徒协旅，司寇协奸，牧协职，工协革，场协入，廪协出，是则少多死生，出入往来，皆可知也。”这即是各官各知其所管的民数的证据。此即所谓畴官。傅之畴官，就是官有名籍，要负这一类中人所应负的义务了。这该是古制，汉代的人民，分类未必如古代之繁，因为世业之制破坏了。但法律条文，是陈旧的东西，事实虽变，条文未必随之而变。如淳所引的律文，只看作民年二十三，就役籍有名，该当一切差徭就够了。景帝二年，令民年二十始傅。又将其提早了三年。役法是征收人民的劳力的，有役法，则公家举办事业不必要出钱雇工，所以在财政上，也是一笔很大的收入。

财政的规模，既经扩张，自当创设新税。创设新税，自当用间接之法，避免直接取之于农民。此义在先秦时，只有法家最明白。《管子·海王篇》说，要直接向人民加赋，是人人要反对的。然盐是无人不吃的；铁器亦不论男女，人人要用，如针、釜、耒、耜之类。在盐铁上加些微之价，国家所得，已不少了。这是盐铁官卖或收税最古的理论。此等税或官卖，古代亦必有行之者。汉代郡国，有的有盐官、铁官、工官、收工物税。都水官，收渔税。有的又没有，即由于此。当此之时，自应由中央统筹全局，定立税法；或由中央直接征收，或则归之于地方。但当时的人，不知出此。桑弘羊是治法家之学的，王莽实亦兼采法家之说，见第五章。所以弘羊柄用时，便筦盐铁、榷酒酤，并行均输、算缗之法，千钱为缗，估计资本所值之数，按之抽税。王莽亦行六筦之制，见第五章。然行之既未尽善，当时的人，又大多数不懂得此种理论。汲黯说：天子只该“食租衣税”。晋初定律，把关于酒税等的法令，都另编为令，出之于律之外，为的是律文不可时改，而此等税法，在当时，是认为不正当，天下太平之后，就要废去的。见《晋书·刑法志》。看这两端，便知当时的人，对于间接税法，如何的不了解。因有此等陈旧的见解，遂令中国的税法，久之不能改良。

田租、口赋两种项目，是从晋定《户调式》以后，才合并为一的。户调之法，实起源于后汉之末。魏武帝平河北，曾下令：田租之外，只许每户取绵绢若干，不准多收。见《三国魏志·武帝纪》建安九年《注》。大约这时候，（一）人民流离，田亩荒废，有能从事开垦的，方招徕之不暇，不便从田租上诛求。（二）人民的得钱，是比较艰难的。这个历代情形都如此。所以租税征收谷帛，在前代，是有益于农民的。必欲收钱，在征收租税时，钱价就昂贵，谷帛的价，就相对下落了。汉世钱价贵，丧乱之际，卖买停滞，又不能诛求其口钱。所以不如按户责令交纳布帛之类。这原是权宜之法。但到晋武帝平吴，制为定式之后，就成为定法了。户调之法，是与官授田并行的。当时男子一人，占田七十亩；女子三十亩。其外，丁男课田五十亩，丁女二十亩；次丁男半之，女则不课。丁男之户，岁输绢三匹，绵三斤。女及次丁男为户者半输。北魏孝文帝均田令，亦有授田之法。已见第五章。唐时，丁男给田一顷，以二十亩为永业，余为口分。每年输粟三石，谓之租。看地方的出产，输绵及丝麻织品，谓之调。力役每年二十日，遇闰加两日，不役的纳绢三尺，谓之庸。立法之意，本是很好的。但到后来，田不能授，而赋税却是按户征收了。你实际没有田，人家说官话不承认。兼并的人，都是有势力的，也无人来整顿他。于是无田的人，反代有田的人出税。人皆托于宦、学、释、老，或诈称客户以自免。其弊遂至不可收拾。当这时代，要想整顿，（一）除非普加清厘，责令兼并的人，将多余的田退还，由官分给无田者。（二）次则置兼并者于不问，而以在官的闲田，补给无田的人。其事都不能行。（三）于是德宗时，杨炎为相，牺牲了社会政策的立法，专就财政上整顿，就有财产之人而收其税，令于夏秋两季交纳，夏输毋过六月，秋输毋过十一月。是为两税。两税法的精意，全在“户无主客，以见居为簿；人无丁中，以贫富为差”十八个字。社会立法之意，虽然牺牲了，以财政政策而论，是不能不称为良法的。

“两税以资产为宗”，倘使就此加以研究改良，使有产者依其财产的多少，分别等第，负担赋税，而于无产者则加以豁免，则虽不能平均负赋，而在财政上，还不失公平之道，倒也是值得称许的。然后此的苛税，仍是向大多数农民剥削。据《宋史·食货志》所载，宋时的赋税：有田亩之赋和城郭之赋，这是把田和宅地分别征收的，颇可称为合理。又有丁口之赋，则仍是身税。又有杂变之赋，亦称为沿纳，是两税以外，苛取于民，而后遂变为常税的，在理论上就不可容恕了。但各地方的税率，本来轻重不一。苛捐杂税，到整理之时，还能定为常赋，可见在理论上虽说不过去，在事实上为害还是不很大的。其自晚唐以来，厉民最甚，直至明立一条鞭之法，为害才稍除的，则是役法。

力役是征收人民的劳力的。人民所最缺乏的是钱，次之是物品。至于劳力，则农家本有余闲，但使用之不失其时，亦不过于苛重，即于私人无害，而于公家有益。所以役法行之得当，亦不失为一种良好的赋税。所以现行征工之法，限定可以征工的事项，在立法上是对的。但是晚唐以后的役法，其厉民却是最甚的。其原因：由于此时之所以役民者，并非古代的力役之征，而是庶人在官之事。古代的力役之征，如筑城郭、宫室，修沟渠、道路等，都是人人所能为的；而且其事可以分割，一人只要应役几日，自然不虑其苛重了。至于在官的庶人，则可分为府、史、胥、徒四种。府是看守财物的。史是记事的。胥是才智之称，所做的，当系较高的杂务。“徒，众也”，是不须才智，而只要用众力之时所使用的，大概用以供奔走。古代事务简单，无甚技术关系，即府、史亦是多数人所能做，胥、徒更不必论了。但此等事务，是不能朝更暮改的。从事其间的，必须视为长久的职业，不能再从事于私人的事业，所以必须给之禄以代耕。后世社会进步了，凡事都有技术的关系，筑城郭、宫室，修沟渠、道路等事，亦有时非人人所能为，何况府、史、胥、徒呢？如徒，似乎是最易为的。然在后世，有追捕盗贼等事，亦非人人所能。然晚唐以后，却渐根据“丁”、“资”，以定户等而役之。（一）所谓丁资，计算已难平允；（二）而其所以役之之事，又本非其所能为；（三）而官又不免加以虐使，于是有等职务，至于破产而不能给。人民遂有因此而不敢同居，不敢从事生产，甚至有自杀以免子孙之役的。真可谓之残酷无伦了。欲救此弊，莫如分别役的性质。可以役使人民的，依旧签差。不能役使人民的，则由公家出钱雇人充任。这本不过恢复古代力役之征，庶人在官，各不相涉的办法，无甚稀奇，然宋朝主张改革役法的王安石，亦未计及此。王安石所行的法，谓之免役。案宋代役法，原有签差雇募之分。雇役之法：（一）者成为有给职，其人不至因荒废私计而无以为生。（二）者有等事情，是有人会做，有人不会做的，不会做的人要赔累，会做的人则未必然。官出资雇募，应募的自然都是会做这事情的人，决不至于受累，所以雇役之法，远较差役为良。但当时行之，甚不普遍。安石行免役之法：使向来应役的人，出免役钱；不役的人，出助役钱，官以其钱募人充役。此法从我们看来，所失者，即在于未曾分别役的性质，将可以签差之事，仍留为力役之征，而一概出钱雇募。使（一）农民本可以劳力代实物或货币的，亦概须以实物或货币纳税。（二）而公家本可征收人民劳力的事，亦因力役的习惯亡失，动须出钱雇募。于是有许多事情，尤其是建设事务，因此废而不举。这亦是公家的一笔损失。但就雇役和差役两法而论，则雇役之法，胜于差役多了。而当时的旧党，固执成见。元祐时，司马光为相，竟废雇役而仍行差役。此后虽亦差雇并行，总是以差为主，民受其害者又数百年。

田租、口赋、力役以外的赋税，昔人总称为杂税。看这名目，便有轻视它，不列为财政上重要收入的意思。这是前人见解的陈旧，说已见前。然历代当衰乱之际，此等赋税，还总是有的。如《隋书·食货志》说：晋过江后，货卖奴婢、马牛、田宅、价值万钱者，输钱四百，买者一百，卖者三百，谓之“散估”，此即今日的契税。又说：都东方山津、都西石头津，都有津主，以收荻、炭、鱼、薪之税，十取其一；淮北大市百余，小市十余，都置官司收税，此即商税中之过税及住税。北朝则北齐后主之世，有关、市、邸、店之税。北周宣帝时，有入市税。又酒坊、盐池、盐井，北周亦皆有禁。到隋文帝时，却把这些全数豁免，《文献通考·国用考》盛称之。然以现代财政学的眼光评论，则还是陈旧的见解。到唐中叶以后，藩镇擅土，有许多地方，赋税不入于中央；而此时税法又大坏，中央收入减少，乃不得不从杂税上设法。宋有天下以后，因养兵特多，此等赋税，不能裁撤，南渡以后，国用更窘，更要加意整顿。于是此等杂税，遂渐渐的附庸蔚为大国了。不论在政治上、社会上，制度的改变，总是由事实逼迫出来的多，在理论指导之下发明的少。这亦是政治家的一种耻辱。

杂税之中，最重要的是盐税。其法，始于唐之第五琦，而备于刘晏。籍民制盐，免其役。谓之灶户，亦谓之亭户。制成之盐，卖之商人，听其所之，不复过问。后人称之为就场征税。宋朝则有（一）官鬻，（二）通商两法。而通商之中，又分为二：（甲）径售之于商人，（乙）则称为入边、入中。入边是“入边刍粟”的略称，入中则是“入中钱帛”的略称。其事还和茶法及官卖香药、宝货有关系。茶税，起于唐德宗时。其初是和漆与竹木并税的。后曾裁撤，旋又恢复，且屡增其额。其法亦系籍民制造，谓之园户。园户制成的茶，由官收买，再行卖给商人。官买茶的钱，是预给园户的，谓之“本钱”。在江陵、真州、海州、汉阳军、无为军、蕲州的蕲口，设立六个榷货务。除淮南十三场所出的茶以外，都送到这六个榷货务出卖。惟川峡、广南，听其自卖，而禁出境。京城亦有榷货务，则是只收钱帛而不给货的。宋初，以河东的盐，供给河北的边备。其卖盐之法：是令商人入刍粟于国家指定之处，由该地方的官吏点收，给与收据，估计其价若干，由商人持此据至国家卖盐之处，照价给之以盐，是为入边刍粟；其六榷货务出卖的茶，茶是在各榷货务取，钱帛是在京师榷货务付出的，是为入中钱帛，这是所以省运输之费，把漕运和官卖，合为一事办理的，实在是个良法。至于香药、宝货，则是当时对外贸易的进口货，有半官卖性质的。有时亦以补充入边入中的不足，谓之三说。此即今兑换之兑字。兑换之兑无义，乃脱换之省写，脱说古通用。有时并益以缗钱，谓之四说。以盐供入边入中之用，其弊在于虚估。点收的官吏和商人串通了，将其所入之物，高抬价格，官物便变成贱价出卖，公家大受损失了。有一个时期，曾废除估价，官以实物卖出，再将所得的钱，辇至出刍粟之处买入。这不啻入边之法已废，仅以官卖某物之价，指定供给某处的边费而已。但虚估之事，是商人和官吏都有利益的，利之所在，自然政策易于摇动，不久其法复废。到蔡京出来，其办法却聪明了。他对于商人要贩卖官盐的，给之以引。引分为长、短。有若干引，则准做若干盐的卖买，而这引是要卖钱的。这不是卖盐，只是出卖贩盐的许可证了。茶，先已计算官给本钱所得的息，均摊之于园户，作为租税，而许其与商人直接卖买。至此亦行引法，谓之茶引。蔡京是个贪污奸佞的人，然其所立盐茶之法，是颇为简易的，所以其后遂遵行不变。但行之既久，弊窦又生。因为国家既把盐卖给大商人，不能不保证其销路。于是藉国家的权力，指定某处地方，为某处所产之盐行销之地，是为“引地”。其事起于元朝，至清代而其禁极严。盐的引额，是看销费量而定的，其引地则看水陆运道而定，两者都不能无变更，而盐法未必随之而变，商人恃有法律保护，高抬盐价，于是私盐盛行。因私盐盛行之故，不得不举办缉私，其费用亦极大，盐遂成为征收费极巨的赋税。宋朝入边入中之法，明朝还仿其意而行之。明初，取一部分的盐，专与商人输粮于边的相交易，谓之中盐。运粮至边方，国家固然困难，商人也是困难的。计算收买粮食，运至边方，还不如在边方开垦之有利，商人遂有自出资本，雇人到边上开垦的，谓之商屯。当时的开平卫，就是现在的多伦县一带，土地垦辟了许多。后来因户部改令商人交纳银两，作为库储，商屯才渐次撤废。按移民实边，是一件最难的事。有移殖能力的人，未必有移殖的财力。国家出资移民，又往往不能得有移殖能力的人，空耗财力，毫无成绩。商人重利，其经营一定比官吏切实些。国家专卖之物，如能划出一部分，专和商人出资移民的相交易，一定能奖励私人出资移民的。国家只须设官管理，规定若干条法律，使资本家不至剥削农民就够了。这是前朝的成法，可以师其意而行之的。又明初用茶易西番之马，含有振兴中国马政，及制驭西番两种用意。因为内地无广大的牧场，亦且天时地利等，养马都不如西番的适宜，而西番马少，则不能为患。其用意，亦是很深远的。当时成绩极佳。后因官吏不良，多与西番私行交易，好马自私，驽马入官，而其法才坏。现在各民族都是一家，虽不必再存什么制驭之意，然藉此以振兴边方的畜牧，亦未尝不是善策。这又是前朝的成法，可以师其意而变通之的。

酒：历代有禁时多，征榷时少。因为昔人认酒为糜谷，而其物人人能制，要收税或官卖，是极难的。历代收酒税认真的，莫如宋朝。其事亦起于唐中叶以后。宋时，诸州多置“务”自酿。县和镇乡，则有许民酿而收其税的。其收税，多用投标之法，认税最多的人，许其酿造，谓之“扑买”。承酿有一定年限。不及年限，而亏本停止，谓之“败阙”。官吏为维持税收起见，往往不许其停业。于是有勒令婚丧之家，买酒若干的；甚有均摊之于民户的，这变成强迫买酒了，如何可行？但酒税在北宋，只用为地方经费，如“酬奖役人”之类。当重难差徭的，以此调剂它。到南宋，就列为中央经费了。官吏要维持收入，也是不得不然的。收酒税之法，最精明的，是赵开的“隔酿”，亦称为“隔槽”。行之于四川，由官辟酿酒的场所，备酿酒的器具，使凡要酿酒的，都自备原料，到这里来酿。出此范围之外，便一概是私酒。这是为便于缉私起见，其立法是较简易的，不过取民未免太苛罢了。

阬冶：在唐朝，或属州郡，或隶盐铁使。宋朝，或官置盐、冶、场、务，或由民承买，而以分数中卖于官，皆属转运使。元朝矿税称为税课，年有定额。此外还有许多无定额的，总称为额外课。额外课中，通行全国的，为契税及历本两项。

商税是起于唐朝的藩镇的，宋朝相沿未废。分为住税和过税。住税千分之三十，过税千分之二十。州县多置“监”、“务”收取，关镇亦有设置的。其所税之物，随地不同。照法律都应揭示明白，但实际能否如此，就不可知了。唐宋时的商税，实际上是无甚关系的。关系重要的，倒要推对外的市舶司。

市舶司起于唐朝。《文献通考》说：唐有市舶使，以右威卫中郎将周庆立为之。代宗广德元年，有广州市舶使吕太一。按庆立事见《新唐书·柳泽传》，吕太一事见《旧唐书·代宗本纪》。又《新书·卢怀慎传》说怀慎之子奂，“天宝初为南海太守，污吏敛手，中人之市舶者，亦不敢干其法。”合此数事观之，似乎唐时的市舶使，多用中人，关系还不甚重要。到宋朝就不然了。宋朝在杭州、明州、秀州、温州、泉州及密州的板桥镇，就是现在的青岛。均曾设立市舶司。海舶至，先十榷其一。其香药、宝货，又须先尽官买，官买足了，才得和人民交易。

香药、宝货，为三说之一。已见前。南宋时又用以称提关会。关子、会子系南宋时纸币之名。提高其价格，谓之称提。可见其和财政大有关系了。元明亦有市舶司。明朝的市舶司，意不在于收税，而在于管理外商。因为明初沿海已有倭寇之故。中叶以后，废司不设。中外互市，无人管理。奸商及各地方的势家，因而欺侮夷人，欠其货款不还，为激成倭寇肆扰原因之一。

赋役之法，至近代又有变迁。《元史·食货志》说：元代的租税，取于内郡的，丁税、地税分为两，是法唐之租庸调的。取于江南的合为一，是法唐朝的两税的。这不过是名目上的异同，实际都是分两次征收，和两税之法无异。总而言之，从杨炎创两税以后，征收的时期，就都没有改变了。元朝又有所谓丝料、包银。丝料之中，又分二户丝和五户丝，二户丝入官，五户丝输于本位。后妃、公主、宗王、功臣的分地。包银每户四两，二两收银，二两折收丝绢颜色。这该是所以代户役的，然他役仍不能免。按户役变成赋税，而仍责令人民应役；杂税变成正税，而后来需用杂物，又随时敛取于民，这是历代的通病，正不独元朝为然。明初的赋役，就立法言之，颇为整饬。其制度的根本，是黄册和鱼鳞册两种册籍。黄册以户为主，记各户所有的丁、粮，粮指所有的田。根据之以定赋役。鱼鳞册以田为主，记其地形、地味及所在，而注明其属于何人。黄册由里长管理，照例应有两本。一本存县官处，一本存里长处，半年一换。各户丁粮增减，里长应随时记入册内，半年交官，将存在官处的一本，收回改正。其立法是很精明的。但此等责任，是否里长所能尽？先是一个问题。况且赋役是弊窦很多的。一切恶势力，是否里长所能抗拒？里长是否即系此等黑幕中的一个人？亦是很难说的。所以后来，两册都失实了。明代的役法，分为力差和银差。力差还是征收其劳力的，银差则取其实物及货币。田税是有定额的，役法则向系量出为入。后来凡有需要，即取之于民，谓之加派。无定时，无定额，人民大困。役法向来是按人户的等第，以定其轻重、免否的。人户的等第，则根据丁口资产的多寡推定，是谓“人户物力”。其推定，是很难公平的。因为有些财产，不能隐匿，而所值转微；如牛及农具、桑树等。有些财产，易于隐匿，而所值转巨。如金帛等。况且人户的规避，吏胥的任意出入，以及索诈、受贿等，都在所不免。历代讫无善策，以除其弊。于是发生专论丁粮和兼论一切资产的问题。论道理，自以兼论一切资产为公平。论手续，却以专论丁粮为简便。到底因为调查的手续太繁了，弊窦太多了，斟酌于二者之间，还是以牺牲理论的公平，而求手续的简便为有利，于是渐趋于专论丁粮之途。加派之弊，不但在其所取之多，尤在于其无定额、无定时，使百姓无从预计。于是有一条鞭之法。总算一州县每一年所需用之数，按阖境的丁粮均摊。自此以外，不得再有征收。而其所谓丁者，并非实际的丁口，乃系通计一州县所有的丁额，摊派之于有田之家，谓之“丁随粮行”。明朝五年一均役，清朝三年一编审，后亦改为五年，所做的都系此项工作。质而言之，乃因每隔几年，贫富的情形变换了，于是将丁额改派一次，和调查丁口，全不相干。役法变迁至此，可谓已行免役之法，亦可谓实已加重田赋而免其役了。加赋偏于田亩，是不合理的。因为没有专令农民负担的理由。然加农民之田赋而免其役，较之唐宋后之役法，犹为此善于彼。因为役事无法分割，负担难得公平。改为征其钱而免其役，就不然了。况且有丁负担赋税的能力小，有产负担赋税的能力大，将向来有丁的负担，转移于有粮之家，也是比较合理的。这是税法上自然的进化。一条鞭之法，起源于江西，后渐遍行于全国，其事在明神宗之世。从晚唐役法大坏至此，约历八百年左右，亦可谓之长久了。这是人类不能以理智支配事实，而听其自然迁流之弊。职是故，从前每州县的丁额，略有定数，不会增加。因为增丁就是增赋，当时推行，已觉困难；后来征收，更觉麻烦，做州县官的人，何苦无事讨事做？清圣祖明知其然，所以落得慷慨，下诏说，康熙五十年以后新生的人丁，永不加赋。到雍正时，就将丁银摊入地粮了。这是事势的自然，不论什么人，生在这时候，都会做的，并算不得什么仁政。从前的人，却一味歌功颂德。不但在清朝时候如此，民国时代，有些以遗老自居的人，也还是这样，这不是没有历史知识，就是别有用心了。清朝因有圣祖之诏，所以始终避免加赋之名。但后来田赋的附加很多，实在亦与加赋无异。又古代的赋税，所税者何物，所取者即系何物。及货币通行以后，渐有（一）径收货币，（二）或本收货物之税，亦改收货币的。（三）又因历代（甲）币制紊乱，（乙）或数量不足，（丙）又或官吏利于上下其手，有本收此物，而改收他物的。总之收税并非全收货币。明初，收本物的谓之“本色”，收货币的谓之“折色”。宣宗以后，纸币废而不行，铜钱又缺乏，赋税渐改征银。田赋在收本色时，本来有所谓耗。系因（子）改装，搬运时，不免有所损失；（丑）又收藏之后，或有腐败及虫蛀、鼠窃等，乃于收税之时，酌加若干。积少成多，于官吏颇有裨益。改收银两以后，因将碎银熔成整铤，经火亦有耗损，乃亦于收银时增加若干，谓之“火耗”。后来制钱充足，收赋时改而收钱，则因银钱的比价，并无一定，官吏亦可将银价抬高，其名目则仍谓之火耗，此亦为农民法外的负担。但从前州县官的行政经费，是不够的，非藉此等弥补不可，所以在币制改革以后，亦仍许征税的人，于税收中提取若干成，作为征收之费。

近代田赋而外，税收发达的，当推关、盐两税。盐税自南宋以后，收入即逐渐增加。元明清三朝，均为次于田赋的重要赋税。关税起于明宣宗时。当时因纸币跌价，增设若干新税，并增加旧税税额，以收回钞票。后来此等新增的税目和税额，有仍复其旧的，有相沿未废的。关税亦为相沿未废者之一，故称为钞关。清朝称为常关。常关为数有限，然各关都有分关，合计之数亦不少。太平军兴之后，又有所谓厘金，属于布政司而不属于中央。于水陆要路设卡，以多为贵，全不顾交通上自然的形势，以致一种货物的运输，有重复收税，至于数次的，所税的货物及其税额，亦无一定，实为最恶的税法。新海关设于五口通商以后，当时未知关税的重要，贸然许外人以协定税率。庚子战后，因赔款的负担重了，《辛丑和约》我国要求增税。外人乃以裁厘为交换条件。厘不能裁，增税至百分之十二点五之议，亦不能行。民国时代，我国参加欧战，事后在美国所开太平洋会议中，提出关税自主案。外人仍只许我开关税会议，实行《辛丑条约》。十四年开会时，我国又提出关税自主案。许于十八年与裁厘同时并行，同时拟定七级税则，实际上得各国的承认。国民政府宣布关税自主，与各友邦或订关税条约，或于通商条约中订有关涉关税的条款。十八年，先将七级税实施。至二十年，将厘金裁撤后，乃将七级税废去，另订税则颁布。主权一经受损，其恢复之难如此，亦可为前车之鉴了。关、盐两税之外，清代较为重要的，是契税、当税、牙税。此等税意亦在于加以管理，不尽在增加收入。其到晚近才发达的，则有烟酒税、印花税、矿税、所得税。其重要的货物，如卷烟、麦粉、棉纱、火柴、水泥、薰烟、啤酒、洋酒等，则征收统税。国民政府将此等税和关税、盐税、牙税、当税，均列为中央收入。田赋划归地方，和契税、营业税，同为地方收入大宗。军兴以来，各地方有许多苛捐杂税，则下令努力加以废除。在理论上，赋税已渐上轨道，但在事实上，则还待逐渐加以整顿罢了。

第九章 兵制

中国的兵制，约可分为八期。

第（一）期，在古代，有征服之族和被征服之族的区别。征服之族，全体当兵，被征服之族则否，是为部分民兵制。

第（二）期，后来战争剧烈了，动员的军队多，向来不服兵役的人民，亦都加入兵役，是为全体皆兵制。

第（三）期，天下统一了，不但用不着全体皆兵，即一部分人当兵，亦觉其过剩。偶尔用兵，为顾恤民力起见，多用罪人及降服的异族。因此，人民疏于军事，遂招致降服的异族的叛乱，是即所谓五胡乱华。而中国在这时代，因乱事时起，地方政府擅权，中央政府不能驾驭，遂发生所谓州郡之兵。

第（四）期，五胡乱华的末期，异族渐次和中国同化了，人数减少，而战斗顾甚剧烈，不得已，乃用汉人为兵。又因财政艰窘，不得不令其耕以自养。于是又发生一种部分民兵制，是为周、隋、唐的府兵。

第（五）期，承平之世，兵力是不能不腐败的。府兵之制，因此废坏。而其时适值边方多事，遂发生所谓藩镇之兵。因此，引起内乱。内乱之后，藩镇遍于内地，唐室卒因之分裂。

第（六）期，宋承唐、五代之后，竭力集权于中央。中央要有强大的常备军。又觑破兵民分业在经济上的利益。于是有极端的募兵制。

第（七）期，元以异族，入主中原，在军事上，自然另有一番措置。明朝却东施效颦。其结果，到底因淤滞而败。

第（八）期，清亦以异族入主，然不久兵力即腐败。中叶曾因内乱，一度建立较强大的陆军。然值时局大变，此项军队，应付旧局面则有余，追随新时代则不足。对外屡次败北，而国内的军纪，却又久坏，遂酿成晚清以来的内乱。直至最近，始因外力的压迫，走上一条旷古未有的新途径。

以上用鸟瞰之法，揭示一个大纲。以下再逐段加以说明。

第（一）期的阶级制度，看第四、第八两章，已可明白。从前的人，都说古代是寓兵于农的，寓兵于农，便是兵农合一，井田既废，兵农始分，这是一个重大的误解。寓兵于农，乃谓以农器为兵器，说见《六韬·农器篇》。古代兵器是铜做的，农器是铁做的。兵器都藏在公家，临战才发给，所谓授甲、授兵。也只能供给正式军队用，乡下保卫团一类的兵，是不能给与的。然敌兵打来，不能真个制梃以自卫。所以有如《六韬》之说，教其以某种农器，当某种兵器。古无称当兵的人为兵的，寓兵于农，如何能释为兵农合一呢？江永《群经补义》中有一段，驳正此说。他举《管子》的参国伍鄙，参国，即所谓制国以为二十一乡，工商之乡六，士乡十五，公和高子、国子，各帅五乡。伍鄙，即三十家为邑，十邑为卒，十卒为乡，三乡为县，十县为属，乃所以处农人。按所引《管子》，见《小匡篇》。又引阳虎欲作乱，壬辰戒都车，令癸巳至。按见《左传》定公八年。以证兵常近国都。其说可谓甚精。按《周官·夏宫·序官》：王六军，大国三军，次国二军，小国一军。《大司徒》，五家为比，五比为闾，四闾为族，五族为党，五党为州，五州为乡；《小司徒》，五人为伍，五伍为两，四两为卒，五卒为旅，五旅为师，五师为军，则六军适出六乡。六乡之外有六遂，郑《注》说：遂之军法如六乡。其实乡列出兵法，无田制，遂陈田制，无出兵法，郑《注》是错误的。

说本朱大韶《实事求是斋经义》、《司马法非周制说》。六乡出兵，六遂则否，亦兵在国中之证。这除用征服之族居国，被征服之旅居野，无可解释。或谓难道古代各国，都有征服和被征服的阶级吗？即谓都有此阶级，亦安能都用此治法，千篇一律呢？殊不知（一）古代之国，数逾千百，我们略知其情形的，不过十数，安知其千篇一律？（二）何况制度是可以互相模仿的。世既有黩武之国，即素尚平和之国，亦不得不肆力于军事组织以相应，既肆力于军事组织，其制度，自然可以相像的。所以虽非被征服之族，其中的军事领袖及武士，亦可以逐渐和民众相离，而与征服之族，同其位置。（三）又况战士必须讲守御，要讲守御，自不得不居险；而农业，势不能不向平原发展；有相同的环境，自可有相同的制度。（四）又况我们所知道的十余国，如求其根源，都是同一或极相接近的部族，又何怪其文化的相同呢？所以以古代为部分民兵制，实无疑义。

古代之国，其兵数是不甚多的。说古代军队组织的，无人不引据《周官》。不过以《周官》之文，在群经中独为完具罢了。其实《周官》之制，是和他书不合的。按《诗经·鲁颂》：“公徒三万，”则万人为一军。《管子·小匡篇》说军队组织之法正如此。五人为伍，五十人为小戎，二百人为卒，二千人为旅，万人一军。《白虎通义·三军篇》说：“虽有万人，犹谦让，自以为不足，故复加二千人”，亦以一军为本万人。《说文》以四千人为一军，则据既加二千人后立说。《穀梁》襄公十一年，“古者天子六师，诸侯一军”，这个军字，和师字同义。变换其字面，以免重复，古书有此文法。一师当得二千人。《公羊》隐公五年何《注》：“二千五百人称师，天子六师，方伯二师，诸侯一师”，“五百”二字必后人据《周官》说妄增。然则古文家所说的军队组织，较今文家扩充了，人数增多了。此亦今文家所说制度，代表较早的时期，古文家说，代表较晚的时期的一证。当兵的一部分人，居于山险之地，山险之地，是行畦田之制的，而《司马法》所述赋法，都以井田之制为基本，如此，当兵的义务，就扩及全国人了。《司马法》之说，已见第八章，兹不再引。按《司马法》以终十为同，同方百里，同十为封，封十为畿，畿方千里。如前一说：一封当得车千乘，士万人，徒二万人；一畿当得车万乘，士十万人，徒二十万人。后一说：一同百里，提封万井，除山川、沈斥、城池、邑居、园囿、术路外，定出赋的六千四百井，所以有戎马四百匹，兵车百乘。一封有戎马四千匹，兵车千乘。一畿有戎马四万匹，兵车万乘。见于《汉书·刑法志》。若计其人数，则一同七千五百，一封七万五千，一畿七十五万。

《史记·周本纪》说：牧野之战，纣发卒七十万人，以拒武王；《孙子·用间篇》说："内外骚动，殆于道路，不得操事者，七十万家"，都系本此以立说。《司马法》之说，固系学者所虚拟，亦必和实际的制度相近。春秋时，各国用兵，最多不过数万。至战国时，却阬降斩级，动以万计。此等记载，必不能全属子虚，新增的兵，从何处来呢？我们看《左传》成公二年，记齐顷公鞍战败北逃回去的时候，"见保者曰：勉之，齐师败矣"，可见其时正式的军队虽败于外，各地方守御之兵仍在。而《战国策》载苏秦说齐宣王之言，说"韩魏战而胜秦，则兵半折，四竟不守；战而不胜，国以危亡随其后"，可见各地方守御之兵，都已调出去，充作正式军队了。这是战国时兵数骤增之由。在中国历史上，真正全国皆兵的，怕莫此时若了。

秦汉统一以后，全国皆兵之制，便开始破坏。《汉书·刑法志》说："天下既定，踵秦而置材官于郡国。"《后汉书·光武纪》《注》引《汉官仪》建武七年。说："高祖令天下郡国，选能引关、蹶张、材力武猛者，以为轻车骑士、材官、楼船。常以立秋后讲肄课试。"则汉兵制实沿自秦。《汉书·高帝纪》《注》引《汉仪注》二年。说："民年二十三为正，一岁为卫士，一岁为材官骑士，习射御骑驰战陈，年五十六衰老，乃得免为庶民，就田里。"《昭帝纪》《注》引如淳说：元凤四年。"更有三品，有卒更，有践更，有过更。古者正卒无常，人皆当迭为之，是为卒更。贫者欲得雇更钱者，次直者出钱雇之，月二千，是为践更。天下人皆直戍边三日，亦名为更，律所谓繇戍也。不可人人自行三日戍，又行者不可往便还，因便住，一岁一更，诸不行者，出钱三百入官，官以给戍者，是为过更。"此为秦汉时人民服兵役及戍边之制。法虽如此，事实上已不能行。晁错说秦人谪发之制，先发吏有谪及赘婿、贾人，后以尝有市籍者，又后以大父母、父母尝有市籍者，后入闾取其左，见《汉书》本传。此即汉世所谓七科谪。见《汉书·武帝纪》天汉四年《注》引张晏说。二世时，山东兵起，章邯亦将骊山徒免刑以击之。则用罪人为兵，实不自汉代始。汉自武帝初年以前，用郡国兵之时多，武帝中年以后，亦多用谪发。此其原因，乃为免得扰动平民起见。《贾子书·属远篇》说："古者天子地方千里，中之而为都，输将繇使，远者不五百里而至。公侯地百里，中之而为都，输将繇使，远者不五十里而至。秦输将起海上，一钱之赋，十钱之费弗能致。"此为古制不能行的最大原因。封建时代，人民习于战争，征戍并非所惧。然路途太远，旷日持久，则生业尽废。又《史记·货殖传》说，七国兵起，长安中列侯封君行从军旅，赍贷子钱。则当时从军的人，所费川资亦甚巨。列侯不免借贷，何况平民？生业尽废，再重以路途往来之费，人民在经济上，就不堪负担了。这是物质上的原因。至于在精神上，小国寡民之时，国与民的利害，较相一致，至国家扩大时，即不能尽然，何况统一之后？王恢说战国时一代国之力，即可以制匈奴。见《汉书·韩安国传》。而秦汉时骚动全国，究竟宣、元时匈奴之来朝，还是因其内乱之故，即由于此。在物质方面，人民的生计，不能不加以顾恤；在精神方面，当时的用兵，不免要招致怨恨，就不得不渐废郡国调发之制，而改用谪发、谪戍了。这在当时，亦有令农民得以专心耕种之益。然合前后而观之，则人民因此而忘却当兵的义务，而各地方的武备，也日益空虚了。所以在政治上，一时的利害，有时与永久的利害，是相反的。调剂于二者之间，就要看政治家的眼光和手腕了。

民兵制度的破坏，形式上是在后汉光武之时的。建武六年，罢郡国都尉官。七年，罢轻车骑士、材官、楼船。自此各郡国遂无所谓兵备了，后来有些紧要的去处，亦复置都尉。又有因乱事临时设立的。然不是经常、普遍的制度。而外强中弱之机，亦于此时开始。汉武帝置七校尉，中有越骑、胡骑，及长水。见《汉书·百官公卿表》。长水，颜师古云：胡名。其时用兵，亦兼用属国骑等，然不恃为主要的兵力。后汉光武的定天下，所靠的实在是上谷、渔阳的兵，边兵强而内地弱的机缄，肇见于此。安帝以后，羌乱频仍，凉州一隅，迄未宁静，该地方的羌、胡，尤强悍好斗。中国人好斗的性质，诚不能如此等浅演的降夷，然战争本不是单靠野蛮好杀的事。以当时中国之力，谓不足以制五胡的跳梁，决无此理。五胡乱华的原因，全由于中国的分裂。分裂之世，势必军人专权，专权的军人，初起时或者略有权谋，或则有些犷悍的性质。然到后来，年代积久了，则必入于骄奢淫逸。一骄奢淫逸，则政治紊乱，军纪腐败，有较强的外力加以压迫，即如山崩川溃，不可复止。西晋初年，君臣的苟安、奢侈，正是军阀擅权的结果，五胡扰乱的原因。五胡乱华之世，是不甚用中国人当兵的。说已见第四章。其时用汉兵的，除非所需兵数太多，异族人数不足，乃调发以充数。如石虎伐燕，苻秦寇晋诸役是。这种军队，自然不会有什么战斗力的。军队所靠的是训练。当时的五胡，既不用汉人做主力的军队，自然无所谓训练。《北齐书·高昂传》说：高祖讨尒朱兆于韩陵，昂自领乡人部曲三千人。高祖曰："高都督纯将汉儿，恐不济事，今当割鲜卑兵千余人，共相参杂，于意如何？"昂对曰："敖曹所将部曲，练习已久，前后战斗，不减鲜卑。今若杂之，情不相合。愿自领汉军，不烦更配。"高祖然之。

及战，高祖不利，反借昂等以致克捷。可见军队只重训练，并非民族本有的强弱。所以从刘、石倡乱以来，至于南北朝之末，北方的兵权，始终在异族手里。这是汉族难于恢复的大原因。不然，五胡可乘的机会，正多着呢？然则南方又何以不能乘机北伐？此则仍由军人专横，中央权力不能统一之故。试看晋朝东渡以后，荆、扬二州的相持，宋、齐、梁、陈之世，中央和地方政府互相争斗的情形，便可知道。

北强南弱之势，是从东晋后养成的。三国以前，军事上的形势，是北以持重胜，南以剽悍胜。论军队素质的佳良，虽南优于北，论社会文明的程度，则北优于南，军事上胜败的原因，实在于此。后世论者，以为由于人民风气的强弱，实在是错误的。秦虽并六国，然刘邦起沛，项籍起吴，卒以亡秦，实在是秦亡于楚。所以当时的人，还乐道南公“亡秦必楚”之言，以为应验。刘项成败，原因在战略上，不关民气强弱，是显而易见的。吴、楚七国之乱，声势亦极煊赫，所以终于无成，则因当时天下安定，不容有变，而吴王又不知兵之故。孙策、孙权、周瑜、鲁肃、诸葛恪、陆逊、陆抗等，以十不逮一的土地人民，矫然与北方相抗，且有吞并中原之志，而魏亦竟无如之何，均可见南方风气的强悍。东晋以后，文明的重心，转移于南，训卒厉兵，本可于短期间奏恢复之烈。所以终无成功，而南北分裂，竟达于269年之久，其结果且卒并于北，则全因是时，承袭汉末的余毒，（一）士大夫衰颓不振，（二）军人拥兵相猜，而南方的政权，顾全在此等北来的人手中之故。试设想：以孙吴的君臣，移而置之于东晋，究竟北方能否恢复？便可见得。“洒落君臣契，飞腾战伐名”，无怪杜甫要对吕蒙营而感慨了。经过这长时期的腐化，而南弱的形势遂成。而北方当是时，则因长期的战斗，而造成一武力重心。赵翼《廿二史札记》有一条，说周、隋、唐三代之祖，皆出武川，可见自南北朝末至唐初，武力的重心，实未曾变。按五胡之中，氐、羌、羯民族皆小，强悍而人数较多的，只有匈奴、鲜卑。匈奴久据中原之地，其形势实较鲜卑为佳。但其人太觉凶暴，羯亦然。被冉闵大加杀戮后，其势遂衰。此时北方之地，本来即可平靖。然自东晋以前，虎斗龙争，多在今河北、河南、山东、山西、陕西数省境内。辽宁、热、察、绥之地，是比较安静的。鲜卑人休养生息于此，转觉气完力厚。当时的鲜卑人，实在是乐于平和生活，不愿向中原侵略的。所以北魏平文帝、昭成帝两代，都因要南侵为其下所杀。见《魏书·序纪》。然到道武帝，卒肆其凶暴，强迫其下，侵入中原。道武帝伐燕，大疫，群下咸思还北。帝曰：“四海之人，皆可与为国，在吾所以抚之耳，何恤乎无民？”群臣乃不敢复言，见《魏书·本纪》皇始二年。按《序纪》说：穆帝“明刑峻法，诸部民多以违命得罪。凡后期者，皆举部戮之。

或有室家相携，而赴死所。人问何之？答曰：当往就诛。”其残酷如此。道武帝这话，已经给史家文饰得很温婉的了。若照他的原语，记录下来，那便是“你们要回去，我就要把你们全数杀掉”。所以群臣不敢复言了。此时割据中原的异族，既已奄奄待毙，宋武帝又因内部矛盾深刻，不暇经略北方，北方遂为所据。然自孝文帝南迁以前，元魏立国的重心，仍在平城。属于南方的侵略，仅是发展问题，对于北方的防御，却是生死问题，所以要于平城附近设六镇，以武力为拱卫。南迁以后，因待遇的不平等，而酿成六镇之乱。因六镇之乱而造成一个尒朱氏。连高氏、贺拔氏、宇文氏等，一齐带入中原。龙争虎斗者，又历五六十年，然后统一于隋。隋、唐先世，到底是汉族还是异族，近人多有辩论。然民族是论文化的，不是论血统的。近人所辩论的，都是血统问题，在民族斗争史上，实在无甚意义。至于隋、唐的先世，曾经渐染胡化，也是武川一系中的人物，则无可讳言。所以自尒朱氏之起至唐初，实在是武川的武力，在政治舞台上活跃的时代。要到唐贞观以后，此项文化的色彩，才渐渐淡灭。唐初的隐太子、巢剌王、常山愍王等，还都系带有胡化色彩的人。五胡乱华的已事，虽然已成过去，然在军事上，重用异族的风气，还有存留。试看唐朝用蕃将蕃兵之多，便可明白。论史者多以汉唐并称。论唐朝的武功，其成就，自较汉朝为尤大。然此乃世运为之。主要的是中外交通的进步。若论军事上的实力，则唐朝何能和汉朝比？汉朝对外的征讨，十之八九是发本国兵出去打的，唐朝则多是以夷制夷。这以一时论，亦可使中国的人民减轻负担，然通全局而观之，则亦足以养成异族强悍，汉族衰颓之势。安禄山之所以蓄意反叛，沙陀突厥之所以横行中原，都由于此。就是宋朝的始终不振，也和这有间接的关系。因为久已柔靡的风气，不易于短时期中训练之使其变为强悍。而唐朝府兵的废坏，亦和其搁置不用，很有关系的。

府兵之制起于周。籍民为兵，蠲其租调，而令刺史以农隙教练。分为百府，每府以一郎将主之，而分属于二十四军，当时以一柱国主二大将，一将军统二开府，开府各领一军。其众合计不满五万。隋、唐皆沿其制，而分属于诸卫将军。唐制，诸府皆称折冲府。各置折冲都尉，而以左右果毅校尉副之。上府兵一千二百人，中府千人，下府八百人。民年二十服兵役，六十而免。全国六百三十四府，在关中的有二百六十一府，以为强干弱枝之计。府兵之制：平时耕以自养。战时调集，命将统之。师还则将上所佩印、兵各还其府。（一）无养兵之费，而有多兵之用。（二）兵皆有业之民，无无家可归之弊。（三）将帅又不能拥兵自重。这是与藩镇之兵及宋募兵之制相较的优点。从前的论者多称之。但兵不惟其名，当有其实。唐朝府兵制度存在之时，得其用者甚少。此固由于唐时征讨，多用蕃兵，然府兵恐亦未足大用。其故，乃当时的风气使之，而亦可谓时势及国家之政策使之。兵之精强，在于训练。主兵者之能勤于训练，则在预期其军队之有用。若时值承平，上下都不以军事为意，则精神不能不懈弛；精神一懈弛，训练自然随之而废了。所以唐代府兵制度的废坏，和唐初时局的承平，及唐代外攘，不甚调发大兵，都有关系。高宗、武后时，业已名存实亡。到玄宗时，就竟不能给宿卫了。唐时宿卫之兵，都由诸府调来，按期更换，谓之“番上”。番即现在的班字。时相张说，知其无法整顿，乃请宿卫改用募兵，谓之彍骑，自此诸府更徒存虚籍了。

唐初边兵屯戍的，大的称军，小的称城镇守捉，皆有使以主之。统属军、城镇守捉的曰道。道有大总管，后改称大都督。大都督带使持节的，人称之为节度使。睿宗后遂以为官名。唐初边兵甚少。武后时，国威陵替。北则突厥，东北则奚、契丹，西南则吐蕃皆跋扈。玄宗时，乃于边陲置节度使，以事经略。而自东北至西北边之兵尤强，天下遂成偏重之势。安禄山、史思明皆以胡人而怀野心，卒酿成天宝之乱。乱后藩镇遂遍于内地。其中安史余孽，唐朝不能彻底铲除，亦皆授以节度使。诸镇遂互相结约，以土地传子孙，不奉朝廷的命令。肃、代二世，皆姑息养痈。德宗思整顿之，而兵力不足，反召朱泚之叛。后虽削平朱泚，然河北、淮西，遂不能问。宪宗以九牛二虎之力，讨平淮西，河北亦闻风自服。然及穆宗时，河北即复叛。自此终唐之世，不能戡定了。唐朝藩镇，始终据土自专的，固然只有河北。然其余地方，亦不免时有变乱。且即在平时，朝廷指挥统驭之力，亦总不甚完全。所以肃、代以还，已隐伏分裂之势。至黄巢乱后，遂溃决不可收拾了。然藩镇固能梗命，而把持中央政府，使之不能振作的，则禁军之患，尤甚于藩镇。

禁军是唐初从征的兵，无家可归的。政府给以渭北闲田，留为宿卫，号称元从禁军。此本国家施恩之意，并非仗以战斗。玄宗时破吐蕃，于临洮之西置神策军。安史之乱，军使成如璆遣将卫伯玉率千人入援，屯于陕州。后如璆死，神策军之地，陷于吐蕃，乃即以伯玉为神策军节度使，仍屯于陕，而中官鱼朝恩以观军容使监其军。伯玉死，军遂统于朝恩。代宗时，吐蕃陷长安，代宗奔陕，朝恩以神策军扈从还京。其后遂列为禁军，京西多为其防地。德宗自奉天归，怀疑朝臣，以中官统其军。其时边兵赏赐甚薄，而神策军颇为优厚，诸将遂多请遥隶神策军，军额扩充至十五万。中官之势，遂不可制。“自穆宗以来八世，而为宦官所立者七君。”《唐书·僖宗纪》赞语。参看《廿二史札记·唐代宦官之祸》条。顺宗、文宗、昭宗皆以欲诛宦官，但或遭废杀，或见幽囚。当时的宦官，已成非用兵力不能铲除之势。然在宦官监制之下，朝廷又无从得有兵力。文宗时，郑注欲夺宦官之兵而败。昭宗欲自练兵以除宦官而败。召外兵，则明知宦官除而政权将入除宦官者之手，所以其事始终无人敢为。然相持至于唐末，卒不得不出于此一途。于是宦官尽而唐亦为朱梁所篡了。宦官之祸，是历代多有的，拥兵为患的，却只是唐朝。后汉末，蹇硕欲图握兵，旋为何进所杀。总之，政权根本之地，不可有拥兵自重的人，宦官亦不过其中之一罢了。

禁兵把持于内，藩镇偃蹇于外，唐朝的政局，终已不可收拾，遂分裂而为五代十国。唐时的节度使，虽不听政府的命令，而亦不能节制其军队。军队不满意于节度使，往往哗变而杀之，而别立一人。政府无如之何，只得加以任命。狡黠的人，遂运动军士，杀军帅而拥戴自己。即其父子兄弟相继的，亦非厚加赏赐，以饵其军士不可。凡此者，殆已成为通常之局。所谓“地擅于将，将擅于兵”。五代十国，惟南平始终称王，余皆称帝，然论其实，则仍不过一节度使而已。宋太祖黄袍加身，即系唐时拥立节度使的故事，其余证据，不必列举。事势至此，固非大加整顿不可。所以宋太祖务要削弱藩镇，而加强中央之兵。

宋朝的兵制：兵之种类有四：曰禁军，是为中央军，均属三衙。曰厢军，是为地方兵，属于诸州。曰乡兵，系民兵，仅保卫本地方，不出戍。曰蕃兵，则系异族团结为兵，而用乡兵之法的。太祖用周世宗之策，将厢军之强者，悉升为禁军，其留为厢军者，不甚教阅，仅堪给役而已。乡兵、蕃兵，本非国家正式的军队，可以弗论。所以武力的重心，实在禁军。全国须戍守的地方，乃遣禁军更番前往，谓之“番戍”。昔人议论宋朝兵制的，大都加以诋毁。甚至以为唐朝的所以强，宋朝的所以弱，即由于藩镇的存废。这真是瞽目之谈。唐朝强盛时，何尝有什么藩镇？到玄宗设立藩镇时，业已因国威陵替，改取守势了。从前对外之策，重在防患未然。必须如汉之设度辽将军、西域都护，唐之设诸都护府，对于降伏的部落，（一）监视其行动，（二）通达其情意，（三）并处理各部族间相互的关系。总而言之，不使其（一）互相并吞，（二）坐致强大，是为防患未然。其设置，是全然在夷狄境内，而不在中国境内的，此之谓“守在四夷”。是为上策。经营自己的边境，已落第二义了。然果其士马精强，障塞完固，中央的军令森严，边将亦奉令维谨，尚不失为中策。若如唐朝的藩镇擅土，则必自下策而入于无策的。因为军队最怕的是骄，骄则必不听命令，不能对外而要内讧；内讧势必引外力以为助，这是千古一辙的。以唐朝幽州兵之强，而不能制一契丹，使其坐大；藩镇遍于内地，而黄巢横行南北，如入无人之境，卒召沙陀之兵，然后把他打平；五代时，又因中央和藩镇的内讧，而引起契丹的侵入，都是铁一般强，山一般大的证据。藩镇的为祸为福，可无待于言了。宋朝的兵，是全出于招募的，和府兵之制相反，论者亦恒右唐而左宋，这亦是耳食之谈。募兵之制，虽有其劣点，然在经济上及政治上，亦自有其相当的价值。天下奸悍无赖之徒，必须有以销纳之，最好是能惩治之、感化之，使改变其性质，此辈在经济上，即是所谓“无赖”，又其性质，不能勤事生产，欲惩治之、感化之极难。只有营伍之中，规律最为森严，或可约束之，使之改变。此辈性行虽然不良，然苟能束之以纪律，其战斗力，不会较有身家的良民为差，或且较胜。利用养兵之费，销纳其一部分，既可救济此辈生活上的无赖，而饷项亦不为虚糜。假若一个募兵，在伍的年限，是十年到二十年，则其人已经过长期的训练；裁遣之日，年力就衰，大多数的性质，必已改变，可以从事于生产，变做一个良民了。以经济原理论，本来宜于分业，平民出饷以养兵，而于战阵之事，全不过问，从经济的立场论，是有益无损的。若谓行募兵之制，则民不知兵，则举国皆兵，实至今日乃有此需要。在昔日，兵苟真能御敌，平民原不须全体当兵。所以说募兵之制，在经济上和政治上，自有其相当的价值。宋代立法之时，亦自有深意。不过所行不能副其所期，遂至利未形而害已见罢了。宋朝兵制之弊在于：（一）兵力的逐渐腐败。（二）番戍之制：（甲）兵不知将，将不知兵，既不便于指挥统驭。（乙）而兵士居其地不久，既不熟习地形，又和当地的人民，没有联络。（丙）三年番代一次，道途之费，却等于三年一次出征。（三）而其尤大的，则在带兵的人，利于兵多，（子）既可缺额刻饷以自肥，（丑）又可役使之以图利。乞免者既不易得许；每逢水旱偏灾，又多以招兵为救荒之策，于是兵数递增。宋开国之时，不满二十万。太祖末年，已增至三十七万。太宗末年，增至六十六万。真宗末年，增至九十一万。仁宗时，西夏兵起，增至一百二十五万。后虽稍减，仍有一百一十六万。欧阳修说：“天下之财，近自淮甸，远至吴、楚，莫不尽取以归京师。晏然无事，而赋敛之重，至于不可复加。”养兵之多如此，即使能战，亦伏危机，何况并不能战，对辽、对夏，都是隐忍受侮；而西夏入寇时，仍驱乡兵以御敌呢？当时兵多之害，人人知之，然皆顾虑召变而不敢裁。直至王安石出，才大加淘汰。把不任禁军的降为厢军，不任厢军的免为民，兵额减至过半。又革去番戍之制，择要地使之屯驻，而置将以统之。以第一、第二为名，全国共九十一将。安石在军事上，虽然无甚成就，然其裁兵的勇气，是值得称道的。惟其所行民兵之制，则无甚成绩，而且有弊端。

王安石民兵之法，是和保伍之制连带的。他立保甲之法，以十家为一保，设保长。五十家为一大保，设大保长。五百家为一都保，设都保正、副。家有两丁的，以其一为保丁。其初日轮若干人儆盗。后乃教以武艺，籍为民兵。民兵成绩，新党亦颇自诩。如《宋史》载章惇之言，谓“仕宦及有力之家，子弟欣然趋赴，马上艺事，往往胜诸军”之类。然据《宋史》所载司马光、王岩叟的奏疏，则其（一）有名无实，以及（二）保正长巡检使等的诛求，真是暗无天日。我们不敢说新党的话全属子虚，然这怕是少数，其大多数，一定如旧党所说的。因为此等行政上的弊窦，随处可以发现。民兵之制，必要的条件有二：（一）为强敌压迫于外。如此，举国上下，才有忧勤惕厉的精神，民虽劳而不怨。（二）则行政上的监督，必须严密。官吏及保伍之长，才不敢倚势虐民。当时这两个条件，都是欠缺的，所以不免弊余于利。至于伍保之法，起源甚古。《周官》大司徒说：“令五家为比，使之相保。五比为闾，使之相受。四闾为族，使之相葬。五族为党，使之相救。五党为州，使之相赒。五州为乡，使之相宾。”这原和《孟子》“死徙无出乡，乡田同井，出入相友，守望相助，疾病相扶持”之意相同，乃使之互相救恤。商君令什伍相司同伺。连坐，才使之互相稽查。前者为社会上固有的组织，后者则政治上之所要求。此惟乱时可以行之。在平时，则犯大恶者，如谋反叛逆之类非极其秘密，即徒党众多，声势浩大；如江湖豪侠之类。或其人特别凶悍，为良民所畏，如土豪劣绅之类。必非人民所能检举。若使之检举小恶，则徒破坏社会伦理，而为官吏开敲诈之门，其事必不能行。所以自王安石创此法后，历代都只于乱时用以清除奸轨，在平时总是有名无实，或并其名而无之的，伍保之法，历代法律上本来都有，并不待王安石的保甲，然亦都不能行。

裁募兵，行民兵，是宋朝兵制的一变。自此募兵之数减少。元祐时，旧党执政，民兵之制又废。然募兵之额，亦迄未恢复。徽宗时，更利其缺额，封桩其饷，以充上供，于是募兵亦衰。至金人入犯，以陕西为著名多兵之地，种师道将以入援，仅得一万五千人而已。以兵多著名的北宋，而其结果至于如此，岂非奇谈？

南渡之初，军旅寡弱。当时诸将之兵，多是靠招降群盗或招募，以资补充的。其中较为强大的，当推所谓御前五军。杨沂中为中军，总宿卫。张俊为前军，韩世忠为后军，岳飞为左军，刘光世为右军，皆屯驻于外，是为四大将。光世死，其军叛降伪齐，一部分不叛的，归于张俊。以四川吴玠之军补其缺。其时岳飞驻湖北，韩世忠驻淮东，张俊驻江东，皆立宣抚司。宗弼再入犯，秦桧决意言和，召三人入京，皆除枢密副使，罢三宣抚司，以副校统其兵，称为统制御前军马。驻扎之地仍旧，谓之某州驻扎御前诸军。四川之兵，亦以御前诸军为号。直达朝廷，帅臣不得节制。其饷，则特设总领以司之，不得自筹。其事略见《文献通考·兵考》。

北族在历史上，是个侵略民族。这是地理条件所决定的。在地理上，（一）瘠土的民族，常向沃土的民族侵略。（二）但又必具有地形平坦，利于集合的条件。所以像天山南路，沙漠绵延，人所居住的，都是星罗棋布的泉地，像海中的岛屿一般；又或仰雪水灌溉，依天山之麓而建国；以至青海、西藏，山岭崎岖，交通太觉不便，则土虽瘠，亦不能成为侵略民族。历史上侵掠的事实，以蒙古高原为最多，而辽、吉二省间的女真，在近代，亦曾两度成为侵略民族。这是因为蒙古高原，地瘠而平，于侵掠的条件，最为完具。而辽、吉二省，地形亦是比较平坦的，且与繁荣的地方相接近，亦有以引起其侵略之欲望。北族如匈奴、突厥等，虽然强悍，初未尝侵入中国。五胡虽占据中国的一部分，然久居塞内，等于中国的乱民，而其制度亦无足观。只有辽、金、元、清四朝，是以一个异民族的资格，侵入中国的；而其制度，亦和中国较有关系。今略述其事如下。

四朝之中，辽和中国的关系最浅。辽的建国，系合部族及州县而成。部族是它的本族和所征服的北方的游牧民族。州县则取自中国之地。其兵力，亦是以部族为基本的。部族的离合，及其所居之地，都系由政府指定，不能自由。其人民全体皆隶兵籍。当兵的素质，极为佳良。《辽史》称其“各安旧风，狃习劳事，不见纷华异物而迁。故能家给人足，戎备整完。卒之虎视四方，强朝弱附，部族实为之爪牙”，可谓不诬了。但辽立国虽以部族为基本，而其组织军队，亦非全不用汉人。世徒见辽时的五京乡丁，只保卫本地方，不出戍，以为辽朝全不用汉人做正式军队，其实不然。辽制有所谓宫卫军者，每帝即位，辄置之。出则扈从，入则居守，葬则因以守陵。计其丁数，凡有四十万八千，出骑兵十万一千。所谓不待调发州县部族，而十万之兵已具。这是辽朝很有力的常备军。然其置之也，则必“分州县，析部族”。又太祖征讨四方，皇后述律氏居守，亦摘蕃汉精锐三十万为属珊军。可见辽的军队中，亦非无汉人了。此外辽又有所谓大首领部族军，乃亲王大臣的私甲，亦可率之以从征。国家有事，亦可向其量借。又北方部族，服属于辽的，谓之属国，亦得向其量借兵粮。契丹的疆域颇大，兵亦颇多而强，但其组织不坚凝。所以天祚失道，金兵一临，就土崩瓦解。这不是辽的兵力不足以御金，乃是并没有从事于抵御。其立国本无根柢，所以土崩瓦解之后，亦就更无人从事于复国运动。耶律大石虽然有意于恢复，在旧地，亦竟不能自立了。

金朝的情形，与辽又异。辽虽风气敦朴，然畜牧极盛，其人民并不贫穷的。金则起于瘠土，人民非常困穷。然亦因此而养成其耐劳而好侵掠的性质。《金史》说其“地狭产薄，无事苦耕，可致衣食；有事苦战，可致俘获”，可见其侵掠的动机了。金本系一小部族，其兵全系集合女真诸部族而成。战时的统帅，即系平时的部长。在平时称为孛堇，战时则称为猛安谋克。猛安译言千夫长，谋克译言百夫长，这未必真是千夫和百夫，不过依其众寡，略分等级罢了。金朝的兵，其初战斗力是极强的，但迁入中原之后，腐败亦很速。看《廿二史札记·金用兵先后强弱不同》一条，便可知道。金朝因其部落的寡少，自伐宋以后，即参用汉兵。其初契丹、渤海、汉人等，投降金朝的，亦都授以猛安谋克。女真的猛安谋克户，杂居汉地的，亦听其与契丹、汉人相婚姻，以相固结。熙宗以后，渐想把兵柄收归本族。于是罢汉人和渤海人猛安谋克的承袭。移剌窝斡乱后，又将契丹户分散，隶属于诸猛安谋克。世宗时，将猛安谋克户移入中原，其人既已腐败到既不能耕，又不能战，而宣宗南迁，仍倚为心腹，外不能抗敌，而内敛怨于民。金朝的速亡，实在是其自私本族，有以自召之的。总而言之：文明程度落后的民族，与文明程度较高的民族遇，是无法免于被同化的。像金朝、清朝这种用尽心机，而仍不免于灭亡，还不如像北魏孝文帝一般，自动同化于中国的好。

元朝的兵制，也是以压制为政策的。其兵出于本部族的，谓之蒙古军。出于诸部族的，谓之探马赤军。既入中原后，取汉人为军，谓之汉军。其取兵之法，有以户论的，亦有以丁论的。兵事已定之后，曾经当过兵的人，即定入兵籍，子孙世代为兵。其贫穷的，将几户合并应役。甚贫或无后的人，则落其兵籍，别以民补。此外无他变动。其灭宋所得的兵，谓之新附军。带兵的人，“视兵数之多寡，为爵秩之崇卑”，名为万户、千户、百户。皆分上、中、下。初制，万户千户死阵者，子孙袭职，死于病者降一等。后来不论大小及身故的原因，一概袭职。所以元朝的军官，可视为一个特殊阶级。世祖和二三大臣定计：使宗王分镇边徼及襟喉之地。河、洛、山东，是他们所视为腹心之地，用蒙古军、探马赤军戍守。江南则用汉军及新附军，但其列城，亦有用万户、千户、百户戍守的。元朝的兵籍，汉人是不许阅看的。所以占据中国近百年，无人知其兵数。观其屯戍之制，是很有深心的。但到后来，其人亦都入洪炉而俱化。末叶兵起时，宗王和世袭的军官，并不能护卫它。

元朝以异族入据中国，此等猜防之法，固然无怪其然。明朝以本族人做本族的皇帝，却亦暗袭其法，那就很为无谓了。明制：以五千六百人为卫。一千一百十二人为千户所，一百十二人为百户所。什伍之长，历代都即在其什伍之人数内，明朝则在其外。每一百户所，有总旗二人，小旗十人，所以共为一百十二人。卫设都指挥使，隶属于五军都督府。兵的来路有三种：第（一）种从征，是开国时固有的兵。第（二）种归附，是敌国兵投降的。第（三）种谪发，则是刑法上罚令当兵的，俗话谓之“充军”。从征和归附，固然是世代为兵，谪发亦然。身死之后，要调其继承人，继承人绝掉，还要调其亲族去补充的，谓之“句丁”。这明是以元朝的兵籍法为本，而加以补充的。五军都督府，多用明初勋臣的子孙，也是模仿元朝军官世袭之制。治天下不可以有私心。有私心，要把一群人团结为一党，互相护卫，以把持天下的权利，其结果，总是要自受其害的。军官世袭之制，后来腐败到无可挽救，即其一端。金朝和元朝，都是异族，他们社会进化的程度本浅，离封建之世未远，猛安谋克和万户千户百户，要行世袭之制，还无怪其然。明朝则明是本族人，却亦重视开国功臣的子孙，把他看做特别阶级，其私心就不可恕了。抱封建思想的人，总以为某一阶级的人，其特权和权利，既全靠我做皇帝才能维持，他们一定会拥护我。所以把这一阶级的人看得特别亲密。殊不知这种特权阶级，到后来荒淫无度，知识志气都没有了，何谓权利？怕他都不大明白。明白了；明白什么是自己的权利了；明白自己的权利；如何才得维持了；因其懦弱无用，眼看着他人抢夺他的权利，他亦无如之何。所谓贵戚世臣，理应与国同休戚的，却从来没有这回事，即由于此。武力是不能持久的。持久了，非腐败不可。这其原因，由于战争是社会的变态而非其常态。变态是有其原因的，原因消失了，变态亦即随之而消失。所以从历史上看来，从没有一支真正强盛到几十年的军队。因不遇强敌，甚或不遇战事，未至溃败决裂，是有的。然这只算是侥幸。极强大的军队，转瞬化为无用，这种事实，是举不胜举的。以宋武帝的兵力，而到文帝时即一蹶不振，即其一例。又如明末李成梁的兵力，亦是不堪一击的，侥幸他未与满洲兵相遇罢了。然而军事的败坏，其机实隐伏于成梁之时，这又是其一例。军队的腐败，其表现于外的，在精神方面，为士气的衰颓；在物质方面，则为积弊的深痼。虽有良将，亦无从整顿，非解散之而另造不可。世人不知其原理，往往想就军队本身设法整顿，其实这是无法可设的。因为军队是社会的一部分，不能不受广大社会的影响。在社会学上，较低的原理，是要受较高的原理的统驭的。“兵可百年不用，不可一日无备”，这种思想，亦是以常识论则是，而经不起科学评判的。因为到有事时，预备着的军队，往往无用，而仍要临时更造。府兵和卫所，是很相类的制度。府兵到后来，全不能维持其兵额。明朝对于卫所的兵额，是努力维持的，所以其缺额不至如唐朝之甚。然以多数的兵力，对北边，始终只能维持守势。现在北边的长城，十分之九，都是明朝所造。末年满洲兵进来，竟尔一败涂地，则其兵力亦有等于无。此皆特殊的武力不能持久之证。

清朝太祖崛起，以八旗编制其民。太宗之世，蒙古和汉人归降的，亦都用同一的组织。这亦和金朝人以猛安谋克授渤海、汉人一样。中国平定之后，以八旗兵驻防各处，亦和金朝移猛安谋克户于中原，及元朝镇戍之制，用意相同。惟金代的猛安谋克户，系散居于民间；元朝万户分驻各处，和汉人往来，亦无禁限。清朝驻防的旗兵，则系和汉人分城而居的，所以其冲突不如金元之烈。但其人因此与汉人隔绝，和中国的社会，全无关系，到末造，要筹划旗民生计，就全无办法了。清代的汉兵，谓之绿旗，亦称绿营。中叶以前的用兵，是外征以八旗为主，内乱以绿营为主的。八旗兵在关外时，战斗之力颇强。中国军队强悍的，亦多只能取守势，野战总是失利时居多。洪承畴松山之战，是其一例。然入关后腐败亦颇速。三藩乱时，八旗兵已不足用了。自此至太平天国兴起时，内地粗觉平安，对外亦无甚激烈的战斗。武功虽盛，实多侥天之幸。所以太平军一起，就势如破竹了。

中国近代，历史上有两种潮流潜伏着，推波助澜，今犹未已，非通观前后，是不能觉悟出这种趋势来的。这两种潮流：其（一）是南方势力的兴起。南部数省，向来和大局无甚关系。自明桂王据云贵与清朝相抗；吴三桂举兵，虽然终于失败，亦能震荡中原；而西南一隅，始隐然为重于天下。其后太平军兴，征伐几遍全国。虽又以失败终，然自清末革命，至国民政府北伐之成功，始终以西南为根据。现在的抗战，还是以此为民族复兴的策源地的。其（二）是全国皆兵制的恢复。自秦朝统一以后，兵民渐渐分离，至后汉之初，而民兵之制遂废，至今已近二千年了。康有为说，中国当承平时代，是没有兵的。虽亦有称为兵的一种人，其实性质全与普通人民无异。见《欧洲十一国游记》。此之谓有兵之名，无兵之实。旷观历代，都是当需要用兵时，则产生出一支真正的军队来；事过境迁，用兵的需要不存，此种军队，亦即凋谢，而只剩些有名无实的军队，充作仪仗之用了。此其原理，即由于上文所说的战争是社会的变态，原不足怪。但在今日，帝国主义跋扈之秋，非恢复全国皆兵之制，是断不足以自卫的。更无论扶助其他弱小民族了。这一个转变，自然是极艰难。但环境既已如此，决不容许我们的不变。当中国和欧美人初接触时，全未知道需要改变。所想出来的法子，如引诱他们上岸，而不和他在海面作战；如以灵活的小船，制他笨重的大船等，全是些闭着眼睛的妄论。到咸同间，外患更深了。所谓中兴将帅，（一）因经验较多，（二）与欧美人颇有相当的接触，才知道现在的局面，非复历史上所有。欲图适应，非有相当的改革不可。于是有造成一支军队以适应时势的思想。设船政局、制造局，以改良器械；陆军则改练洋操；亦曾成立过海军，都是这种思想的表现。即至清末，要想推行征兵制。其实所取的办法，离民兵之制尚远，还不过是这种思想。民国二十余年，兵制全未革新，且复演了历史上武人割据之局。然时代的潮流，奔腾澎湃，终不容我不卷入旋涡。抗战以来，我们就一步步的，走入举国皆兵之路了。这两种文化，现在还在演变的中途，我们很不容易看出其伟大。然在将来，作历史的人，一定要认此为划时代的大转变，是毫无可疑的。这两种文化，实在还只是一种。不过因为这种转变，强迫着我们，发生一种新组织，以与时代相适应，而时代之所以有此要求，则缘世界交通而起。在中国，受世界交通影响最早的是南部。和旧文化关系最浅的，亦是南部，受旧文化的影响较浅，正是迎受新文化的一个预备条件。所以近代改革的原动力，全出于南方；南方始终代表着一个开明的势力。太平天国虽然不成气候，湘淮军诸首领，虽然颇有学问，然以新旧论，则太平天国，仍是代表新的，湘淮军人物，仍是代表旧的。不过新的还未成熟，旧的也还余力未尽罢了。千回百折，似弱而卒底于有成。

几千年以来，内部比较平安，外部亦无真正大敌。因此，养成中国（一）长期间无兵，只有需要时，才产生真正的军队；（二）而这军队，在全国人中，只占一极小部分。在今日，又渐渐的改变，而走上全国皆兵的路了。而亘古未曾开发的资源，今日亦正在开发。以此广大的资源，供此众多民族之用，今后世界的战争，不更将增加其惨酷的程度么？不，战争只是社会的变态。现在世界上战争的惨酷，都是帝国主义造成的，这亦是社会的一个变态，不过较诸既往，情形特别严重罢了。变态是决不能持久的。资本的帝国主义，已在开始崩溃了。我们虽有横绝一世的武力，大势所趋，决然要用之于打倒帝国主义之途，断不会加入帝国主义之内，而成为破坏世界和平的一分子。

第十章 刑 法

谈中国法律的，每喜考究成文法起于何时。其实这个问题，是无关紧要的。法律的来源有二：一为社会的风俗，一为国家对于人民的要求。前者即今所谓习惯，是不会著之于文字的。然其对于人民的关系，则远较后者为切。

中国刑法之名，有可考者始于夏。《左传》昭公六年，载叔向写给郑子产的信，说："夏有乱政而作《禹刑》，商有乱政而作《汤刑》，周有乱政而作《九刑》。"这三种刑法的内容，我们无从知其如何，然叔向这一封信，是因子产作刑书而起的。其性质，当和郑国的刑书相类。子产所作的刑书，我们亦无从知其如何，然昭公二十九年，《左传》又载晋国赵鞅铸刑鼎的事。杜《注》说：子产的刑书，也是铸在鼎上的。虽无确据，然士文伯讥其"火未出而作火以铸刑器"，其必著之金属物，殆无可疑。所能著者几何？而《书经·吕刑》说："墨罚之属千；劓罚之属千；剕罚之属五百；宫罚之属三百；大辟之罚，其属二百；五刑之属三千。”请问如何写得下？然则《吕刑》所说，其必为习惯而非国家所定的法律，很明白可见了。个人在社会之中，必有其所当守的规则。此等规则，自人人如此言之，则曰俗。自一个人必须如此言之，则曰礼。故曰礼者，履也。违礼，就是违反习惯，社会自将加以制裁，故曰：“出于礼者入于刑。”或疑三千条规则，过于麻烦，人如何能遵守？殊不知古人所说的礼，是极其琐碎的。一言一动之微，莫不有其当守的规则。这在我们今日，亦何尝不如此？我们试默数言语动作之间，所当遵守的规则，何减三千条？不过童而习之，不觉得其麻烦罢了。《礼记·礼器》说“曲礼三千”，《中庸》说“威仪三千”，而《吕刑》说“五刑之属三千”，其所谓刑，系施诸违礼者可知。古以三为多数。言千乃举成数之辞。以十言之而觉其少则曰百，以百言之而犹觉其少则曰千，墨劓之属各千，犹言其各居总数三分之一。剕罚之属五百，则言其居总数六分之一。还有六分之一，宫罚又当占其五分之三，大辟占其五分之二，则云宫罚之属三百，大辟之罚其属二百，这都是约略估计之辞。若真指法律条文，安得如此整齐呢？然则古代人民的生活，其全部，殆为习惯所支配是无疑义了。

社会的习惯，是人人所知，所以无待于教。若有国有家的人所要求于人民的，人民初无从知，则自非明白晓谕不可。《周官》布宪，“掌宪邦之刑禁，“宪谓表而县之”，见《周官·小宰注》。正月之吉，执邦之旌节，以宣布于四方。”而州长、党正、族师、闾胥，咸有属民读法之举。天、地、夏、秋四官，又有县法象魏之文。小宰、小司徒、小司寇、士师等，又有徇以木铎之说。这都是古代的成文法，用言语、文字或图画公布的。在当时，较文明之国，必无不如此。何从凿求其始于何时呢？无从自知之事，未尝有以教之，自不能以其违犯为罪，所以说“不教而诛谓之虐”。《论语·尧曰》。而三宥、三赦之法，或曰不识，或曰遗忘，或曰老旄，或曰蠢愚，《周官·司刺》。亦都是体谅其不知的。后世的法律，和人民的生活，相去愈远；其为人民所不能了解，十百倍于古昔；初未尝有教之之举，而亦不以其不知为恕。其残酷，实远过于古代。即后世社会的习惯，责人以遵守的，亦远不如古代的简易。后人不自哀其所遭遇之不幸，而反以古代的法律为残酷，而自诩其文明，真所谓“溺人必笑”了。

刑字有广狭二义：广义包括一切极轻微的制裁、惩戒、指摘、非笑而言。“出于礼者入于刑”，义即始此。曲礼三千，是非常琐碎的，何能一有违犯，即施以惩治呢？至于狭义之刑，则必以金属兵器，加伤害于人身，使其蒙不可恢复的创伤，方足当之。汉人说：“死者不可复生，刑者不可复属。”义即如此。此为刑字的初义，乃起于战阵，施诸敌人及间谍内奸的，并不施诸本族。所以司用刑之官曰士师，士是战士，士师谓战士之长。曰司寇。《周官》司徒的属官，都可以听狱讼，然所施之惩戒，至于圜土，嘉石而止。见下。其附于刑者必归于士，这正和今日的司法机关和军法审判一般。因为施刑的器具，兵器。别的机关里，是没有的。刑之施及本族，当系俘异族之人，以为奴隶，其后本族犯罪的人，亦以为奴隶，而侪诸异族，乃即将异族的装饰，施诸其人之身。所以越族断发文身，而髡和黥，在我族都成为刑罪。后来有暴虐的人，把他推而广之，而伤残身体的刑罚，就日出不穷了。五刑之名，见于《书经·吕刑》。《吕刑》说：“苗民弗用灵，制以刑，惟作五虐之刑曰法。爰始淫为劓、刵、椓、黥。”劓、刵、椓、黥，欧阳、大小夏侯作膑、宫、劓、割头、庶勍。《虞书》标题下《疏》引。膑即剕。割头即大辟。庶勍的庶字不可解，勍字即黥字，是无疑义的。然则今本的劓、刵、椓、黥是误字。《吕刑》的五刑，实苗民所创。苗民的民字乃贬辞，实指有苗之君，见《礼记·缁衣疏》引《吕刑》郑《注》。《国语·鲁语》臧文仲说：“大刑用甲兵，其次用斧钺。中刑用刀锯，其次用钻笮。薄刑用鞭朴。大者陈之原野，小者肆之市、朝。”是为“五服三次”。《尧典》说：“五刑有服，五服三就”，亦即此。大刑用甲兵，是指战阵。其次用斧钺，是指大辟。中刑用刀锯指劓、腓、宫。其次用钻笮指墨。薄刑用鞭朴，虽非金属兵器，然古人亦以林木为兵。《吕览·荡兵》：“未有蚩尤之时，民固剥林木以战矣。”《左传》僖公二十七年，楚子玉治兵，鞭七人，可见鞭亦军刑。《尧典》：“象以典刑，流宥五刑，鞭作官刑，朴作教刑。金作赎刑。”象以典刑，即《周官》的县法象魏。流宥五刑，当即《吕刑》所言之五刑。金作赎刑，亦即《吕刑》所言之法。所以必用金，是因古者以铜为兵器。可见所谓“亏体”之刑，全是源于兵争的。至于施诸本族的，则古语说“教笞不可废于家”，大约并鞭、朴亦不能用。最严重的，不过逐出本族之外，是即所谓流刑。《王制》的移郊、移逐、屏诸远方，即系其事。《周官》司寇有圜土、嘉石，皆役诸司空。圜土、嘉石，都是监禁；役诸司空，是罚做苦工，怕已是施诸奴隶的，未必施诸本族了。于此见残酷的刑罚，全是因战争而起的。五刑之中，妇人的宫刑，是闭于宫中，见《周官·司刑》郑《注》。其实并不亏体。其余是无不亏体的。《周官·司刑载》五刑之名，惟膑作刖，余皆与《吕刑》同。《尔雅·释言》及《说文》，均以剕、刖为一事。惟郑玄《驳五经异义》说：“皋陶改为膑为剕，周改剕为刖。”段玉裁《说文》髌字《注》说：膑是髌的俗字，乃去膝头骨，刖则汉人之斩止，其说殊不足据。髌乃生理名词，非刑名。当从陈乔枞说，以跸为斩左趾，跀为并斩右趾为是。见《今文尚书·经说考》。然则五刑自苗民创制以来，至作《周官》之时，迄未尝改。然古代亏体之刑，实并不止此。见于书传的，如斩、古称斩谓腰斩。后来战阵中之斩级，事与刑场上的割头异，无以名之，借用腰斩的斩字。再后来，斩字转指割头而言，腰斩必须要加一个腰字了。磔、裂其肢体而杀之。《史记·李斯列传》作矺，即《周官·司戮》之辜。膊、谓去衣磔之，亦见《周官·司戮》。车裂、亦曰轘。缢、《左传》哀公二年，“绞缢以戮”。绞乃用以缢杀人之绳，后遂以绞为缢杀。焚、亦见《司戮》。烹、见《公羊》庄公四年。脯醢等都是。脯醢当系食人之族之俗，后变为刑法的。刵即馘，割耳。亦源于战阵。《孟子》说文王之治岐也，罪人不孥。《梁惠王下篇》。《左传》昭公二十二年引《康诰》，亦说父子兄弟，罪不相及。而《书经·甘誓》、《汤誓》，都有孥戮之文。可见没入家属为奴婢，其初亦是军法。这还不过没为奴隶而已，若所谓族诛之刑，则亲属都遭杀戮。这亦系以战阵之法，推之刑罚的。因为古代两族相争，本有杀戮俘虏之事。强宗巨家，一人被杀，其族人往往仍想报复，为预防后患起见，就不得不加以杀戮了。《史记·秦本纪》：文公二十年，“法初有三族之罪”，父母、兄弟、妻子。此法后相沿甚久。魏晋南北朝之世，政敌被杀的，往往牵及家属。甚至嫁出之女，亦不能免。可见战争的残酷了。

古代的用法，其观念，有与后世大异的。那便是古代的“明刑”，乃所以“弼教”，“明于五刑，以弼五教”，见《书经·尧典》。而后世则但求维持形式上的互助。人和人的相处，所以能（一）平安无事，（二）而且还可以有进步，所靠的全是善意。苟使人对人，人对社会，所怀挟的全是善意，一定能彼此相安，还可以互相辅助，日进无疆，所做的事情，有无错误，倒是无关紧要的。若其彼此之间，都怀挟敌意，仅以慑于对方的实力、社会的制裁，有所惮而不敢为；而且进而作利人之事，以图互相交换，则无论其所行的事，如何有利于人，有利于社会，根本上总只是商业道德。商业道德，是决无以善其后的。人，本来是不分人我，不分群己的。然到后来，社会的组织复杂了，矛盾渐渐深刻，人我群己的利害，渐渐发生冲突，人就有破坏他人或社会的利益以自利的。欲救此弊，非把社会阶级彻底铲除不可。古人不知此义，总想以教化来挽回世风。教化之力不足，则辅之以刑罚。所以其用法，完全注重于人的动机。所以说《春秋》断狱重志，

《春秋繁露·精华篇》。所以说："听讼吾犹人也，必也使无讼乎？无情者不得尽其辞，大畏民志，此谓知本。"《大学》。此等希望，自然要终成泡影的。法律乃让步到不问人的动机，但要求其不破坏我所要维持的秩序为止。其用心如何，都置诸不问。法律至此，就失其弼教的初意，而只成为维持某种秩序的工具了。于是发生"说官话"的现象。明知其居心不可问，如其行为无可指摘，即亦无如之何。法律至此，乃自成为反社会之物。

有一事，是后世较古代为进步的。古代氏族的界限，还未化除。国家的权力，不能侵入氏族团体之内，有时并不能制止其行动。（一）氏族员遂全处于其族长权力之下。此等风气在家族时代，还有存留。（二）而氏族与氏族间的争斗，亦往往靠实力解决。《左传》成公三年，知被楚国释放的时候，说"首，罃父。其请于寡君，而以戮于宗，亦死且不朽"。昭公二十一年，宋国的华费遂说："吾有谗子而弗能杀。"可见在古代，父可专杀其子。《白虎通义·诛伐篇》却说"父杀其子当诛"了。《礼记》的《曲礼》、《檀弓》，均明著君父、兄弟、师长，交游报仇之礼。《周官》的调人，是专因报仇问题而设立的。亦不过令有仇者避之他处；审查报仇的合于义与否；禁止报仇不得超过相当限度而已，并不能根绝其事。报仇的风气，在后世虽相沿甚久，习俗上还视为义举，然在法律上，总是逐步遭遇到禁止的，这都是后世法律，较之古代进步之处。但家长或族长，到现在，还略有处置其家人或族众的权力，国家不能加以干涉，使人人都受到保护；而国家禁止私人复仇，而自己又不能真正替人民伸雪冤屈，也还是未尽善之处。

法律是不能一天不用的，苟非文化大变，引用别一法系的法律，亦决不会有什么根本的改革。所以总是相承而渐变。中国最早的法典，是李悝的《法经》。据《晋书·刑法志》所载陈群《魏律序》，是悝为魏文侯相，撰次诸国法所为。魏文侯在位，据《史记·六国表》，是自周威烈王二年至安王十五年，即民国纪元前2336年至2298年。可谓很古老的了。撰次，便是选择排比。这一部书，在当时，大约所参考者颇博，且曾经过一番斟酌去取，依条理系统编排的，算做一部佳作。所以商君"取之以相秦"，没有重纂。这时候的趋势，是习惯之力，即社会制裁。渐渐的不足以维持社会，而要乞灵于法律。而法律还是谨守着古老的规模，所规定之事极少，渐觉其不够用，法经共分六篇：《魏律序》举其篇目，是（一）盗，（二）贼，（三）网，（四）捕，（五）杂，（六）又以一篇著其加减。盗是侵犯人的财产。贼是伤害人的身体。盗贼须网捕，所以有网捕两篇。其余的则并为杂律。古人著书，常将重要的事项，独立为篇，其余则并为一篇，总称为杂。一部自古相传的医书，号为出于张仲景的，分为伤寒、杂病两大部分，杂病或作卒病，乃误字。即其一证。网捕盗贼，分为四篇，其余事项，共为一篇，可见《法经》视盗贼独重，视其余诸事项都轻，断不足以应付进步的社会。汉高祖入关，却更做了一件违反进化趋势的事。他说："吾与父老约法三章耳：杀人者死，伤人及盗抵罪。余悉除去秦法。"因为约法三章四字，给人家用惯了，很有些人误会：这是汉高祖与人民立约三条。其实据陈群《魏律序》，李悝《法经》的体例，是"集类为篇，结事为章"的。每一篇之中，包含着许多章。"吾与父老约：法，三章耳"，当以约字断句，法字再一读。就是说六篇之法，只取三章，其余五篇多，都把它废掉了。秦时的民不聊生，实由于政治太不安静。专就法律立论，则由于当时的狱吏，自成一种风气，用法务取严酷。和法律条文的多少，实在没有关系。但此理是无从和群众说起的。约法三章，余悉除去，在群众听起来，自然是欢欣鼓舞的了。这事不过是一时收买人心之术，无足深论。其事自亦不能持久。所以《汉书·刑法志》说：天下既定，"三章之法，不足以御奸"。萧何就把六篇之法恢复，且增益三篇；叔孙通又益以律所不及的旁章十八篇，共有二十七篇了。当时的趋势，是（一）法律内容要扩充，（二）既扩充了，自应依条理系统，加以编纂，使其不至杂乱。第一步，汉初已这么做了。武帝时，政治上事务繁多，自然需要更多的法律。于是张汤、赵禹又加增益，律共增至六十篇。又当时的命令，用甲、乙、丙、丁编次，通称谓之"令甲"，共有三百余篇。再加以断事的成案，即当时所谓比，共有九百零六卷。分量已经太多了，而编纂又极错乱。"盗律有贼伤之例，贼律有盗章之文。"引用既难，学者乃为之章句。章句二字，初指一种符号，后遂用以称注释，详见予所撰《章句论》。商务印书馆本。共有十余家。于是断罪所当由用者，合二万六千二百七十二条，七百七十三万二千二百余言。任何人不能遍览，奸吏因得上下其手，"所欲活者傅生议，所欲陷者予死比"。所以条理系统地编纂一部法典，实在是当时最紧要的事。汉宣帝时，郑昌即创其议。然终汉世，未能有成。魏篡汉后，才命陈群等从事于此。制成新律十八篇，未及颁行而亡。晋代魏后，又命贾充等复加订定，共为二十篇。于泰始四年，大赦天下颁行之，是为《晋律》。泰始四年，为民国纪元前1644年。

《晋律》大概是将汉朝的律、令、比等，删除复重，加以去取，依条理系统编纂而成的。这不过是一个整理之业。但还有一件事可注意的，则儒家的宗旨，在此时必有许多掺入法律之中，而成为条文。汉人每有援经义以折狱的。现代的人，都以为奇谈。其实这不过是广义的应用习惯。广义的习惯法，原可包括学说的。当时儒学盛行，儒家的学说，自然要被应用到法律上去了。《汉书》《注》引应劭说：董仲舒老病致仕。朝廷每有政议，数遣廷尉张汤至陋巷，问其得失。于是作《春秋折狱》二百三十二事。汉文帝除肉刑诏，所引用的就是《书》说。见下。汉武帝亦使吕步舒董仲舒弟子。治淮南狱。可见汉时的律、令、比中，掺入儒家学说处决不少。此等儒家学说，一定较法家为宽仁的。因为法家偏重伸张国家的权力，儒家则注重保存社会良好的习惯。章炳麟《太炎文录》里，有《五朝法律索隐》一篇，说《晋律》是极为文明的，但北魏以后，参用鲜卑法，反而改得野蛮了。如《晋律》，父母杀子同凡论，而北魏以后，都得减轻。又如走马城市杀人者，不得以过失论；依此，则现在马车、摩托，在市上杀人的，都当以故杀论。因为城市中行人众多，是行车者所预知的，而不特别小心，岂得谓之过失？难者将说："如此，在城市中将不能行车了。文明愈进步，事机愈紧急，时间愈宝贵，处处顾及步行的人，将何以趋事赴功呢？"殊不知事机紧急，只是一个藉口。果有间不容发的事，如军事上的运输，外交上的使命，以及弭乱、救火、急救疾病等亨，自可别立为法，然在今日，撞伤路人之事，由于此等原因者，共有几分之几呢？曾记在民国十至十二年之间，上海某外人，曾因嫌人力车夫走得慢，下车后不给车资，直向前行。车夫向其追讨，又被打伤。经领事判以监禁之罪。后其人延律师辩护，乃改为罚锾了事。问其起衅之由，则不过急欲赴某处宴会而已。从来鲜车怒马疾驰的人，真有紧急事情的，不知有百分之一否？真正紧要的事情，怕还是徒行或负重的人做的。部民杀长吏者同凡论；常人有罪不得赎等，都远胜于别一朝的法律。父杀其子当诛，明见于《白虎通义》，我们可以推想父母杀子同凡论，渊源或出于儒家。又如法家，是最主张摧抑豪强的。城市走马杀人同凡论，或者是法家所制定。然则法律的改良，所得于各家的学说者当不少。学者虽然亦不免有阶级意识，究竟是为民请命之意居多。从前学者所做的事情，所发的言论，我们看了，或不满意，此乃时代为之。近代的人，有时严责从前的学者，而反忽忘了当时的流俗，这就未免太不知社会的情形了。

《晋律》订定以后，历代都大体相沿。宋、齐是未曾定律的。梁、陈虽各定律，大体仍沿《晋律》。即魏、周、齐亦然，不过略参以鲜卑法而已。《唐律》是现尚存在的，体例亦沿袭旧观。辽太祖时，定治契丹及诸夷之法，汉人则断以律令。太宗时，治渤海人亦依汉法。道宗时，以国法不可异施，将不合于律令者别存之。此所谓律令，还是唐朝之旧。金当熙宗时，始合女真旧制及隋、唐、辽、宋之法，定《皇统制》。然仍并用古律。章宗泰和时定律，《金史》谓其实在就是《唐律》。元初即用金律。世祖平宋以后，才有所谓《至元新格》、《大元通制》等，亦不过将新生的法令事例加以编辑而已。明太祖定《大明律》，又是一准《唐律》的。《法律》又以《明律》为本。所以从《晋律》颁行以后，直至清末采用西法以前，中国的法律实际无大改变。

法律的性质，既如此陈旧，何以仍能适用呢？（一）由向来的法律，只规定较经久之事。如晋初定律，就说关于军事、田农、酤酒等，有权设其法，未合人心的，太平均当删除，所以不入于律，别以为令。又如北齐定律，亦有《新令》四十卷和《权令》二卷，与之并行。此等区别，历代都有。总之非极永久的部分，不以入律，律自然可少变动了。（二）则律只揭举大纲。（甲）较具体及（乙）变通的办法，都在令及比之中。《唐书·刑法志》说："唐之刑书有四：曰律、令、格、式。令者，尊卑贵贱之等数，国家之制度也。格者，百官有司所常行之事也。式者，其所常守之法也。宋神宗说："设于此以待彼之谓格，使彼效之谓式。"见《宋史·刑法志》。凡邦国之政，必从事于此三者。其有所违，及人之为恶而入于罪戾者，一断以律。"令、格、式三者，实不可谓之刑书。不过现代新生的事情，以及办事所当依据的手续，都在其中，所以不得不与律并举。律所载的事情，大约是很陈旧而不适宜于具体应用的，但为最高原理所自出，又不便加以废弃。所以宋神宗改律、令、格、式之名为敕、令、格、式，而"律恒存乎敕之外"。这即是实际的应用，全然以敕代律了。到近代，则又以例辅律。明孝宗弘治十三年，刑官上言："中外巧法吏或借例便私，律浸格不用。"于是下尚书，会九卿议，增历年问刑条例，经久可行者二百九十七条。自是以后，律例并行。清朝亦屡删定刑例。至乾隆以后，遂载入律内，名为《大清律例》。按例乃据成案编纂而成，成案即前世所谓比。律文仅举大纲，实际应用时，非有业经办理的事情，以资比附不可，此比之所以不能不用。然成案太多，随意援引，善意者亦嫌出入太大，恶意者则更不堪设想，所以又非加以限制不可。由官加以审定，把（一）重复者删除；（二）可用者留；（三）无用者废；（四）旧例之不适于用者，亦于同时加以废止。此为官修则例之所由来，不徒（一）杜绝弊端，（二）使办事者得所依据，（三）而（甲）社会上新生的事态，日出不穷；（乙）旧有之事，定律时不能无所遗漏；（丙）又或法律观念改易，社会情势变迁，旧办法不适于今；皆不可不加补正。有新修刑例以济之，此等问题，就都不足为患了。清制：刑例五年一小修，十年一大修。事属刑部，临时设馆。使一新成分时时注入于法律之中；陈旧而不适用者，随时删除，不致壅积。借实际的经验，以改良法律，实在是很可取法的。

刑法自汉至隋，起了一个大变化。刑字既引申为广义，其初义，即专指伤害人之身体，使其蒙不可恢复的创伤的，乃改称为“肉刑”。晚周以来，有一种象刑之论，说古代对于该受五刑的人，不须真加之以刑，只要异其冠服以为戮。此乃根据于《尧典》之“象以典刑”的，为儒家的书说。按象以典刑，恐非如此讲法。见前。但儒家所说的象刑，在古代是确有其事的。《周官》有明刑、见司救。明梏，见掌囚。乃是将其人的姓名罪状，明著之以示人。《论衡·四讳篇》说：当时“完城旦以下，冠带与俗人殊”，可见历代相沿，自有此事，不过在古代，风气诚朴，或以此示戒而已足，在后世则不能专恃此罢了。儒家乃根据此种习俗，附会《书经》象以典刑之文，反对肉刑的残酷。汉孝文帝十三年，齐太仓令淳于公有罪当刑。防狱逮系长安。淳于公无男，有五女。会逮，骂其女曰：“生子不生男，缓急非有益也。”其少女缇萦，自伤悲泣。乃随其父至长安，上书愿没入为官婢，以赎父刑罪。书奏，天下怜悲其意。遂下令曰：“盖闻有虞氏之时，画衣冠异章服以为戮而民弗犯，何治之至也？今法有肉刑三，而奸不止，其咎安在？夫刑至断肢体，刻肌肤，终身不息，何其刑之痛而不德也？岂称为民父母之意哉？其除肉刑，有以易之。”于是有司议：当黥者髡钳为城旦舂。当劓者笞三百。当斩左趾者笞五百。当斩右趾者弃市。按诏书言今法有肉刑三，《注》引孟康曰：“黥、劓二，斩左右趾合一，凡三也。”而景帝元年诏，说孝文皇帝除宫刑。诏书下文刻肌肤指黥，断肢体指劓及斩趾，终身不息当指宫，则是时实并宫刑废之。惟系径废而未尝有以为代，故有司之议不之及。而史亦未尝明言。此自古人文字疏略，不足为怪。至景帝中元年，《纪》载“死罪欲腐者许之”，则系以之代死罪，其意仍主于宽恤。然宫刑自此复行，直至隋初方除。象刑之论，《荀子》极驳之。《汉书·刑法志》备载其说，自有相当的理由。然刑狱之繁，实有别种原因，并非专用酷刑可止。《庄子·则阳篇》说：“柏矩至齐，见辜人焉。推而强之。解朝服而幕之。号天而哭之。曰：子乎子乎？天下有大菑，子独先离之。曰：莫为盗，莫为杀人。荣辱立，然后睹所病，货财聚，然后睹所争，今立人之所病，聚人之所争，穷困人之身，使无休时，欲无至此，得乎。匿为物而愚不识，大为难而罪不敢，重为任而罚不胜，远其涂而诛不至。民知力竭，则以伪继之。日出多伪，士民安取不伪？夫力不足则伪，知不足则欺，财不足则盗。盗窃之行，于谁责而可乎？”这一段文字，见得所谓犯罪者，全系个人受社会的压迫，而无以自全；受社会的教育，以至不知善恶，日出多伪，士民安取不伪。其所能负的责任极微。更以严刑峻法压迫之，实属不合于理。即不论此，而“民不畏死，奈何以死惧之”，《老子》。于事亦属无益。所以“孟氏使阳肤为士师，问于曾子。曾子曰：上失其道，民散久矣。如得其情，则哀矜而勿喜”，《论语·子张》。这固然不是彻底的办法。然就事论事，操司法之权的，存心究当如此。司法上的判决，总不能无错误的。别种损失，总还可设法回复，惟有肉刑，是绝对无法的，所以古人视之甚重。这究不失为仁人君子的用心。后来反对废除肉刑的人，虽亦有其理由，然肉刑究竟是残酷的事，无人敢坚决主张，始终没有能够恢复。这其中，不知保全了多少人。孝文帝和缇萦，真是历史上可纪念的人物了。反对废除肉刑的理由安在呢？《文献通考》说：“汉文除肉刑，善矣，而以髡笞代之。髡法过轻，而略无惩创；笞法过重，而至于死亡。其后乃去笞而独用髡。减死罪一等，即止于髡钳；进髡钳一等，即入于死罪。而深文酷吏，务从重比，故死刑不胜其众。魏晋以来病之。然不知减笞数而使之不死，徒欲复肉刑以全其生，肉刑卒不可复，遂独以髡钳为生刑。所欲活者傅生议，于是伤人者或折肢体，而才翦其毛发。所欲陷者与死比，于是犯罪者既已刑杀，而复诛其宗亲。轻重失宜，莫此为甚。隋唐以来，始制五刑，曰笞、杖、徒、流、死。此五者，即有虞所谓鞭、朴、流、宅，虽圣人复起，不可偏废也。”按自肉刑废除之后，至于隋代制定五刑之前，刑法上的问题，在于刑罚的等级太少，用之不得其平。所以司法界中有经验的人士，间有主张恢复肉刑的。而读书偏重理论的人，则常加反对。恢复肉刑，到底是件残酷的事，无人敢坚决主张，所以肉刑终未能复。到隋朝制定五刑以后，刑罚的等级多了，自无恢复肉刑的必要，从此以后，也就无人提及了。自汉文帝废除肉刑至此，共历七百五十余年。一种制度的进化，可谓不易了。

隋唐的五刑，是各有等级的。其中死刑分斩、绞两种。而除前代的枭首、轘裂等。元以异族入主中原，立法粗疏，且偏于暴虐。死刑有斩无绞。又有凌迟处死，以处恶逆。明清两代均沿之。明代将刑法军政，并为一谈。五刑之外，又有所谓充军。分附近、沿海、边远、烟瘴、极边五等。清分附近、近边、边远、极边、烟瘴五等。有终身、永远两种。永远者身死之后，又勾摄其子孙；子孙绝者及其亲属。已见上章。明制："二死三流，同为一减。"太祖为求人民通晓法律起见，采辑官民过犯条文，颁行天下，谓之《大诰》。囚有《大诰》的，罪得减等。后来不问有无，一概作为有而减等。于是死刑减至流刑的，无不以《大诰》再减，流刑遂等于不用。而充军的却很多。清朝并不藉谪发维持军籍，然仍沿其制，为近代立法史上的一个污点。

刑法的改良，起于清末的改订旧律。其时改笞杖为罚金，以工作代徒流。后来定《新刑律》，才分主刑为死刑、用绞，于狱中行之。无期徒刑、有期徒刑、拘役、罚金五种。从刑为没收，褫夺公权两种。

审判机关，自古即与行政不分。此即《周官》地官所谓"地治者"。但属于秋官的官，如乡士、掌国中。遂士、掌四郊。县士、掌野。方士掌都家。等，亦皆以掌狱讼为职。地官、秋官，本当有行政官与军法审判之别，读前文可明，但到后来，这两者的区别，就渐渐的泯灭了。欧洲以司法独立为恤刑之法，中国则以（一）缩小下级官吏定罪的权限，如（二）增加审级，为恤刑之法。汉代太守便得专杀，然至近代，则府、厅、州、县，只能决徒以下的罪，流刑必须由按察司亲审，死刑要待御笔勾决了。行政、司法机关既不分，则行政官吏等级的增加，即为司法上审级的增加。而历代于固有的地方官吏以外，又多临时派官清理刑狱。越诉虽有制限，上诉是习惯上得直达皇帝为止的，即所谓叩阍。宋代初命转运使派官提点刑狱，后独立为一司，明朝继之，设按察司，与布政使并立，而监司之官，始有专司刑狱的。然及清代，其上级的督抚，亦都可受理上诉。自此以上，方为京控。刑部、都察院、提督，均可受理。临时派官复审，明代尤多。其后朝审、秋审，遂沿为定制。清代秋审是由督抚会同两司举行的。决定后由刑部汇奏。再命三法司见下。复审，然后御笔勾决，死刑乃得执行。在内的则由六部、大理寺、通政司、都察院会审，谓之朝审。此等办法，固得慎重刑狱之意。然审级太多，则事不易决。又路途遥远，加以旷日持久，人证物证，不易调齐，或且至于湮灭，审判仍未必公平，而人民反因狱事拖延受累。所以此等恤刑之法，亦是有利有弊的。

司法虽不独立，然除特设的司法官吏而外，干涉审判之官，亦应以治民之官为限。如此，（一）系统方不紊乱。（二）亦且各种官吏，对于审判，未必内行，令其干涉，不免无益有损。然历代既非司法之官，又非治民之官，而参与审判之事者，亦在所不免。如御史，本系监察之官，不当干涉审判。所以弹劾之事，虽有涉及刑狱的，仍略去告诉人的姓名，谓之风闻。唐代此制始变，且命其参与推讯，至明，遂竟称为三法司之一了。而如通政司、翰林院、詹事府、五军都督等，无不可临时受命，与于会审之列，更属莫名其妙。又司法事务，最忌令军政机关参与。而历代每将维持治安及侦缉罪犯之责，付之军政机关。使其获得人犯之后，仍须交给治民之官，尚不易非理肆虐，而又往往令其自行治理，如汉代的司隶校尉，明代的锦衣卫、东厂等，尤为流毒无穷。

审判之制，贵于速断速决，又必熟悉本地方的民情。所以以州县官专司审制，于事实嫌其不给。而后世的地方官，多非本地人，亦嫌其不悉民情。廉远堂高，官民隔膜，吏役等遂得乘机舞弊。司法事务的黑暗，至于书不胜书。人民遂以入公门为戒。官吏无如吏役何，亦只得劝民息讼。国家对于人民的义务，第一事，便在保障其安全及权利，设官本意，惟此为急。而官吏竟至劝人民不必诉讼，岂非奇谈？古代所谓“地治者”，本皆后世乡吏之类，汉代啬夫，还是有听讼之职的。《汉书·百官公卿表》。爰延为外黄乡啬夫，民至不知有郡县，《后汉书》本传。其权力之大可知。然治者和被治者即形成两个阶级，治者专以削被治者为生，则诉讼正是朘削的好机会，畀乡吏以听讼之权，流弊必至不可究诘。所以至隋世，遂禁止乡官听讼。《日知录·乡亭之职》一条说：“今代县门之前，多有榜曰：诬告加三等，越诉笞五十。此先朝之旧制。今人谓不经县官而上诉司府，谓之越诉，是不然。《太祖实录》：洪武二十七年，命有司择民间高年老人，公正可任事者，理其乡之辞讼。若户婚、田宅、斗殴者，则会里胥决之。事涉重者，始白于官。若不由里老处分，而径诉县官，此之谓越诉也。”则明太祖尝有意恢复乡官听讼之制。然《注》又引宣德七年陕西按察佥事林时之言，谓“洪武中，天下邑里，皆置申明，旌善二亭，民有善恶则书之，以示劝惩。凡户婚、田土、斗殴常事，里老于此剖决。今亭宇多废，善恶不书。小事不由里老，辄赴上司。狱讼之繁，皆由于此”。则其事不久即废。今乡官听讼之制，固不可行。然法院亦难遍设。民国十五年，各国所派的司法调查委员，见下。以通计四百万人乃有一第一审法院，为我国司法状况缺点之一。中国人每笑西洋人的健讼，说我国人无须警察、司法，亦能相安，足见道德优于西人。其实中国人的不愿诉讼，怕也是司法状况的黑暗逼迫而成的，并非美事。但全靠法院平定曲直，确亦非良好现象。不须多设法院，而社会上亦能发扬正义，抑强扶弱，不至如今日之豪暴横行；乡里平亭，权又操于土豪劣绅之手，是为最善。那就不得不有望于风俗的改良了。

古代的法律，本来是属人主义的，中国疆域广大，所包含的民族极多。强要推行同一的法律，势必引起纠纷。所以自古即以“不求变俗”为治。《礼记·曲礼》。统一以后，和外国交通，亦系如此。《唐律》：化外人犯罪，就依其国法治之。必两化外人相犯，不能偏据一国的法律，才依据中国法律治理。这种办法，固然是事实相沿，然决定何者为罪的，根本上实在是习惯。两族的习惯相异，其所认为犯罪之事，即各不相同。“照异族的习惯看起来，虽确有犯罪的行为，然在其本人，则实无犯罪的意思。”在此情形之下，亦自以按其本族法律治理为公平。但此项办法，只能适用于往来稀少之时。到近代世界大通，交涉之事，日益繁密，其势就不能行了。中国初和外国订约时，是不甚了然于另一新局面的来临的。一切交涉，都根据于旧见解以为应付，遂贸然允许了领事裁判权。而司法界情形的黑暗，主要的是司法不独立，监狱的黑暗，滥施刑讯及拘押等。有以生西人的戒心，而为其所藉口，亦是无可讳言的。从事有领事裁判权的国家，如土耳其，有虐待异教徒的事实，我国则无之。若说因习惯的不同，则应彼此皆有。中外条约中，首先获得领事裁判权的是英国，后来各国相继获得。其条文彼此互异，然因各国条约均有最惠国条款，可以互相援引，所以实际上并无甚异同。有领判权之国，英、美、意、挪威、日本，均在我国设立法院。上海的会审公廨，且进而涉及原被告均为华人的事件。其损害我国的主权，自然无待于言了。然各国亦同蒙其不利。最重要的，如领事不晓法律，各国相互之间，亦须各归其国的领事审判。一件事情，关涉几国人的，即须分别向各国起诉。又上诉相距太远，即在中国设有法院之国亦然，其他更不必论了。且领事裁判权存在，中国决不能许外国人在内地杂居，外人因此自限制其权利于通商口岸，亦殊不值得。取消领事裁判权之议，亦起于《辛丑条约》。英、美、日三国商约，均有俟我法律及司法制度改良后，撤销领事裁判权的条文。太平洋会议，我国提出撤销领事裁判权案，与会各国允共同派员，到中国来调查：（一）各国在我国的领事裁判权的现状，（二）我国的法律，（三）司法制度，（四）司法行政情形，再行决定。十五年，各国派员来华调查，草有报告书，仍主从缓。国民政府和意、丹、葡、西四国，订立十九年一月一日放弃领事裁判权的条约。比约则订明另定详细办法。倘详细办法尚未订定，而现有领事裁判权之国，过半数放弃，则比国亦放弃。中国在诸约中，订定（一）十九年一月一日以前，颁布民商法；（二）撤销领事裁判权之后，许外人内地杂居；（三）彼此侨民课税，不得高于他国人，或异于他国人，以为交换条件。然此约订定之后，迄今未能实行。惟墨西哥于十八年十一月，自动宣言放弃。德、奥、俄等国，欧战后即失其领事裁判权。

撤销领事裁判权，其实是不成问题的，只要我国司法真能改良，自不怕不能实行。我国的司法改良，在于（一）彻底改良司法界的状况，（二）且推行之及于全国，此即所谓“司法革命”、“司法普及”。既须经费，又须人才，又须行政上的努力，自非易事。自前清末年订定四级三审制。初级、地方、高等三厅及大理院。初审起于初级厅的，上诉终于高等厅，起于地方厅的，终于大理院。至民国二十二年，改为三级三审。地方法院、高等法院、最高法院。前此司法多由县知事兼理，虽订有种种章程，究竟行政司法，分划不清。二十四年起，司法部已令全国各地，遍设法院。这都是比较合理的。真能推行尽利，我国的司法自可焕然改观了。

第十一章 实业

农工商三者，并称实业，而三者之中，农为尤要。必有农，然后工商之技，乃可得而施。中国从前称农为本业，工商为末业，若除去其轻视工商，几乎视为分利之意，而单就本末两字的本义立论，其见解是不错的。所以农业的发达，实在是人类划时代的进步。有农业，然后人类的食物，乃能为无限制的扩充，人口的增加，才无限制。人类才必须定居。一切物质文明，乃有基础。精神文化，亦就渐次发达了。人类至此，剩余的财产才多，成为掠夺的目的。劳力亦更形宝贵，相互间的战争，自此频繁，社会内部的组织，亦更形复杂了。世界上的文明，起源于几个特别肥沃的地点。比较正确的历史，亦是自此开始的。这和农业有极深切的关系，而中国亦是其中之一。

在农业开始以前，游猎的阶段，很为普遍。在第一章中业经提及。渔猎之民，视其所居之地，或进为畜牧，或进为农耕。中国古代，似乎是自渔猎径进于农耕的。传说中的三皇：燧人氏钻木取火，教民熟食，以避腥臊伤害肠胃，显然是渔猎时代的酋长。伏羲，亦作庖牺。皇甫谧《帝王世纪》，说为“取牺牲以供庖厨”，《礼记·月令疏》引。实为望文生义。《白虎通义·号篇》云：“下伏而化之，故谓之伏羲”，则羲字与化字同义，所称颂的乃其德业。至于其时的生业，则《易·系辞传》明言其“为网罟以田以渔”，其为渔猎时代的酋长，亦无疑义。伏羲之后为神农。“斫木为耜，揉木为耒”，就正式进入农业时代，我国文明的历史，从此开始了。三皇之后为五帝。颛顼、帝喾，可考的事迹很少。黄帝“教熊、罴、貔、貅、貙、虎”，以与神农战，似乎是游牧部落的酋长。然这不过是一种荒怪的传说，《五帝本纪》同时亦言其“艺五种”，而除此之外，亦绝无黄帝为游牧民族的证据。《尧典》则有命羲和“历象日、月、星辰，敬授民时”之文。《尧典》固然是后人所作，并非当时史官的记录。然后人所作，亦不能谓其全无根据。殷周之祖，是略与尧舜同时的。《诗经》中的《生民》、《公刘》，乃周人自述其祖宗之事，当不致全属子虚。《书经》中的《无逸》，乃周公诰诫成王之语，述殷周的历史，亦必比较可信。《无逸》中述殷之祖甲云：“其在祖甲，不义惟王，旧为小人。作其即位，爰知小人之依。”祖甲实即太甲。“不义惟王，旧为小人”，正指其为伊尹所放之事。述高宗云：“旧劳于外，爰暨小人。”皆显见其为农业时代的贤君。周之先世，如太王、王季、文王等，更不必论了。古书的记载，诚多未可偏信。然合全体而观之，自五帝以来，社会的组织和政治上的斗争，必与较高度的文明相伴，而非游牧或渔猎部族所能有。然则自神农氏以后，我国久已成为农业发达的民族了。古史年代，虽难确考，然孟子说：“由尧舜至于汤，五百有余岁。由汤至于文王，五百有余岁。由文王至于孔子，五百有余岁。”《尽心下篇》。和韩非子所谓殷周七百余岁，虞夏二千余岁；《显学篇》。乐毅《报燕惠王书》所谓“收八百岁之畜积”，谓齐自周初建国，至为昭王所破时。大致都相合的，决不会是臆造。然则自尧舜至周末，当略近二千年。自秦始皇统一天下至民国纪元，相距二千一百三十二年。自尧舜追溯农业发达之时，亦必在千年左右。我国农业发达，总在距今五千年之前了。

中国的农业，是如何进化的呢？一言以蔽之，曰：自粗耕进于精耕。古代有爰田之法。爰田即系换田。据《公羊》宣公十五年何《注》，是因为地有美恶，“肥饶不得独乐，硗确不得独苦”，所以“三年一换主易居”。据《周官》大司徒：则田有不易，一易，再易之分。不易之地，是年年可种的。一易之地，种一年要休耕一年。再易之地，种一年要休耕两年。授田时：不易之地，一家给一百亩。一易之地，给二百亩。再易之地，给三百亩。古代的田亩，固然较今日为小。然一夫百亩，实远较今日农夫所耕为大。而其成绩，则据《孟子》《万章下篇》。和《礼记·王制》所说：是上农夫食九人，其次食八人，其次食七人，其次食六人，下农夫食五人。较诸现在，并不见得佳良，可见其耕作之法，不及今人了。汉朝有个大农业家赵过，能为代田之法。把一亩分做三个甽，播种于其中。甽以外的高处谓之陇。苗生叶以后，要勤除陇上之草，因而把陇上的土，倾颓下来，使其附着苗根。如此逐渐为之，到盛暑，则"陇尽而根深"，能够"耐风与旱"。甽和陇，是年年更换的，所以谓之代田。见《汉书·食货志》。后来又有区田之法。把田分为一块一块的，谓之区。隔一区，种一区。其锄草和颓土，亦与代田相同。《齐民要术》见下。极称之。后世言农业的人，亦多称道其法。但据近代研究农业的人说：则"代田区田之法，不外乎所耕者少，而耕作则精。近世江南的农耕，较诸古人所谓代田区田，其精勤实无多让。其田并不番休，而地力亦不见其竭。则其施肥及更换所种谷物之法，亦必有精意存乎其间。"这都是农业自然的进步。总而言之：农业有大农制和小农制。大农制的长处，在于资本的节约，能够使用机械，及人工的分配得宜。小农制的长处，则在以人尽其劳，使地尽其力。所以就一个人的劳力，论其所得的多少，是大农制为长。就土地同一的面积，论其所得的多少，则小农制为胜。中国农夫的技能，在小农制中，总可算首屈一指了。这都是长时间自然的进化。

中国农业进化的阻力，约有三端：（一）为讲究农学的人太少。即使有之，亦和农民隔绝，学问不能见诸实用。古代有许多教稼的官。如《周官》大司徒，"辨十有二壤之物而知其种"。司稼，"巡邦野之稼，而辨穜稑之种。周知其名与其所宜地，以为法而悬于邑闾"。这些事，都是后世所没有的。李兆洛《凤台县志》说，凤台县人所种的地，平均是一人十六亩。穷苦异常。往往不够本。一到荒年，就要无衣无食。县人有一个唤做郑念祖的，雇佣了一个兖州人。问他：你能种多少园地？他说两亩，还要雇一个人帮忙。问他要用多少肥料？他说一亩田的肥料，要值到两千个铜钱。间壁的农人听了大笑，说：我种十亩地，只花一千个铜钱的肥料，收获的结果，还往往不够本呢！郑念祖对于这个兖州人，也是将信将疑。且依着他的话试试看呢，因其用力之勤，施肥之厚，人家的作物，都没有成熟，他的先就成熟了，而且长得很好。争先入市，获利甚多。到人家蔬果等上市时，他和人家一块卖的，所得的都是赢利了。李兆洛据此一例，很想募江南的农民为农师，以开水田。这不过是一个例。其余类乎此的情形，不知凡几。使农民互相师，已可使农业获有很大的进步，何况益之以士大夫？何况使士大夫与农民互相师，以学理经验，交相补足呢？（二）古代土地公有，所以沟洫阡陌等，都井井有条。后世则不然。土地变为私有，寸寸割裂。凡水旱蓄泄等事，总是要费掉一部分土地的，谁肯牺牲？凡一切公共事业的规划，其根源，实即公共财产的规划。所以土地公有之世，不必讲地方自治，而自治自无不举。土地既已私有，公共的事务，先已无存。间有少数非联合不能举办的，则公益和私益，多少有些冲突。于是公益的举措，固有的荡然无存，当兴的阙而莫举；而违反公益之事，且日出不穷。如滥伐林木，破坏堤防，壅塞沟渠等都是。而农田遂大受其害。其最为显著的，就是水利。（三）土地既然私有了，人民谁不爱护其私产？但必使其俯仰有余，且勤劳所得，可以为其所有，农民才肯尽力。如其一饱且不可得，又偶有赢余，即为强有力者剥削以去，人民安得不苟偷呢？然封建势力和高利贷的巧取豪夺，则正是和这原则相反的。这也是农田的一个致命伤。职是故，农业有其进化的方面，而亦有其退化的方面。进退相消，遂成为现在的状况。

中国现在农业上的出路，是要推行大农制。而要推行大农制，则必须先有大农制所使用的器具。民国十七年春，俄国国营农场经理马克维次（Markevich），有多余不用的机犁百架，召集附近村落的农民，许租给他们使用，而以他们所有的土地，共同耕种为条件。当时加入的农民，其耕地共计九千余亩。到秋天，增至二万四千余亩。事为共产党所闻，于是增制机犁，并建造使用机犁的动力场。至明年，遂推行其法于全国。是为苏俄集合农场的起源。据张君劢《史泰林治下之苏俄》。再生杂志社本。天下事口说不如实做。瘏口哓音，说了半天的话，人家还是不信。实在的行动当前，利害较然可见，就无待烦言了。普通的议论，都说农民是最顽固的、守旧的。其实这是农民的生活，使其如此。现在为机器时代。使用旧式的器具，决不足以与之相敌。而全国最多数的农民，因其生活，而滞留于私有制度下自私自利的思想，亦实为文化进步的障碍。感化之法，单靠空言启牖是无用的。生活变则思想变；生产的方法变，则生活变。“牖民孔易”，制造出耕作用的机械来，便是化除农民私见的方法。并不是要待农民私见化除了，机械才可使用。

中国的农学，最古的，自然是《汉书·艺文志》诸子略中的农家。其所著录先秦的农书，今已不存。先秦农家之说，存于今的，只有《管子》中的《地员》，《吕氏春秋》中的《任地》、《辨土》、《审时》数篇。汉代农家所著之书，亦俱亡佚。诸家征引，以氾胜之书为最多。据《周官》草人疏说，这是汉代农书中最佳的，未知信否。古人著述，流传到现在的，以后魏贾思勰的《齐民要术》为最早。后世官修的巨著，有如元代的《农桑辑要》，清代的《授时通考》；私家的巨著，有如元王桢的《农书》，明徐光启的《农政全书》等，均在子部农家中。此项农书，所包颇广。种植而外，蚕桑、苹果、树木、药草、孳畜等，都包括其中。田制、劝课、救荒之法，亦均论及，尚有茶经、酒史、食谱、花谱、相牛经、相马经等，前代亦隶农家，清四库书目改入谱录类。兽医之书，则属子部医家。这些，都是和农业有关系的。旧时种植之法，未必都能适用于今。然要研究农业历史的人，则不可以不读。

蚕桑之业，起于黄帝元妃嫘祖，语出《淮南·蚕经》，《农政全书》引。自不足信。《易·系辞传》说："黄帝、尧、舜，垂衣裳而天下治。"《疏》云："以前衣皮，其制短小，今衣丝麻布帛，所作衣裳，其制长大，故云垂衣裳也。"亦近附会。但我国的蚕业，发达是极早的。孟子说："五亩之宅，树之以桑，七十者可以衣帛矣。"《梁惠王上篇》。久已成为农家妇女普遍的职业了。古代蚕利，盛于北方。《诗经》中说及蚕桑的地方就很多。《禹贡》兖州说桑土既蚕，青州说厥篚檿丝。檿是山桑，这就是现在的野蚕丝了。齐纨、鲁缟，汉世最为著名。南北朝、隋、唐货币都通用布帛。唐朝的调法，亦兼收丝麻织品。元朝还有五户丝及二户丝。可见北方蚕桑之业，在元代，尚非不振，然自明以后，其利就渐限于东南了。唐甄《潜书》说："蚕桑之利，北不逾淞，南不逾浙，西不通湖，东不至海，不过方千里，外此则所居为邻，相隔一畔而无桑矣。此以盛衰言之，并非谓绝对无有，不可拘泥。甚矣民之惰也。"大概中国文化，各地不齐，农民愚陋，只会蹈常习故。便是士和工商亦然。所以全国各地，风气有大相悬殊的。《日知录》说："华阴王宏撰著议，以为延安一府，布帛之价，贵于西安数倍。"又引《盐铁论》说："边民无桑麻之利，仰中国丝絮而后衣。夏不释褐，冬不离窟。"崔寔《政论》说："仆前为五原太守，土俗不知缉绩。冬积草伏卧其中。若见吏，以草缠身，令人酸鼻。"顾氏说："今大同人多是如此。妇人出草，则穿纸袴。"可见有许多地方，荒陋的情形，竟是古今一辙。此等情形，昔人多欲以补救之法，责之官吏，间亦有能行之的。如清乾隆时，陈宏谋做陕西巡抚。曾在西安、三原、凤翔设蚕馆、织局，招南方机匠为师。又教民种桑。桑叶、茧丝，官家都许收买，使民节节得利，可以踊跃从事，即其一例。但究不能普遍。今后交通便利，资本的流通，遍及穷乡僻壤，此等情形，必将渐渐改变了。

林政：愈到后世而愈坏。古代的山林，本是公有的，使用有一定的规则，如《礼记·王制》说“草木黄落，然后入山林”是。亦或设官管理，如《周官》的林衡是。又古代列国并立，务于设险，平地也有人造的森林，如《周官》司险，设国之五沟、五涂，而树之林，以为阻固是。后世此等事都没有了。造林之事极少，只是靠天然的使用。所以愈开辟则林木愈少。如《汉书·地理志》说，天水、陇西，山多林木，人民都住在板屋里。又如近代，内地的木材，出于四川、江西、贵州，而吉、黑二省，为全国最大的森林区域，都是比较上少开辟的地方。林木的缺乏，积极方面，由于国家不知保护森林，更不知造林之法。如清朝梅曾亮，有《书棚民事》一篇。他说当他替安徽巡抚董文恪做行状时，遍览其奏议，见其请准棚民开山的奏折，说棚民能攻苦食淡于崇山峻岭，人迹不通之处，开种旱谷，有裨民食，和他告讦的人，都是溺于风水之说，至有以数百亩之田，保一棺之土的，其说必不可听。梅氏说：“予览其说而是之。”又说：“及予来宣城，问诸乡人，则说：未开之山，土坚石固，草树茂密，腐叶积数年，可二三寸。每天雨，从树至叶，从叶至土石，历石罅滴沥成泉，其下水也缓。又水缓而土不随其下。水缓，故低田受之不为灾；而半月不雨，高田犹受其灌溉。今以斤斧童其山，而以锄犁疏其土，一雨未毕，沙石随下，其情形就大不然了。”梅氏说：“予亦闻其说而是之。”又说：“利害之不能两全也久矣。由前之说，可以息事。由后之说，可以保利。若无失其利，而又不至于董公之所忧，则吾盖未得其术也。”此事之是非，在今日一言可决。而当时或不之知，或作依违之论。可见昔人对于森林的利益，知之不甚透澈。自然不知保护，更说不到造林；历代虽有课民种桑枣等法令，亦多成为具文了。消极方面，则最大的为兵燹的摧残，而如前述开垦时的滥伐，甚至有放火焚毁的，亦是其一部分的原因。

渔猎畜牧，从农业兴起以后，就不被视为主要的事业。其中惟因猎，因和武事有关，还按时举行，藉为阅习之用。渔业则被视为鄙事，为人君所弗亲。观《左传》隐公五年所载臧僖伯谏观渔之辞可见。牧业，如《周官》之牧人、牛人、充人等，所豢养的，亦仅以供祭祀之用。只有马是和军事、交通都有关系的，历代视之最重，常设“苑”、“监”等机关，择适宜之地，设官管理。其中如唐朝的张万岁等，亦颇有成绩。然能如此的殊不多。以上是就官营立论。至于民间，规模较大的，亦恒在缘边之地。如《史记·货殖列传》说，天水、陇西、北地、上郡，畜牧为天下饶。又如《后汉书·马援传》说，援亡命北地，因留畜牧，役属数百家。转游陇汉间，因处田牧，至有牛马羊数千头，谷数万斛是。内地民家，势不能有大规模的畜牧。然苟能家家畜养，其数亦必不少。如《史记·平准书》说，武帝初年，“众庶街巷有马，阡陌之间成群”。元朔六年，卫青、霍去病出塞，私负从马至十四万匹。《汉书·匈奴列传》。颜师古《注》：“私负衣装者，及私将马从者，皆非公家发与之限。”实在是后世所少见的。民业虽由人民自营，然和国家的政令，亦有相当的关系。唐玄宗开元九年，诏“天下之有马者，州县皆先以邮递军旅之役，定户复缘以升之，百姓畏苦，乃多不畜马，故骑射之士减曩时”。元世祖至元二十三年，六月，括诸路马。凡色目人有马者，三取其二。汉民悉入官。敢匿与互市者罪之。《明实录》言：永乐元年，七月，上谕兵部臣曰：“比闻民间马价腾贵，盖禁民不得私畜故也。其榜谕天下，听军民畜马勿禁。”据《日知录·马政》条。然则像汉朝，不但无畜马之禁，且有马复令者，有车骑马一匹者，复卒三人，见《食货志》。民间的畜牧，自然要兴盛了。但这只能藏富于民，大规模的畜牧，还是要在边地加以提倡的。《辽史·食货志》述太祖时畜牧之盛，“括富人马不加多，赐大小鹘军万余匹不加少”。又说：“自太宗及兴宗，垂二百年，群牧之盛如一日。天祚初年，马犹有数万群，群不下千匹。”此等盛况，各个北族盛时，怕都是这样的，不过不能都有翔实的记载罢了。此其缘由：（一）由于天时地利的适宜。（二）亦由其地尚未开辟，可充牧场之地较多。分业应根据地理。蒙、新、青、藏之地，在前代或系域外，今则都在邦域之中，如何设法振兴，不可不极端努力了。

渔税，历代视之不甚重要，所以正史中关于渔业的记载亦较少。然古代庶人，实以鱼鳖为常食。见第十三章。《史记·货殖列传》说：太公封于齐，地潟卤，人民寡，太公实以通鱼盐为致富的一策。这或是后来人的托辞，然春秋战国时，齐国渔业的兴盛，则可想见了。《左传》昭公三年，晏子说陈氏厚施于国，“鱼盐蜃蛤，弗加于海”。谓不封禁或收其税。汉耿寿昌为大司农，增加海租三倍。见《汉书·食货志》。可见缘海河川，渔业皆自古即盛。此等盛况，盖历代皆然。不过“业渔者类为穷海、荒岛、河上、泽畔居民，任其自然为生。内地池畜鱼类，一池一沼，只供文人学士之倘佯，为诗酒闲谈之助。所以自秦汉至明，无兴革可言，亦无记述可见”罢了。采李士豪、屈若搴《中国渔业史》说，商务印书馆本。然合沿海及河湖计之，赖此为生的，何止千万？组织渔业公司，以新法捕鱼，并团结渔民，加以指导保护等，均起于清季。国民政府对此尤为注意。并曾豁免渔税，然成效尚未大著。领海之内，时时受人侵渔。二十六年，中日战事起后，沿海多遭封锁，渔场受侵夺，渔业遭破坏的尤多。

狭义的农业，但指种植而言。广义的，则凡一切取得物质的方法，都包括在内，矿业，无疑的也是广义农业的一部分了。《管子·地数篇》说：“葛卢之山，发而出水，金从之，蚩尤受而制之，以为剑、铠、矛、戟。”“雍狐之山，发而出水，金从之，蚩尤受而制之，以为雍狐之戟、芮戈。”我们据此，还可想见矿业初兴，所采取的，只是流露地表的自然金属。然《管子》又说：“上有丹砂者，下有黄金；上有慈石者，下有铜金；上有陵石者，下有铅、锡、赤铜；上有赭者下有铁，此山之见荣者也。”荣即今所谓矿苗，则作《管子》书时，已知道察勘矿苗之法了。近代机器发明以来，煤和铁同为生产的重要因素。在前世，则铁较重于煤。至古代，因为技术所限，铜尤要于铁。然在古代，铜的使用，除造兵器以外，多以造宝鼎等作为玩好奢侈之品，所以《淮南子·本经篇》说：“衰世镌山石，锲金玉，擿蚌蜃，销铜铁，而万物不滋。”将铜铁和金玉、蚌蜃谓采珠。同视。然社会进化，铁器遂日形重要。《左传》僖公十八年，“郑伯始朝于楚。楚子赐之金。既而悔之。与之盟，曰：无以铸兵。”可见是时的兵器，还以南方为利。兵器在后汉以前，多数是用铜造的。参看《日知录·铜》条。然盐铁，《管子》书已并视为国家重要的财源，见第八章。而《汉书·地理志》说，江南之俗，还是“火耕水耨”。可见南方的农业，远不如北方的发达。古代矿业的发明，一定是南先于北。所以蚩尤尸作兵之名。然到后来，南方的文明程度，转落北方之后，则实以农业进步迟速之故。南方善造铜兵，北方重视铁铸的农器，正可为其代表。管子虽有盐铁国营之议，然铁矿和冶铸，仍入私人之手。只看汉世所谓“盐铁”者，此所谓盐铁，指经营盐铁事业的人而言。声势极盛，而自先秦时代残留下来的盐官、铁官，则奄奄无生气可知。后世也还是如此。国家自己开的矿是很少的。民间所开，大抵以金属之矿为多。采珠南海有之。玉多来自西域。

工业：在古代，简单的是人人能做的。其较繁难的，则有专司其事的人。

此等人，大抵由于性之所近，有特别的技巧。后来承袭的人，则或由社会地位关系，或由其性之所近。《考工记》所谓“知者创物，巧者述之，守之世，谓之工”。此等专门技术，各部族的门类，各有不同。在这一部族，是普通的事，人人会做的，在别一部族，可以成为专门之技。所以《考工记》说：“粤无镈，燕无函，秦无庐，胡无弓车。”谓无专制此物之人。又说：“粤之无镈也，非无镈也，言非无镈其物。夫人而能为镈也。”燕之函，秦之庐，胡之弓车说亦同。此等规模，该是古代公产部族，相传下来的。后世的国家沿袭之，则为工官。《考工记》的工官有两种：一种称某人，一种称某氏。称某人的，当是技术传习，不以氏族为限的，称某氏的则不然。工用高曾之规矩，古人传为美谈。此由（一）古人生活恬淡，不甚喜矜奇斗巧。（二）又古代社会，范围窄狭，一切知识技能，得之于并时观摩者少，得之于先世遗留者多，所以崇古之情，特别深厚。（三）到公产社会专司一事的人，变成国家的工官，则工业成为政治的一部分。政治不能废督责，督责只能以旧式为标准。司制造的人，遂事事依照程式，以求免过。《礼记·月令》说：“物勒工名，以考其成。”《中庸》说：“日省月试，饩廪称事，所以来百工也。”可见古代对于工业督责之严。（四）封建时代，人的生活是有等级的，也是有规范的。竞造新奇之物，此二者均将被破坏。所以《礼记·月令》说：“毋或作为淫巧，以荡上心。”《荀子·王制》说：“雕琢文采，不敢造于家。”而《礼记·王制》竟说：“作奇技奇器以疑众者杀。”此等制度，后人必将议其阻碍工业的进步，然在保障生活的规范，使有权力和财力的人，不能任意享用，而使其余的人，（甲）看了起不平之念；（乙）或者不顾财力，互相追逐，致以社会之生活程度衡之，不免流于奢侈，是有相当价值的，亦不可以不知道。即谓专就技巧方面立论，此等制度阻碍进步也是冤枉的。为什么呢？

社会的组织，暗中日日变迁，而人所设立的机关，不能与之相应，有用的逐渐变为无用，而逐渐破坏。这在各方面皆然，工官自亦非例外。（一）社会的情形变化了，而工官未曾扩充，则所造之物，或不足以给民用。（二）又或民间已发明新器，而工官则仍守旧规，则私家之业渐盛。（三）又封建制度破坏，被灭之国，被亡之家，所设立之机关，或随其国家之灭亡而被废，技术人员也流落了。如此，古代的工官制度，就破坏无余了。《史记·货殖列传》说：“用贫求富，农不如工，工不如商。”《汉书·地理志》所载，至汉代尚存的工官，寥寥无几，都代表这一事实。《汉书·宣帝纪赞》，称赞他“信赏必罚，综核名实”，“技巧工匠，自元成间鲜能及之”。陈寿《上诸葛氏集表》，亦称其“工械技巧，物究其极”，《三国蜀志·诸葛亮传》。实在只是一部分官制官用之物罢了，和广大的社会工业的进退，是没有关系的。世人每举历史上几个特别智巧的人，几件特别奇异之器，指为工业的进化，其实是不相干的。公输子能削竹木以为鵲，飞之三日不下，见《墨子·鲁问篇》、《淮南子·齐俗训》。这自然是瞎说，《论衡·儒增篇》，业经驳斥他了。然如后汉的张衡、曹魏的马钧、南齐的祖冲之、元朝的郭守敬，马钧事见《三国魏志·杜夔传》《注》，余皆见各史本传。则其事迹决不是瞎说的。他们所发明的东西安在呢？崇古的人说：“失传了。这只是后人的不克负荷，并非中国人的智巧，不及他国人。”喜新的人不服，用滑稽的语调说道：“我将来学问够了，要做一部中国学术失传史。”见从前北京大学所出的《新潮杂志》。其实都不是这一回事。一种工艺的发达，是有其社会条件的。指南针，世界公认是中国人发明的。古代曾用以驾车，现在为什么没有？还有那且走且测量路线长短的记里鼓车，又到什么地方去了？诸葛亮改良连弩，马钧说：我还可以再改良，后来却不曾实行，连诸葛亮发明的木牛流马，不久也失传了。假使不在征战之世，诸葛亮的心思，也未必用之于连弩。假使当时魏蜀的争战，再剧烈些，别方面的势力，再均平些，竟要靠连弩以决胜负，魏国也未必有马钧而不用。假使魏晋以后，在商业上，有运巴蜀之粟，以给关中的必要，木牛流马，自然会大量制造，成为社会上的交通用具的。不然，谁会来保存它？同理：一时代著名的器物，如明朝宣德、成化，清朝康熙、雍正、乾隆年间的瓷器，为什么现在没有了？这都是工业发达的社会条件。还有技术方面，也不是能单独发达的。一器之成，必有互相连带的事物。如公输子以竹木为鵲，飞之三日，固然是瞎说。王莽时用兵，募有奇技的人。有人自言能飞。试之，取大鸟翮为两翼，飞数百步而坠，见《汉书·王莽传》。却决不是瞎说的，其人亦不可谓之不巧。假使生在现在，断不能谓其不能发明飞机。然在当日，现今飞机上所用种种机械，一些没有，自然不能凭空造成飞行器具。所以社会条件不备具；技术的发展，而不依着一定的顺序；发明是不会凭空出现的。即使出现了，也只等于昙花一现。以为只要消费自由，重赏之下，必有勇夫，工艺自然会不断的进步，只是一个浅见。

工官制度破坏后，中国工业的情形，大概是这样的：根于运输的情形，寻常日用的器具，往往合若干地方，自成一个供求的区域。各区域之间，制造的方法，和其所用的原料等，不必相同。所以各地方的物品，各有其特色。（一）此等工人，其智识，本来是蹈常习故的。（二）加以交换制度之下，商品的生产，实受销场的支配，而专司销售的商人，其见解，往往是陈旧的。因为旧的东西，销路若干，略有一定，新的就没有把握了。因此，商人不欢迎新的东西，工人亦愈无改良的机会。（三）社会上的风气，也是蹈常习故的人居其多数。所以其进步是比较迟滞的。至于特别著名的工业品，行销全国的，亦非没有。则或因（一）天产的特殊，而制造不能不限于其地。（二）或因运输的方便，别地方的出品，不能与之竞争。（三）亦或因历史上技术的流传，限于一地。如湖笔、徽墨、湘绣等，即其一例。

近代的新式工业，是以机制品为主的。自非旧式的手工业所能与之竞争。经营新式工业，既须人才，又须资本，中外初通时的工商家，自不足以语此，自非赖官力提倡不可。然官家的提倡，亦殊不得法。同治初年，制造局、造船厂等的设立，全是为军事起见，不足以语于实业。光绪以后所办的开平煤矿、甘肃羊毛厂、湖北铁厂、纱厂等，亦因办理不得其法，成效甚少。外货既滔滔输入，外人又欲在通商口岸设厂制造，利用我低廉的劳力，且省去运输之费。自咸丰戊午、庚申两约定后，各国次第与我订约，多提出此项要求。中国始终坚持未许。到光绪甲午，和日本战败，订立《马关条约》，才不得已而许之。我国工业所受的压迫，遂更深一层，想挣扎更难了。然中国的民智，却于甲午之后渐开，经营的能力，自亦随之而俱进。近数十年来，新兴的工业，亦非少数，惜乎兴起之初，未有通盘计划，而任企业之家，人自为战，大多数都偏于沿江沿海。二十六年战事起后，被破坏的，竟达百分之七十。这亦是一个很大的创伤。然因此而（一）内地的宝藏，获得开发，交通逐渐便利。（二）全盘的企业，可获得一整个的计划，非复枝枝节节而为之。（三）而政治上对于实业的保障，如关税壁垒等，亦将于战后获得一条出路。因祸而为福，转败而为功，就要看我们怎样尽力奋斗了。

商业当兴起时，和后来的情形，大不相同。《老子》说："郅治之极，邻国相望，鸡犬之声相闻，民各甘其食，美其服，安其俗，乐其业，至老死不相往来。"这是古代各部族最初孤立的情形。到后来，文化逐渐进步，这种孤立状况，也就逐渐打破了。然此时的商人，并非各自将本求利，乃系为其部族做交易。部族是主人，商人只是伙友，盈亏都由部族担负，商人只是替公众服务而已。此时的生意，是很难做的。（一）我们所要的东西，哪一方面有？哪一方面价格低廉？（二）与人交换的东西，哪一方面要？哪一方面价格高昂？都非如后世的易于知道。（三）而重载往来，道途上且须负担危险。商人竭其智力，为公众服务，实在是很可敬佩的。而商人的才智，也特别高。如郑国的弦高，能却秦师，即其一证。《左传》僖公三十三年。此等情形，直到东西周之世，还有留遗。《左传》昭公十六年，郑国的子产，对晋国的韩宣子说："昔我先君桓公，与商人皆出自周。庸次比耦，以艾杀此地，斩之蓬蒿藜藋而共处之。"开国之初，所以要带着一个商人走，乃是因为草创之际，必要的物品，难免缺乏，庚财、见第五章。乞籴，都是不可必得的。在这时候，就非有商人以济其穷不可了。卫为狄灭，文公立国之后，要注意于通商，《左传》闵公二年。亦同此理。此等商人，真正是消费者和生产者的朋友。然因社会组织的变迁，无形之中，却逐渐变做他们的敌人而不自知了。因为交换的日渐繁盛，各部族旧有的经济组织，遂不复合理，而逐渐的遭遇破坏。旧组织既破坏，而无新组织起而代之。人遂不复能更受社会的保障，其作业，亦非为社会而作，于是私产制度兴起了。在私产制度之下，各个人的生活，是要自己设法的。然必不能物物皆自为而后用之。要用他人所生产的东西，只有（一）掠夺和（二）交换两种方法。掠夺之法，是不可以久的。于是交易大盛。然此时的交易，非复如从前行之于团体与团体之间，而是行之于团体之内的。人人直接交易，未免不便，乃渐次产生居间的人。一方面买进，一方面卖出，遂成为现在的所谓商业。非交易不能生活，非藉居间的人不能交易，而商业遂隐操社会经济的机键。在私产制度之下，人人的损益都是要自己打算的。各人尽量寻求自己的利益。而生产者要找消费者、消费者要找生产者极难，商人却处于可进可退的地位，得以最低价只要生产者肯忍痛卖。买进，最高价只要消费者能够忍痛买。卖出，生产者和消费者，都无如之何。所以在近代工业资本兴起以前，商人在社会上，始终是一个优胜的阶级。

商业初兴之时，只有现在所谓定期贸易。《易经·系辞传》说：神农氏"日中为市，致天下之民，聚天下之货，交易而退，各得其所"，就指示这一事实的。此等定期贸易，大约行之于农隙之时，收成之后。所以《书经·酒诰》说：农功既毕，"肇牵车牛远服贾"。《礼记·郊特牲》说："四方年不顺成，八蜡不通"；"顺成之方，其蜡乃通"。蜡祭是行于十二月的。因此，举行定期贸易。然不久，经济愈形进步，交易益见频繁，就有常年设肆的必要了。此等商肆，大者设于国中，即《考工记》所说"匠人营国，面朝后市"。小者则在野田墟落之间，随意陈列货物求售，此即《公羊》何《注》所谓“因井田而为市”。宣公十五年。《孟子》所谓“有贱丈夫焉，必求龙断而登之”，亦即此类，其说已见第八章了。《管子·乘马篇》说：“聚者有市，无市则民乏。”可见商业和人民的关系，已密接而不可分离了。古代的大商人，国家管理之颇严，《管子·揆度篇》说：“百乘之国，中而立市，东西南北，度五十里。”千乘之国，万乘之国，也是如此。这是规定设市的地点的。《礼记·王制》列举许多不鬻于市的东西。如（一）圭璧金璋，（二）命服命车，（三）宗庙之器，（四）牺牲，（五）锦文珠玉成器，是所以维持等级制度的。（六）奸色乱正色，（七）衣服饮食，是所以矫正人民的生活规范的。（八）布帛精粗不中度，幅广狭不中量，（九）五谷不时，（十）果实未熟，（十一）木不中伐，（十二）禽兽鱼鳖不中杀，是所以维持社会的经济制度，并保障消费人的利益的。总之，商人的交易，受着干涉的地方很多。《周官》司市以下各官，则是所以维持市面上的秩序的。我们可想见，在封建制度之下，商人并不十分自由。封建政体破坏了，此等规则，虽然不能维持，但市总还有一定的区域。像现在通衢僻巷，到处可以自由设肆的事，是没有的。北魏胡灵后时，税入市者人一钱，即其明证。《唐书·百官志》说：“市皆建标筑土为候。凡市日，击鼓三百以会众，日入前七刻，击钲三百而散。”则市之聚集，仍有定期，更无论非市区了。现在设肆并无定地，交易亦无定时，这种情形，大约是唐中叶以后，逐渐兴起的。看宋朝人所著的《东京梦华录》、孟元老著。《武林旧事》周密著。等书可见。到这地步，零售商逐渐增多，商业和人民生活的关系，亦就更形密切了。

商业初兴时，所运销的，还多数是奢侈品，所以专与王公贵人为缘。子贡结驷连骑，束帛之币，以聘享诸侯。《史记·货殖列传》。晁错说汉朝的商人，“交通王侯，力过吏势”，《汉书·食货志》。即由于此。此等商人，看似势力雄厚，其实和社会的关系，是比较浅的。其厕身民众之间，做屯积和贩卖的工作的，则看似低微，而其和社会的关系，反较密切。因为这才真正是社会经济的机键。至于古代的贱视商人，则（一）因封建时代的人，重视掠夺，而贱视平和的生产事业。（二）因当时的商业，多使贱人为之。如刁间收取桀黠奴，使之逐渔盐商贾之利是。《史记·货殖列传》。此等风气，以两汉时代为最甚。后世社会阶级，渐渐平夷，轻视商人，亦就不如此之甚了。抑商则另是一事。轻商是贱视其人，抑商则敌视其业。因为古人视商业为末业，以为不能生利。又因其在社会上是剥削阶级，然抑商的政令，在事实上，并不能减削商人的势力。

国际间的贸易，自古即极兴盛。因为两国或两民族，地理不同，生产技术不同，其需要交易，实较同国同族人为尤甚。试观《史记·货殖列传》所载，凡和异国异族接境之处，商务无不兴盛，如天水、陇西、北地、上郡、巴、蜀、上谷至辽东等。便可知道。汉朝尚绝未知西域为何地，而邛竹杖、蜀布，即已远至其地，商人的辗转贩运，其能力亦可惊异了。《货殖传》又说：番禺为珠玑、瑇瑁、果、布之凑。这许多，都是后来和外洋互市的商品，布当即緜布。可知海路的商业，发达亦极早。中国和西域的交通，当分海、陆两路。以陆路论：《汉书·西域传》载杜钦谏止遣使报送罽宾使者的话，说得西域的路，阻碍危险，不可胜言，而其商人，竟能冒险而来。以海路论：《汉书·地理志》载中国人当时的海外航线，系自广东的徐闻出发。所经历的地方，虽难悉考，其终点黄支国，据近人所考证，即系印度的建志补罗。冯承钧《中国南洋交通史》上编第一章。其后大秦王安敦，自日南徼外，遣使通中国，为中欧正式交通之始。两晋南北朝之世，中国虽然丧乱，然河西、交、广，都使用金银。当时的中国，是并不以金银为货币的，独此两地，金银获有货币的资格，即由于与外国通商之故。可见当中国丧乱时，中外的贸易，依然维持着。承平之世，特别如唐朝、元朝等，疆域扩张，声威远播之时，更不必说了。但此时所贩运的总带有奢侈品性质，如香药、宝货便是，参看第八章。对于普通人民的生活，关系并不深切。到近代产业革命以后，情形就全不相同了。

第十二章 货　币

交换是现社会重要的经济机构，货币则是交换所藉之以行的。所以货币制度的完善与否，和经济的发达、安定，都有很大的关系。中国的货币制度，是不甚完善的。这是因为（一）中国的经济学说，注重于生产消费，而不甚注重于交换，于此部分，缺乏研究。（二）又疆域广大，各地方习惯不同，而行政的力量甚薄，不能控制之故。

中国古代，最普遍的货币，大约是贝。所以凡货财之类，字都从贝，这是捕渔的民族所用。亦有用皮的。所以国家以皮币行聘礼，婚礼的纳征，亦用鹿皮，这当是游猎民族所用。至农耕社会，才普遍使用粟帛。所以《诗经》说“握粟出卜”，又说“抱布贸丝”。珠玉金银铜等，都系贵族所需要。其中珠玉之价最贵，金银次之，铜又次之，所以《管子》说：“以珠玉为上币，黄金为中币，刀布为下币。”《国蓄》。古代的铜价，是比较贵的。《史记·货殖列传》、《汉书·食货志》，说当时的粜价，都是每石自二十文至八十文。当时的衡量，都约当现代五分之一。即当时的五石，等于现在的一石，当时量法用斛，衡法称石，石与斛的量，大略相等。其价为一百文至四百文。汉宣帝时，谷石五钱，则现在的一石谷，只值二十五文。如此，零星贸易，如何能用钱？所以孟子问陈相：许行的衣冠械器，从何而来？陈相说：都是以粟易之。《滕文公上篇》。而汉朝的贤良文学，说当时买肉吃的人，也还是“负粟而往，易肉而归”。《盐铁论·散不足篇》。可见自周至汉，铜钱的使用，并不十分普遍。观此，才知道古人所以有许多主张废除货币的。若古代的货币使用，其状况一如今日，则古人即使有这主张，亦必审慎考虑，定有详密的办法，然后揲出，不能说得太容易了。自周至汉，尚且如此，何况夏殷以前？所以《说文》说：“古者货贝而宝龟，周而有泉，至秦废贝行钱。”《汉书·食货志》说货币的状况：“自夏殷以前，其详靡记”，实在最为确实。《史记·平准书》说：“虞夏之币，金为三品：或黄，或白，或赤，或钱，或布，或刀，或龟贝。”《平准书》本非《史记》原文，这数语又附著篇末，其为后人所窜入，不待言而可明了。《汉书·食货志》又说：“大公为周立九府圜法。黄金方寸而重一斤。钱圜函方，函即俗话钱眼的眼字。轻重以铢。布帛广二尺二寸为辐，长四丈为匹。大公退，又行之于齐。”按《史记·货殖列传》说：“管子设轻重九府。”《管晏列传》说：“吾读管氏《牧民》、《山高》、《乘马》、《轻重》、《九府》”，则所谓九府圜法，确系齐国的制度。但其事起于何时不可知。说是太公所立，已嫌附会，再说是太公为周所立，退而行之于齐，就更为无据了。古代的开化，东方本早于西方。齐国在东方，经济最称发达。较整齐的货币制度，似乎就是起于齐国的。《管子·轻重》诸篇，多讲货币、货物相权之理，可见其时货币的运用，已颇灵活。《管子》虽非管仲所著，却不能不说是齐国的书。《说文》说周而有泉，可见铜钱的铸造，是起于周朝，而逐渐普遍于各地方的。并非一有铜钱，即各处普遍使用。

古代的铜钱，尚且价格很贵，而非普通所能使用，何况珠玉金银等呢？这许多东西，何以会与铜钱并称为货币？这是因为货币之始，乃是用之于远方，而与贵族交易的。《管子》说：“玉起于禺氏，金起于汝、汉，珠起于赤野。东西南北，距周七千八百里，《通典》引作七八千里。水绝壤断，舟车不能通。先王为其途之远，其至之难，故托用于其重。”《国蓄》。又说：“汤七年旱，禹五年水，汤以庄山之金，禹以历山之金铸币，而赎人之无饘卖子者。”《山权数》。此等大批的卖买，必须求之于贵族之家。因为当时，只有贵族，才会有大量的谷物存储。

如《山权数篇》又言丁氏之家粟，可食三军之师。于此，可悟古代商人，多与贵族交接之理，而珠玉金银等的使用，亦可无疑义了。珠玉金银等，价均太贵，不适宜于普通之用。只有铜，价格稍贱，而用途极广，是普通人所宝爱，而亦是其所能使用的。铜遂发达而成普通的货币，具有铸造的形式。其价值极贵的，则渐以黄金为主，而珠玉等都被淘汰。

钱圜函方，一定是取象于贝的。所以钱的铸造，最初即具有货币的作用。其为国家因民间习用贝，又宝爱铜，而铸作此物，抑系民间自行制造不可知。观《汉书》轻重以铢四字，可见齐国的铜钱，轻重亦非一等。限制其轻重必合于铢的整数，正和限制布帛的长阔一样。则当时的钱，种类似颇复杂。观此，铜钱的铸造，其初似出于民间，若源出国家，则必自始就较整齐了。此亦可见国家自能发动的事情，实在很少，都不过因社会固有的事物，从而整齐之罢了。到货币广行以后，大量的铸造，自然是出于国家。因为非国家，不能有这大量的铜。但这只是事实如此。货币不可私铸之理，在古代，似乎不甚明白的。所以汉文帝还放民私铸。

《汉书·食货志》说："秦并天下，币为二等。黄金以镒为名，上币。铜钱质如周钱，文曰半两，重如其文。而珠玉龟贝银锡之属，为器饰宝藏，不为币。然各随时而轻重无常。"可见当时的社会，对于珠玉、龟贝、银锡等，都杂用为交易的媒介，而国家则于铜钱之外，只认黄金。这不可谓非币制的一进化。《食货志》又说，汉兴，以为秦钱重，难用，更令民铸荚钱。《高后本纪》：二年，行八铢钱。应劭曰："本秦钱。质如周钱，文曰半两，重如其文。即八铢也。汉以其太重，更铸荚钱。今民间名榆荚钱是也。民患其太轻。至此复行八铢钱。"六年，行五分钱。应劭曰："所谓荚钱者。文帝以五分钱太轻小，更作四铢钱。文亦曰半两。今民间半两钱最轻小者是也。"按既经铸造的铜钱，自与生铜不同。但几种货币杂行于市，民必信其重者，而疑其轻者；信其铸造精良者，而疑其铸造粗恶者，这是无可如何之事。古代货币，虽有多种并行，然其价格，随其大小而不齐，则彼此不会互相驱逐。今观《汉书·食货志》说：汉行荚钱之后，米至石万钱，马至匹百金。汉初虽有战争，并未至于白骨蔽野，千里无人烟，物价的昂贵，何得如此？况且物价不应同时并长。同时并长，即非物价之长，而为币价之跌，其理甚明。古一两重二十四铢。八铢之重，只得半两钱三分之二，四铢只得三分之一，而其文皆曰半两，似乎汉初货币，不管其实重若干，而强令其名价相等。据此推测，汉初以为秦钱重难用，似乎是一个藉口。其实是藉发行轻货，以为筹款之策的。所以物价因之增长。其时又不知货币不可私铸之理。文帝放民私铸，看《汉书》所载贾谊的奏疏，其遗害可谓甚烈。汉武帝即位后，初铸三铢钱，又铸赤仄，又将鹿皮造成皮币，又用银锡造作白金三等，纷扰者久之。后来乃将各种铜钱取消，专铸五铢钱。既禁民私铸，并不许郡国铸造，而专令上林三官铸。谓水衡都尉属官均官、钟官、辨铜三令丞。无形中暗合货币学理。币制至此，始获安定。直至唐初，才另铸开元通宝钱。自此以前，历朝所铸的钱，都以五铢为文。五铢始终是最得人民信用的钱。

汉自武帝以后，币制是大略稳定的。其间惟王莽一度改变币制，为五物、六名、二十八品，金、银、龟、贝、钱、布为六名。钱布均用铜，故为五物。其值凡二十八等。然旋即过去。至后汉光武，仍恢复五铢钱。直至汉末，董卓坏五铢钱，更铸小钱，然后钱法渐坏。自此经魏、晋、南北朝，政治紊乱，币制迄未整饬。其中最坏的，如南朝的鹅眼、綖环钱，至于“入水不沉，随手破坏”。其时的交易，则多用实物做媒介。和外国通商之处，则或兼用金银。如《隋书·食货志》说：梁初，只有京师及三吴、荆、郢、江、襄、梁、益用钱。其余州郡，则杂以谷帛。交、广全用金银。又说：陈亡之后，岭南诸州，多以钱米布交易。河西诸郡，或用西域金银之钱都是。直到唐初，铸开元通宝钱，币制才算复一整理。然不久私铸即起。

用金属做货币，较之珠玉布帛等，固然有种种优点，但亦有两种劣点。其（一）是私销私铸的无法禁绝。私铸，旧说以“不爱铜不惜工”敌之。即是使铸造的成本高昂，私铸无利可图。但无严切的政令以辅之，则恶货币驱逐良货币，既为经济上不易的原则，不爱铜，不惜工，亦徒使国家增加一笔消耗而已。至于私销，则简直无法可禁。其（二）为钱之不足于用。社会经济，日有进步，交易必随之而盛。交易既盛，所需的筹码必多。然铜系天产物，开矿又极劳费，其数不能骤增。此系自然的原因。从人为方面论，历代亦从未注意于民间货币的足不足，而为之设法调剂，所以货币常感不足于用。南北朝时，杂用实物及外国货币，币制的紊乱，固然是其一因，货币数量的缺乏，怕亦未尝非其一因。此等现象，至唐代依然如故。玄宗开元二十二年，诏庄宅口马交易，并先用绢布绫罗丝棉等。其余市买，至一千以上，亦令钱物并用。违者科罪。便是一个证据。当这时代，纸币遂应运而生。

纸币的前身是飞钱。《唐书·食货志》说：贞元时，商贾至京师，委钱诸道进奏院及诸军诸使富家，以轻装趋四方，合券乃取之，号飞钱。这固然是汇兑，不是纸币。然纸币就因之而产生了。《文献通考·钱币考》说：初蜀人以铁钱重，私为券，谓之交子，以便贸易。富人十六户主之。其后富人稍衰，不能偿所负，争讼数起。寇瑊尝守蜀，乞禁交子。薛田为转运使，议废交子则贸易不便。请官为置务，禁民私造。诏从其请。置交子务于益州。《宋史·薛田传》说：未报，寇瑊守益州，卒奏用其议。蜀人便之。《食货志》说：真宗时，张咏镇蜀。患蜀人铁钱重，不便贸易。设质剂之法。一交一缗，以三年为一界而换之。六十五年为二十二界。谓之交子。富民十六户主之。三说互歧，未知孰是。总之一交一缗，以三年为一界，总是事实。一交为一缗，则为数较小，人人可以使用。以三年为一界，则为时较长，在此期间，即具有货币的效用，真可谓之纸币，而非复汇兑券了。然云废交子则贸易不便，则其初，亦是以搬运困难，而图藉此以省费的。其用意，实与飞钱相类。所以说纸币，是从汇兑蜕化而出的。

交子务既由官置，交子遂变为官发的纸币。神宗熙宁间，因河东苦铁钱，置务于潞州。后又行之于陕西。徽宗崇宁时，蔡京又推行之于各处。后改名为钱引。其时惟闽、浙、湖、广不行。推行的区域，已可谓之颇广了。此种纸币，系属兑换性质。必须可兑现钱，然后能有信用。然当时已有滥发之弊，徽宗时，遂跌至一缗仅值钱数十。幸其推行的范围虽广，数量尚不甚多，所以对于社会经济，不发生甚大的影响。南宋高宗绍兴元年，令榷货务造关子。二十九年，户部始造会子。仍以三年为一界。行至十八界为止。第十九界，贾似道仍改造关子。南宋的交子，有展限和两界并行之弊。因之各界价格不等。宁宗嘉定四年，遂令十七、十八两界，更不立限，永远行使。这很易至于跌价。然据《宋史·食货志》：度宗咸淳四年，以近颁关子，贯作七百七十文足。十八界会子，贯作二百五十七文足。三准关子一，同现钱行使。此时宋朝已近灭亡，关子仅打七七折，较诸金朝，成绩好得多了。

金朝的行纸币，始于海陵庶人贞元二年。以一贯、二贯、三贯、五贯、十贯为大钞，一百、二百、三百、五百、七百为小钞。当时说是铜少的权制。但（一）开矿既非易事；括民间铜器以铸；禁民间私藏铜器及运铜器出境，都是苛扰的事。铸钱因此不易积极进行。（二）当时亦设有铸钱的监，乃多毁旧钱以铸。新钱虽然铸出，旧钱又没有了。（三）既然钱钞并行，循恶货币驱逐良货币的法则，人民势必将现钱收藏，新铸的钱，转瞬即行匿迹。因此，铜钱永无足时，纸币势必永远行使。然使发行得法，则纸币与铜钱并行，本来无害，而且是有益的，所以《金史·食货志》说：章宗即位之后，有人要罢钞法。有司说："商旅利其致远，往往以钱买钞。公私俱便之事，岂可罢去？"这话自是事实。有司又说："止因有厘革之限，不能无疑。乞削七年厘革之限，令民得常用。"岁久字文磨灭，许于所在官库纳旧换新，或听便支钱。做《食货志》的人说："自此收敛无术，出多入少，民浸轻之。"其实收敛和厘革，系属两事。苟能审察经济情形，不至滥发，虽无厘革之限何害？若要滥发，即有厘革之限，又何难扩充其每界印造之数，或数界并行呢？所以章宗时的有司，实在并没有错。而后来的有司，"以出钞为利，收钞为讳"，却是该负极大责任的。平时已苦钞多，宣宗南迁以后，更其印发无限。贞祐二年，据河东宣抚使胥鼎说，遂致每贯仅值一文。

钞法崩溃至此，业已无法挽救。铜钱则本苦其少，况经纸币驱逐，一时不能复出。银乃乘机而兴。按金银用为交易的媒介，由来已久，读前文所述可见。自经济进步以后，铜钱既苦其少，又苦运输的困难，当这时候，以金银与铜相辅而行，似极便利。然自金末以前，讫未有人想到这个法子，这是什么理由呢？原来货币是量物价的尺。尺是可有一，不可有二的。既以铜钱为货币，即不容铜钱之外，更有他种货币。（一）废铜钱而代以金银，固然无此情理。（二）将金银亦铸为货币，与铜钱严定比价，这是昔人想不到的。如此，金银自无可做货币的资格了。难者要说：从前的人，便没有专用铜钱。谷物布帛等，不都曾看做货币的代用品么？这话固然不错。然在当时，金银亦何尝不是货币的代用品。不过其为用，不如谷物布帛的普遍罢了。金银之用，为什么不如谷帛的普遍，须知价格的根源，生于价值，金银在现今，所以为大众所欢迎，是因其为交换之媒介，既广且久，大家对它，都有一种信心，拿出去，就什么东西可以换到。尤其是，现今世界各国，虽然都已用纸，而仍多用金银为准备。金银换到货币最为容易，且有定价，自然为人所欢迎。这是货币制度替金银造出的价值，并不是金银本身自有价值。假使现在的货币，都不用金银做准备，人家看了金银，也不当它直接或间接的货币，而只当它货物。真要使用它的人，才觉得它有价值。如此，金银的价值必缩小；要它的人亦必减少；金银的用途，就将大狭了。如此，便可知道自金末以前，为什么中国人想不到用金银做货币。因为价格生于价值，其物必先有人要，然后可做交易的媒介，而金银之为物，在从前是很少有人要的。因为其为物，对于多数人是无价值。金银本身之用，不过制器具，供玩好，二者都非通常人所急。

到金朝末年，经济的情形，又和前此不同了。前此货币紊乱之时，系以恶的硬币，驱逐良的硬币。此时则系以纸币驱逐硬币。汉时钱价甚昂，零星交易，并不用钱，已如前述。其后经济进步，交易渐繁，货币之数，势必随公铸私造而加多。货币之数既多，其价格必日跌。于是零星贸易，渐用货币。大宗支付，转用布帛。铜钱为纸币驱逐以尽，而纸币起码是一百文，则零星贸易，无物可用了。势不能再回到古代的以粟易之，而布帛又不可尺寸分裂，乃不得已而用银。所以银之起，乃是所以代铜钱，供零星贸易之用的，并非嫌铜钱质重值轻，用之以图储藏和运输之便。所以到清朝，因铸钱的劳费，上谕屡次劝人民兼用银两，人民总不肯听。这个无怪其然。因为他们心目之中，只认铜钱为货币。储藏了银两，银两对铜钱涨价，固然好了，对铜钱跌价，他们是要认为损失的。他们不愿做这投机事业。到清末，要以银为主币，铜为辅币，这个观念，和普通一般人说明，还是很难的。因为他们从不了解有两种东西可以同时并认为货币。你对他说：以银为主币，铜为辅币，这个铜币，就不该把它看做铜，也不该把它看做铜币，而该看做银圆的几分之几，他们亦很难了解。这个似乎是他们的愚笨，其实他们的意见是对的。因为既不看做铜，又不看做铜币，那么，为什么不找一种本无价值的东西，来做银圆的代表，而要找着铜币呢？铜的本身是有价值的，因而是有价格的，维持主辅币的比价，虽属可能，究竟费力。何不用一张纸，写明铜钱若干文，派它去充个代表，来得直捷痛快呢？他们的意见是对的。他们而且已经实行了。那便是飞钱、交子等物。这一种事情，如能顺利发达，可使中国货币的进化，早了一千年。因为少数的交易用铜钱，多数的授受，嫌钱笨重的，则以纸做钱的代表，如此，怎样的巨数，亦可以变为轻赍，而伸缩又极自由，较之用金银，实在合理得许多。而惜乎给国家攫取其发行之权，以济财政之急，把这自然而合理的进化拗转了。

于此，又可知道纸币之弊。黄金为什么不起而代之，而必代之以银。从前的人，都说古代的黄金是多的，后世却少了，而归咎于佛事的消耗。顾炎武《日知录》，赵翼《廿二史札记》、《陔余丛考》，都如此说。其实不然。王莽败亡时，省中黄金万斤为一匮者，尚有六十匮。其数为六十万斤。古权量当今五分之一，则得今十二万斤，即一百九十二万两。中国人数，号称四万万。女子当得半数，通常有金饰的，以女子为多。假使女子百人之中，有一人有金饰，其数尚不及一两。现在民间存金之数，何止如此？《齐书·东昏侯纪》，谓其“后宫服御，极选珍奇。府库旧物，不复周用。贵市民间。金银宝物，价皆数倍，京邑酒租，皆折使输金，以为金涂”。这几句话，很可说明历史记载，古代金多，后世金少的原因。古代人民生活程度低。又封建之世，服食器用，皆有等差。平民不能僭越。珠玉金银等，民间收藏必极少。这个不但金银如此，怕铜亦是如此。秦始皇的销兵，人人笑其愚笨。然汉世盗起，必劫库兵。后汉时羌人反叛，因归服久了，无复兵器，多执铜镜以象兵。可见当时民间兵器实不多。不但兵器不多，即铜亦不甚多。所以贾谊整理币制之策，是“收铜勿令布”。若铜器普遍于民间，亦和后世一样，用什么法子收之勿令布呢？铜尚且如此，何况金银？所以古代所谓金多，并非金真多于后世，乃是以聚而见其多。后世人民生活程度渐高；服食器用，等差渐破，以朝廷所聚之数，散之广大的民间，就自然不觉其多了。读史的人，恒不免为有明文的记载所蔽，而忽略于无字句处。我之此说，一定有人不信。因为古书明明记载汉时黄金的赏赐，动辄数十斤数百斤，甚且有至数千斤的，如何能不说古代的黄金，多于后世呢？但是我有一个证据，可以折服他。王莽时，黄金一斤直钱万，朱提银八两为一流，直钱一千五百八十，他银一流直钱千，则金价五倍于银。《日知录》述明洪武初，金一两等于银五两，则金银的比价，汉末与明初相同。我们既不见古书上有大量用银的记载，亦不闻佛法输入以后，银有大量的消耗，然则古书所载黄金大量使用之事，后世不见，并非黄金真少，只是以散而见其少，其事了然可见了。大概金银的比价，在前代，很少超过十倍的。然则在金朝末年，社会上白银固多，黄金亦不甚少。假使用银之故，是嫌铜币的笨重，而要代之以质小值巨之物，未尝不可舍银而取金，至少可以金银并用。然当时绝不如此。这明明由于银之起，乃所以代铜钱，而非以与铜钱相权，所以于金银二者之中，宁取其价之较低者。于此，可见以金银铜三品，或金银二品，或银铜二品为货币，并非事势之自然。自然之势，是铜钱嫌重，即走向纸币一条路的。

金银二物，旧时亦皆铸有定形。《清文献通考》说：“古者金银皆有定式，必铸成币而后用之。颜师古注《汉书》，谓旧金虽以斤为名，而官有常形制。亦犹今时吉字金锭之类。武帝欲表祥瑞，故改铸为麟趾褭蹄之形，以易旧制。然则麟趾褭蹄，即当时金币式也。汉之白选与银货，亦即银币之式。《旧唐书》载内库出方圆银二千一百七十二两，是唐时银亦皆系铸成。”按金属货币之必需铸造，一以保证其成色，一亦所以省秤量之烦。古代金银虽有定形，然用之必仍以斤两计，似乎其分量的重轻，并无一定。而其分量大抵较重，尤不适于零星贸易之用。《金史·食货志》说：“旧例银每锭五十两，其直百贯。民间或有截凿之者，其价亦随低昂。”每锭百贯，其不能代铜钱可知。章宗承安二年，因钞法既敝，乃思乞灵于银。改铸银，名承安宝货。自一两至十两，分为五等，每两折钞二贯。公私同见钱行使，亦用以代钞本。后因私铸者多，杂以铜锡，浸不能行。五年，遂罢之。宣宗时，造贞祐宝券及兴定宝泉，亦皆与银相权。然民间但以银论价。于是限银一两，不得超过宝泉三百贯。按宝泉法价，每二贯等于银一两。物价在三两以下者，不许用银。以上者三分为率，一分用银，二分用宝泉。此令既下，“商旅不行，市肆昼闭”，乃复取消。至哀宗正大间，民间遂全以银市易。《日知录》说：“此今日上下用银之始。”其时正值无钱可用的时候，其非用以与钱相权，而系以之代钱，显然可见了。

元明两朝，当开国之初，都曾踌躇于用钱、用钞之间。因铜的缺乏，卒仍舍钱而用钞。元初有行用钞，其制无可考。世祖中统元年，始造交钞，以丝为本。是年十月，又造中统宝钞。分十、二十、三十、五十、一百、二百、五百、一贯、二贯。此据《食货志》。《王文统传》云：中统钞自十文至二贯凡十等。疑《食货志》夺三百一等。每一贯同交钞一两，两贯同白银一两。又以文绫织为中统银货。分一两、二两、三两、五两、十两五等。每两同白银一两，未曾发行。至元十二年，添造厘钞。分一文、二文、三文三等。十五年，以不便于民罢。二十四年，造至元钞。自二贯至五文，凡十一等。每一贯当中统钞五贯，二贯等于银一两，二十贯等于金一两。武宗至大二年，以物重钞轻，改造至大银钞。自二两至二厘，共十三等。每一两准至元钞五贯，白银一两，赤金一钱。仁宗即位，以倍数太多，轻重失宜，罢至大银钞，其中统、至元二钞，则终元世常行。按元朝每改钞一次，辄准旧钞五倍，可见当其改钞之时，即系钞价跌至五分之一之时。货币跌价，自不免影响于民生。所以“实钞法”，实在是当时的一个大问题。元初以丝为钞本，丝价涨落太大，用作钞本，是不适宜的。求其价格变动较少的，自然还是金属。金属中的金银，都不适于零星贸易之用。厘钞及十文五文之钞，行用亦实不适宜。所以与其以金银为钞本，实不如以铜钱为钞本。元朝到顺帝至正年间，丞相脱脱才有此议。下诏：以中统钞一贯，权铜钱一千，准至元钞二贯。铸至正通宝钱，与历代铜钱并用。这实在是一个贤明的办法。然因海内大乱，军储赏犒，每日印造，不可数计。遂至“交料散满人间”，“人视之若敝楮”了。明初，曾设局铸钱。至洪武七年，卒因铜之不给，罢铸钱局而行钞。大明宝钞，以千文准银一两，四贯准黄金一两。后因钞价下落，屡次鬻官物，或税收限定必纳宝钞以收钞。然终于不能维持。至宣宗宣德三年，遂停止造钞。其时增设新税，或加重旧税的税额，专收钞而焚之。钞法既平之后，有些新税取消，税额复旧，有的就相沿下去了。钞关即是其中之一。自此租税渐次普遍收银，银两真成为通用的货币了。

主币可以用纸，辅币则必须用金属。因其授受繁，纸易敝坏，殊不经济。所以以铜钱与纸币并行，实最合于理想。元明两朝，当行钞之时，并不铸钱。明朝到后来，铸钱颇多，却又并不行钞了，清朝亦然。顺康雍乾四朝，颇能实行昔人不爱铜不惜工之论。按分厘在古代，本系度名而非衡名。衡法以十黍为累，十累为铢，二十四铢为两。因其非十进，不便计算，唐朝铸开元通宝钱，乃以一两的十分之一，即二铢四累，为其一个的重量。宋太宗淳化二年，乃改衡法。名一两的十分之一为一钱，一钱的十分之一为一分，一分的十分之一为一厘。钱即系以一个铜钱之重为名。分厘之名，则系借诸度法的。依照历朝的成法，一个铜钱，本来只要重一钱。顺、康、雍、乾四朝所铸，其重量却都超过一钱以上，铸造亦颇精工。可谓有意于整顿币制了。惜乎于货币的原理未明，所以仍无成效可见。怎样说清朝的货币政策，不合货币原理呢？按（一）货币最宜举国一律。这不是像邮票一般，过了若干时间，就不复存在的。所以邮票可以花样翻新，货币则不宜然。此理在唐朝以前，本来明白。所以汉朝的五铢钱，最得人民信用，自隋以前，所铸的铜钱，即多称五铢。唐初改铸开元通宝，大约是因当时钱法大坏，想与民更始的，揣度当时的意思，或者想以开元为全国唯一通行的钱。所以后世所铸的钱，仍系开元通宝。高宗的乾封泉宝，肃宗的乾元重宝、重轮乾元等，虽都冠之以年号，然皆非小平钱，当时不认为正式的货币。不过其统一的目的，未能达到罢了。宋以后才昧于此理，把历朝帝皇的年号，铸在铜钱之上。于是换一个皇帝，就可以有一种钱文。年号时有改变，则还可以不止一种。货币形式的不统一，不是事实使然，竟是立法如此了。甚至像明朝世宗，不但铸嘉靖年号的铜钱，还补铸前此历朝未铸的年号。这不是把铜钱不看做全国的通货，而看做皇帝一个人的纪念品么？若使每朝所铸的，只附铸一个年号，以表明其铸造的年代，而其余一切，都是一律，这还可以说得过去。而历代又不能然。清朝亦是如此。且历朝所铸的铜钱，重量时有出入。这不是自己先造成不统一么？（二）虽然如此，但得所铸的钱，不至十分恶劣，则在专制时代，即但以本朝所铸之钱为限，而禁绝其余的恶薄者，亦未始不可以小康。此即明代分别制钱和古钱的办法。明天启、崇祯间，括古钱以充废铜，以统一币制论，实在是对的。但要行此法，有一先决问题，即必须先使货币之数足用。若货币之数，实在不足于用，交易之间，发生困难，就无论何等恶劣的货币，人民也要冒险使用，禁之不可胜禁，添出整理的阻力来了。自明废除纸币以后，直至清朝，要把铜钱铸到人民够用，是极不容易办到的。当此之时，最好将纸币和铜钱相权。而明清皆不知出此，听任银铜并行。又不知规定其主辅的关系。在明朝，租税主于收银，铜钱时有禁令，人民怀疑于铜钱之将废，不敢收受，大为铜钱流通之害。清朝则人民认铜钱为正货，不愿收受银两。而政府想要强迫使用，屡烦文告，而卒不能胜。而两种货币，同时并行，还生出种种弊窦。如租税征收等。不明经济原理之害，真可谓生于其心，害于其政了。

外国银钱的输入，并不始于近代。《隋书·食货志》说南北朝时河西、交、广的情形，已见前。《日知录》引唐韩愈《奏状》，说五岭卖买一以银。元稹奏状，说自岭以南，以金银为货币。张籍诗说：海国战骑象，蛮州市用银。《宋史·仁宗纪》：景祐二年，诏诸路岁输缗钱，福建、二广以银。《集释》说：顺治六、七年间，海禁未设，市井贸易，多以外国银钱。各省流行，所在多有。禁海之后，绝迹不见。这可见外国货币之侵入，必限于与外国通商之时，及与外国通商之地。前此中外交通，时有绝续，又多限于一隅，所以不能大量侵入。到五口通商以后，情形就大不相同了。外国铸造的货币，使用的便利，自胜于我国秤量的金银。其秤量之法，且不划一。外国银圆，遂滔滔输入，而以西班牙、墨西哥两国的为多。中国的自铸，始于光绪十三年。广东总督张之洞所为。重量形式，都模仿外国银圆，以便流通。此时铜钱之数，颇感不足。光绪二十七年，广东开铸铜元，因其名价远超于实价，获利颇多。于是各省竞铸铜元，以谋余利，物价为之暴腾。小平钱且为其驱逐以尽，民生大感困苦。光绪三十年，度支部奏厘定币制，以银圆为本位货币，民国初年仍之。其时孙文创用纸币之议，举国的人多不解其理论，非难蜂起。直到最近，国民政府树立法币制度，才替中国的货币，画一个新纪元。

第十三章 衣 食

《礼记·礼运》说："昔者先王未有宫室，冬则居营窟，夏则居橧巢。未有火化，食草木之实，鸟兽之肉，饮其血，茹其毛。未有麻丝，衣其羽皮。后圣有作，然后修火之利。范金，合土，以为台榭、宫室、牖户。以炮，以燔，以亨，以炙，以为醴酪。治其麻丝，以为布帛。"这是古人总述衣食住的进化的。（一）古代虽无正确的历史，然其荦荦大端，应为记忆所能及。（二）又古人最重古。有许多典礼，虽在进化之后已有新的、适用的事物，仍必保存其旧的、不适用的，以资纪念。如已有酒之后，还要保存未有酒时的明水，见下。即其一例。此等典礼的流传，亦使人容易记忆前代之事。所以《礼运》这一段文字，用以说明古代衣食住进化的情形，是有用的。

据这一段文字，古人的食料共有两种：即（一）草木之实，（二）鸟兽之肉，（三）但还漏列了一种重要的鱼。古人以鱼鳖为常食。《礼记·王制》说："国君无故不杀牛，大夫无故不杀羊，士无故不杀犬豕。”又说：“六十非肉不饱。”《孟子》说：“鸡、豚、狗、彘之畜，无失其时，七十者可以食肉矣。”《梁惠王上篇》。则兽肉为贵者，老者之食。又说：“数罟不入洿池，鱼鳖不可胜食也”，与“不违农时，谷不可胜食也”并举。《诗经·无羊篇》：“牧人乃梦，众维鱼矣。大人占之，众惟鱼矣，实维丰年。”郑《笺》说：“鱼者，庶人之所以养也。今人众相与捕鱼，则是岁熟相供养之祥。”《公羊》宣公六年，晋灵公使勇士杀赵盾。窥其户，方食鱼飧。勇士曰：“嘻！子诚仁人也。为晋国重卿，而食鱼飧，是子之俭也。”均鱼为大众之食之征。此等习惯，亦必自隆古时代遗留下来的。我们可以说：古人主要的食料有三种：（一）在较寒冷或多山林的地方，从事于猎，食鸟兽之肉，饮其血，茹其毛，衣其羽皮。（二）在气候炎热、植物茂盛的地方，则食草木之实。衣的原料麻、丝，该也是这种地方发明的。（三）在河湖的近旁则食鱼。

古代的食物虽有这三种，其中最主要的，怕还是第二种。因为植物的种类多，生长容易。《墨子·辞过篇》说：“古之民，素食而分处。”孙诒让《闲诂》说：“素食，谓食草木。素，疏之假字。疏，俗作蔬。”按古疏食两字有两义：（一）是谷物粗疏的。（二）指谷以外的植物。《礼记·杂记》：“孔子曰：吾食于少施氏而饱，少施氏食我以礼。吾祭，作而辞曰：疏食不足祭也。吾飧，作而辞曰：疏食也，不足以伤吾子。”《疏》曰：“疏粗之食，不可强饱，以致伤害。”是前一义。此所谓疏食，是后一义，因其一为谷物，一非谷物，后来乃加一草字头，以资区别。《礼记·月令》：仲冬之月，“山林薮泽，有能取蔬食，田猎禽兽者，野虞教道之。其有相侵夺者，罪之不赦”。《周官》太宰九职，八曰臣妾，聚敛疏材。《管子·七臣七主篇》云：“果蓏素食当十石”，《八观篇》云：“万家以下，则就山泽”。可见蔬食为古代重要的食料，到春秋战国时，还能养活很多的人口。至于动物，则其数量是比较少的。饮血茹毛，现在只当作形容野蛮人的话，其实在古代确是事实。《义疏》引“苏武以雪杂羊毛而食之”，即其确证。隆古时代，苏武在北海边上的状况，决不是常人所难于遭遇的。《诗经·豳风》：“九月筑场圃。”郑《笺》云：“耕治之以种菜茹。”《疏》云：“茹者，咀嚼之名，以为菜之别称，故书传谓菜为茹。”菜即今所谓蔬，乃前所释疏食中的第二义。后世的菜，亦是加以选择，然后种植的，吃起来并不费力。古代的疏食，则是向山林薮泽中，随意取得的野菜，其粗疏而有劳咀嚼，怕和鸟兽的毛，相去无几。此等事实，均逼着人向以人工生产食物的一条路上走。以人工生产食料，只有畜牧和耕种两法。畜牧须有适宜的环境，而中国无广大的草原，古代黄河流域平坦之地，亦沮洳多沼泽。就只有走向种植一路了。

古人在蔬食时代的状况，虽然艰苦，却替后人造下了很大的福利。因为所吃的东西多了，所以知道各种植物的性质。我国最古的药书，名为《神农本草经》。《淮南子·修务训》说："神农尝百草之滋味，水泉之甘苦，一日而遇七十毒。"此乃附会之辞，古所谓神农，乃农业两字之义，并非指姜姓的炎帝其人。《礼记·月令》说"毋发令而待，以妨神农之事"，义即如此。《孟子·滕文公上篇》"有为神农之言者许行"，义亦如此。《神农本草经》，乃农家推源草木性味之书，断非一个人的功绩。此书为中国几千年来药物学的根本。其发明，全是由于古代的人们，所吃的植物种类甚多之故。若照后世人的吃法，专于几种谷类和菜蔬、果品，便一万年，也不会发明什么《本草》的。

一方面因所食之杂，而发现各种植物的性质；一方面即从各种植物中，淘汰其不适宜于为食料的，而栽培其宜于作食物的。其第（一）步，系从各种植物中，取出谷类，作为主食品。其第（二）步，则从谷类之中，再淘汰其粗的，而存留其精的。所以古人说百谷，后来便说九谷，再后来又说五谷。到现在，我们认为最适宜的主食品，只有稻和麦两种了。《墨子·辞过篇》说："圣人作，诲男耕稼树艺，以为民食。其为食也，足以增气充虚，强体适腹而已矣。"《吕氏春秋·审时篇》说："得时之稼，其臭香，其味甘，其气章。百日食之，耳目聪明，心意睿智，四卫变强。《注》："四卫，四肢也。"殈气不入，身无苛殃。黄帝曰：四时之不正也，正五谷而已矣。"观此，便知农业的发明、进步，和人民的营养、健康，有如何重要的关系了。

古人所豢养的动物，以马、牛、羊、鸡、犬、豕为最普通，是为六畜。《周官》职方氏，谓之六扰。名见郑《注》。马牛都供交通耕种之用，故不甚用为食料。羊的畜牧，需要广大的草地，也是比较贵重的。鸡、犬、豕则较易畜养，所以视为常食。古人去渔猎时代近，男子畜犬的多。《管子·山权数》说："若岁凶旱，水泆，民失本，则修宫室台榭，以前无狗，后无彘者为庸。"可见狗的畜养，和猪一样普遍。大概在古代，狗是男子所常畜，猪则是女子所畜的。家字从宀从豕，后世人不知古人的生活，则觉其难于解释。若知道古代的生活情形，则解释何难之有？猪是没有自卫能力的，放浪在外，必将为野兽所吞噬，所以不得不造屋子给它住。这种屋子，是女子所专有的。所以引申起来，就成为女子的住所的名称了。《仪礼·乡饮酒礼》记："其牲狗"，《礼记·昏义》："舅姑入室，妇以特豚馈"。可见狗是男子供给的肉食，猪是女子供给的肉食。后来肉食可以卖买，男子就有以屠狗为业的了。牛马要供给交通耕种之用，羊没有广大的草地可资放牧，这种情形，后世还是和古代一样的，狗却因距离游猎时代远，畜养的人少了，猪就成为通常食用的兽。

烹调方法的进步，也是食物进化中一种重要的现象。其根本，由于发明用火。而陶器制造的成功，也是很有关系的。《礼运》云："夫礼之初，始诸饮食。其燔黍而捭豚，污尊而抔饮，蒉桴而土鼓，犹若可以致其敬于鬼神。"《注》云："中古未有釜甑，释米，捭肉，加于烧石之上而食之耳。今北狄犹然。"此即今人所谓"石烹"。下文的《注》云："炮，裹烧之也。燔，加于火上。亨，煮之镬也。炙，贯之火上。"其中只有烹，是陶器发明以后的方法。据社会学家说：陶器的发明，实因烧熟食物时，怕其枯焦，涂之以土，此正郑《注》所谓裹烧。到陶器发明以后，食物煮熟时，又可加之以水。有种质地，就更易融化。调味料亦可于取熟时同煮。烹调之法，就更易进行了。烹调之法，不但使（一）其味加美，亦能（二）杀死病菌，（三）使食物易于消化，于卫生是很有关系的。

饮食的奢侈，亦是以渐而致的。《盐铁论·散不足篇》：贤良说："古者燔黍食稗，而烨豚以相飨。烨当即捭字。其后乡人饮酒，老者重豆，少者立食，一酱一肉，旅饮而已。及其后，宾昏相召，则豆羹白饭，綦脍熟肉。今民间酒食，殽旅重叠，燔炙满案。古者庶人粝食藜藿，非乡饮酒，媵腊，祭祀无酒肉。今闾巷县伯，阡陌屠沽，无故烹杀，相聚野外，负粟而往，挈肉而归。古者不粥絍，当作饪，熟食也。不市食。及其后，则有屠沽、沽酒、市脯、鱼盐而已。今熟食遍列，殽施成市。"可见汉代人的饮食，较古代为侈。然《论衡·讥日篇》说："海内屠肆，六畜死者，日数千头。"怕只抵得现在的一个上海市。《隋书·地理志》说：梁州、汉中的人，"性嗜口腹，多事田渔。虽蓬室柴门，食必兼肉"。其生活程度，就又非汉人所及了。凡此，都可见得社会的生活程度，在无形中逐渐增高。然其不平均的程度，亦随之而加甚。《礼记·王制》说："三年耕，必有一年之食，九年耕，必有三年之食。以三十年之通，虽有凶旱水溢，民无菜色，然后天子食，日举，以乐。"《玉藻》说："至于八月不雨，君不举。"《曲礼》说："岁凶，年不顺成，君膳不祭肺，马不食谷，大夫不食梁，士饮酒不乐。”这都是公产时代同甘共苦的遗规。然到战国时，孟子就以“庖有肥肉，厩有肥马，民有饥色，野有饿莩”，责备梁惠王了。我们试看《周官》的膳夫，《礼记》的《内则》，便知道当时的人君和士大夫的饮食，是如何奢侈。“朱门酒肉臭，路有冻死骨，荣枯咫尺异，惆怅难再述”，正不待盛唐的诗人，然后有这感慨了。

《战国·魏策》说：“昔者帝女令仪狄作酒而美，进之禹。禹饮而甘之。遂疏仪狄，绝旨酒，曰：后世必有以酒亡其国者。”昔人据此，遂以仪狄为造酒的人。然仪狄只是作酒而美，并非发明造酒。古人所谓某事始于某人，大概如此。看《世本作篇》，便可知道。酒是要用谷类酿造的，《仪礼·聘礼》注：“凡酒，稻为上，黍次之，粟次之。”其发明，必在农业兴起之后。《礼运》说：“污尊而抔饮。”郑《注》说：“污尊，凿地为尊也。抔饮，手掬之也。”这明明是喝的水。《仪礼·士昏礼疏》引此，谓其时未有酒醴，其说良是。《礼运》《疏》说凿地而盛酒，怕就未必然了。《明堂位》说：“夏后氏尚明水，殷人尚醴，周人尚酒。”凡祭祀所尚，都是现行的东西，前一时期的东西。据此，则酿酒的发明，还在夏后氏之先。醴之味较酒为醇，而殷人尚醴，周人尚酒；《周官》酒正，有五齐、三酒、四饮，四饮最薄，五齐次之，三酒最厚，而古人以五齐祭，三酒饮；可见酒味之日趋于厚。读《书经》的《酒诰》，《诗经》的《宾之初筵》等篇，可见古人酒德颇劣。现在的中国人，却没有酗酒之习，较之欧美人，好得多了。

就古书看起来，古人的酒量颇大。《史记·滑稽列传》载淳于髡说：臣饮一斗亦醉，一石亦醉，固然是讽谕之辞，然《考工记》说：“食一豆肉，饮一豆酒，中人之食。”《五经异义》载《韩诗》说：古人的酒器：“一升曰爵，二升曰觚，三升曰觯，四升曰角，五升曰散。”古《周礼》说：“爵一升，觚三升，献以爵而酬以觚，一献而三酬，则一豆矣。”一豆就是一斗。即依《韩诗》说，亦得七升。古量法当今五分之一，普通人亦无此酒量。按《周官》浆人，六饮有凉。郑司农云：“以水和酒也。”此必古有此事，不然，断不能臆说的。窃疑古代献酬之礼，酒都是和着水喝的，所以酒量各人不同，而献酬所用的酒器，彼此若一。

刺激品次于酒而兴起的为茶。茶之本字为荼。《尔雅·释木》：“槚，苦荼。”《注》云：“树小如栀子，冬生叶，可煮作羹饮。今呼早采者为荼，晚取者为茗，一名荈。蜀人名之苦荼。”按荼系苦菜之称。荼之味微苦。我们创造一句新的言语，是不容易的。遇有新事物须命名时，往往取旧事物和它相类的，小变其音，以为新名。在单音语盛行时，往往如此。而造字之法，亦即取旧字而增减改变其笔画，以为新字。如角甪、刀刁，及现在所造的乒乓等字皆其例。所以从荼字会孕育出茶的语言文字来。语言从鱼韵转入麻韵，文字减去一画。茶是出产在四川，而流行于江南的。《三国吴志·韦曜传》说：孙皓强迫群臣饮酒时，常密赐茶荈以当酒。《世说新语》谓王濛好饮茶。客至，尝以是饷之。士大夫欲诣濛，辄曰：今日有水厄。即其证。《唐书·陆羽传》说："羽嗜茶。著经三篇，言茶之源之法、之具尤备。天下益知饮茶矣。其后尚茶成风，回鹘入朝，始驱马市茶。”则茶之风行全国，浸至推及外国，是从唐朝起的。所以唐中叶后，始有茶税。然据《金史》说：金人因所需的茶，全要向宋朝购买，认为费国用而资敌。章宗承安四年，乃设坊自造，至泰和五年罢。明年，又定七品以上官方许食茶。据此，即知当时的茶，并不如今日的普遍。如其像现在一样，全国上下，几于无人不饮，这种禁令，如何能立呢？平话中《水浒传》的蓝本，是比较旧的。现行本虽经金圣叹改窜，究竟略存宋元时的旧面目。书中即不甚见饮茶，渴了只是找酒喝。此亦茶在宋元时还未如今日盛行的证据。《日知录》引唐綦毋煚《茶饮序》云："释滞消壅，一日之利暂佳，瘠气侵精，终身之害斯大。”宋黄庭坚《茶赋》云："寒中瘠气，莫甚于茶。”则在唐宋时，茶还带有药用的性质，其刺激性，似远较今日之茶为烈。古人之茶系煎饮，亦较今日的用水泡饮为烦。如此看来，茶的名目，虽今古相同，其实则大相殊异了。这该是由于茶的制法今古不同，所以能减少其有害的性质，而成为普遍的饮料。这亦是饮食进化的一端。

次于茶而兴起的为烟草。其物来自吕宋。名为菸，亦名淡巴菰。见《本草》。最初莆田人种之。王肱枕《蚓庵琐语》云："烟叶出闽中，边上人寒疾，非此不治。关外至以一马易一觔。崇祯中，下令禁之。民间私种者问徒刑。利重法轻，民冒禁如故。寻下令：犯者皆斩。然不久，因军中病寒不治，遂弛其禁。予儿时尚不识烟为何物，崇祯末，三尺童子，莫不吃烟矣。”据《陔余丛考》转引。据此，则烟草初行时，其禁令之严，几与现在的鸦片相等。烟草可治寒疾，说系子虚，在今日事极明白。军中病寒，不过弛禁的一藉口而已。予少时曾见某书，说明末北边的农夫，有因吸烟而醉倒田中的。此系予十余龄时所见，距今几四十年，不能忆其书名。藏书毁损大半，仅存者尚在游击区中，无从查检。在今日，无论旱烟、水烟、卷烟，其性质之烈，均不能至此。则烟草的制法，亦和茶一般，大有改良了。然因此而引起抽吸大烟，则至今仍遗害甚烈。

罂粟之名，始见于宋初的《开宝本草》。宋末杨士瀛的《直指方》，始云其壳可以治痢。明王玺《医林集要》，才知以竹刀刮出其津，置瓷器内阴干。每服用小豆一粒，空心温水化下，然皆以作药用。俞正燮《癸巳类稿》云："明四译馆同文堂外国来文八册，有译出暹罗国来文，中有进皇帝鸦片二百斤，进皇后鸦片一百斤之语。又《大明会典》九十七、九十八，各国贡物，暹罗、爪哇、榜葛剌三国，俱有乌香，即鸦片。"则明时此物确系贡品。所以神宗皇帝，久不视朝，有疑其为此物所困的。然其说亦无确据。今人之用作嗜好品，则实由烟草引起。清黄玉圃《台海使槎录》云："鸦片烟，用麻葛同雅土切丝，于铜铛内煎成鸦片拌烟。用竹筩，实以棕丝，群聚吸之。索直数倍于常烟。"《雍正朱批谕旨》：七年，福建巡抚刘世明，奏漳州知府李国治，拿得行户陈达私贩鸦片三十四斤，拟以军罪。臣提案亲讯。陈达供称鸦片原系药材，与害人之鸦片烟，并非同物。当传药商认验。佥称此系药材，为治痢必须之品，并不能害人。惟加入烟草同熬，始成鸦片烟。李国治妄以鸦片为鸦片烟，甚属乖谬，应照故入人罪例，具本题参。则其时的鸦片，尚未能离烟草而独立。后来不知如何，单独抽吸，其害反十百倍于烟草了。

中国食物从外国输入的甚多。其中最重要的，自然当推蔗糖，其法系唐太宗时，得之于摩揭它的，见《唐书·西域传》。前此的饴，是用米麦制的。大徐《说文》新附字中，始有糖字。字仍从米，释以饴而不及蔗，可见宋初蔗糖尚未盛行。北宋末，王灼撰《糖霜谱》，始备详其产地及制法。到现在，蔗糖却远盛于饴糖了。此外菜类如苜蓿，果品如西瓜等，自外国输入的还很多。现在不及备考。

中国人烹调之法，在世界上是首屈一指的。康有为《欧洲十一国游记》，言之最详。但调味之美，和营养之佳良，系属两事，不可不知。又就各项费用在全体消费中所占的成分看，中国人对于饮食，是奢侈的。康有为《物质救国论》说：国民的风气，侈居为上，侈衣次之，侈食为下。这亦是我国民不可不猛省的。

衣服的进化，当分两方面讲：一是材料，一是裁制的方法。

《礼运》说"未有麻丝，衣其羽皮"。这只是古人衣服材料的一种。还有一种，是用草的。《礼记·郊特牲》说："黄衣黄冠而祭，息田夫也。野夫黄冠。黄冠，草服也。大罗氏，天子之掌鸟兽者也，诸侯贡属焉。草笠而至，尊野服也。"《诗经》："彼都人士，台笠缁撮。"《毛传》："台所以御暑，笠所以御雨也。"《郑笺》："台，夫须也。都人之士，以台为笠。"《左传》襄公十四年，晋人数戎子驹支道："乃祖吾离，被苫盖。"《注》："盖，苫之别名。"《疏》云："言无布帛可衣，惟衣草也。"《墨子·辞过》云："古之民未知为衣服时，衣皮带茭。"孙诒让《闲诂》说："带茭，疑即《丧服》之绞带，亦即《尚贤篇》所谓带索。"按《仪礼·丧服传》云："绞带者，绳带也。"又《孟子·尽心上篇》："舜视弃天下，犹弃敝屣也。"《注》云："屣，草履。"《左传》僖公四年，"共其资粮扉屦。"《注》云："扉，草屦。"可见古人衣服冠履，都有用草制的。大概古代渔猎之民，以皮为衣服的材料。所以《诗经·采菽》郑《笺》说韍道："古者田渔而食，因衣其皮，先知蔽前，后知蔽后。"参看下文。而后世的甲，还是用革制的。戴在头上的有皮弁，束在身上的有革带，穿在脚上的有皮屦。夏葛屦，冬皮屦，见《仪礼·士冠礼》、《士丧礼》，屦以丝为之，见《方言》。农耕之民，则以草为衣服的材料。所以《郊特牲》说黄衣黄冠是野服。《禹贡》：扬州岛夷卉服，冀州岛夷皮服。岛当作鸟，《疏》言伪孔读鸟为岛可见。观野蛮人的生活，正可知道我族未进化时的情形。

麻丝的使用，自然是一个大发明。丝的使用，起于黄帝元妃嫘祖，说不足信，已见上章。麻的发明，起于何时，亦无可考。知用麻丝之后，织法的发明，亦为一大进步。《淮南子·氾论训》说："伯余之初作衣也，緂麻索缕，手经指挂，其成犹网罗。后世为之机杼胜复，以领其用，而民得以揜形御寒。"手经指挂，是断乎不能普遍的。织法的发明，真是造福无穷的了。但其始于何时，亦不可考。丝麻发明以后，皮和草的用途，自然渐渐的少了。皮的主要用途只是甲。至于裘，则其意不仅在于取暖，而兼在于美观。所以古人的著裘，都是把毛着在外面，和现在人的反着一样。《新序·杂事》："虞人反裘而负薪，彼知惜其毛，不知皮尽而毛无所傅。"外面罩着一件衣服，谓之裼衣。行礼时，有时解开裼衣，露出里面的裘来，有时又不解开，把它遮掩掉，前者谓之裼，后者谓之袭。藉此变化，以示美观。无裼衣谓之"表裘"为不敬。絺绤之上，亦必加以禅衣谓之袗。穷人则着毛织品，谓之褐。褐倒是专为取暖起见的。现在畜牧和打猎的事业都衰了，丝棉较皮货为贱。古代则不然。裘是比较普遍的，丝棉更贵。二十可以衣裘帛，《礼记·内则》。五十非帛不暖。《礼记·王制》。庶人亦得衣犬羊之裘，即其明证。丝棉新的好的谓之纩，陈旧的谓之絮。见《说文》。

现在衣服材料，为用最广的是木棉。其普遍于全国，是很晚的。此物，《南史·林邑传》谓之吉贝，误为木本。《新唐书》作古贝，才知为草本。《南史》姚察门生送南布一端；白居易《布裘诗》："桂布白似雪"，都是指棉布而言。但只限于交、广之域。宋谢枋得《谢刘纯父惠木棉诗》："嘉树种木棉，天何厚八闽？"才推广到福建。《元史·世祖本纪》：至元二十六年，置浙江、江东西、湖广、福建木棉提举司，则推广到长江流域了。其所以能推广，和纺织方法，似乎很有关系的。《宋史·崔与之传》：琼州以吉贝织为衣衾，工作由妇人。陶宗仪《辍耕录》说：松江土田硗瘠，谋食不给，乃觅木棉种于闽、广。初无踏车椎弓之制。其功甚难。有黄道婆，自崖州来，教以纺织，人遂大获其利。未几，道婆卒，乃立祠祀之。木棉岭南久有，然直至宋元间才推行于北方，则因无纺织之法，其物即无从利用，无利之可言了。所以农、工两业，是互相倚赖，互相促进的。此节略据《陔余丛考》。

衣服裁制的方法：最早有的，当即后来所谓韍。亦作韠。此物在后来，是着在裳之外，以为美观的。但在邃初，则当系亲体的。除此之外，全身更无所有。所以《诗经·郑笺》说："古者田渔而食，因衣其皮，先知蔽前，后知蔽后。"衣服的起源，从前多以为最重要的原因是御寒，次之是蔽体。其实不然。古人冬则穴居，并不藉衣服为御寒之具。至于裸露，则野蛮人绝不以为耻，社会学上证据甚多。衣服的缘起，多先于下体，次及上体；又多先知蔽前，后知蔽后，这是主张衣服缘起，由于以裸露为耻者最大的证据。据现在社会学家的研究，则非由于以裸露为耻，而转系籍装饰以相挑诱。因为裸露是人人所同，装饰则非人人所有，加以装饰，较诸任其自然，刺激性要重些。但蔽其前为韨，兼蔽其后即为裳了。裳而加以袴管，古人谓之襱。短的谓之裈，长的谓之袴，所以《说文》称袴为胫衣，昔人所谓贫无袴，裈还是有的，并非裸露。又古人的袴、裆都是不缝合的，其缝合的谓之穷袴，转系特别的。见《汉书·外戚传》。这可见裈和袴，都是从裳变化出来的，裳在先，裈和袴在后。裳幅前三后四，都正裁。古服襞绩打裥。无数，丧服三襞绩。《仪礼·丧服》郑《注》。着在上半身的谓之衣。其在内的：短的谓之襦。长的，有着，装绵。谓之袍，无着谓之衫。古代袍、衫不能为礼服，其外必再加以短衣和裳。戴在头上的，最尊重的是冕。把木头做骨子，外面用布糊起来，上面是玄色，下面是朱色。戴在头上，前面是低一些的。前有旒，据说是把五彩的绳，穿了一块块的玉，垂在前面。其数，天子是十二，此外九旒、七旒等，以次减杀。两旁有纩，是用黄绵，大如丸，挂在冕上面的，垂下来，恰与两耳相当。后来以玉代黄绵，谓之瑱。冕，当系野蛮时代的装饰，留遗下来的。所以其形状，在我们看起来，甚为奇怪，古人却以为最尊之服。次于冕者为弁，以皮为之。其形状亦似冕。但无旒及纩等，戴起来前后平。冠是所以豢发的。其形状，同现在旧式丧礼中孝子戴的丧冠一样。中间有一个梁，阔两寸。又以布围发际，自前而后，谓之武。平居的冠，和武是连在一起的。否则分开，临时才把它合起来。又用两条组，连在武上，引至颐下，将它结合，是为缨。有余，就把它垂下来，当作一种装饰，谓之緌。冠不用簪，冕弁则用簪。簪即女子之笄，古人重露发，必先把“缁缅”套起来，结之为紒，然后固之以冠。冠用缨，冕弁则把一条组结在右笄上，垂下来，经过颐下，再绕上去，结在左笄上。冠是成人的服饰，亦是贵人的服饰，所以有罪要免冠。至于今之脱帽，则自免胄蜕化而来。胄是武人的帽子，因为怕受伤之故，下垂甚深，几于把脸都遮蔽掉了，看不见。所以要使人认识自己，必须将胄免去。《左传》哀公十六年，楚国白公作乱，国人专望叶公来救援。叶公走到北门，“或遇之，曰：君胡不胄？国人望君，如望慈父母焉。盗贼之矢若伤君，是绝民望也。若之何不胄？乃胄而进。又遇一人，曰：君胡胄？国人望君，如望岁焉，日日以几，若见君面，是得艾也。民知不死，其亦夫有奋心。犹将旌君以徇于国，而又掩面以绝民望，不亦甚乎？乃免胄而进。”可见胄的作用。现在的脱帽，是采用欧洲人的礼节。欧洲人在中古时代，战争是很剧烈的。免胄所以使人认识自己，握手所以表示没有兵器。后遂相沿，为寻常相见之礼。中国人模仿它，其实是无谓的。有人把脱帽写作免冠，那更和事实不合了。古代庶人是不冠的，只用巾。用以覆髻，则谓之帻。《后汉书·郭泰传》《注》引周迁《舆服杂事》说：“巾以葛为之，形如帢，本居士野人所服。”《玉篇》：“帢，帽也。”《隋书·舆服志》：“帽，古野人之服。”则巾和帽是很相近的。着在脚上的谓之袜。其初亦以革为之。所以其字从韦作韤。袜之外为屦。古人升堂必脱屦。脱屦则践地者为袜，立久了，未免污湿，所以就坐又必解袜。见《左传》哀公二十五年。后世解袜与否无文，然脱屦之礼，则相沿甚久。所以剑履上殿，看做一种殊礼。《唐书》：棣王琰有两妾争宠。求巫者密置符于琰履中。或告琰厌魅，帝伺其朝，使人取其履验之，果然。

则唐时入朝，已不脱履。然刘知几以释奠皆衣冠乘马，奏言冠履只可配车，今袜而镫，跣而鞍，实不合于古。则祭祀还是要脱履的。大概跣礼之废，（一）由于靴之渐行，（二）由于席地而坐，渐变为高坐，参看后文及下章自明。古人亦有现在的绑腿，谓之偪，亦谓之邪幅，又谓之行縢。本是上路用的，然亦以之为饰。宋绵初《释服》说："解袜则见偪。《诗》云：邪幅在下，正是燕饮而跣以为欢之时"，则偪着在袜内。《日知录》说："今之村民，往往行縢而不袜，古人之遗制也。吴贺邵美容止，常着袜，希见其足，则汉魏之世，不袜而见足者尚多。"又说袜字的从衣，始见于此，则渐变而成今日的袜了。窃疑袜本亦田猎之民之服，农耕之民，在古代本是跣足的。中国文化，本来起自南方，所以行礼时还必跣。

衣服的初兴，虽非以蔽体为目的，然到后来，着衣服成了习惯，就要把身体的各部分，都遮蔽起来，以为恭敬了。所以《礼记》的《深衣篇》说："短毋见肤。"作事以短衣为便，今古皆然。古代少者贱者，是多服劳役的。《礼记·曲礼》说："童子不衣裘裳。"《内则》说："十年，衣不帛，繻袴。"繻，就是短衣，袴就是不裳。《左传》昭公二十五年，师己述童谣，说"鸜鹆跦跦，公在乾侯，征褰与襦"。褰即是袴。《说文》。此皆服劳役者不着裳之证。然襦袴在古人，不能算做礼服，外必加之以裳。既然如此，自以照现在人的样子，于襦袴之外，罩上一件长衫为便。然古人习于衣裳、袍衫之外，亦必加之以裳。于是从古代的衣裳，转变到现在的袍衫，其间必以深衣为过渡。深衣的意思，是和现在的女子所着的衣裙合一的衣服差不多的。形式上是上衣下裳，实则缝合在一起。他的裳分为十二幅，前后各六。中间四幅对开。边上两幅斜裁，成两三角形。尖端在上。所以其裳之下端与上端，腰间。是三与二之比。如此，则不须襞绩，自亦便于行动了。深衣是白布做的，却用綑镶边，谓之纯。无纯的谓之褴褛，尤为节俭。今通作蓝缕，其义为破，此又是一义。士以上别有朝祭之衣，庶人则即以深衣为吉服。未成年者亦然。所以戴德《丧服·变除》说："童子当室，为父后。其服深衣不裳。"然自天子至于士，平居亦都是着一件深衣的。这正和现在的劳动者平时着短衣，行礼时着袍衫，士大夫阶级，平时着袍衫，行礼时别有礼服一样。然古人苟非极隆重的典礼，亦都可以着深衣去参与的。所以说"可以为文，可以为武，可以摈相，可以治军旅"。《礼记·深衣》。民国以来，将平时所着的袍和马褂，定为常礼服。既省另制礼服之费，又省动辄更换之烦，实在是很合理的。

《仪礼·士丧礼》疏，谓上下通直，不别衣裳者曰“通裁”，此为深衣改为长袍之始。然古人用之殊不广。后汉以后，始以袍为朝服。《续汉书·舆服志》说：若冠通天冠，则其服为深衣服。有袍，随五时色。刘昭《注》云：“今下至贱吏、小史，皆通制袍、禅衣、皂缘领袖为朝服。”《新唐书·车服志》：中书令马周上议：“礼无服衫之文。三代之制有深衣，请加襴袖褾襈，为士人上服。开胯者名曰缺胯，庶人服之。”据此，则深衣与袍衫之别，在于有缘无缘。其缺胯，就是现在的袍衫了。任大椿《深衣释例》说：“古以殊衣裳者为礼服，不殊衣裳者为燕服。后世自冕服外，以不殊衣裳者为礼服，以殊衣裳者为燕服。”此即所谓裙襦。妇人以深衣之制为礼服，不殊衣裳。然古乐府《陌上桑》云：“湘绮为下裳，紫绮为上襦”，则襦与裳亦各别。然仍没有不着裳的。隋唐以来，乃有所谓袴褶。《急就篇》注云：“褶，其形若袍，短身广袖。”天子亲征及中外戒严时，百官服之，实为戎服。

曾三异《同话录》云：“近岁衣制，有一种长不过腰，两袖仅掩肘，名曰貉袖。起于御马院圉人。短前后襟者，坐鞍上不妨脱著，以其便于控驭也。”此即今之马褂。《陔余丛考》说：就是古代的半臂。《三国魏志·杨阜传》说：明帝着帽，披绫半袖，则其由来已久。《玉篇》说：裲裆，其一当胸，其一当背。《宋书·薛安都传》载他着绛衲两当衫，驰入贼阵。《隋书·舆服志》：诸将军侍从之服，有紫衫金玳瑁装裲裆甲，紫衫金装裲裆甲，绛衫银装裲裆甲。《宋史·舆服志》，范质议《开元礼》：武官陪立大仗，加螣蛇裲裆甲，《陔余丛考》说：就是今演剧时将帅所被金银甲。按现在我们所着，长不过腰，而无两袖的，北方谓之坎肩，南方有若干地方，谓之马甲。大概系因将帅服之之故。宋人谓之背子。见《石林燕语》。

衣服不论在什么时代，总是大同小异的。强人人之所好，皆出于同，自然决无此理。何况各地方的气候，各种人的生活，还各有不同呢？但衣服既和社交有关，社会亦自有一种压力。少数的人，总要改从多数的。昔人所谓“十履而一跣，则跣者耻；十跣而一履，则履者耻”。其间别无他种理由可言。《礼记·王制》：“关执禁以讥，禁异服，察异言。”其意乃在盘诘形迹可疑的人，并不在于划一服饰。《周官》大司徒，以本俗六安万民，六曰同衣服，意亦在于禁奢，非强欲使服饰齐一。服饰本有一种社会压力，不会大相悬殊的。至于小小的异同，则无论何时，皆不能免。《礼记·儒行》：“鲁哀公问于孔子曰：夫子之服，其儒服与？孔子对曰：丘少居鲁，衣逢掖之衣。长居宋，冠章甫之冠。丘闻之也，君子之学也博，其服也乡。丘不知儒服。”观此数语，衣服因地方、阶级，小有异同，显然可见。降逮后世，叔孙通因高祖不喜儒者，改着短衣楚制。见《史记》本传。《盐铁论》载桑弘羊之言，亦深讥文学之儒服，见《相刺篇》、《刺议篇》。可见其情形还是一样的。因为社会压力，不能施于异地方和异阶级的人。然及交通进步，各阶级的交往渐多，其压力，也就随之而增大了。所以到现代，全世界的服饰，且几有合同而化之观。日本变法以后，几于举国改着西装。中国当戊戌变法时，康有为亦有改服饰之议。因政变未成。后来自刻《戊戌奏稿》，深悔其议之孟浪，而自幸其未果行。在所著《欧洲十一国游记》中，尤极称中国服饰之美。其意是（一）中国的气候，备寒、温、热三带，所以其材料和制裁的方法，能适应多种气候，合于卫生。（二）丝织品的美观，为五洲所无。（三）脱穿容易。（四）贵族平民，服饰有异，为中西之所同。中国从前，平民是衣白色的。欧洲则衣黑色。革命时，欧人疾等级之不平，乃强迫全国上下，都着黑色。中国则不然。等级渐即平夷，采章遂遍及于氓庶。质而言之：西洋是强贵族服平民之服，中国则许平民服贵族之服。所以其美观与否，大相悬殊。这一点，西人亦有意见相同的。民国元年，议论服制时，曾有西人作论载诸报端，说西方的服饰，千篇一律，并无趣味，劝中国人不必摹仿。我以为合古今中外而观之，衣服不过南北两派。南派材料轻柔，裁制宽博。北派材料紧密，裁制狭窄。这两派的衣服，本应听其并行；且折中于二者之间，去其极端之性的。欧洲衣服，本亦有南北两派。后来改革之时，偏重北派太甚了。中国则颇能折二者之中，保存南派的色彩较多。以中西的服饰相较，大体上，自以中国的服饰为较适宜。现在的崇尚西装，不过一时的风气罢了。

中国的衣服，大体上可谓自行进化的。其仿自外国的，只有靴。《广韵》八戈引《释名》，说“靴本胡服，赵武灵王所服”。《北史》载慕容永被擒，居长安，夫妻卖靴以自活。北齐亡后，妃嫔入周的亦然。可见南北朝时，汉人能制靴者尚少，其不甚用靴可知。然唐中叶以后，朝会亦渐渐的着靴，朱文公《家礼》，并有襕衫带靴之制了。《说文》：“鞮，革履也。”《韵会》引下有“胡人履连胫，谓之络缇”九字。此非《说文》之文，必后人据靴制增入。然可悟靴所以广行之故。因为连胫，其束缚腿部较紧，可以省却行縢。而且靴用革制，亦较能抵御寒湿，且较绸布制者，要坚固些。此以初兴时论，后来靴亦不用革。

古代丧服，以布之精粗力度，不是讲究颜色的。素服则用白绢，见《诗经·棘人》疏。因为古代染色不甚发达，上下通服白色，所以颜色不足为吉凶之别。后世彩色之服，行用渐广，则忌白之见渐生。宋程大昌《演繁露》说："《隋志》：宋齐之间，天子宴私著白高帽。隋时以白通为庆吊之服。国子生亦服白纱巾。晋人着白接篱，窦苹《酒谱》曰：接篱，巾也。南齐桓崇祖守寿春，着白纱帽，肩舆上城。今人必以为怪。古未有以白色为忌也。郭林宗遇雨垫巾，李贤《注》云：周迁《舆服杂事》曰，巾以葛为之，形如帕。本居士野人所服。魏武造帕，其巾乃废。今国子学生服焉，以白纱为之。是其制皆不忌白也。《乐府白纻歌》曰：质如轻云色如银，制以为袍余作巾。今世人丽妆，必不肯以白纻为衣。古今之变，不同如此。《唐六典》：天子服有白纱帽。其下服如裙、襦、袜皆以白。视朝听讼，燕见宾客，皆以进御。然其下注云：亦用乌纱。则知古制虽存，未必肯用，习见忌白久矣。"读此，便知忌白的由来。按染色之法，见于《周官》天官染人，地官染草，及《考工记》锺氏，其发明亦不可谓不早。但其能普遍于全社会，却是另一问题。绘绣之法，见《书经·皋陶谟》今本《益稷》。《疏》。昔人误以绘为画。其实绘之本义，乃谓以各色之丝，织成织品。见于宋绵庄《释服》，其说是不错的。染色、印花等事，只要原料减贱，机器发明，制造容易，所费人工不多，便不得谓之奢侈。惟有手工，消费人工最多，总是奢侈的事。现在的刺绣，虽然是美术，其实是不值得提倡的。因为天下无衣无褐的人，正多着呢。

第十四章
住　行

住居，亦因气候地势的不同，而分为巢居、穴居两种。《礼运》说：“冬则居营窟，夏则居橧巢。”见上章。《孟子》亦说：“下者为巢，上者为营窟。”《滕文公下篇》。大抵温热之地为巢。干寒之地，则为营窟。巢居，现在的野蛮人，犹有其制。乃将大树的枝叶，接连起来，使其上可以容人，而将树干凿成一级一级的，以便上下。亦有会造梯的。人走过后，便将梯收藏起来。《淮南子·本经训》所谓“托婴儿于巢上”，当即如此。后来会把树木砍伐下来，随意植立，再于其上横架着许多木材，就成为屋子的骨干。穴居又分寝穴两种：（一）最初当是就天然的洞窟，匿居其中的。（二）后来进步了，则能于地上凿成一个窟窿，而居其中，此之谓穴。古代管建设的官，名为司空，即由于此。（三）更进，能在地面上把土堆积起来，堆得像土窑一般，而于其上开一个窟窿，是之谓寝，亦作复。再进化而能版筑，就成为墙的起源了。以栋梁为骨骼，以墙为肌肉，即成所谓宫室。

所以直至现在，还称建筑为土木工程。

中国民族，最初大约是湖居的。（一）水中可居之处称洲，人所聚居之地称州，州洲虽然异文，实为一语，显而易见。古州岛同音，洲字即岛字。（二）古代有所谓明堂，其性质极为神秘。一切政令，都自此而出。读惠栋《明堂大道录》可见。阮元说：这是由于古代简陋，一切典礼，皆行于天子之居，后乃礼备而地分，《揅经室集明堂说》。这是不错的。《史记·封禅书》载公玉带上《明堂图》，水环宫垣，上有楼，从西南入，名为昆仑，正是岛居的遗象。明堂即是大学，亦称辟雍。辟壁同字，正谓水环宫垣。雍即今之壅字，壅塞、培壅，都指土之增高而言，正像湖中岛屿。（三）《易经》泰卦上六爻辞，“城复于隍”。《尔雅·释言》：“隍，壑也。”壑乃无水的低地。意思还和环水是一样的。然则不但最初的建筑如明堂者，取法于湖居，即后来的造城，必环绕之以濠沟，还是从湖居的遗制，蜕化而出的。

文化进步以后，不藉水为防卫，则能居于大陆之上。斯时藉山以为险阻。读第四、第八、第九章，可见。章炳麟《太炎文集》有《神权时代天子居山说》，可以参考。再进步，则城须造在较平坦之地，而藉其四周的山水以为卫，四周的山水，是不会周匝无缺的，乃用人工造成土墙，于其平夷无险之处，加以补足，是之谓郭。郭之专于一面的，即为长城。城是坚实可守的，郭则工程并不坚实，而且其占地太大，必不能守。所以古代只有守城，绝无守郭之事。即长城亦是如此。中国历代，修造长城，有几个时期。（一）为战国以前。齐国在其南边，造有长城，秦、赵、燕三国，亦在北边造有长城。后来秦始皇把它连接起来，就是俗话所称为万里长城的。此时南方的淮夷、北方的匈奴，都是小部落。到汉朝，匈奴强大了，入塞的动辄千骑万骑，断非长城所能御；而前后两呼韩邪以后，匈奴又宾服了，所以终两汉四百年，不闻修造长城。魏晋时，北方丧乱，自然讲不到什么远大的防御规模。拓跋魏时，则于北边设六镇，藉兵力以为防卫，亦没有修造长城的必要，（二）然至其末年，情形就大不相同了。隋代遂屡有修筑。此为修造长城的第二时期。隋末，突厥强大了，又非长城所能御。后来的回鹘、契丹亦然。所以唐朝又无修筑长城之事。（三）契丹亡后，北方的游牧部族，不能统一，又成小小打抢的局面。所以金朝又要修造一道边墙，从静州起，迤逦东北行，达女真旧地。此为修造长城的第三时期。元朝自然无庸修造长城。（四）明时，既未能将蒙古征服，而蒙古一时亦不能统一。从元朝的汉统断绝以后，至达延汗兴起以前，蒙古对中国，并无侵犯，而只有盗塞的性质，所以明朝又修长城，以为防卫。现代的长城，大概是明朝遗留下来的。总而言之，小小的寇盗，屯兵防之，未免劳费，无以防之又不可。造长城，实在是最经济的方法。从前读史的人，有的称秦始皇造长城，能立万世夷夏之防，固然是梦话。有的议论他劳民伤财，也是胡说的。晁错说秦朝北攻胡貉，置塞河上，只是指秦始皇时使蒙恬新辟之土。至于其余的长城，因战国时秦、赵、燕三国之旧，缮修起来的，却并没有费什么工力。所以能在短时间之内，即行成功。不然，秦始皇再暴虐，也无法于短时间之内，造成延袤万余里的长城的。汉代的人，攻击秦朝暴虐的很多，未免言过其实，然亦很少提及长城的，就是一个证据。

古代的房屋，有平民之居和士大夫之居两种。士大夫之居，前为堂，后为室。室之左右为房。堂只是行礼之地，人是居于室中的。室之户在东南，牖在西南，北面亦有牖，谓之北牖。室之西南隅，即牖下，地最深隐，尊者居之，谓之奥。西北隅为光线射入之地，谓之屋漏。东北隅称宧。宧养也，为饮食所藏。东南隅称窔，亦深隐之义。室之中央，谓之中霤，为雨水所溜入。此乃穴居时代，洞穴开口在上的遗象。古之牖即今之窗，是开在墙上的。其所谓窗，开在屋顶上，今人谓之天窗。平民之居，据晁错《移民塞下疏》说：“古之徙远方以实广虚也，先为筑室。家有一堂二内。”《汉书》注引张晏曰：“二内，二房也。”此即今三开间的屋。据此，则平民之居，较之士大夫之居，就是少了一个堂。这个到现在还是如此。士大夫之家，前有厅事，即古人所谓堂。平民之家无有。以中间的一间屋，行礼待客，左右两间供住居，即是一堂二内之制。简而言之，就是以室为堂，以房为室罢了。古总称一所屋子谓之宫。《礼记·内则》说：“由命士以上，父子皆异宫”，则一对成年的夫妻，就有一所独立的屋子。后世则不然。一所屋子，往往包含着许多进的堂和内，而前面只有一个厅事。这就是许多房和室，合用一个堂、包含在一个宫内，较古代经济多了。这大约因为古代地旷人希，地皮不甚值钱，后世则不然之故。又古代建筑技术的关系浅，人人可以自为，士大夫之家，又可役民为之。后世则建筑日益专门，非雇人为之不可。《论衡·量知篇》：“能斫削柱梁，谓之木匠。能穿凿穴坎，谓之土匠。”则在汉代，民间建筑，亦已有专门的人。这亦是造屋的人，要谋节省的一个原因。

古人造楼的技术，似乎是很拙的。所以要求眺望之所，就只得于城阙之上。阙是门旁墙上的小屋。天子诸侯的宫门上，也是有的。因其可以登高眺远，所以亦谓之观。《礼记·礼运》：“昔者仲尼与于蜡宾，事毕，出游于观之上”，即指此。古所谓县法象魏者，亦即其地。魏与巍同字，大概因其建筑高，所以称之为魏。象字当本指法象言，与建筑无涉。因魏为县法之地，单音字变为复音词时，就称其地为象魏了。《尔雅·释宫》：“四方而高曰台。有木者谓之榭。陕而修曲曰楼。”陕同狭。《注》云：“台，积土为之。”榭是在土台之上，再造四方的木屋。楼乃榭之别名，不过其形状有正方修曲之异而已，这都是供游观眺望之所，并不是可以住人的。《孟子·尽心下篇》：“孟子之滕，馆于上宫。”赵《注》说：“上宫，楼也。”这句话恐未必确。因为造楼之技甚拙，所以中国的建筑，是向平面发展，而不是向空中发展的。所谓大房屋，只是地盘大，屋子多，将许多屋连结而成，而两层、三层的高楼很少。这个和建筑所用的材料，亦有关系。因为中国的建筑，用石材很少，所用的全是土木，木的支持力固不大，土尤易于倾圮。炼熟的土，即砖瓦，要好些，然其发达似甚晚。《尔雅·释宫》：“瓴甋谓之甓。”“庙中路谓之唐”。甓即砖。《诗经·陈风》说“中唐有甓”，则砖仅用以铺路。其墙，大抵是用土造的。土墙不好看，所以富者要被以文锦。我们现在婚、丧、生日等事，以绸缎等物送人，谓之幛，还是这个遗俗；而纸糊墙壁，也是从此蜕化而来的。《晋书·赫连勃勃载记》说他蒸土以筑统万城，可见当时砖尚甚少。不然，何不用砖砌，而要临时蒸土呢？无怪古代的富者，造屋只能用土墙了。建筑材料，多用土木，和古代建筑的不能保存，也有关系。因为其不如石材的能持久。而用木材太多，又易于引起火患。前代的杭州，近代的汉口，即其殷鉴。

建筑在中国，是算不得发达的。固然，研究起世界建筑史来，中国亦是其中的一系。东洋建筑，有三大系统：（一）中国，（二）印度，（三）回教，见伊东忠太《中国建筑史》，商务印书馆本。历代著名的建筑，如秦之阿房宫，汉之建章宫，陈后主的临春、结绮、望春三阁，隋炀帝的西苑，宋徽宗的艮岳，清朝的圆明园、颐和园，以及私家的园林等，讲究的亦属不少。然以中国之大言之，究系沧海一粟。建筑的技术，详见宋朝的《营造法式》，明朝的《天工开物》等书。虽然亦有可观，然把别种文明比例起来，则亦无足称道。此其所以然：（一）因（甲）古代的造屋，乃系役民为之，滥用民力，是件暴虐的事。（乙）又古代最讲究礼，生活有一定的规范，苟非无道之君，即物力有余，亦不敢过于奢侈。所以政治上相传，以卑宫室为美谈，事土木为大戒。（二）崇闳壮丽的建筑，必与迷信为缘。中国人对于宗教的迷信，是不深的。祭神只是临时设坛或除地，根本便没有建筑。对于祖宗的祭祀，虽然看得隆重，然庙寝之制，大略相同。后世立家庙等，亦受古礼的限制，不能任意奢侈。佛教东来，是不受古礼限制的，而且其教义很能诱致人使其布施财物。道家因之，亦从事于模仿寺观，遂成为有名的建筑，印度的建筑术，亦因此而输入中国。南朝四百八十寺，多少楼台烟雨中，一时亦呈相当的盛况。然此等迷信，宋学兴起以后，又渐渐的淡了。现在佛寺、道观虽多，较之缅甸、日本等国，尚且不逮。十分崇闳壮丽的建筑，亦复很少，不过因其多在名山胜地，所以为人所赞赏罢了。（三）游乐之处，古代谓之苑囿。苑是只有草木的，囿是兼有禽兽的。均系将天然的地方，划出一区来，施以禁御，而于其中射猎以为娱，收其果实等以为利，根本没有什么建筑物。所以其大可至于方数十里。文王之囿，方七十里，齐宣王之囿，方四十里，见《孟子·梁惠王下篇》。至于私家的园林，则其源起于园。园乃种果树之地，因于其间叠石穿池，造几间房屋，以资休憩，亦不是甚么奢侈的事。后来虽有踵事增华，刻意经营的人，究竟为数亦不多，而且其规模亦不大。以上均系中国建筑不甚发达的原因。揆厥由来，乃由于（一）政治的比较清明，（二）迷信的比较不深，（三）经济的比较平等。以物质文明言，固然较之别国，不免有愧色，以文化论，倒是足以自豪的。

朱熹说："教学者如扶醉人，扶得东来西又倒。"个人的为学如是，社会的文化亦然。奢侈之弊，中国虽比较好些，然又失之简陋了。《日知录·馆舍》条说："读孙樵《书褒城驿壁》，乃知其有沼，有鱼，有舟。读杜子美《秦州杂诗》，又知其驿之有池，有林，有竹。今之驿舍，殆于隶人之垣矣。予见天下州之为唐旧治者，其城郭必皆宽广，街道必皆正直。廨舍之为唐旧创者，其基址必皆宏敞。宋以下所置，时弥近者制弥陋。"亭林的足迹，所至甚多，而且是极留心观察的人，其言当极可信。此等简陋苟且，是不能藉口于节俭的。其原因安在呢？亭林说：是由于"国家取州县之财，纤豪尽归之于上，而吏与民交困，遂无以为修举之资"。这固然是一个原因。我以为（一）役法渐废，公共的建筑，不能征工，而必须雇工。（二）唐以前古市政的规制犹存，宋以后逐渐破坏，如第十一章所述，唐设市还有定地，开市还有定期，宋以后渐渐不然，亦其一证。亦是重要的原因。

从西欧文明输入后，建筑之术，较之昔日，可谓大有进步了；所用的材料亦不同；这确是文明进步之赐。惟住居与衣食，关系民生，同样重要。处处须顾及大多数人的安适，而不容少数人恃其财力，任意横行，和别种事情，也是一样的。古代的居民，本来有一定的规划。《王制》所谓"司空执度以度地，居民山川沮泽，看地形。时四时。看气候。”即其遗制。其大要，在于“地、邑、民居，必参相得”。地就是田。有多少田，要多少人种，就建筑多少人守卫所要的城邑，和居住所需的房屋。据此看来，现在大都市中的拥挤，就是一件无法度而不该放任的事情了。宫室的等级和限制，历代都是有的。可参看《明史·舆服志》所载宫室制度。依等级而设限制，现在虽不容仿效，然限制还是该有的。对外的观瞻，也并不系于建筑的侈俭。若因外使来游，而拆毁贫民住居的房子，这种行为，就要成为隋炀帝第二了。

讲宫室既毕，请再略讲室中的器用。室中的器用，最紧要的，就是桌椅床榻等。这亦是所以供人居处，与宫室同其功的。古人都席地而坐。其坐，略似今日的跪，不过腰不伸直。腰伸直便是跪，顿下便是坐。所以古礼跪而行之之时颇多。因为较直立反觉便利。其凭藉则用几，据阮谌《礼图》，长五尺，广一尺，高一尺二寸。《礼记·曾子问》疏引。较现在的凳还低，寝则有床。所以《诗经》说：“乃生男子，载寝之床。”后来坐亦用床。所以《高士传》说：管宁居辽东，坐一木榻，五十余年，未尝箕股，其榻当膝处皆穿。《三国魏志》本传《注》引。观此，知其坐亦是跪坐。现在的垂足而坐，是胡人之习。从西域输入的。所坐的床，亦谓之胡床。从胡床输入后，桌椅等物，就渐渐兴起了。古人室中，亦生火以取暖。《汉书·食货志》说：“冬民既入，妇人同巷相从夜绩。”“必相从者，所以省费燎火。”颜师古说：“燎所以为明，火所以为温也。”这种火，大约是煴火，是贫民之家的样子。《左氏》昭公十年说，宋元公，恶寺人柳，欲杀之。为太子时。到元公的父亲死了，元公继位为君，柳伺候元公将到之处，先炽炭于位，将至则去之，到葬时，又有宠。又定公三年，说邾子自投于床，废于炉炭，《注》：“废，堕也。”遂卒。则贵族室中取暖皆用炭，从没有用炕的。《日知录》说：“《旧唐书·东夷高丽传》：冬月皆作长坑，下然煴火以取暖，此即今之土炕也，但作坑字。”则此俗源于东北夷。大约随女真输入中国北方的，实不合于卫生。

论居处及所用的器物既竟，还要略论历代的葬埋。古代的葬有两种：孟子所谓“其亲死，则举而委之于壑。”《滕文公上篇》。盖田猎之民所行。《易经·系辞传》说：“古之葬者，厚衣之以薪，葬之中野”，则农耕之民之俗。一个贵族，有其公共的葬地。一个都邑，亦有其指定卜葬的区域。《周官》冢人掌公墓之地，墓大夫掌凡邦墓之地域是其制。后世的人说：古人重神不重形。其理由：是古不墓祭。然孟子说齐有东郭墦间之祭者，《离娄下篇》。即是墓祭。又说孔子死后，子贡“筑室于场，独居三年然后归”，《滕文公上篇》。此即后世之庐墓。《礼记·曲礼》：“大夫士去其国，止之曰：奈何去坟墓也？”《檀弓》：“去国则哭于墓而后行，反其国不哭，展墓而入。”又说：“大公封于营丘，比及五世，皆反葬于周。”则古人视坟墓，实不为不重。大概知识程度愈低，则愈相信虚无之事。愈高，则愈必耳闻目见，而后肯信。所以随着社会的开化，对于灵魂的迷信，日益动摇，对于体魄的重视，却日益加甚。《檀弓》说：“延陵季子适齐。比其反也，其长子死，葬于嬴博之间。”“既封，左袒，右还其封，且号者三，曰：骨肉归复于土，命也。若魂气，则无不之也，无不之也，而遂行。”这很足以表示重视精神，轻视体魄的见解，怕反是吴国开化较晚，才如此的。如此，富贵之家，有权力的，遂尽力于厚葬。厚葬之意，不徒爱护死者，又包含着一种夸耀生人的心思，而发掘坟墓之事，亦即随之而起。读《吕览·节丧》、《安死》两篇可知。当时墨家主张薄葬，儒家反对他，然儒家的葬礼，较之流俗，亦止可谓之薄葬了。学者的主张，到底不能挽回流俗的波靡。自汉以后，厚葬之事，还书不胜书。且将死者的葬埋，牵涉到生人的祸福，而有所谓风水的迷信。死者无终极，汉刘向《谏成帝起昌陵疏》语。人人要保存其棺椁，至于无穷，其势是决不能行的。佛教东来，火葬之俗，曾一时盛行，见《日知录·火葬》条。实在最为合理。惜乎宋以后，受理学的反对，又渐渐的式微了。现在有一部分地方，设立公墓。又有提倡深葬的。然公墓究仍不免占地，深葬费人力过多，似仍不如火葬之为得。不过风俗是守旧的，断非一时所能改变罢了。

交通、通信，向来不加区别。其实两者是有区别的。交通是所以运输人身，通信则所以运输人的意思。自有通信的方法，而后人的意思，可以离其身体而独行，于精力和物力方面，有很大的节省。又自电报发明后，意思的传达，可以速于人身的运输，于时间方面，节省尤大。

交通的发达，是要看地势的。水陆是其大别。水路之中，河川和海道不同。海道之中，沿海和远洋的航行，又有区别。即陆地，亦因其为山地、平地、沙漠等而有不同。野蛮时代，各部族之间，往往互相猜忌，不但不求交通的便利，反而有意阻塞交通，其时各部族所居之地，大概是颇险峻的。对外的通路，只有曲折崎岖的小路，异部族的人，很难于发现使用。《庄子·马蹄篇》说：古代“山无蹊隧，泽无舟梁”。所指的，便是这时代。到人智稍进，能够降丘宅土，交通的情形，就渐和往昔不同了。

中国的文化，是导源于东南，而发达于西北的。东南多水，所以水路的交通，南方较北方为发达。西北多陆，所以陆路的交通，很早就有可观。陆路交通的发达，主要的是由牛马的使用和车的发明。此二者，都是大可节省人力的。《易经·系辞传》说“服牛乘马，引重致远”，虽不能确定其在何时，然其文承黄帝、尧、舜垂衣裳而天下治之下，可想见黄帝、尧、舜时，车的使用，必已很为普遍了。车有两种：一种是大车，用牛牵曳的，用以运输。一种是小车，即兵车，人行亦乘之，驾以马。用人力推曳的谓之辇。《周官》乡师《注》引《司马法》，说夏时称为余车，共用二十人，殷时称胡奴车，用十人，周时称为辎辇，用十五人。这是供战时运输用的，所以其人甚多。《说文》：“辇，挽车也。从车扶。”扶训并行，虽不必定是两人，然其人数必不能甚多。这是民间运输用的。贵族在宫中，亦有时乘坐。《周官》巾车，王后的五路，有一种唤做辇车，即其物。此制在后世仍通行。

道路：在都邑之中，颇为修整。《考工记》：匠人，国中经涂九轨。野涂亦九轨。环涂环城之道。七轨。《礼记·王制》：“道路，男子由右，妇人由左，车从中央。”俱可见其宽广。古代的路，有一种是路面修得很平的，谓之驰道。非驰道则不能尽平。国中之道，应当都是驰道。野外则不然。古代田间之路，谓之阡陌，与沟洫相辅而行。所以《礼记·月令》《注》说：“古者沟上有路。”沟洫阡陌之制，照《周官》遂人等官所说，是占地颇多的。虽亦要因自然的地势，未必尽合乎准绳，然亦必较为平直。不过书上所说的，是理想中的制度，事实上未必尽能如此。《左氏》成公五年，梁山崩，晋侯以传召伯宗。行辟重。使载重之车让路。重人曰：“待我，不如捷之速也。”可见驿路上还不能并行两车。《仪礼·既夕礼》：“商祝执功布，以御柩执披。”《注》云：“道有低仰倾亏，则以布为左右抑扬之节，使引者执披者知之。”《礼记·曲礼》：“送葬不避涂潦”，可见其路之不尽平坦。后人夸称古代的道路，如何宽平，恐未必尽合于事实了。大抵古人修造路面的技术甚拙。其路面，皆如今日的路基，只是土路。所以时时要修治。不修治，就“道茀不可行”。

水路：初有船的时候，只是现在所谓独木舟。《易经·系辞传》说“刳木为舟，剡木为楫”，《淮南子·说山训》说“古人见窾木而知舟”，所指的都是此物。稍进，乃知集版以为舟。《诗经》说：“就其深矣，方之舟之。”《疏》引

《易经》云："利涉大川，乘木舟虚。"又引《注》云："舟谓集版，如今船，空大木为之曰虚，总名皆曰舟。"按方、旁、比、并等字，古代同音通用。名舟为方，正因其比木为之之故。此即后世的舫字。能聚集许多木版，以成一舟，其进步就容易了。渡水之法，大抵狭小的水，可以乘其浅落时架桥。桥亦以木为之。即《孟子》所说的"岁十一月徒杠成，十二月舆梁成"。《离娄下篇》。《尔雅·释宫》："石杠谓之倚。"又说："堤谓之梁。"《注》云："即桥也。或曰：石绝水者为梁，见《诗传》。"则后来亦用石了。较阔的水，则接连了许多船渡过去。此即《尔雅》所说的"天子造舟"，后世谓之浮桥。亦有用船渡过去的，则《诗经》所说的"谁谓河广，一苇杭之"。然徒涉的仍不少。观《礼记·祭义》，谓孝子"道而不径，舟而不游"可见。航行的技术，南方是胜于北方的。观《左氏》所载，北方只有僖公十三年，晋饥，乞粜于秦，秦输之粟，自雍及绛相继，命之曰泛舟之役，为自水路运输，此外泛舟之事极少。南方则吴楚屡有水战，而哀公十年，吴徐承且率舟师自海道伐齐。可见不但内河，就沿海交通，亦已经开始了。《禹贡》九州贡路，都有水道。《禹贡》当是战国时书，可以窥见当时交通的状况。

从平地发展到山地，这是陆地交通的一个进步，可以骑马的发达为征。古书不甚见骑马之事。后人因谓古人不骑马，只用以驾车。《左氏》昭公二十五年，"左师展将以公乘马而归。"《疏》引刘炫说，以为是骑马之渐。这是错误的。古书所以不甚见骑马，（一）因其所载多贵族之事，贵族多是乘车的。（二）则因其时的交通，仅及于平地。《日知录》说："春秋之世，戎狄杂居中夏者，大抵在山谷之间，兵车之所不至。齐桓、晋文，仅攘而却之，不能深入其地者，用车故也。中行穆子之败狄于大卤，得之毁车崇卒。而智伯欲伐仇犹，遗之大钟以开其道，其不利于车可知矣。势不得不变而为骑。骑射，所以便山谷也。胡服，所以便骑射也。"此虽论兵事、交通的情形，亦可以借鉴而明。总而言之，交通所至之地愈广，而道路大抵失修，用车自不如乘马之便。骑乘的事，就日盛一日了。

"水性使人通，山性使人塞"。水性是流动的，虽然能阻碍人，使其不得过去，你只要能利用他，他却可以帮你活动，节省你的劳力。山却不然，会多费你的抵抗力的。所以到后世，水路的交通，远较陆路交通为发达。长江流域的文明，本落黄河流域之后，后来却反超过其上，即由于此。唐朝的刘晏说："天下诸津，舟航所聚，旁通巴汉，前指闽越，七泽十薮，三江五湖，控引河洛，兼包淮海，弘舸巨舰，千轴万艘，交贸往来，昧旦水日。”可以见其盛况了。《唐语林补遗》说：“凡东南都邑，无不通水。故天下货利，舟楫居多。舟船之盛，尽于江西。编蒲为帆，大者八十余幅。江湖语曰：水不载万。言大船不过八九千石。”明朝郑和航海的船，长四十四丈，宽十八丈，共有六十二只。可以见其规模的宏大了。

因为水路交通利益之大，所以历代开凿的运河极多，长在一千里以下的运河，几乎数不着它。中国的大川，都是自西向东的，南北的水路交通，很觉得不便。大运河的开凿，多以弥补这缺憾为目的。《左氏》哀公九年，“吴城邗，沟通江淮”。此即今日的淮南运河。《史记·河渠书》说：“荥阳下引河东南为鸿沟，以通宋、郑、陈、蔡、曹、卫，与济、汝、淮、泗会。”鸿沟的遗迹，虽不可悉考，然其性质，则极似现在的贾鲁河，乃是所以沟通河淮两流域的。至后汉明帝时：则有从荥阳通至千乘的汴渠。此因当时的富力，多在山东，所以急图东方运输的便利。南北朝以后，富力集中于江淮，则运输之路亦一变。隋开通济渠，自东都引谷洛两水入河。又自河入汴，自汴入淮，以接淮南的邗沟。自江以南，则自京口达余杭，开江南河八百里。此即今日的江南运河。唐朝江淮漕转；二月发扬州。四月，自淮入汴。六七月到河口，八九月入洛。自此以往，因有三门之险，乃陆运以入于谓。宋朝建都汴京，有东西南北四河。东河通江淮。亦称里河。西河通怀、孟。南河通颍、寿。亦称外河。现在的惠民河，是其遗迹。北河通曹、濮。四河之中，东河之利最大。淮南、浙东西、荆湖南北之货，都自此入汴京。岭表的金银香药，亦陆运至虔州入江。陕西的货，有从西河入汴的，亦有出剑门和四川的货，同至江陵入江的。宋史说东河所通，三分天下有其二，虽是靠江淮等自然的动脉，运河连接之功，亦不可没的。元朝建都北平，交通之目的又异。乃引汶水分流南北，而现在的大运河告成。

海路的交通，已略见第十一章。唐咸通时，用兵交阯，湖南、江西，运输甚苦，润州人陈磻石创议海运。从扬子江经闽、广到交阯。大船一艘，可运千石。军需赖以无缺。是为国家由海道运粮之始。元、明、清三代，虽有运河，仍与海运并行。海运所费，且较河运为省。近代轮船未行以前，南北海道的运输，亦是很盛的。就到现在，南如宁波，北如营口，帆船来往的仍甚多。

水道的交通，虽极发达，陆路的交通，却是颇为腐败的。《日知录》说当时的情形："涂潦遍于郊关，污秽钟于辇毂。"《街道》条。又说："古者列树以表道。""下至隋唐之代，而官槐官柳，亦多见之诗篇。""近代政废法弛，任人斫伐。周道如砥，若彼濯濯。"。《官树》条。"《唐六典》：凡天下造舟之梁四，石柱之梁四，木柱之梁三，巨梁十有一，皆国工修之。其余皆所管州县，随时营葺。其大津无梁，皆给船人，量其大小难易，以定其差等。今畿甸荒芜，桥梁废坏。雄莫之间，秋水时至，年年陷境。曳轮招舟，无赖之徒，藉以为利。潞河舟子，勒索客钱，至烦章劾。司空不修，长吏不问，亦已久矣。《原注》："成化八年，九月，丙申，顺天府府尹李裕言：本府津渡之外，每岁水涨，及天气寒冱，官司修造渡船，以便往来。近为无赖之徒，冒贵戚名色，私造渡船，勒取往来人财物，深为民害。乞敕巡按御史，严为禁止，从之。"况于边陲之境，能望如赵充国治湟陿以西道桥七十所，令可至鲜水，从枕席上过师哉？"《桥梁》条。观此，知路政之不修，亦以宋以后为甚。其原因，实与建筑之颓败相同。前清末年，才把北京道路，加以修理。前此是与顾氏所谓"涂潦遍于郊关，污秽钟于辇毂"，如出一辙的。全国除新开的商埠外，街道比较整齐宽阔的，没有几处。南方多走水道，北方旱路较多，亦无不崎岖倾仄。间有石路，亦多年久失修。路政之坏，无怪全国富庶之区，都偏于沿江沿海了。

因路政之坏，交通乃不能利用动物之力而多用人力。《史记·夏本纪》："山行乘檋"，《河渠书》作"山行即桥"。按禹乘四载，又见《吕览·慎势》，《淮南·齐俗训》、《修务训》，《汉书·沟洫志》。又《史记集解》引《尸子》及徐广说，所作字皆互异。山行檋与桥外，又作梮，作蔂，作樏，作欙，蔂、樏、欙，系一字，显而易见。梮字见《玉篇》，云"舆，食器也。又土轝也。"雷浚《说文外编》云："土轝之字，《左传》作梮。按见襄公九年。《汉书·五行志》引作輂，《说文》："輂，大车驾马也。"按《孟子》："反虆梩而掩之。"《赵注》云："虆梩，笼臿之属，可以取土者也。"蔂、樏、欙并即虆梩，与梮并为取土之器，驾马则称为輂，亦以音借而作桥。后又为之专造轿字，则即淮南王《谏伐闽越书》所谓"舆轿而逾岭"。其物本亦车属，后因用诸山行，乃以人舁之。所以韦昭说："梮木器，如今舆状，人举以行。"此物在古代只用诸山行，后乃渐用之平地。王安石终身不乘肩舆，可见北宋时用者尚少，南渡以后，临安街道，日益狭窄，乘坐的人，就渐渐的多了。《明史·舆服志》：宋中兴以后，以征伐道路险阻，诏百官乘轿，名曰竹轿子，亦曰竹舆。

行旅之人不论在路途上，以及到达地头之后，均须有歇宿之所。古代交通未盛，其事率由官营。《周官》野庐氏，“比国郊及野之道路，宿息，井树。”遗人，“凡国野之道：十里有庐，庐有饮食。三十里有宿，宿有路室，路室有委。五十里有市，市有候馆，候馆有积。”都是所以供给行旅的。到达之后，则“卿馆于大夫，大夫馆于士，士馆于工商”。《仪礼·觐礼》。此即《礼记·曾子问》所谓“卿大夫之家曰私馆”。另有“公宫与公所为”，谓之公馆。当时的农民，大概无甚往来，所以只有卿士大夫和工商之家，从事于招待，但到后来，农民出外的也多了。新旅客的增加，必非旧式的招待所能普遍应付，就有借此以图利的，是为逆旅。《商君书·垦令篇》说：“废逆旅，则奸伪躁心私交疑农之民不行。逆旅之民，无所于食，则必农。”这只是陈旧的见解。《晋书·潘岳传》说，当时的人，以逆旅逐末废农，奸淫亡命之人，多所依凑。要把他废掉。十里置一官樆，使老弱贫户守之。差吏掌主，依客舍之例收钱。以逆旅为逐末废农，就是商君的见解。《左氏》僖公二年，晋人假道于虞以伐虢，说“虢为不道，保于逆旅，以侵敝邑之南鄙”。可见晋初的人，说逆旅使奸淫亡命，多所依凑，也是有的。但以大体言之，则逆旅之设，实所以供商贾之用，乃是随商业之盛而兴起的。看潘岳的驳议，便可明白。无法废绝商业，就无法废除逆旅。若要改为官办，畀差主之吏以管理之权，一定要弊余于利的。潘岳之言，亦极有理。总而言之：（一）交通既已兴盛，必然无法遏绝，且亦不宜遏绝。（二）官吏经营事业，其秩序必尚不如私人。两句话，就足以说明逆旅兴起的原因了。汉代的亭，还是行人歇宿之所。甚至有因一时没有住屋，而借居其中的。见《汉书·息夫躬传》。魏晋以后，私人所营的逆旅，日益兴盛，此等官家的事业，就愈益废坠，而浸至于灭绝了。

接力赛跑，一定较诸独走长途，所至者要远些，此为邮驿设置的原理。《说文》：“邮，境上行书舍也。”是专以通信为职的。驿则所以供人物之往来。二者设置均甚早。人物的往来，并不真要靠驿站。官家的通信，却非有驿站不可。在邮政电报开办以前，官家公文的传递，实利赖之。其设置遍于全国。元代疆域广大，藩封之地，亦均设立，以与大汗直辖之地相连接。规模不可谓不大。惜乎历代邮驿之用，都止于投递公文，未能推广之以成今日的邮政。民间寄书，除遣专使外，就须展转托人，极为不便。到清代，人民乃有自营的信局。其事起于宁波，逐渐推广，几于遍及全国。而且推及南洋。其经营的能力，亦不可谓之不伟大了。

铁路、轮船、摩托车、有线、无线电报的发明，诚足使交通、通信焕然改观。这个，诚然是文明进步之赐，然亦看用之如何。此等文明利器，能用以开发世界上尚未开发的地方，诚足为人类造福。若只在现社会机构之下，为私人所有，用以为其图利的手段，则其为祸为福，诚未易断言，现代的物质文明，有人歌诵他，有人咒诅他。其实物质文明的本身，是不会构祸的，就看我们用之是否得当。中国现在的开发西南、西北，在历史上，将会成为一大事。交通起于陆地，进及河川、沿海，再进及于大洋，回过来再到陆地，这是世界开发必然的程序。世界上最大最未开发的地方，就是亚洲的中央高原，其中又分为两区：（一）为蒙古、新疆等沙漠地带，（二）为西康、青海、西藏等高原。中国现在、开发西南、西北，就是触着这两大块未开辟之地。我们现在还不觉得，将来，这两件事的成功，会使世界焕然改观，成为另一个局面。

第十五章 教育

现在所谓教育，其意义，颇近乎从前所谓习。习是人处在环境中，于不知不觉之间，受其影响，不得不与之俱化的。所谓入芝兰之室，久而不闻其香；居鲍鱼之肆，久而不知其臭。所以古人教学者，必须慎其所习。孟母教子，要三次迁居，古训多重亲师取友，均系此意。因此，现代所谓教育，要替学者另行布置出一个环境来。此自非古人所及。古人所谓教，只是效法的意思。教人以当循之道谓之斆；受教于人而效法之，则谓之学，略与现在狭义的教育相当。人的应付环境，不是靠生来的本能，而是靠相传的文化。所以必须将前人之所知所能，传给后人。其机关，一为人类所附属的团体，即社团或家庭，一为社会中专司保存智识的部分，即教会。

读史的人，多说欧洲的教育学术和宗教的关系深，中国的教育学术和宗教的关系浅。这话诚然不错。但只是后世如此。在古代，中国的教育学术和宗教的关系，也未尝不密切。这是因为司高等教育的，必为社会上保存智识的一部分，此一部分智识，即所谓学术，而古代的学术，总是和宗教有密切关系的缘故。古代的太学，名为辟雍，与明堂即系同物。已见第七、第十四两章。所以所谓太学，即系王宫的一部分。蔡邕《明堂论》引《易传》说："太子旦入东学，昼入南学，暮入西学。在中央曰太学，天子之所自学也。"脱北学一句。又引《礼记·保傅篇》说："帝入东学，上亲而贵仁。入西学，上贤而贵德。入南学，上齿而贵信。入北学，上贵而尊爵。入太学，承师而问道。"所指的，都是此种王宫中的太学。后来文化进步，一切机关，都从王宫中分析出来，于是明堂之外，别有所谓太学。此即《礼记·王制》所说的"大学在郊"。《王制》又说"小学在公宫南之左"。按小学亦是从王宫中分化出来的。古代门旁边的屋子唤做塾。《礼记·学记》说："古之教者家有塾。"可见贵族之家，子弟是居于门侧的。《周官》教国子的有师氏、保氏。师氏居虎门之左，保氏守王闱。蔡邕说南门称门，西门称闱。汉武帝时，公玉带上《明堂图》，水环宫垣，上有楼，从西南入。见第十四章。可见古代的明堂，只西南两面有门，子弟即居于此。子弟居于门侧，似由最初使壮者任守卫之故。后来师氏、保氏之居门闱，小学之在公宫南之左，地位方向，还是从古相沿下来的。师氏所教的为三德、一曰至德，以为道本。二曰敏德，以为行本。三曰孝德，以知逆恶。按至德，大概是古代宗教哲学上的训条，孝德是社会政治上的伦理训条。三行，一曰孝行，以亲父母。二曰友行，以尊贤良。三曰顺行，以事师长。保氏所教的为六艺、一曰五礼，二曰六乐，三曰五射，四曰五御，五曰六书，六曰九数。六仪，一曰祭祀之容，二曰宾客之容，三曰朝廷之容，四曰丧纪之容，五曰军旅之容，六曰车马之容。这是古代贵族所受的小学教育。至于太学，则《王制》说"春秋教以礼乐，冬夏教以诗书"。此所谓礼乐，自与保氏所教六艺中的礼乐不同，当是宗教中高等的仪式所用。诗即乐的歌辞。书当系教中的古典。古代本没有明确的历史，相沿的传说，都是和宗教夹杂的，印度即系如此。然则此等学校中，除迷信之外，究竟还有什么东西没有呢？有的：（一）为与宗教相混合的哲学。先秦诸子的哲学、见解，大概都自此而出，看第十七章可明。（二）为涵养德性之地。梁启超是不信宗教的。当他到美洲去时，每逢星期日，却必须到教堂里去坐坐。意思并不是信他的教，而是看他们礼拜的秩序，听其音乐，以安定精神。这就是子夏说"学而优则仕，仕而优则学"之理。《论语·子张篇》。仕与事相通，仕就是办事。办事有余力，就到学校中去涵养德性，一面涵养德性，一面仍应努力于当办之事，正是德育、智育并行不悖之理。管太学的官，据《王制》

是大乐正，据《周官》是大司乐。俞正燮《癸巳类稿》有《君子小人学道是弦歌义》，说古代乐之外无所谓学，尤可见古代太学的性质。古代乡论秀士，升诸司徒，司徒升之于学，学中的大乐正，再升诸司马，然后授之以官。又诸侯贡士，天子试之于射宫。其容体比于礼，其节比于乐，而中多者，则得与于祭。均见第七章。这两事的根源，是同一的。即人之用舍，皆决之于宗教之府。“出征执有罪，反释奠于学”，《礼记·王制》。这是最不可解的。为什么明明是用武之事，会牵涉到学校里来呢？可见学校的性质，决不是单纯的教育机关了。然则古代所以尊师重道，大学之礼，虽诏于天子，无北面。《礼记·学记》。养老之礼，天子要袒而割牲，执酱而馈，执爵而酳。《礼记·乐记》。亦非徒以其为道之所在，齿德俱尊，而因其人本为教中尊宿之故。凡此，均可见古代的太学和宗教关系的密切。贵族的小学教育，出于家庭，平民的小学教育，则仍操诸社团之手。《孟子》说：“夏曰校，殷曰序，周曰庠，学则三代共之。”学指太学言，校、序、庠都是民间的小学。第五章所述：平民住居之地，在其中间立一个校室，十月里农功完了，公推有年纪的人，在这里教育未成年的人，就是校的制度。所以《孟子》说“校者教也”。又说“序者射也，庠者养也”，这是行乡射和乡饮酒礼之地。孔子说：“君子无所争，必也射乎？揖让而升，下而饮，其争也君子。”。《论语·八佾篇》。又说一看乡饮酒礼，便知道明贵贱，辨隆杀，和乐而不流，弟长而无遗，安燕而不乱等道理。所以说：“吾观于乡，而知王道之易易也。”《礼记·乡饮酒义》。然则庠序都是行礼之地，使人民看了，受其感化的。正和现在开一个运动会，使人看了，知道武勇、刚毅、仁侠、秩序等的精神，是一样的用意。行礼必作乐，古人称礼乐可以化民，其道即由于此。并非是后世的王礼，天子和百官行之于庙堂之上，而百姓不闻不见的。汉朝人所谓庠序，还系如此。与现在所谓学校，偏重智识传授的，大不相同。古代平民的教育，是偏重于道德的。所以兴学必在生计问题既解决之后。孟子说庠序之制，必与制民之产并言。见《梁惠王·滕文公上篇》。《王制》亦说：“食节事时，民咸安其居，乐事劝功，尊君亲上，然后兴学。”生计问题既解决之后，教化问题，却系属必要。所以又说：“饱食暖衣，逸居而无教，则近于禽兽。”《孟子·滕文公上篇》。又说：“君子如欲化民成俗，其必由学乎？”《学记》。

以上是古代社会，把其传统的所谓做人的道理，传给后辈的途径。贵族有贵族立身的方法，平民有平民立身的方法，其方法虽不同，其为立身之道则一。至于实际的智识技能，则得之必由于实习。实习即在办理其事的机关里，古称为宦。《礼记·曲礼》说“宦学事师”，《疏》引熊氏云：“宦谓学仕官之事。”官就是机关，仕官，就是在机关里办事。学仕官之事，就是学习在机关里所办的事。这种学习，是即在该机关中行之的，和现在各机关里的实习生一般。《史记·秦始皇本纪》：昌平君发卒攻嫪毐，战咸阳，斩首数百，皆拜爵。及宦者皆在战中，亦拜爵一级。《吕不韦列传》：请客求宦为嫪毐舍人千余人。《汉书·惠帝纪》：即位后，爵五大夫，吏六百石以上，及宦皇帝而知名者，有罪当盗械者，皆颂系。此所谓宦，即系学仕于其家。因为古代卿大夫及皇太子之家，都系一个机关。嫪毐之家，食客求宦者至千余人，自然未必有正经的事情可办，亦未必有正经的事情可以学习。正式的机关则不然。九流之学，必出于王官者以此。参看第十七章。子路说：“有民人焉，有社稷焉，何必读书，然后为学？”。《论语·先进篇》。就是主张人只要在机关里实习，不必再到教会所设的学校里，或者私家教授，而其宗旨与教会教育相同的地方去学习。《史记·孔子世家》说，孔子以诗、书、礼、乐教，可见孔子的教育，与古代学校中传统的教育相近。并不是说不要学习，就可以办事。

古代的平民教育，有其优点，亦有其劣点。优点是切于人的生活。劣点则但把传统的见解，传授给后生，而不授以较高的智识。如此，平民就只好照着传统的道理做人，而无从再研究其是非了。太学中的宗教哲学，虽然高深，却又去实际太远。所以必须到东周之世，各机关中的才智之士，将其（一）经验所得的智识，及（二）大学中相传的宗教哲学，合而为一，而学术才能开一新纪元。此时的学术，既非传统的见解所能限，亦非复学校及机关所能容，乃一变而为私家之学。求学问的，亦只得拜私人为师。于是教育之权，亦由官家移于私家，乃有先秦诸子聚徒讲学之事。

社会上新旧两事物冲突，新的大概都是合理的。因为必旧的摇动了，然后新的会发生，而旧的所以要摇动，即由于其不合理。但此理是不易为昔人所承认的，于是有秦始皇和李斯的办法：“士则学习法令辟禁。”“欲学法令，以吏为师。”这是想恢复到政教合一之旧。所以要恢复政教合一，则因他们认为“人善其所私学，以非上之所建立”，是天下所以不治；而当时的人，所以要善私学以非上所建立，全是出于朋党之私，所谓“饰虚言以乱实”，《史记·秦始皇本纪》三十四年。这固然不无相当的理由。然古代社会矛盾不深刻，政治所代表的，就是社会的公意，自然没有人出来说什么话。后世社会复杂了，各方面的矛盾，渐渐深刻，政治总只代表得一方面，其（一）反对方面，以及（二）虽非站在反对方面，而意在顾全公益的人，总不免有话说。这正是（一）有心求治者所乐闻，（二）即以手段而论，防民之口，甚于防川，亦是秉政者所应希望其宣泄的。而始皇、李斯不知“天下有道，则庶人不议”。《论语·季氏篇》。误以为庶人不议，则天下有道；至少庶人不议，天下才可以走上有道的路，这就和时势相反了。人的智识，总不免于落后，这也无怪其然。但社会学的公例，是不因人之不知，而加以宽恕的，该失败的总是要失败，而秦遂因之倾覆。秦朝的灭亡，固非儒生所为，然人心之不平，实为其最大原因之一，而儒生亦是其中的一部分。

汉朝的设立学校，事在武帝建元五年。此时并未立学校之名，仅为五经博士置弟子。在内由太常择补。在外由县、道、邑的长官，上所属二千石，二千石察其可者，令与所遣上计之吏，同诣京师。这就是公孙弘所说的“因旧官而兴焉”，不另设新机关。但因博士弟子，都有出身，所以传业者浸盛。以上见《史记》、《汉书·儒林传》。至后汉，则光武帝下车即营建太学。明、章二代，屡次驾幸。顺帝又增修校舍。至其末年，游学诸生，遂至三万余人，为至今未曾再有的盛况。按赵翼《陔余丛考》有一条，说两汉受学者都诣京师，其实亦不尽然。后汉所立，不过十四博士，而《汉书·儒林传》说：“大师众至千余人。”《汉书·儒林传》，不能证明其有后人增窜之迹，则此语至少当在东汉初年。可见民间传业，亦并非不盛。然汉代国家所设立的太学，较后世为盛；事实上比较的是学问的重心；则是不诬的。此因（一）当时社会，学问不如后世的广布，求学的自有走集学问中心地的必要。（二）则利禄使然，参看第七章自明。前汉时，博士弟子虽有出路，究系平流而进。后汉则党人劫持选举，而太学为私党聚集，声气标榜之地。又此时学术在社会上渐占重要地位。功臣、外戚及官吏等，亦多遣子弟入学。于是纨袴子弟，搀杂其中，不能认真研究，而易与政治接近。就成《后汉书·儒林传》所说的：“章句渐疏，多以浮华相尚”了。汉末丧乱，既不能研究学问，而以朋党劫持选举的作用亦渐失。魏文帝所立的太学，遂成学生专为避役而来，博士并无学问可以教授的现状。详见《三国·魏志·王肃传》《注》引《魏略》。

魏晋以后，学校仅为粉饰升平之具。所谓粉饰升平，并不是学校能积极的替政治上装饰出什么东西来，而是消极的，因为倘使连学校都没有，未免说不过去。所以苟非丧乱之时，总必有所谓学校。至其制度，则历代又略有不同。晋武帝咸宁二年，始立国子学。按今文经说，只有太学。大司乐合国之子弟，是出于《周官》的，是古文经说。两汉的政治制度，大抵是根据今文学说的。东汉之世，古学渐兴，魏晋以后，今文传授的统绪遂绝，所以此时的政治制度，亦渐采用古文学说了。自此以后，元魏国子、太学并置。周只有太学。齐只有国子学。隋时，始令国子学不隶太常，独立为一监。唐有国子学、太学、四门学、律学、书学、算学，都属国子监。后律学改隶详刑，书学改隶兰台，算学改隶秘阁。律学、书学、算学专研一种学问艺术，系专门学校性质。国子学、太学、四门学，则系普通性质。国子学、太学，都只收官吏子弟，只有四门学收一部分庶人，成为阶级性质了。这都是古文学说的流毒。四门学在历史上，有两种性质：有时以为小学。此时则模仿《礼记·王制》之说：王太子、王子、群后的太子、卿大夫元士的適子，都可以直接入学，庶人则须节级而升，因令其先入四门小学。然古代所谓学校，本非研究学问之地。乡论秀士，升诸司徒，司徒升之于学，大乐正再升诸司马，不过是选举的一途。贵族世袭之世，得此已算开明。后世则用人本无等级，学校为研究学问之地，庶人的学问，未必劣于贵族，而令其节级而升，未免不合于理。将庶人及皇亲、国戚、官吏子弟所入的学校分离，那更是造出等级来了。又有弘文馆属门下省，是专收皇亲的。崇文馆属东宫，是收皇太后、皇后亲属兼及官吏子孙的。总之，学校只是政治上的一个机关，学生只是选举上的一条出路，和学术无甚关系。学校中未必真研究学术，要研究学术，亦不一定要入学。

把学校看作提倡学术，或兴起教化之具，其设立，是不能限于京师的。汉武帝时，虽兴起太学，尚未能注意地方。其时只有贤长官如文翁等，在其所治之地，自行提倡。见《汉书·循吏传》。到元帝令郡国皆设五经百石卒史，才可算中央政府，以命令设立地方学校的权舆。但汉朝人眼光中，所谓庠序，还不是用以提倡学术，而是用以兴起教化的。所以元帝所为，在当时的人看起来，只能算是提倡经学，并不能算是设立地方学校。这个，只要看《汉书·礼乐志》的议论，便可知道。隋唐时，各州县都有学，隋文帝曾尽裁太学、四门学及州、县学，仅留国子生七十人。炀帝时恢复。然只法令如此。在唐时，大概只有一笔释奠之费，以祭孔子。事见《唐书·刘禹锡传》。按明清之世，亦正是如此。所谓府、州、县学，寻常人是不知其为学校，只知其为孔子庙的。所以有人疑惑："为什么佛寺、道观，都大开了门，任人进去，独有孔子庙却门禁森严？"当变法维新之初，有人想把孔子抬出来，算做中国的教主，以和基督教相抗，还有主张把文庙开放，和教堂一样的。殊不知中国本无所谓孔子庙。孔子乃是学校里所祭的先圣或先师。《礼记·文王世子》："凡入学，必释奠于先圣、先师。"先圣是发明家。先师是把发明家的学问，流传下来的人。此项风气，在中国流行颇广。凡百事业，都有其所崇奉的人，如药业崇奉神农，木匠崇奉鲁班，都是把他认作先圣，儒家是传孔子之道的，所以把孔子认作先圣，传经的人，认作先师。古文学说既行，认为孔子所传的，只是古圣王之道，尤其直接模范的是周公。周朝集古代治法的大成，而其治法的制定，皆由于周公。所以周公可以看作发明家的代表。于是以周公为先圣，孔子为先师。然孔子为中国所最尊的人，仅仅乎把他看做传述者，不足以餍足宗教心理。于是仍改奉孔子为先圣。自宋学兴起以后，所谓孔子之道者又一变。认为汉唐传经儒生，都不足以代表孔子之学。宋代诸儒，崛起于千载之后，乃能遥接其道统。于是将宋以后的理学家，认为先师。此即所谓从祀。汉至唐传经诸儒，除品行恶劣者外，亦不废黜。是为历代所谓先圣先师者的变迁。寺庙可以公开，学校是办不到的。现在的学校，从前的书院、义塾，又何尝能大开其门，任人出入呢？然令流俗之人，有此误会，亦可见学校的有名无实了。

魏晋以后，看重学校的有两个人：一个是王安石，一个是明太祖。王安石的意思，是人才要由国家养成的。科举只是取人才，不是养人才，不能以此为已足。照安石的意思，改革科举，只是暂时的事，论根本，是要归结到学校养士的。所以于太学立三舍之法。即外舍、内舍、上舍，学生依次而升。到升入上舍，则得免发解及礼部试，而特赐之以进士第。哲宗元符二年，令诸州行三舍法。岁贡其上舍生，附于外舍。徽宗遂特建外学，以受诸州贡士。并令太学内的外舍生，亦出居外学。遂令取士悉由学校升贡，其州郡发解及礼部试并停。后虽旋复，然在这一时期中的立法，亦可谓很重视学校了。按（一）凡事都由国家主持，只有国小而社会情形简单的时代，可以办到。国大而社会复杂，根本是不可能的，因为（甲）国家不但不能胜此繁重的职务，（乙）并不能尽知社会的需要。因（甲）则其所办之事，往往有名无实，甚或至于有弊。因（乙）则其所办之事，多不能与社会趋势相应，甚或顽固守旧，阻碍进步。所以积极的事情，根本是不宜于国家办的。现在政治学上，虽亦有此项主张，然其理论漏洞甚多，至多只可用以应急，施诸特殊的事务，断非可以遍行常行的道理。这话太长了，现在不能详论。然可用以批评宋时的学校，总是无疑的。所以当时的学校，根本不会办得好。（二）而况自亡清以前，学堂奖励章程废止以前。国家把学校、科举，都看作登庸官吏之法，入学者和应科举者一样，都是为利禄而来，又何以善其后呢？其中固有少数才智之士。然亦如昔人论科举的话，"乃人才得科举，非科举得人才。"此等人在学校中，并不能视为学校所养成。安石变科举法后，感慨道："本欲变学究为秀才，不料变秀才为学究。”秀才是科举中最高的一科，学究则是最低的。熙宁贡举法所试，较诸旧法，不能不说是有用些。成绩之所以不良，则由学问的好坏，甚而至于可以说是有无，都判之于其真假，真就是有，假就是无。真假不是判之于其所研究的门类、材料，而是判之于其研究的态度、方法的。态度和方法，判之于其有无诚意。所以以利用为目的，以学习为手段，学到的，至多是技术，决不是学问。此其原理，在学校与科举中，并无二致。以得奖励为目的的学校，其结果，只能与科举一样。

凡国家办的事，往往只能以社会上已通行的，即大众所公认的理论为根据。而这种理论，往往是已经过时的，至少是比较陈旧的。因为不如此，不会为大众所承认。其较新鲜的，方兴的，则其事必在逐渐萌芽，理论必未甚完全，事实亦不会有什么轰轰烈烈的，提给大众看，国家当然无从依据之以办事，所以政治所办理的事情，往往较社会上自然发生的事情为落后。教育事业，亦是如此。学问是不宜于孤独研究的。因为（一）在物质方面，供给不易完全；（二）在精神方面，亦不免孤陋寡闻之诮。所以研究学问的人，自然会结成一种团体。这个团体，就是学校。学校的起源，本是纯洁的，专为研究学问的；惜乎后来变为国家养成人才之所。国家养成人才，原是很好的事；但因（一）事实上，国家所代表的，总是业经通行、已占势力的理论。所以公家所立的学校，其内容，总要比较陈旧些。社会上新兴的，即在前途有真正需要，而并非在过去占有势力的学科，往往不能尽力提倡。（二）而且其本身，总不免因利禄关系而腐化。于是民间有一种研究学问的组织兴起来，这便是所谓书院。书院是起于唐、五代之间的。宋初，有所谓四大书院者，朝廷咸赐之额。曰白鹿，在庐山白鹿洞，为南唐升元中所建。曰石鼓，唐元和中衡州守李宽所建。曰应天，宋真宗时，府民曹诚所建。曰岳麓，宋开宝中，潭州守朱洞所建。此系据《通考》。《玉海》有嵩阳而无石鼓。嵩阳，在登封县大室山下，五代时所建。此外赐额、赐田、赐书的还很多。但书院并不靠朝廷的奖励和补助。书院之设，大概由（一）有道德学问者所提倡，（二）或为好学者的集合，（三）或则有力者所兴办。他是无所为而为之的，所以能够真正研究学问，而且真能跟着风气走。在理学盛行时代，则为讲学的中心；在考据之学盛行的时代，亦有许多从事于此的书院，即其确证。新旧两势力，最好是能互相调和。以官办的学校，代表较旧的、传统的学术；以私立的学校，代表较新的、方兴的学术，实在是最好的办法。

宋朝国势虽弱，然在文化上，不能说是没有进步的。文化既进步，自然觉得有多设学校的必要。元朝的立法，就受这风气的影响。元朝的国子监，本是蒙古、色目和汉人，都可以进的。蒙古人试法从宽，授官六品；色目人试法稍密，授官七品；汉人试法最密，授官从七品，则系阶级制度。然在京师，又有蒙古国子学。诸路有蒙古字学。仁宗延祐元年，又立回回国子学，以肄习其文字。诸路、府、州、县皆有学。世祖至元二十八年，又令江南诸路学及各县学内设小学，选老成之士教之。或自愿招师，或自受家学于父兄者，亦从其便。其他先儒过化之地，名贤经行之所，与好事之家，出钱米赡学者，并立为书院。各省设提举二员，以提举学校之事。官家竭力提倡，而仍承认私家教育的重要，不可谓非较进步的立法。此项法令，能否真正实行，固未可知，然在立法上，总是明朝的前驱。

明朝的学校，立法是很完密的。在昔时把学校看做培植人才，政治上的人才。登庸官吏的机关，而不视为提高文化，普及教育的工具，其立法不过如此而止，其扩充亦只能到这地步了。然而其法并不能实行，这可见法律的拗不过事实。明朝的太学，名为国子监。太祖看国子监是极重的。所用的监官，都是名儒。规则极严，待诸生甚厚。又创历事之法，使在各机关中实习，曾于一日之间，擢用国子生六十余人为布、按两司官。其时国子诸生，扬历中外者甚众，可谓极看重学校的了。然一再传后，科举积重，学校积轻，举贡的选用，遂远不能与进士比。而自纳粟入监之例开后，且被视为异途。国子生本是从府、州、县学里来的。府、州、县学学生升入国子监的，谓之贡生。有岁贡、按年依定额升入。选贡、选拔特优的。恩贡、国家有庆典时，特许学生升入国学，即以当充岁贡者充之，而以其次一名充岁贡。纳贡府、州、县学生纳粟出学。之别。举人亦可入监。后又取副榜若干，令其入监读书。府、州、县学，府有教授，州有学正，县有教谕，其副概称训导。学生各有定额。初设的都由学校供给饮食，后来增广学额，则不能然。于是称初设的为廪膳生员，增广的为增广生员。后又推广其额，谓之附学生员。于是新取入学的，概称附学生员。依考试的成绩，递升为增广、廪膳。廪膳生资格深的，即充岁贡。入学和判定成绩的考试，并非由教谕训导举行，而是另行派员主持的。入学之试，初由巡按御史或布按两司及府、州、县官，后特置提督学政，巡历举行。僻远之地，为巡历所不能至者，或仍由巡按御史及分巡道。学政任期三年。三年之中，考试所属府、州、县学生两次：一次称岁考，是用以判定成绩优劣的。一次称科考，在举行科场之年，择其优者，许应乡试。

国子监生，毕业后可以入官的，府、州、县学生，则无所谓毕业。其出路：只有（一）应科举中式，（二）贡入国子监。如其不然，则始终只是一个学生。要到五十岁之后，方许其不应岁试。未满五十而不应岁试，试时亦可请假，但下届须补。清制，缺至三次者，即须斥革。其学籍，是要取消掉的。非府、州、县学生不能应科举，府、州、县学生除贡入太学外，亦非应科举不能得出路，这是实行宋以来学校科举相辅而行的理想的。在当时，确是较进步的立法。然而法律拗不过事实。事实上，国家所设的学校，一定要人来读书，除非（一）学校中真有学问，为在校外所学不到的。（二）法令严切，不真在校学习，即不能得到出路。但当时的学校，即使认真教授，其程度，亦不会超过民间的教育，而况并不教授？既然并不教授，自无从强迫学生在学。于是除国子监在京师首善之地，且沿明初认真办理之余，不能竟不到监，乃斤斤和监官计较“坐监”的日数外，府、州、县学，皆阒无其人，人家仍只目它为文庙。学校的有名无实，一方面，固表现政治的无力，一方面，也表示社会的进步。因为社会进步了，到处都有指导研究的人，供给研究的器，人家自然无庸到官立的学校里来了。我们现在，如其要读中国的旧书，并不一定要进学校。如其要研究新学问，有时非进学校不可，甚至有非到外国去不可的。就因为此种学术，在社会上还未广布。清朝的学制，是和明朝大同的。所不同的，则明朝国子监中的荫生，分为官生、恩生。官生是限以官品的。学生父兄的官品。恩生则出自特恩，不拘品级。清制分为难荫及恩荫。恩荫即明代的官生。难荫谓父兄殉难的，其条件较恩荫为优。又清制，除恩副岁贡生外，又有优、拔两贡。优贡三岁一行。每一督学使者，岁科两试俱讫后，就教官所举优行生，加以考试，再择优送礼部考试，许其入国子监读书。拔贡十二年举行一次。合岁科两试优等生，钦命大臣会同督抚复试。送吏部再应廷试，一、二等录用，三等入监。但入监都是有名无实的。

以上所述的，大体都是官办的学校，为政治制度的一部分，和选举制度有关。其非官办的，亦或具有学校的性质，如书院是。至于不具学校形式的，则有（一）私人的从师读书，（二）或延师于家教授。其教授的内容，亦分为两种：（一）是以应科举为目的的，可谓士人所受的教育。（二）又一种，但求粗知文义，为农、工、商家所受。前者既不足以语于学问，后者又不切于实用。这是因为从前对于教育，无人研究，不过模模糊糊，蹈常习故而行之而已。至清末，变法以来，才有所谓新式的教育，就是现行的制度。对于文化的关系，人所共知，不烦深论。学校初兴时，还有所谓奖励。大学毕业视进士，大学预科、高等学堂视举人。中等学校以下，分别视贡生及附生等。这还带有政治的性质。民国时代，把奖励章程废去，才全和科举绝缘。

第十六章 语文

语言文字的发明，是人类的一个大进步。（一）有语言，然后人类能有明晰的概念。（二）有语言，然后这一个人的意思，能够传达给那一个人。而（甲）不须人人自学，（乙）且可将个人的行为，化作团体的行为。单有语言，还嫌其空间太狭，时间太短，于是又有文字，赋语言以形，以扩充其作用。总之，文字语言，是在空间上和时间上，把人类联结为一的。人类是非团结不能进化的，团结的范围愈广，进化愈速，所以言语文字，实为文化进化中极重要的因素。

以语言表示意思，以文字表示语言，这是在语言文字发达到一定阶段之后看起来是如此。在语言文字萌芽之始，则并不是如此的。代表意思多靠身势。其中最重要的是手势。中国文字中的“看”字，义为以手遮目，最能表示身势语的遗迹。与语言同表一种意象的，则有图画。图画简单化，即成象形文字。图画及初期的象形文字，都不是代表语言的。所以象形文字，最初未必有读音。图画更无论了。到后来，事物繁复，身势不够表示，语言乃被迫而增加。语言是可以增加的，（一）图画及象形文字，则不能为无限的增加，且其所能增加之数极为有限；（二）而凡意思皆用语言表示，业已成为习惯，于是又改用文字代表语言。文字既改为代表语言，自可用表示声音之法造成，而不必专于象形，文字就造的多了。

中国文字的构造，旧有六书之说。即（一）象形。（二）指事。（三）会意。（四）形声。（五）转注。（六）假借。六者之中，第五种为文字增加的一例，第六种为文字减少的一例，只有前四种是造字之法。许慎《说文解字·序》说："黄帝之史仓颉，见鸟兽蹄迒之迹，知分理之可相别异也，初造书契。"又说："仓颉之初作书，盖依类象形，故谓之文。其后形声相益，即谓之字。"按许氏说仓颉造字，又说仓颉是黄帝之史，这话是错的。其余的话，则大概不错。字是用文拼成的，所以文在中国文字中，实具有字母的作用。旧说谓之偏旁。象形、指事、会意、形声四种中，只有象形一种是文，余三种都是字。象形就是画成一种东西的形状，如、、、，此字须横看。，《说文》："象臂胫之形。"按此所画系人的侧面，而又略去其头未画。，上系头，中系两臂，小孩不能自立，故下肢并而为一。，《说文》："象人形。"按此系人的正面形，而亦略画其头。只有子字是连头画出的。按画人无不画其头之理，画人而不画其头，则已全失图画之意矣。于此，可悟象形文字和图画的区别。等字是。（一）天下的东西，不都有形可画。（二）有形可画的，其形亦往往相类。画得详细了，到足以表示其异点，就图画也不能如此其繁。于是不得不略之又略，至于仅足以略示其意而止。倘使不加说明，看了它的形状，是万不能知其所指的。即或可以猜测，亦必极其模糊。此为象形文字与图画的异点。象形文字所以能脱离图画而独立者以此。然如此，所造的字，决不能多。指事旧说是指无形可象的事，如人类的动作等。这话是错的。指，就是指定其所在。事物二字，古代通用。指事，就是指示其物之所在。《说文》所举的例，是上下二字。卫恒《四体书势》说"在上为上，在下为下"，其语殊不可解。我们看《周官》保氏《疏》说"人在一上为上，人在一下为下"，才知道《四体书势》，实有脱文。《说文》中所载古文丄丅二字，乃系省略之形。其原形当如篆文作。一画的上下系人字，借人在一画之上，或一画之下，以表示上下的意思。这一画，并非一二的一字，只是一个界画。《说文》中此例甚多。用此法，所造的字，亦不能多。会意的会训合。会意，就是合两个字的意思，以表示一个字的意思。如《说文》所举人言为信，止戈为武之类。此法所造的字，还是不能多的。只有形声字，原则上是用两个偏旁，一个表示意义，一个表示声音。凡是一句话，总自有其意义，亦自有其声音的。如此，造字的人，就不必多费心思，只要就本语的意义，本语的声音，各找一个偏旁来表示它就够了。造的人既容易，看的人也易于了解。而且其意义，反较象形、指事、会意为确实。所以有形声之法，而“文字之用，遂可以至于无穷”。转注：《说文》所举的例，是考老二字。声音相近，意义亦相近。其根源本是一句话，后来分化为两句的。语言的增加，循此例的很多。文字所以代表语言，自亦当跟着语言的分化而分化。这就是昔人的所谓转注。夥多两字，与考老同例。假借则因语言之用，以声音为主。文字所以代表语言，亦当以声音为主。语文合一之世，文字不是靠眼睛看了明白的，还要读出声音来。耳朵听了，等于听语言。而明白其意义。如此，意义相异之语，只要声音相同，就可用相同的字形来代表它。于是（一）有些字，根本可以不造。（二）有些字，虽造了，仍废弃不用，而代以同音的字。此为文字之所以减少。若无此例，文字将繁至不可胜识了。六书之说，见于许《序》及《汉书・艺文志》。作象形、象事、象意、象声、转注、假借。《周官》保氏《注》引郑司农之说。作象形、会意、转注、处事、假借、谐声。昔人误以为造字之法，固属大谬。即以为保氏教国子之法，亦属不然。教学童以文字，只有使之识其形，明其音义，可以应用，断无涉及文字构造之理。以上所举六书之说，当系汉时研究文字学者之说。其说是至汉世才有的。《周官》保氏，教国子以六书，当与《汉书・艺文志》所说太史以六体试学童的六体是一，乃系字的六种写法，正和现在字的有行、草、篆、隶一样。《汉书・艺文志》说：“古者八岁入小学，故《周官》保氏，掌养国子，教之六书。谓象形、象事、象意、象声、转注、假借，造字之本也。汉兴，萧何草律，亦著其法，曰：太史论学童，能讽书九千字以上，乃得为史。又以六体试之。课最者以为尚书、御史、史书、令史。吏民上书，字或不正，辄举劾。六体者，古文、奇字、篆书、隶书、缪篆、虫书，皆所以通知古今文字，摹印章，书幡信也。”“谓象形、象事、象意、象声、转注、假借，造字之本也”十八字，定系后人窜入。惟保氏六书和太史六体是一，所以说亦著其法，若六书与六体是二，这亦字便不可通了。以六书说中国文字的构造，其实是粗略的，读拙撰《字例略说》可明。商务印书馆本。然大体亦尚可应用。旧时学者的风气，本来是崇古的；一般人又误以六书为仓颉造字的六法。造字是昔时视为神圣事业的，更无人敢于置议。其说遂流传迄今。《荀子・解蔽篇》说：“故好书者众矣，而仓颉独传者，壹也。”可见仓颉只是一个会写字的人。然将长于某事的人，误认作创造其事的人，古人多有此误。如暴辛公善埙，苏成公善篪，《世本·作篇》即云：暴辛公作埙，苏成公作篪，谯周《古史考》已驳其缪。见《诗·何人斯》《疏》。因此，生出仓颉造字之说。汉代纬书，皆认仓颉为古代的帝皇。见拙撰《中国文字变迁考》第二章，商务印书馆本。又有一派，因《易经·系辞传》说“上古结绳而治，后世圣人易之以书契”，蒙上“黄帝、尧、舜，垂衣裳而天下治”，认为上古圣人，即是黄帝。司记事者为史官，因以仓颉为黄帝之史。其实二者都是无稽的。还有《尚书》伪孔安国《传序》，以三坟为三皇之书，五典为五帝之典，而以伏羲、神农、黄帝为三皇，就说文字起于伏羲时，那更是无据之谈了。

文字有形、音、义三方面，都是有变迁的。形的变迁，又有改变其字的构造和笔画形状之异两种，但除笔画形状之异一种外，其余都非寻常人所知。字之有古音古义，每为寻常人所不知。至于字形构造之变，则新形既行，旧形旋废，人并不知有此字。所以世俗所谓文字变迁，大概是指笔画形状之异。其大别为篆书、隶书、真书、草书、行书五种。

一、篆书是古代的文字，流传到秦汉之世的。其文字，大抵刻在简牍之上，所以谓之篆书。篆就是刻的意思。又因其字体的不同，而分为（甲）古文，（乙）奇字，（丙）大篆，（丁）小篆四种。大篆，又称为籀文。《汉书·艺文志》，小学家有《史籀》十五篇。自注：“周宣王太史作。”《说文解字·序》：“《史籀》者，周时史官教学童书也。”又说：“《仓颉》七章者，秦丞相李斯所作也。《爰历》六章者，车府令赵高所作也。《博学》七章者，太史令胡毋敬所作也。文字多取《史籀篇》，而篆体复颇异，所谓秦篆者也。”然则大篆和小篆，大同小异。现在《说文》所录籀文二百二十余，该就是其相异的。其余则与小篆同。小篆是秦以后通行的字。大篆该是周以前通行的字。至于古文，则该是在大篆以前的。即自古流传的文字，不见于《史籀》十五篇中的。奇字即古文的一部分。所不同者，古文能说得出他字形构造之由，奇字则否。所谓古文，不过如此。《汉书·艺文志》、《景十三王传》、《楚元王传》载刘歆《移让太常博士书》，都说鲁恭王坏孔子宅，在壁中得到许多古文经传。其说本属可疑。因为（一）秦始皇焚书，事在三十四年。自此至秦亡，止有七年。即下距汉惠帝四年除挟书律，亦只有二十三年。孔壁藏书，规模颇大，度非一二人所为。不应其事遂无人知，而有待于鲁恭王从无意中发现。（二）假使果有此事，则在汉时实为一大事。何以仅见于《汉书》中这三处，而他书及《汉书》中这三处以外，绝无人提及其事。凡历史上较重大之事，总和别的事情有关系的，也总有人提及其事，所以其文很易散见于各处。此三处：《鲁恭王传》，不将坏孔子宅之事，接叙于其好治宫室之下，而别为数语，缀于传末，其为作传时所无有，传成之后，再行加缀于末。显而易见。《移让太常博士》，本系刘歆所说的话。《艺文志》也是以刘歆所做的《七略》为本的。然则这两篇，根本上还是刘歆一个人的话。所以汉代得古文经一事，极为可疑。然自班固以前，还不过说是得古文经；古文经的本子、字句，有些和今文经不同而已，并没有说古文经的字，为当时的人所不识。到王充作《论衡》，其《正说篇》，才说鲁恭王得百篇《尚书》，武帝使使者取视，莫能读者。《尚书·伪孔安国传序》，则称孔壁中字为蝌蚪书。谓蝌蚪书废已久，时人无能知者。孔安国据伏生所传的《尚书》，考论文义，意谓先就伏生所传各篇，认识其字，然后再用此为根据，以读其余诸篇。才能多通得二十五篇。这纯是以意揣度的野言，古人并无此说。凡文字，总是大众合力，于无形中逐渐创造的，亦总是大众于无形之间，将其逐渐改变的。由一人制定文字，颁诸公众，令其照用，古无此事。亦不会两个时代中，有截然的异同，至于不能相识。

二、篆书是圆笔，隶书是方笔。隶书的初起，因秦时"官狱多事"，《汉志》语。官指普通行政机关，狱指司法机关。"令隶人佐书"，《四体书势》语。故得此名。徒隶是不会写字的人，画在上面就算，所以笔画形状，因此变异了。然这种字写起来，比篆书简便得多，所以一经通行，遂不能废。初写隶书的人是徒隶，自然画在上面就算，不求美观。既经通行，写的人就不仅徒隶了。又渐求其美观。于是变成一种有挑法亦谓之波磔。的隶书。当时的人，谓之八分书。带有美术性质的字，十之八九都用它。

三、其实用的字，不求美观的，则仍无挑法，谓之章程书。就是我们现在所用的正书。所以八分书是隶书的新派，无挑法的系隶书的旧派。现在的正书，系承接旧派的，所以现在的正书，昔人皆称为隶书。王羲之，从来没有看见他写一个八分书，或者八分书以前的隶字，而《晋书》本传，却称其善隶书。

四、正书，亦作真书，其名系对行草而立。草书的初起，其作用，当同于后来的行书，是供起草之用的。《史记·屈原列传》说：楚怀王使原造宪令，草藁未上，上官大夫见而欲夺之。所谓草藁，就是现在所谓起草。草藁是只求自己认得，不给别人看的，其字，自然可以写得将就些。这是大家都这样做的，本不能算创造一种字体，自更说不上是谁所创造。到后来，写的人，不求其疾速，而务求其美观。于是草书的字体，和真书相去渐远。导致只认得真书的人，不能认得草书。于是草书距实用亦渐远。然自张芝以前，总还是一个一个字分开的。到张芝出，乃“或以上字之下，为下字之上”，其字竟至不可认识了。后人称一个一个字分开的为章草，张芝所创的为狂草。

五、狂草固不可用，即章草亦嫌其去正书稍远。（甲）学的人，几乎在正书之外，又要认识若干草字。（乙）偶然将草稿给人家看，不识草字的人，亦将无从看起。事务繁忙之后，给人家看的东西，未必一定能誊真的。草书至此，乃全不适于实用。然起草之事，是决不能没有的。于是另有一种字，起而承其乏，此即所谓行书。行书之名，因“正书如立，行书如行”而起。其写法亦有两种：（子）写正书的人，把它写得潦草些，是为真行。（丑）写草书的人，把它写得凝重些，是为行草。见张怀瓘《书议》。从实用上说，字是不能没有真草两种，而亦不能多于真草两种的。因为看要求其清楚，写要求其捷速；若多于真草两种，那又是浪费了。孟森说。中国字现在书写之所以烦难，是由于都写真书。所以要都写正书，则由于草书无一定的体式。草书所以无一定的体式，则因字体的变迁，都因美术而起。美术是求其多变化的，所以字体愈写愈纷歧。这是因向来讲究写字的人，多数是有闲阶级；而但求应用的人，则根本无暇讲究写字之故。这亦是社会状况所规定。今后社会进化，使用文字的地方愈多。在实用上，断不能如昔日仅恃潦草的正书。所以制定草体，实为当务之急。有人说：草体离正书太远了，几乎又要认识一种字，不如用行书。这话，从认字方面论，固有相当的理由。但以书写而论，则行书较正书简便得没有多少。现在人所写潦草的正书，已与行书相去无几。若求书写的便利，至少该用行草。在正书中，无论笔画如何繁多的字，在草书里，很少超过五画的。现在求书写的便利，究竟该用行书，还该用草书，实在是一个有待研究的问题。至于简笔字，则是不值得提倡的。这真是徒使字体纷繁，而书写上仍简便得有限。书写的烦难，亦由于笔画形状的工整与流走，不尽由于笔画的多少。

中国现在古字可考的，仍以《说文》一书为大宗。此书所载，百分之九十几，系秦汉时通行的篆书。周以前文字极少。周以前的文字，多存于金石刻中，即昔人刻在金石上的文字。但其物不能全真，而后人的解释，亦不能保其没有错误。亡清光绪二十四五年间，河南安阳县北的小屯，发见龟甲、兽骨，其上有的刻有文字。据后人考证，其地即《史记·项羽本纪》所谓殷墟。认其字为殷代文字。现在收藏研究的人甚多。但自民国十七年中央研究院和河南省合作发掘以前所发现之品，伪造者极多。详见《安阳发掘报告书》第一期所载《民国十七年十月试掘安阳小屯报告书》，及《田野考古报告》第一期所载《安阳侯家庄出土之甲骨文字》。又吴县所出《国学论衡》某册所载章炳麟之言，及《制言杂志》第五十期章炳麟《答金祖同论甲骨文第二书》。所以在中央研究院发掘所得者外，最好不必信据，以昭谨慎。

古人多造单字，后世则单音语渐变为复音，所增非复单音的字，而是复音的辞。大抵春秋战国之时，为增造新字最多的时代。《论语·卫灵公篇》：子曰："吾犹及史之阙文也"，"今亡已夫"！这就是说：从前写字的人，遇见写不出的字，还空着去请教人，现在却没有了，都杜造一个字写进去。依我推想起来，孔子这种见解，实未免失之于旧。因为前此所用的文字少，写来写去，总是这几个字。自己不知道，自然可问之他人。现在所用的字多了，口中的语言，向来没有文字代表它的，亦要写在纸上。既向无此字，问之于人何益？自然不得不杜造了。（一）此等新造的字，既彼此各不相谋。（二）就旧字也有（甲）讹，（乙）变。一时文字，遂颇呈纷歧之观。《说文解字·序》说七国之世，"文字异形"，既由于此。然（子）其字虽异，其造字之法仍同；（丑）而旧有习熟的字，亦决不会有改变，大体还是统一的。所以《中庸》又说："今天下"，"书同文"。《史记·秦始皇本纪》：二十六年，"书同文字"。此即许《序》所说："秦始皇帝初兼天下，丞相李斯乃奏同之，罢其不与秦文合者。"此项法令，并无效验。《汉书·艺文志》说：闾里书师，合《苍颉》、《爰历》、《博学》三篇，断六十四字以为一章，凡五十五章，并为《苍颉篇》。这似乎是把三书合而为一，大体上把重复之字除去。假定其全无复字，则秦时通行的字，共得三千三百。然此三书都是韵文，除尽复字，实际上怕不易办到，则尚不及此数。而《说文》成于后汉时，所载之字，共得九千九百一十三。其中固有籀文及古文、奇字，然其数实不多，而音义相同之字，则不胜枚举。可见李斯所奏罢的字，实未曾罢，如此下去，文字势必日形纷歧。这是一个很严重的问题。幸得语言从单音变为复音，把这种祸患，自然救止了。用一个字代表一个音，实在是最为简易之法。因为复音辞可以日增，单音字则只有此数。识字是最难的事，过时即不能学的。单音无甚变迁，单字既无甚增加，亦无甚改变。读古书的，研究高深文学的，所通晓的辞类及文法，虽较常人为多，所识的单字，则根本无甚相异。认识了几千个字，就能读自古至今的书，也就能通并时的各种文学，即由于此。所以以一字代表一音，实在是中国文字的一个进化。至此，文字才真正成了语言的代表。这亦是文字进化到相当程度，然后实现的。最初并非如此。《说文》：犙，三岁牛。馴，马八岁。犙从参声，馴从八声，笔之于书，则有牛马旁，出之于口，与“三八”何异？听的人焉知道是什么话？然则犙决非读作参，馴决非读作八；犙馴两字，决非代表参八两个音，而系代表三岁牛，马八岁两句话。两句话只要写两个字，似乎简便了，然以一字代表一音纯一之例破坏，总是弊余于利的。所以宁忍书写之烦，而把此等字淘汰去。这可见自然的进化，总是合理的。新造的氯氮等字，若读一音，则人闻之而不能解，徒使语言与文字分离，若读两音，则把一字代表一音的条例破坏，得不偿失。这实在是退化的举动。所以私智穿凿，总是无益有损的。

语言可由分歧而至统一，亦可由统一而至分歧。由分歧而至统一，系由各分立的部族，互相同化。由统一而至分歧，则由交通不便，语音逐渐讹变；新发生的事物，各自创造新名；旧事物也有改用新名的。所以（一）语音，（二）词类，都可以逐渐分歧。只有语法，是不容易变化的。中国语言，即在此等状况下统一，亦即在此等状况下分歧。所以语音、词类，各地方互有不同，语法则无问题。在崇古的时代，古训是不能不研究的。研究古训，须读古书。古书自无所谓不统一。古书读得多的人，下笔的时候，自然可即写古语。虽然古语不能尽达现代人的意思，然（一）大体用古语，而又依照古语的法则，增加一二俗语；（二）或者依据古语的法则，创造笔下有而口中无的语言，自亦不至为人所不能解。遂成文字统一，语言分歧的现象。论者多以此自豪。这在中国民族统一上，亦确曾收到相当的效果。然但能统一于纸上，而不能统一于口中，总是不够用的。因为（一）有些地方，到底不能以笔代口。（二）文字的进化，较语言为迟，总感觉其不够用。（三）文字总只有一部分人能通。于是发生（一）语言统一，（二）文言合一的两个问题。

语言统一，是随着交通的进步而进步的。即（一）各地方的往来频繁。（二）（甲）大都会，（乙）大集团的逐渐发生。用学校教授的方法，收效必小。因为语言是实用之物，要天天在使用，才能够学得成功，成功了不致于忘掉。假使有一个人，生在穷乡僻壤，和非本地的人永无交接，单用学校教授的形式，教他学国语，是断不会学得好，学好了，亦终于要忘掉的。所以这一个问题，断不能用人为的方法，希望其在短时间之内，有很大的成功。至于言文合一，则干脆的只要把口中的语言写在纸上就够了。这在一千年以来，语体文的逐渐流行，逐渐扩大，早已走上了这一条路。但还觉得其不够。而在近来，又发生一个文字难于认识的问题，于是有主张改用拼音字的。而其议论，遂摇动及于中国文字的本身。

拼音字是将口中的语言，分析之而求其音素，将音素制成字母，再将字母拼成文字的。这种文字，只要识得字母，懂得拼法，识字是极容易的，自然觉得简便。但文字非自己发生，而学自先进民族的，可以用此法造字。文字由自己创造的民族，是决不会用此法的。因为当其有文字之初，尚非以之代表语言，安能分析语言而求其音素？到后来进化了，知道此理，而文字是前后相衔的，不能舍旧而从新，拼音文字，就无从在此等民族中使用了。印度是使用拼音文字的，中国和印度交通后，只采用其法于切音，而卒不能改造文字，即由于此。使用拼音文字于中国，最早的，当推基督教徒。他们鉴于中国字的不易认识，用拉丁字母，拼成中国语，以教贫民，颇有相当的效果。中国人自己提倡的，起于清末的劳乃宣。后来主张此项议论的，亦不乏人。以传统观念论，自不易废弃旧文字。于是由改用拼音字，变为用注音字注旧文字的读音。遂有教育部所颁布的注音符号。然其成效殊鲜。这是由于统一读音和统一语音，根本是两件事。因语音统一，而影响到读音，至少是语体文的读音，收效或者快些。想靠读音的统一，以影响到语音，其事的可能性怕极少。因为语言是活物，只能用之于口中。写在纸上再去读，无论其文字如何通俗，总是读不成语调的。而语言之所以不同，并非语音规定语调，倒是语调规定语音。申言之：各地方人的语调不同，并非由其所发的一个个音不同，以至积而成句，积而成篇，成为不同的语调。倒是因其语调不同，一个个音，排在一篇一句之内，而其发音不得不如此。所以用教学的方法，传授一种语言，是可能的。用教学的方法，传授读音，希望其积渐而至于统一语言，则根本不会有这回事。果真要用人为的方法，促进语言的统一，只有将一地方的言语，定为标准语，即以这地方的人，作为教授的人，散布于各地方去教授，才可以有相当的效果。教授之时，宜专于语言，不必涉及读书。语言学会了，自会矫正读音，至于某程度。即使用教学的方法，矫正读音，其影响亦不过如是而止，决不会超过的。甚或两个问题，互相牵制，收效转难。注音符号，意欲据全国人所能发的音，制造成一种语言。这在现在，实际上是无此语言的。所以无论什么地方的话，总不能与国语密合。想靠注音符号等工具，及教学的方法，造成一种新语言，是不容易的。所以现在所谓能说国语的人，百分之九十九，总还夹杂土话。既然总不密合，何不拣一种最近于国语的言语，定为标准语，来得痛快些呢？

至于把中国文字，改成拼音文字，则我以为在现在状况之下，听凭两种文字同时并行，是最合理的。旧日的人视新造的拼音文字，为洪水猛兽，以为将要破坏中国的旧文化，因而使中国人丧失其民族性；新的人，以为旧文字是阻碍中国进化的，也视其为洪水猛兽都是一偏之见。认识单字，与年龄有极大的关系。超过一定年龄，普通的人，都极难学习。即使勉强学习，其程度也很难相当的。所以中国的旧文字，决不能施之成人。即年龄未长，而受教育时间很短的人，也是难学的。因为几千个单字，到底不能于短时间之内认识。如平民千字识字课等，硬把文字之数减少，也是不适于用的。怀抱旧见解的人，以为新文字一行，即将把旧文化破坏净尽。且将使中国民族丧失其统一性。殊不知旧文字本只有少数人通晓。兼用拼音字，这少数通晓旧文字的人，总还是有的。使用新文字的人，则本来都是不通旧文字的，他们所濡染的中国文化，本非从文字中得来，何至因此而破坏中国的旧文化，及民族的统一性？就实际情形平心而论，中国旧文化，或反因此而得新工具，更容易推广，因之使中国的民族性，更易于统一呢？吴敬恒说："中国的读书人，每拘于下笔千秋的思想，以为一张纸写出字来，即可以传之永久。"于是设想：用新文字写成的东西，亦将像现在的旧书一般，汗牛充栋，留待后人的研究，而中国的文化，就因之丧失统一性了。殊不知这种用新文字写成的东西，都和现在的传单报纸一般，阅过即弃，至于有永久性的著作，则必是受教育程度稍深的人，然后能为，而此种人，大都能识得旧文字。所以依我推想，即使听新旧文字同时并行，也决不会有多少书籍堆积起来。而且只能学新文字的人，其生活和文字本来是无缘的。现在虽然勉强教他以几个文字，他亦算勉强学会了几个文字，对于文字的关系，总还是很浅的。怕连供一时之用的宣传品等，还不会有多少呢。何能因此而破坏中国的文化和民族统一性？准此以谈，则知有等人说：中国现在语言虽不统一，文字却是统一的。若拼音字不限于拼写国语，而许其拼写各地方的方言，将会有碍于中国语言的统一，也是一样的缪见。因为（一）现在文字虽然统一，决不能以此为工具，进而统一语言的。（二）而只能拼写方言的人，亦即不通国语的人，其语言，亦本来不曾统一。至于说一改用拼音文字，识字即会远较今日为易，因之文化即会突飞猛进，也是痴话。生活是最大的教育。除少数学者外，读书对于其人格的关系，是很少的。即使全国的人，都能读相当的书，亦未必其人的见解，就会有多大改变。何况识得几个字的人，还未必都会去读书呢？拼音文字，认识较旧文字为易是事实，其习熟则并无难易之分。习熟者的读书，是一眼望去便知道的，并不是一个个字拼着音去认识，且识且读的。且识且读，拼音文字是便利得多了。然这只可偶一为之，岂能常常如此？若常常如此，则其烦苦莫甚，还有什么人肯读书？若一望而知，试问Book与书，有何区别？所以拼音文字在现在，只是供一时一地之用的。其最大的作用，亦即在此。既然如此，注音符号、罗马字母等等杂用，也是无妨的。并不值得争论。主张采用罗马字母的人，说如此我们就可以采用世界各国的语言，扩大我国的语言，这也是痴话。采用外国的语言，与改变中国的文字何涉？中国和印度交通以来，佛教的语言，输入中国的何限？又何尝改用梵文呢？

语言和中国不同，而采用中国文字的，共有三法：即（一）径用中国文，如朝鲜是。（二）用中国文字的偏旁，自行造字，如辽是。（三）用中国字而别造音符，如日本是。三法中，自以第三法为最便。第二法最为无谓。所以辽人又别有小字，出于回鹘，以便应用。大抵文字非出于自造，而取自他族的，自以用拼音之法为便。所以如辽人造大字之法，毕竟不能通行。又文字所以代表语言，必不能强语言以就文字。所以如朝鲜人，所做华文，虽极纯粹，仍必另造谚文以应用。契丹文字，系用隶书之半，增损为之，见《五代史》。此系指契丹大字而言，据《辽史·太祖本纪》，事在神册五年。小字出于回鹘，为迭剌所造，见《皇子表》。

满、蒙、回、藏四族，都是使用拼音文字的。回文或说出于犹太，或说出于天主教徒，或说出于大食，未知孰是。见《元史·译文证补》。藏文出于印度。是唐初吐蕃英主弃宗弄赞，派人到印度去留学，归国后所创制的。见《蒙古源流考》。蒙古人初用回文，见《元史·塔塔统阿传》。《脱卜察安》《元秘史》。元朝人最早自己所写的历史。即系用回文所写。后来世祖命八思巴造字，则是根据藏文的。满文系太祖时额尔德尼所造。太宗时，达海又加以圈点，一种符号。又以蒙文为根据。西南诸族，惟倮儸有文字，却是本于象形字的。于此，可见文字由于自造者，必始象形，借自他族者，必取拼音之理。

文字的流传，必资印刷。所以文字的为用，必有印刷而后弘，正和语言之为用，必得文字而后大一样。古人文字，要保存永久的，则刻诸金石。此乃以其物之本身供众览，而非用以印刷，只能认为印刷的前身，不能即认为印刷事业。汉代的石经，还系如此。后来就此等金石刻，加以摹拓。摹拓既广，觉得所摹拓之物，不必以之供众览，只须用摹拓出来的东西供览即可。于是其雕刻，专为供印刷起见，就成为印刷术了。既如此，自然不必刻金石，而只要刻木。刻板之事，现在可考的起于隋。陆深《河汾燕闲录》说，隋文帝开皇十三年，敕废像遗经，悉令雕版。其时为民国纪元前1319年，西历593年。《敦煌石室书录》有《大隋永陀罗尼本经》，足见陆说之确。唐代雕本，宋人已没有著录的，惟江陵杨氏，藏有《开元杂报》七页。日本亦有永徽六年唐高宗年号。民国纪元前1257年，西历655年。《阿毗达磨大毗婆娑论》。后唐明宗长兴三年，民国纪元前980年，西历952年。宰相冯道、李愚，请令判国子监田敏，校正九经，刻板印卖，是为官刻书之始。历二十七年始成。周太祖广顺三年。宋代又续刻义疏及诸史。书贾因牟利，私人因爱好文艺而刻的亦日多。仁宗庆历中，民国纪元前871至前864年，西历1041至1048年。毕昇又造活字。系用泥制。元王祯始刻木为之。明无锡华氏始用铜。清武英殿活字亦用铜制。于是印刷事业，突飞猛进，宋以后书籍，传于后世的，其数量，就远非唐以前所可比了，此节据孙毓修《中国雕板源流考》。其详可参考原书，商务印书馆本。

第十七章 学　术

学术思想，是一个民族的灵魂。看似虚悬无薄，实则前进的方向，全是受其指导。中国是一个学术发达的国家。几千年来，学术分门别类，各致其精。如欲详述之，将数十百万言而不能尽。现在所讲的，只是思想转变的大略，及其和整个文化的关系。依此讲，则中国的学术思想，可分为三大时期：

（一）自上古至汉魏之际。

（二）自佛学输入至亡清。其中又分为（甲）佛学时期，（乙）理学时期。

（三）自西学输入以后。

现在研究先秦诸子的人，大都偏重于其哲学方面。这个实在是错误的。先秦诸子的学术，有两个来源：其（一）从古代的宗教哲学中，蜕化而出。其（二）从各个专门的官守中，孕育而成。前都偏重玄学方面，后者偏重政治社会方面。《汉书·艺文志》说诸子之学，其原皆出于王官。《淮南要略》说诸子之学，皆出于救时之弊。一个说其因，一个说其缘，都不及古代的哲学。尤可见先秦诸子之学，实以政治社会方面为重，玄学方面为轻。此意，近人中能见得的，只有章炳麟氏。

从古代宗教中蜕化而出的哲学思想，大致是如此的：（一）因人有男女，鸟有雌雄，兽有牝牡，自然界又有天地日月等现象，而成立阴阳的概念。（二）古代的工业，或者是分做水、火、木、金、土五类的。实际的生活影响于哲学思想，遂分物质为五行。（三）思想进步，觉得五行之说，不甚合理，乃认万物的原质为一个，而名之曰气。（四）至此，遂并觉阴阳二力，还不是宇宙的根源。因为最后的总是唯一的，也只有唯一的能算最后的。乃再成立一个惟一的概念，是即所谓太极。（五）又知质与力并非二物，于是所谓有无，只是隐显。（六）隐显由于变动，而宇宙的根源，遂成为一种动力。（七）这种动力，是颇为机械的。一发动之后，其方向即不易改变。所以有谨小、慎始诸义。（八）自然之力，是极其伟大的。只有随顺，不能抵抗。所以要法自然。所以贵因。（九）此种动力，其方向是循环的。所以有祸福倚伏之义。所以贵知白守黑，知雄守雌。（十）既然万物的原质，都是一个，而又变化不已，则万物根本只是一物。天地亦万物之一，所以惠施是提倡泛爱，说天地万物一体，而物论可齐。论同伦，类也。（十一）因万物即是一物，所以就杂多的现象，仍可推出其总根源。所谓“穷理尽性，以至于命”。此等思想，影响于后来，极为深刻。历代的学术家，几乎都奉此为金科玉律。诚然，此等宽廓的说法，不易发现其误缪。而因其立说的宽廓，可以容受多方面的解释，即存其说为弘纲，似亦无妨。但有等错误的观念，业已不能适用的，亦不得不加以改正。如循环之说，古人大约由观察昼夜寒暑等现象得来。此说施诸自然界，虽未必就是，究竟还可应用。若移用于社会科学，就不免误缪了。明明是进化的，如何说是循环。

先秦诸子，关于政治社会方面的意见，是各有所本的，而其所本亦分新旧。依我看来：（一）农家之所本最旧，这是隆古时代农业部族的思想。（二）道家次之，是游牧好侵略的社会的反动。（三）墨家又次之，所取法的是夏朝。（四）儒家及阴阳家又次之，这是综合自上古至西周的政治经验所发生的思想。（五）法家最新，是按切东周时的政治形势所发生的思想。以上五家，代表整个的时代变化，其关系最大。其余如名家，专讲高深玄远的理论。纵横家，兵家等，只效一节之用。其关系较轻。

怎说农家是代表最古的思想的呢？这只要看许行的话，便可明白。许行之说有二：（一）君臣并耕，政府毫无威权。（二）物价论量不论质。如非根据于最古最简陋的社会的习俗，决不能有此思想。见《孟子·滕文公上篇》。

怎说道家所代表的，是游牧好侵略的社会的反动思想呢？汉人率以黄、老并称。今《列子》虽系伪书，然亦有其所本。此凡伪书皆然，不独《列子》。故伪书既知其伪之后，在相当条件下，其材料仍可利用。此书《天瑞篇》有《黄帝书》两条，其一同《老子》。又有黄帝之言一条。《力命篇》有《黄帝书》一条，与《老子》亦极相类。《老子》书（一）多系三四言韵语。（二）所用名词，极为特别。如有雌雄牝牡而无男女字。（三）又全书之义，女权皆优于男权。足证其时代之古。此必自古口耳相传之说，老子著之竹帛的，决非老子所自作。黄帝是个武功彪炳的人，该是一个好侵略的部族的酋长。侵略民族，大抵以过刚而折。如夷羿、殷纣等，都是其适例。所以思想上发生一种反动，要教之以守柔。《老子》书又主张无为。无为二字的意义，每为后人所误解。为训化。《礼记·杂记》，子曰："张而不弛，文武不能也。弛而不张，文武不为也。"此系就农业立说。言弛而不张，虽文武亦不能使种子变化而成谷物。贾谊《谏放民私铸疏》："奸钱日多，五谷不为"，今本作"五谷不为多"，多字系后人妄增。正是此义。野蛮部族往往好慕效文明，而其慕效文明，往往牺牲了多数人的幸福。（一）因社会的组织，随之变迁。（二）因在上的人，务于淫侈，因此而刻剥其下。所以有一种反动的思想，劝在上的人，不要领导着在下的人变化。在下的人，"化而欲作"，还该"镇之以无名之朴"。这正和现今人因噎废食，拒绝物质文明一样。

怎样说墨家所代表的，是夏代的文化呢？《汉书·艺文志》说墨家之学，"茅屋采椽，是以贵俭。古人的礼，往往在文明既进步之后，仍保存简陋的样子，以资纪念。如既有酒，祭祀仍用水，便是其一例。汉武帝时，公玉带上明堂图，其上犹以茅盖，见《史记·封禅书》。可见《汉志》此说之确。养三老五更，是以兼爱。三老五更，乃他人的父兄。选士大射，是以尚贤。平民由此进用。参看第七章。宗祀严父，是以右鬼。人死曰鬼。顺四时而行，是以非命。命有前定之义。顺四时而行，即《月令》所载的政令。据《月令》说：政令有误，如孟春行夏令等，即有灾异。此乃天降之罚。然则天是有意志，随时监视着人的行动，而加以赏罚的。此为墨子天志之说所由来。他家之所谓命，多含前定之义，则近于机械论了。以孝视天下，视同示。是以上同。"都显见得是明堂中的职守。所以《汉志》说他出于清庙之官。参看第十五章。《吕览·当染篇》说："鲁惠公使宰让请郊庙之礼于天子。

天子使史角往，惠公止之。其后在鲁，墨子学焉。”此为墨学出于清庙之官的确证。清庙中能保存较古之学说，于理是可有的。墨家最讲究实用，而《经》、《经说》、《大小取》等篇，讲高深的哲学，为名家所自出的，反在墨家书中，即由于此。但此非墨子所重。墨子的宗旨，主于兼爱。因为兼爱，所以要非攻。又墨子是取法乎夏的，夏时代较早，又值水灾之后，其生活较之殷、周，自然要简朴些，所以墨子的宗旨，在于贵俭。因为贵俭，所以要节用，要节葬，要非乐。又夏时代较早，迷信较深，所以墨子有天志、明鬼之说。要讲天志、明鬼，即不得不非命。墨家所行的，是凶荒札丧的变礼。参看第五章。其所教导的，是沦落的武士。参看第四章。其实行的精神，最为丰富。

怎样说儒家、阴阳家是西周时代所产生的思想呢？荀子说：“父子相传，以持王公，三代虽亡，治法犹存，官人百吏之所以取禄秩也。”《荣辱篇》。国虽亡而治法犹存，这是极可能的事。然亦必其时代较近，而后所能保存的才多。又必其时的文化，较为发达，然后足为后人所取法。如此，其足供参考的，自然是夏、殷、周三代。所以儒家有通三统之说。封本朝以前两代之后以大国，使之保存其治法，以便与本朝之治，三者轮流更换。《史记·高祖本纪》赞所谓“三王之道若循环”，即是此义。这正和阴阳家所谓五德终始一样。五德终始有两说：旧说以所克者相代。如秦以周为火德，自己是水德；汉又自以为土德是。前汉末年，改取相生之说。以周为木德，说秦朝是闰位，不承五行之运，而自以为是火德。后来魏朝又自以为是土德。《汉书·严安传》：载安上书，引邹子之说，说“政教文质者，所以云救也。当时则用，过则舍之，有易则易之。”可见五德终始，乃系用五种治法，更迭交换。邹衍之学，所以要本所已知的历史，推论未知；本所已见的地理，推所未见，正是要博观众事，以求其公例。治法随时变换，不拘一格，不能不说是一种进步的思想。此非在西周以后，前代的治法，保存的已多，不能发生。阴阳家之说，缺佚已甚，其最高的蕲向如何，已无可考。儒家的理想，颇为高远。看第五章所述大同小康之说可见。《春秋》三世之义，据乱而作，进于升平，更进于太平，明是要将乱世逆挽到小康，再逆挽到大同。儒家所传的，多是小康之义。大同世之规模，从升平世进至太平世的方法，其详已不可得闻。几千年来，崇信儒家之学的，只认封建完整时代，即小康之世的治法，为最高之境，实堪惋惜。但儒家学术的规模，是大体尚可考见的。它有一种最高的理想，企图见之于人事。这种理想，是有其哲学上的立足点的。如何次第实行，亦定有一大体的方案。儒家之道，具于六经。六经之中，

《诗》、《书》、《礼》、《乐》，乃古代大学的旧教科，说已见第十五章。《易》、《春秋》则为孔门最高之道所在。《易》言原理，《春秋》言具体的方法，两者互相表里，所以说“《易》本隐以之显，《春秋》推见至隐”。儒家此等高义，既已隐晦。其盛行于世，而大有裨益于中国社会的，乃在个人修养部分。（一）在理智方面，其说最高的是中庸。其要在审察环境的情形，随时随地定一至当不易的办法。此项至当不易的办法，是随时随地，必有其一，而亦只能有一的，所以贵择之精而守之坚。（二）人之感情，与理智不能无冲突。放纵感情，固然要撞出大祸，抑压感情，也终于要溃决的，所以又有礼乐，以陶冶其感情。（三）无可如何之事，则劝人以安命。在这一点，儒家亦颇有宗教家的精神。（四）其待人之道，则为絜矩。两字见《大学》。消极的“己所不欲，勿施于人”。积极的则“所求乎子以事父，所求乎臣以事君，所求乎弟以事兄，所求乎朋友先施之”。我们该怎样待人，只要想一想，我们希望他怎样待我即得，这是何等简而赅。怎样糊涂的人，对这话也可以懂得，而圣人行之，亦终身有所不能尽，这真是一个妙谛。至于（五）性善之说，（六）义利之辨，（七）知言养气之功，则孟子发挥，最为透彻，亦于修养之功，有极大关系。儒家之遗害于后世的，在于大同之义不传，所得的多是小康之义。小康之世的社会组织，较后世为专制。后人不知此为一时的组织，而认为天经地义，无可改变，欲强已进步的社会以就之，这等于以杞柳为杯棬，等于削足以适屦，所以引起纠纷，而儒学盛行，遂成为功罪不相掩之局。这只可说是后来的儒家不克负荷，怪不得创始的人。但亦不能一定怪后来的任何人。因儒学是在这种社会之中，逐渐发达的。凡学术，固有变化社会之功，同时亦必受社会的影响，而其本身自起变化。这亦是无可如何的事。

怎样说法家之学，是按切东周时代的情形立说的呢？这时候，最要紧的，是（一）裁抑贵族，以铲除封建势力。（二）富国强兵，以统一天下。这两个条件，秦国行之，固未能全合乎理想，然在当时，毕竟是最能实行的，所以卒并天下。致秦国于富强的，前有商鞅，后有李斯，都是治法家之学的。法家之学的法字，是个大名。细别起来，则治民者谓之法，裁抑贵族者谓之术，见《韩非子·定法篇》。其富国强兵之策，则最重要的，是一民于农战。《商君书》发挥此理最透，而《管》、《韩》二子中，亦有其理论。法家是最主张审察现实，以定应付的方法的，所以最主张变法而反对守旧。这确是法家的特色。其学说之能最新，大约即得力于此。

以上所述五家，是先秦诸子中和中国的学术思想及整个的文化，最有关系的。虽亦有其高远的哲学，然其所想解决的，都是人事问题。而人事问题，则以改良社会的组织为其基本。粗读诸子之书，似乎所注重的，都是政治问题。然古代的政治问题，不像后世单以维持秩序为主，而整个的社会问题，亦包括在内。所以古人说政治，亦就是说社会。

诸家之学，并起争鸣，经过一个相当时期之后，总是要归于统一的。统一的路线有两条：（一）淘汰其无用，而存留其有用的。（二）将诸家之说，融合为一。在战国时，诸家之说皆不行，只有法家之说，秦用之以并天下，已可说是切于时务的兴，而不切于时务的亡了。但时异势殊，则学问的切于实用与否，亦随之而变。天下统一，则需要与民休息，民生安定，则需要兴起教化。这二者，是大家都会感觉到的。秦始皇坑儒时说："吾前收天下书不中用者尽去之。悉召文学方术士甚众。欲以兴太平。方士欲练，以求奇药。"兴太平指文学士言。可见改正制度，兴起教化，始皇非无此志，不过天下初定，民心未服，不得不从事于镇压；又始皇对外，颇想立起一个开拓和防御的规模来，所以有所未遑罢了。秦灭汉兴，此等积极的愿望，暂时无从说起。最紧要的，是与民休息。所以道家之学，一时甚盛。然道家所谓无为而治，乃为正常的社会说法。社会本来正常的，所以劝在上的人，不要领导其变化；且须镇压之，使不变化，这在事实上虽不可能，在理论上亦未必尽是，然尚能自成一说。若汉时，则其社会久已变坏，一味因循，必且迁流更甚。所以改正制度，兴起教化，在当时，是无人不以为急务的。看贾谊、董仲舒的议论，便可明白。文帝亦曾听公孙臣的话，有意于兴作。后因新垣平诈觉，牵连作罢。这自是文帝脑筋的糊涂，作事的因循，不能改变当时的事势。到武帝，儒学遂终于兴起了。儒学的兴起，是有其必然之势的，并非偶然之事。因为改正制度，兴起教化，非儒家莫能为。论者多以为武帝一人之功，这就错了。武帝即位时，年仅十六，虽非昏愚之主，亦未闻其天亶夙成，成童未几，安知儒学为何事？所以与其说汉武帝提倡儒学，倒不如说儒学在当时自有兴盛之势，武帝特顺着潮流而行。

儒学的兴起，虽由社会情势的要求，然其得政治上的助力，确亦不少。其中最紧要的，便是为五经博士置弟子。所谓"设科射策，劝以官禄"，自然来者就多了。儒学最初起的，是《史记·儒林传》所说的八家：言《诗》：于鲁，自申培公；于齐，自辕固生；于燕，自韩太傅。言《书》，自济南伏生。言《礼》，自鲁高堂生。言《易》，自菑川田生。言《春秋》：于齐、鲁，自胡毋生；于赵，自董仲舒。东汉立十四博士：《诗》齐、鲁、韩。《书》欧阳、大小夏侯。《礼》大小戴。《易》施、孟、梁丘、京。《春秋》严、颜，见《后汉书·儒林传》。《诗》齐鲁韩下衍毛字。大体仍是这八家之学。惟京氏《易》最可疑。但是在当时，另有一种势力，足以促令学术变更。那便是第五章所说：在当时，急须改正的，是社会的经济制度。要改正社会经济制度，必须平均地权，节制资本。而在儒家，是只知道前一义的。后者之说，实在法家。当时儒家之学，业已成为一种权威，欲图改革，自以自托于儒家为便，儒家遂不得不广采异家之学以自助，于是有所谓古文之学。读第五章所述，已可明白了。但是学术的本身，亦有促令其自起变化的。那便是由专门而趋于通学。

先秦学术，自其一方面论，可以说是最精的。因为他各专一门，都有很高的见解。自其又一方面说，亦可以说是最粗的。因为他只知道一门，对于他人的立场，全不了解。譬如墨子所主张，乃凶荒札丧的变礼，本不谓平世当然。而荀子力驳他，说天下治好了，财之不足，不足为患，岂非无的放矢？理论可以信口说，事实上，是办不到只顾一方面的。只顾一方面，一定行不通。所以先秦时已有所谓杂家之学。《汉志》说：杂家者流，出于议官。可见国家的施政，不得不兼顾到各方面了。情势如此，学术自然不得不受其影响，而渐趋于会通，古文之学初兴时，实系兼采异家之说，后来且自立新说，实亦受此趋势所驱使。倘使当时的人，痛痛快快，说儒家旧说不够用了，我所以要兼采异说；儒家旧说，有所未安，我所以要别立新说，岂不直捷？无如当时的思想和风气，不容如此。于是一方面说儒家之学，别有古书，出于博士所传以外；其中最重要的，便是孔壁一案，参看第十六章。一方面，自己研究所得，硬说是某某所传，如《毛诗》与《小序》为一家言。《小序》明明是卫宏等所作，而毛公之学，偏要自谓子夏所传。纠纷就来得多了。流俗眩于今古文之名，以为今古文经，文字必大有异同，其实不然。今古文经的异字，备见于《仪礼》郑《注》，从今文处，则出古文于注。从古文处，则出今文于注。如古文位作立，仪作义，义作谊之类，于意义毫无关系。他经度亦不过如此。有何关系之可言？今古文经的异同，实不在经文而在经说。其中重要问题，略见于许慎的《五经异义》。自大体言之：今文家说，都系师师相传。古文家说，则自由研究所得，不为古人的成说所囿，而自出心裁，从事研究，其方法似觉进步。但

（一）其成绩并不甚佳。又（二）今文家言，有传讹而无臆造。传讹之说，略有其途径可寻，所以其说易于还原。一经还原，即可见古说的真相。其未曾传讹的，自然更不必说。古文家言，则各人凭臆为说，其根源无可捉摸。所以把经学当作古史的材料看，亦以今文家言价值较高。

然古学的流弊，亦可说仍自今学开之。一种学术，当其与名利无关时，治其学者，都系无所为而为之，只求有得于己，不欲炫耀于人，其学自无甚流弊。到成为名利之途则不然。治其学者，往往不知大体，而只斤斤计较于一枝一节之间。甚或理不可通，穿凿立说。或则广罗异说，以自炫其博。引人走入旁门，反致抛荒正义。从研究真理的立场上言，实于学术有害。但流俗的人，偏喜其新奇，以为博学。此等方法，遂成为哗世取宠之资。汉代此等风气，由来甚早。《汉书·夏侯胜传》说："胜从父子建，师事胜及欧阳高，左右采获。又从五经诸儒问与《尚书）》相出入者，牵引以次章句，具文饰说。胜非之曰：建所谓章句小儒，破碎大道。建亦非胜为学疏略，难以应敌。"专以应敌为务，真所谓徇外为人。此种风气既开，遂至专求闻见之博，不顾义理之安；甚且不知有事理。如郑玄，遍注群经，在汉朝，号称最博学的人，而其说经，支离灭裂，于理决不可通，以及自相矛盾之处，就不知凡几。此等风气既盛，治经者遂多变为无脑筋之徒。虽有耳目心思，都用诸琐屑无关大体之处。而于此种学问，所研究的，究属宇宙间何种现象？研究之究有何益？以及究应如何研究？一概无所闻见。学术走入此路，自然只成为有闲阶级，消耗日力精力之资，等于消闲遣兴，于国家民族的前途，了无关系了。此等风气，起于西汉中叶，至东汉而大盛，直至南北朝、隋唐而未改。汉代所谓章句，南北朝时所谓义疏，都系如此。读《后汉书》及《南北史》的《儒林传》，最可见得。古学既继今学而起，到汉末，又有所谓伪古文一派。据近代所考证：王肃为其中最重要的一个人。肃好与郑玄立异，而无以相胜。乃伪造《孔子家语》，将己说窜入其中，以折服异己，经学中最大的《伪古文尚书》一案，虽不能断为即肃之所造，然所谓《伪孔安国传》者，必系与肃同一学派之人所为，则无可疑。《伪古文尚书》及《伪孔安国传》之伪，至清阎若璩作《古人尚书疏证》而其论略定。伪之者为哪一派人，至清丁晏作《尚书余论》而其论略定。此即由当时风气，专喜广搜证据，只要所搜集者博，其不合理，并无人能发觉，所以容得这一班人作伪。儒学至此，再无西汉学者经世致用的气概。然以当时学术界的形势论，儒学业已如日中天。治国安民之责，在政治上、在社会上，都以为惟儒家足以负之。这一班人，如何当得起这个责任？他们所想出来的方案，无非是泥古而不适于时，专事模仿古人的形式。这个如何足以为治？自然要激起有思想的人的反对了。于是魏晋玄学，乘机而起，成为儒佛之间的一个过渡。

魏晋玄学，人多指为道家之学。其实不然。玄学乃儒道两家的混合，亦可说是儒学中注重原理的一派，与拘泥事迹的一派相对立。先秦诸子的哲学，都出自古代的宗教哲学，大体无甚异同，说已见前。儒家之书，专谈原理的是《易经》。《易》家亦有言理、言数两派。言理的，和先秦诸子的哲学，无甚异同。言数的，则与古代术数之学相出入。《易》之起源，当和术数相近；孔门言易，则当注重于其哲学，这是通观古代学术的全体，而可信其不诬的。今文《易》说，今已不传。古文《易》说，则无一非术数之谈。《汉书·艺文志》：易家有《淮南·道训》两篇。自注云："淮南王安，聘明《易》者九人，号九师说。"此书，当即今《淮南子》中的《原道训》。今《淮南子》中，引《易》说的还有几条，都言理而不及数，当系今文《易》说之遗。然则儒家的哲学，原与道家无甚出入。不过因今文《易》说失传，其残存的，都被后人误认为道家之说罢了。如此说来，则魏晋玄学的兴起，并非从儒家转变到道家，只是儒家自己的转变。不过此种转变，和道家很为接近，所以其人多兼采道家之学。观魏晋以后的玄学家，史多称其善《易》、《老》可知。儒学的本体，乃以《易》言原理，《春秋》则据此原理，而施之人事。魏晋的玄学家，则专研原理，而于措之人事的方法，不甚讲求。所以实际上无甚功绩可见，并没有具体可见之施行的方案。然经此运动之后，拘泥古人形式之弊遂除。凡言法古的，都是师其意而不是回复其形式。泥古不通之弊，就除去了，这是他们摧陷廓清莫大的功绩。玄学家最重要的观念，为重道而遗迹。道即原理，迹即事物的形式。

从新莽改革失败以后，彻底改变社会的组织，业已无人敢谈。解决人生问题的，遂转而求之个人方面。又玄学家探求原理，进而益上，其机，殊与高深玄远的哲学相近。在这一点上，印度的学术，是超过于中国的。佛学遂在这种情势之下兴起。

佛，最初系以宗教的资格输入中国的。但到后来，则宗教之外，别有其学术方面。

佛教，普通分为大小乘。依后来详细的判教，则小乘之下，尚有人天；专对人天说法，不足以语四圣。见下。大乘之中，又分权实。所谓判教，乃因一切经论，佛所说谓之经，菩萨以下所说谓之论。僧、尼、居士等所应守的规条谓之律。经、律、论谓之三藏。立说显有高低，所以加以区别，说佛说之异，乃因其所对待的人不同而然。则教外的人，不能因此而诋佛教的矛盾，教中的人，亦不必因此而起争辩了。依近来的研究：佛教在印度的兴起，并不在其哲学的高深，而实由其能示人以实行的标准。缘印度地处热带，生活宽裕，其人所究心的，实为宇宙究竟，人生归宿等问题，所以自古以来，哲学思想即极发达。到佛出世时，各家之说，所谓外道。已极高深，而其派别亦极繁多了。群言淆乱，转使人无所适从。释迦牟尼出，乃截断无谓的辩论，而教人以实行修证的方法。从之者乃觉得所依归，而其精神乃觉安定。故佛非究竟真理的发现者，中国信佛的人，视佛如此。而为时代的圣者。佛灭后百年之内，其说无甚异同，近人称为原始佛教。百年之后而小乘兴，五六百年之后而大乘出，则其说已有改变附益，而非复佛说之旧了。然则佛教的输入中国，所以前后互异，亦因其本身的前后，本有不同，并非在彼业已一时具足，因我们接受的程度，先后不同，而彼乃按其深浅，先后输入的了。此等繁碎的考据，今可勿论。但论其与中国文化的关系。

佛教把一切有情，分为十等：即（一）佛，（二）菩萨，（三）缘觉，（四）声闻，是为四圣。（五）天，（六）人，（七）阿修罗，（八）畜生，（九）饿鬼，（十）地狱，是为六凡。辗转于六凡之中，不得超出，谓之六道轮回。佛不可学，我们所能学的，至菩萨而止。在小乘中，缘觉、声闻，亦可成佛，大乘则非菩萨不能。所谓菩萨，系念念以利他为主，与我们念念都以自己为本位的，恰恰相反。至佛则并利他之念而亦无之，所以不可学了。缘觉、声闻鉴于人生不能离生、老、病、死诸苦，死后又要入轮回；我们幸得为人，尚可努力修持，一旦堕入他途便难了。畜生、饿鬼、地狱亦称三途，不必论了。阿修罗神通广大，易生嗔怒；诸天福德殊胜，亦因其享受优越，转易堕落，所以以修持论，皆不如人。所以觉得生死事大，无常迅速，实可畏怖，生前不得不努力修持。其修持之功，固然艰苦卓绝，极可佩服，即其所守戒律，亦复极端利他。然根本观念，终不离乎自利，所以大乘斥其不足成佛。此为大小乘重要的异点。亦即大乘教理，较小乘为进化之处。又所谓佛在小乘即指释迦牟尼其人。大乘则佛有三身：（一）佛陀其人，谓之报身，是他造了为人之因，所以在这世界上成为一个人的。生理心理等作用，一切和我们一样。不吃也要饿，不着也要冷，置诸传染病的环境中，也会害病；饿了，冷了，病重了，也是会死的。（二）至于有是而无非，威权极大。我们动一善念，动一恶念，他都无不知道。善有善报，恶有恶报，丝毫不得差错。是为佛之法身，实即自然力之象征。（三）一心信佛者，临死或在他种环境中，见有佛来接引拯救等事，是为佛之化身。佛在某种环境中，经历一定的时间，即可修成。所以过去已有无数的佛，将来还有无数的佛要成功，并不限于释迦牟尼一人。大乘的说法，当他宗教信，是很能使人感奋的。从哲学上说，其论亦圆满具足，无可非难。宗教的进化，可谓至斯而极。

佛教的宇宙观，系以识为世界的根本。有眼、耳、鼻、舌、身、意，即有色、声、香、味、触、法。此为前六识，为人人所知。第七识为末那，第八识为阿赖耶，其义均不能译，故昔人惟译其音。七识之义，为“恒审思量，常执有我”。我们念念以自己为本位，一切现象，都以自己为本位而认识。一切利害，都以自己为本位而打算。即七识之作用。至八识则为第七识之所由生，为一切识的根本。必须将它灭尽，才得斩草除根。但所谓灭识，并不是将他铲除掉，至于空无所有。有无，佛教谓之色空。色空相对，只是凡夫之见。佛说则“色即是空，空即是色”。如在昼间，则昼为色，夜为空。然夜之必至，其确实性，并不减于昼之现存。所以当昼时，夜之现象，虽未实现，夜之原理，业已存在。凡原理存在者，即与其现象存在无异。已过去之事，为现在未来诸现象之因。因果原系一事。所以已过去的事，亦并未消灭。所以所谓灭识，并非将识消灭，而系“转识成智”。善恶同体。佛说的譬喻，是如水与波。水为善，动而为波即成恶。按照现在科学之理，可以有一个更妙的譬喻，即生理与病理。病非别有其物，只是生理作用的异常。去病得健，亦非把病理作用的本体消灭，只是使他回复到生理作用。所以说“真如无明，同体不离”。真如为本体，无明为恶的起点。行为的好坏，不是判之于其行为的形式的，而是判之于其用意。所以所争的只在迷悟。迷时所做的事，悟了还是可以做的。不过其用意不同，则形式犹是，而其内容却正相反，一为恶业，一为净业了。喻如母亲管束子女，其形式，有时与厂主管理童工是一样的。所以说：“共行只是人间路，得失谁知霄壤分。”佛教为什么如此重视迷悟呢？因为世界纷扰的起因，不外乎（一）怀挟恶意，（二）虽有善意，而失之愚昧。怀挟恶意的，不必论了。失之愚昧的，虽有善意，然所做的事，无 不错，亦必伏下将来的祸根。而愚昧之因，又皆因眼光只限于局部，而不能扩及全体。兼时间空间言。所以佛说世俗之善，“如以少水而沃冰山，暂得融解，还增其厚。”此悟之所以重要。佛教的人生问题，依以上所说而得解答。至于你要追问宇宙问题的根源，如空间有无界限，时间有无起讫等，则佛教谓之“戏论”，置诸不答。外道以此为问，佛不答，见《金七十论》。这因为：我们所认识的世界，完全是错误的。其所以错误，即因我们用现在的认识方法去认识之故。要把现在的认识方法放下，换一种方法去认识，自然不待言而可明。若要就现在的认识方法，替你说明，则非我的不肯说，仍系事之不可能。要怎样才能换用别种认识方法呢？非修到佛地位不可。佛所用的认识方法，是怎样的呢？固非我们所能知。要之是和我们现在所用，大不相同的。这个，我们名之曰证。所以佛教中最后的了义，“惟佛能知”；探求的方法，“惟证相应”。这不是用现在的方法，所能提证据给你看的。信不信只好由你。所以佛教说到最后，总还是一种宗教。

佛教派别很多，然皆小小异同，现在不必一一论述。其中最有关系的，（一）为天台、惟识、华严三宗。惟识宗亦称相宗，乃就我们所认识的相，阐发万法惟识之义。天台亦称性宗，则系就识的本身，加以阐发。实为一说的两面。华严述菩萨行相，即具体的描写一个菩萨的样子给我们看，使我们照着他做。此三宗，都有很深的教理，谓之教下三家。（二）禅宗则不立文字，直指心源，专靠修证，谓之教外别传。（甲）佛教既不用我们的认识，求最后的解决，而要另换一种认识方法，所谓转识成智。则一切教理上的启发、辩论，都不过把人引上修证之路，均系手段而非目的。所以照佛教发达的趋势，终必至于诸宗皆衰，禅宗独盛为止。（乙）而社会上研究学问的风气，亦是时有转变的。佛教教理的探求，极为烦琐，实与儒家的义疏之学，途径异而性质相同。中唐以后，此等风气，渐渐衰息，诸宗就不得不衰，禅宗就不得不独盛了。（三）然（子）禅宗虽不在教义上为精深的探讨，烦琐的辩论，而所谓禅定，理论上也自有其相当的高深的。（丑）而修习禅定，亦非有优闲生活的人不能。所以仍为有闲阶级所专有。然佛教此时的声势，是非发达到普及各阶层不可的。于是适应大众的净土宗复兴。所谓净土宗，系说我们所住的世界，即娑婆世界的西方，另有一个世界，称为净土。诸佛之中，有一个唤做阿弥陀佛的，与娑婆世界特别有缘。曾发誓愿：有一心皈依他的，到临终之时，阿弥陀佛便来接引他，往生净土。往生净土有什么利益呢？原来成佛极难，而修行的人，不到得成佛，又终不免于退转。如此示人以难，未免使人灰心短气。然（A）成佛之难，（B）以及非成佛则不能不退转，又经前此的教义，说得固定了，无可动摇。于是不得不想出一个补救的方法，说我们所以易于退转，乃因环境不良使然。倘使环境优良，居于其中，徐徐修行，虽成佛依旧艰难，然可保证我们不致中途堕落。这不啻给与我们以成佛的保证，而且替我们祛除了沿路的一切危险、困难，实给意志薄弱的人以一个大安慰、大兴奋。而且净土之中，有种种乐，无种种苦，也不啻给与祈求福报的人以一个满足。所以净土宗之说，实在是把佛教中以前的某种说法取消掉了的。不过其取消之法很巧妙，能使人不觉得其立异罢了。其修持之法，亦变艰难而归简易。其法：为（a）观，（b）想，（c）持名，三者并行，谓之念佛。有一佛像当前，而我们一心注视着他，谓之观。没有时，心中仍想象其有，谓之想。口诵南无阿弥陀佛，自然心也要想着他。谓之持名。佛法贵止观双修。止就是心住于其所应住之处，不起妄念。观有种种方法。如（a）我们最怕死，乃设想尖刀直刺吾胸，血肉淋漓；又人谁不爱女人，乃设想其病时的丑恶，死后的腐朽，及现时外观虽美，而躯壳内种种污秽的情形以克服我们的情意。（b）又世事因缘复杂，常人非茫无所知，即认识错误，必须仔细观察。如两人争斗，粗观之，似由于人有好斗之性。深观之，则知其实由教化的不善；而教化的不善，又由于生计的窘迫；生计的窘迫，又由于社会组织的不良。如此辗转推求，并无止境。要之观察得愈精细，措施愈不至有误。这是所以增长我们的智识的。止观双修，意义诚极该括，然亦断非愚柔者所能行，净土宗代之以念佛，方法简易，自然可普接利钝了。所以在佛教诸宗皆衰之后，禅宗尚存于上流社会中，净土宗则行于下流社会，到现在还有其遗迹。

佛教教义的高深，是无可否认的事实。在它亦有种种治国安民的理论，读《华严经》的五十三参可知。又佛学所争，惟在迷悟。既悟了，一切世俗的事情，仍无有不可做的，所以也不一定要出家。然佛教既视世法皆非了义，则终必至于舍弃世事而后止。以消灭社会为解决社会之法，断非社会所能接受。于是经过相当的期间，而反动又起。

佛教反动，是为宋学。宋学的渊源，昔人多推诸唐之韩愈。然韩愈辟佛，其说甚粗，与宋学实无多大关系。宋学实至周张出而其说始精，二程继之而后光大，朱陆及王阳明又继之，而其义蕴始尽。

哲学是不能直接应用的，然万事万物，必有其总根源。总根源变，则对于一切事情的观点，及其应付的方法，俱随之而变。所以风气大转变时，哲学必随之而变更。宋儒的哲学，改变佛学之处安在呢？那就是抹杀认识论不谈，而回到中国古代的宇宙论。中国古代的哲学，是很少谈到认识论的。佛学却不然，所注重的全在乎此。既注重于认识论，而又参以宗教上的悲观，则势必至于视世界为空虚而后止。此为佛教入于消极的真原因。宋学的反佛，其最重要的，就在此点。然从认识论上驳掉佛说，是不可能的。乃将认识论抹杀不谈，说佛教的谈认识论便是错。所以宋学反佛的口号，是“释氏本心，吾徒本天”。所谓本心，即是佛家万法惟识之论。所谓本天，则是承认外界的实在性。万事万物，其间都有一个定理，此即所谓天理。所以宋学的反佛，是以唯物论反对唯心论。

宋学中自创一种宇宙观和人生观的，有周敦颐、张载、邵雍三人。周敦颐之说，具于《太极图说》及《通书》。他依据古说，假定宇宙的本体为太极。太极动而生阳，静而生阴。动极复静，静极复动。如此循环不已，因生水、火、木、金、土五种物质。此五种物质，是各有其性质的。人亦系此五种物质所构成，所以有智、水。礼、火。仁、木。义、金。信土。五种性质。及其见诸实施，则不外乎仁义二者。所以配阴阳。仁义的性质，都是好的，然用之不得其当，则皆可以变而为恶，如寒暑都是好的，不当寒而寒，不当暑而暑则为恶。所以要不离乎中正，所以配太极。不离乎中正谓之静。所以说：“圣人定之以仁义中正而主静，立人极焉。”张载之说，具于《正蒙》。其说：亦如古代，以气为万物的原质。气是动而不已的。因此而有聚散。有聚散则有疏密。密则为吾人所能知觉，疏则否，是为世俗所谓有无。其实则是隐显。隐显即是幽明。所以鬼神之与人物，同是一气。气之运动，自有其一定的法则。在某种情形之下，则两气相迎；在某种情形之下，则两气相距，是为人情好恶之所由来。此说将精神现象的根源，归诸物质，实为极彻底的一元论。然此等自然的迎距，未必得当。好在人的精神，一方面受制于物质，一方面仍有其不受制于物质者存。所以言性，当分为气质之性受制于物质的。与义理之性。不受制于物质的。人之要务，为变化其气质，以求合乎义理。此为张氏修己之说。张氏又本其哲学上的见地，创万物一体之说，见于其所著的《西铭》。与惠施泛爱之说相近。邵雍之说，与周张相异。其说乃中国所谓术数之学。中国学术，是重于社会现象，而略于自然现象的。然亦有一部分人，喜欢研究自然现象。此等人，其视万物，皆为物质所构成。既为物质所构成，则其运动，必有其定律可求。人若能发现此定律，就能知道万物变化的公例了。所以此等人的愿望，亦可说是希冀发现世界的机械性的。世界广大，不可遍求，然他们既承认世界的规律性，则研究其一部分，即可推之于其余。所以此一派的学者，必重视数。他们的意思，原不过借此以资推测，并不敢谓所推之必确，安敢谓据此遂可以应付事物？然（一）既曾尽力于研求，终不免有时想见诸应用。（二）又此学的初兴，与天文历法关系极密，古人迷信较深，不知世界的规律性不易发现，竟有谓据此可以逆臆未来的。（三）而流俗之所震惊，亦恒在于逆臆未来，而不在乎推求定理。所以此派中亦多逆臆未来之论，遂被称为术数之学。此派学者，虽系少数，著名的亦有数家，邵雍为其中之最善者。雍之说，见于《观物内外篇》及《皇极经世书》。《观物篇》称天体为阴阳，地体为刚柔，又各分太少二者，日为太阳，月为太阴。星为少阳，辰为少阴。火为太刚，水为太柔。石为少刚，土为少柔。其说曰：阳燧取于日而得火，火与日相应也。方诸取于月而得水，水与月一体也。星陨为石；天无日月星之处为辰，地无山川之处为土；故以星与石，辰与土相配。其余一切物与阴阳刚柔相配，皆准此理。以说明万物的性质及变化。《皇极经世书》以十二万九千六百年为一元。日之数一为元。月之数十二为会。星之数三百六十为运。辰之数四千三百二十为世。一世三十年。以三十乘四千三百二十，得十二万九千六百。他说："一元在天地之间，犹一年也。"这和扬雄作《太玄》，想本一年间的变化，以窥测悠久的宇宙一样。邵雍的宗旨，在于以物观物。所谓以物观物，即系除尽主观的见解，以冀发现客观的真理，其立说精湛处甚多。但因术数之学，不为中国所重视，所以在宋学中不被视为正宗。

经过周、张、邵诸家的推求，新宇宙观和新人生观可谓大致已定。二程以下，乃努力于实行的方法。大程名颢，他主张"识得此理，以诚敬存之"。但何以识得此理呢？其弟小程名颐，乃替他补充，说"涵养须用敬，进学在致知"。致知之功，在于格物。即万事而穷其理，以求一旦豁然贯通。这话骤听似乎不错的。人家驳他，说天下之物多着呢，如何格得尽？这话也是误解。因为宋儒的所求，并非今日物理学家之所谓物理，乃系吾人处事之法。如曾国藩所谓："冠履不同位，凤皇鸱鸮不同栖，物所自具之分殊也。鲧湮洪水，舜殛之，禹郊之，物与我之分际殊也。"天下之物格不尽，吾人处事的方法，积之久，是可以知识日臻广博，操持日益纯熟的。所以有人以为格物是离开身心，只是一个误解。问题倒在（一）未经修养过的心，是否能够格物？（二）如要修养其心，其方法，是否以格物为最适宜？所以后来陆九渊出，以即物穷理为支离，要教人先发其本心之明，和赞成小程的朱熹，成为双峰并峙之局。王守仁出，而其说又有进。守仁以心之灵明为知。即人所以知善知恶，知是知非。此知非由学得；无论如何昏蔽，亦不能无存，所以谓之良知。知行即是一事。《大学》说"如恶恶息，如好好色"。知恶臭之恶，好色之好，是知一方面事。恶恶臭，好好色，是行一方面事。人们谁非闻恶臭即恶，见好色即好的？谁是闻恶臭之后，别立一心去恶？见好色之后，别立一心去好？然则“知而不行，只是未知”。然因良知无论如何昏蔽，总不能无存，所以我们不怕不能知善知恶，知是知非，只怕明知之而不肯遵照良心去做。如此，便要在良知上用一番洗除障翳的功夫，此即所谓致知。至于处事的方法，则虽圣人亦有所不能尽知。然苟得良知精明，毫无障翳，当学时，他自会指点你去学；当用人时，他自会指点你去求助于人，正不必以此为患。心之灵明谓之知，所知的自然有一物在。不成天下之物都无了，只剩一面镜子，还说这镜子能照。所以即物穷理，功夫亦仍是用在心上。而心当静止不动时，即使之静止不动，亦即是一种功夫。所以“静处体悟，事上磨炼”，两者均无所不可。程朱的涵养须用敬，进学在致知，固然把道德和知识，分成两截。陆九渊要先发人本心之明，亦不过是把用功的次序倒转了，并没有能把两者合而为一。王守仁之说，便大不相同了。所以理学从朱陆到王，实在是一个辩证法的进步。但人之性质，总是偏于一方面的，或喜逐事零碎用功夫，或喜先提挈一个大纲。所以王守仁之说，仍被认为近于陆九渊，并称为陆王。人的性质，有此两种，是一件事实，是一件无可变更的事实。有两种人自然该有两种方法给他们用，而他们亦自然会把事情做成两种样子。所以章学诚说：“朱陆为千古不可无之同异，亦为千古不能无之同异。”见《文史通义·朱陆篇》。其说最通。

以一种新文化，替代一种旧文化，此新文化，必已兼摄旧文化之长，此为辩证法的真理。宋学之于佛学，亦系如此。宋学兼摄佛学之长，最显著的有两点：（一）为其律己之严。（二）为其理论的彻底。论治必严王霸之辨，论人必严君子小人之分，都系由此而出。此等精严的理论，以之律己则可，以之论事，则不免多所窒碍。又宋学家虽反对佛教的遗弃世事，然其修养的方法，受佛教的影响太深了。如其说而行之，终不免偏于内心的修养，甚至学问亦被抛荒，事为更不必说，所以在宋代，宋学中的永嘉、永康两派，就对此而起反动。永嘉派以叶适、陈傅良为魁首。反对宋学的疏于事功，疏于实学的考究。永康派以陈亮为魁首，对于朱熹王霸之辨，持异议颇坚，亦是偏于事功的。到清代，颜元、李塨一派，亦是对此力加攻击的。然永嘉、永康两派和朱陆，根本观念上，实无甚异同，所争的只是程度问题，无关宏指。颜李一派，则专讲实务，而反对在心上用功夫，几乎把宋学根本取消了。近来的人，因反对中国的学者，多尚空言而不能实行，颇多称道颜李的。然颜、李的理论，实极浅薄，不足以自成一军。因为世界进步了，分工不得不精。一件事，合许多人而分工，或从事于研究，或从事于实行，和一个人幼学壮行，并无二致。研究便是实行的一部。颜、李之说，主张过甚，势必率天下人而闭目妄行。即使主张不甚，亦必变精深为浅薄。所以其说实不能成立。从理论上反对宋儒的，还有戴震。谓宋儒主张天理人欲之辨太过，以致（一）不顾人情。视斯民饮食男女之欲，为人生所不能无的，都以为毫无价值而不足恤。（二）而在上者皆得据理以责其下，下情却不能上达，遂致有名分而无是非，人与人相处之道，日流于残酷。此两端：其前一说，乃宋学末流之弊，并非宋学的本意。后一说则由宋学家承认封建时代的秩序为社会合理的组织之故。戴氏攻之，似得其当。然戴氏亦不知其病根之所在，而说只要合理而论情，人与人的相处，就可以无问题，其说更粗浅牵强了。在现在的文化下所表现出来的人情，只要率之而行，天下就可以太平无事么？戴氏不是盲目的，何以毫无所见？

所以宋学衰敝以后，在主义上，能卓然自立，与宋学代兴的，实无其人。梁启超说：清代的学术，只是方法运动，不是主义运动，见所著《清代学术概论》。可谓知言了。质实言之，清代考证之学，不过是宋学的一支派。宋学中陆王一派，是不讲究读书的，程朱一派本不然。朱子就是一个读书极博的人。其后学如王应麟等，考据尤极精审。清学的先驱，是明末诸大儒。其中顾炎武与清代考证之学，关系尤密，也是程朱一派。其喜言经世，则颇近永嘉。清代所谓纯汉学，实至乾嘉之世而后形成，前此还是兼采汉宋，择善而从的。其门径，和宋学并无区别。清学的功绩，在其研究之功渐深，而日益趋于客观。因务求古事的真相，觉得我们所根据的材料，很不完全，很不正确；材料的解释，又极困难。乃致力于校勘；致力于辑佚；对于解释古书的工具（即训诂）尤为尽心。其结果，古书已佚而复见的，古义已晦而复明的不少，而其解决问题的方法，亦因经验多了，知道凭臆判断，自以为得事理之平，远不如调查其来路，而凭以判断者之确。于是折中汉宋，变为分别汉宋，其主意，亦从求是变而为求真了。非不求是，乃以求真为求是。清学至此，其所至，已非复宋儒所能限，然仍是一种方法的转变，不足以自成一军。

清学在宗旨上，渐能脱离宋学而自立，要到道咸时今文之学兴起以后。西汉经师之说，传自先秦，其时社会的组织，还和秦汉以后不同。有许多议论，都不是东汉以后人所能了解的。自今文传授绝后，久被搁置不提了。清儒因分别学派，发现汉儒亦自有派别，精心从事于搜剔，而其材料始渐发现，其意义亦渐明白。今学中有一派，专务材料的搜剔，不甚注意于义理。又一派则不然，常州的庄、存与。刘，逢禄。号称此学的开山，已渐注意于汉儒的非常异义。龚、自珍。魏源。两氏继之，其立说弥以恢廓。到廖平、康有为出，就渐渐地引上经世一路，非复经生之业了。

廖平晚岁的学说，颇涉荒怪。然其援据纬说，要把孔道的规模，扩充到无限大，也仍是受世变的影响的。但廖氏毕竟是个经生。其思想，虽亦受世变的影响，而其所立之说，和现代的情形，隔膜太甚。所以对于学术界，并不能发生多大的影响。康氏就不然了。康氏的经学远不如廖氏的精深。然其思想，较之廖氏，远觉阔大而有条理。他怀抱着一种见解，借古人之说为材料而说明之。以《春秋》三世之义，说明进化的原理，而表明中国现在的当改革，而以孔子托古改制之说辅之。其终极的目的，则为世界大同。恰和中国人向来怀抱的远大的思想相合，又和其目前急须改革的情形相应，所以其说能风靡一时。但康有为的学说，仍只成为现代学术思想转变的一个前驱。这是为什么呢？因为学术是利于通的，物穷则变，宋明以来的文化，现在也几乎走到尽头了。即使没有西学输入，我们的学术思想，也未必不变。但既与西洋学术相值，自然乐得借之以自助。何况现在西洋的科学方法，其精密，确非我们之所及呢？所以近数十年来，中国学术思想的变化，虽然靠几个大思想家做前驱，而一经发动之后，其第二步，即继之以西洋学术的输入。和中国学术思想的转变最有关系的人是梁启超。梁氏的长处：在其（一）对于新科学，多所了解。（二）最能适应社会的程度，从事于介绍。（三）且能引学说以批评事实，使多数人感觉兴味。即此趋势的说明。

西洋学术输入以来，中国人对之之态度，亦经数变。（一）其初是指采用西法者为用夷变夏，而极力加以排斥的。（二）继则变为中学为体，西学为用。（三）再进一步，就要打倒孔家店，指旧礼教为吃人，欢迎德谟克拉西先生、赛因斯先生，并有主张全盘西化的了。其实都不是这么一回事。欧美近代，最初发达的是自然科学。因此引起的整个学术思想的变化，即对于一切事情的观点及其应付方法。较诸旧说，都不过是程度问题。后来推及社会科学亦然。现在文化前途的改变，乃是整个社会组织的改变，并非一枝一节的问题。这个问题，乃中国与西洋之所同，而非中国之所独。具体言之，即是中国与西洋，以及全世界的各民族，都要携手相将，走上一条新的径路。其间固无一个民族，能够守旧而不变，也断非哪一个民族，尽弃其所固有，而仿效别一个民族的问题。因为照现状，彼此都是坏的，而且坏得极相像。然则各种学术，能指示我们以前途，且成为各学之王，而使他种学术，奔走其下，各尽其一枝一节之用的，必然是社会学。一切现象，都是整个社会的一枝一节，其变化，都是受整个社会的规定的。惟有整个社会，能说明整个社会。亦惟有整个社会，能说明一枝一节的现象的所以然。人们向来不知，只是把一枝一节的现象，互相说明，就错了。这是因为从前的人，不知道整个社会，可成为研究的对象，所以如此。现在便不同了。所以只有最近成立的社会学，为前此之所无。亦只有整个的社会学，能够说明文化之所由来，而评判其得失，而指示我们以当走的路径。即如文明愈进步，则风俗愈薄恶，这是一件众所周知的事实，而亦是向来所视为无可如何的事实。毁弃文明固不可，亦不能。任社会风俗之迁流，而日趋于薄恶，也不是一回事。提倡道德，改良政治等，则世界上无论哪一个文明国，都已经努力了几千年，而证明其无效的了。人道其将终穷乎？从社会学发明以来，才知道风俗的薄恶，全由于社会组织的不良，和文明进步，毫无关系。我们若能把社会组织彻底改良，则文明进步，就只有增加人类的福利了。这是社会学指示给我们前途最大的光明。而社会学之所以能发明，则和现代各地方蛮人风俗的被重视，以及史前史的发现，有极大的关系。因此，我们才知道社会的组织，可以有多种。目前的组织，只是特种事实所造成，并非天经地义，必不可变。变的前途，实有无限的可能。变的方法，我们所知道的，亦与前人迥异了。

以上论中国学术思想转变的大概，以下再略论中国的文学和史学。

文学的发达，韵文必先于散文，中国古代，亦系如此。现存的先秦古书，都分明包含着两种文字：一种是辞句整齐而有韵的。一种则参差不齐，和我们的口语一样。前者是韵文，后者是散文。散文的发达，大约在东周之世，至西汉而达于极点。散文发达了，我们的意思，才能够尽量倾吐，因为到这时候，文字和语言，才真正一致。所以是文学的一个大进步。西汉末年，做文章的，渐渐求其美化。其所谓美是：（一）句多偶丽。（二）不用过长过短之句。（三）用字务求其足以引起美感。其结果，逐渐成汉魏体的骈文。汉魏体的骈文，只是字句修饰些，声调啴缓些，和散文相去，还不甚远。以后一直向这趋势发达，至齐梁时代，遂浮靡而不能达意了。此时供实用之文，别称为笔。然笔不过参用俗字俗语；用字眼、用典故，不及文来得多；其语调还和当时的文相近，与口语不合，还是不适于用。积重之势，已非大改革不可。改革有三条路可走：（一）径用口语。这在昔日文字为上中流社会所专有的时代，是不行的。（二）以古文为法。如苏绰的拟《大诰》是。这还是不能达意。只有第（三）条路，用古文的义法，即文字尚未浮靡时的语法。以运用今人的言语，是成功的。唐朝从韩、柳以后，才渐渐地走上这条路。散文虽兴，骈文仍自有其用，骈散自此遂分途。宋朝为散文发达的时代。其时的骈文，亦自成一格。谓之宋四六。气韵生动，论者称为骈文中的散文。

诗歌另是一体。文是导源于语言，诗是导源于歌谣的。所以诗体，当其发生之时，即非口语之调。近人以随意写来的散文，亦称为诗，新诗。这至少要改变向来诗字的定义然后可。古代的诗，大抵可歌。传于后世的，便是《诗经》和《楚辞》。到汉朝，风尚变了。制氏雅乐虽存，不为人之所好。汉武帝立新声乐府，采赵、代、秦、楚之讴，使李延年协其律，司马相如等为之辞，是为汉代可歌的诗。古代的诗，则变为五言诗，成为只可吟诵之物。论者多以此为诗体的退化，这是为尊古之见所误。其实凡事都到愈后来愈分化。吟诵的诗和合乐的诗的判而为二，正是诗体的进化。歌唱的音调，和听者的好尚的变迁，是无可如何的事。隋唐时，汉代的乐府，又不为人之所好，而其辞亦渐不能合乐了。听者的好尚，移于外国传来的燕乐。按其调而填词，谓之词。极盛于两宋之世。至元以后，又渐成为但可吟诵，不能协律之作，而可歌的限于南北曲。到清朝，按曲谱而填词的，又多可诵而不可歌了。中国的所谓诗，扩而充之，可以连乐府、词、曲，都包括在内。因为其起源，同是出于口中的歌的。一个民族的歌谣，不容易改变。试看现代的山歌，其音调，还与汉代的乐府一样，便可知道。所以现在，非有新音乐输入，诗体是不会变化的。现在万国交通，新音乐输入的机会正多。到我国人的口耳与之相习，而能利用之以达自己的美感时，新诗体就可产生了。

文学初兴之时，总是与语言相合的。但到后来，因（一）社会情形的复杂，受教育的程度，各有不同；（二）而时间积久了，人的语言，不能不变，写在纸上的字，却不能再变；言文就渐渐的分离了。合于口语的文字，是历代都有的。如（一）禅宗和宋儒的语录。（二）元代的诏令。（三）寒山、拾得的诗。（四）近代劝人为善的书都是。（五）而其用之，要以平话为最广。这是非此不可的。从前文言、白话，各有其分野，现在却把白话的范围推广了。这因（一）受教育的人渐多，不限于有闲阶级；而所受的教育，亦和从前不同，不能专力于文字。（二）世变既亟，语言跟着扩充、变化，文字来不及相随，乃不得不即用口语。此乃事势的自然，无人提倡，也会逐渐推广的。守旧的人，竭力排斥白话，固然是不达。好新的人，以此沾沾自喜，也是贪天之功，以为己力的。所谓古文，大部分系古代的言语。其中亦有一部分，系后人依据古代的语法所造的，从未宣诸唇吻，只是形之楮墨。然楮墨之用，亦系一种广义的语言。既有其用，自不能废。而况纸上的言语，有时亦可为口语所采用。所以排斥文言，也是偏激之论。

文以载道，文贵有用之说，极为近人所诋毁。此说固未免于迂，然亦不能谓其全无道理。近人袭西洋文学的理论，贵纯文学而贱杂文学，这话固然不错。然以为说理论事之作，必是杂文学，必写景言情之作，而后可以谓之纯文学，则是皮相之谈。美的原质，论其根柢，实在还是社会性。社会性有从积极方面流露的，如屈原、杜甫的忠爱是。有从消极方面流露的，如王维、孟浩然的闲适是。积极的人人所解，消极的似乎适得其反，其实不然。积极的是想把社会改好，消极的则表示不合作。虽然无所作为，然（一）使人因此而悟现社会之坏，（二）至少亦使社会减少一部分恶势力，其功效也还是一样的。文字上的所谓美，表面上虽若流连风景，其暗中深处，都藏有这一个因素在内。诗词必须有寄托，才觉得有味，真正流连风景的，总觉得浅薄，就是为此。然则文字的美恶，以及其美的程度，即视此种性质之有无多寡以为衡，其借何种材料而表现，倒是没有关系的。忧国忧民，和风花雪月，正是一样。以说理论事，或写景言情，判别文学的为纯为杂，又是皮相之谈了。文以载道，文贵有用等说，固然不免于迂腐。然载道及有用之作，往往是富于社会性的，以此为第一等文字，实亦不为无见，不过抛荒其美的方面，而竟以载道和有用为目的，不免有语病罢了。

中国的有史籍甚早。《礼记·玉藻》说：“动则左史书之，言则右史书之。”郑《注》说：“其书，《春秋》、《尚书》其存者。”《汉书·艺文志》说“右史记事，左史记言”是错的。《礼记·祭统》说“史由君右，执策命之”，即右史记言之证。这大约是不错的。《周官》还有小史，记国君及卿大夫的世系，是为《帝系》及《世本》。我国最古的史籍《史记》，其本纪及世家，似系据《春秋》和《系》、《世》编纂而成。列传则源出记言之史。记言之史，称为《尚书》。乃因其为上世之书而得此名，其原名似称为语。语之本体，当系记人君的言语，如现在的训辞讲演之类。后来扩充之，则及于一切嘉言。嘉言的反面是莠言，间亦存之以昭炯戒。记录言语的，本可略述其起因及结果，以备本事。扩充之则及于一切懿行，而其反面即为恶行。此体后来附庸蔚为大国，名卿大夫，及学术界巨子，大抵都有此等记录，甚至帝王亦有之。其分国编纂的，则谓之《国语》。关于一人的言行，分类编纂的，则谓之《论语》。记载一人的大事的，则如《礼记·乐记》，述武王之事，谓之《牧野之语》都是。《史记》的列传，在他篇中提及多称为语，如《秦本纪》述商鞅说孝公变法事曰："其事在《商君语》中。"可见其源出于语，推而广之，则不名为语的，其实亦系语体。如《晏子春秋》及《管子》中的《大》、《中》、《小匡》等是。八书是记典章经制的，其源当亦出于史官，不过不能知其为何官之史罢了。史官以外，还有民间的传述。有出于学士大夫之口的，如魏绛、伍员述少康、羿、浞之事是。见《左传》襄公四年、哀公元年，及《史记·吴太伯世家》。亦有出于农夫野老之口的，如孟子斥咸丘蒙所述为齐东野人之语是。古史的来源，大略如此。秦始皇烧书，《史记·六国表》说"诸侯史记尤甚"，大约史官所记载，损失极多。流行民间之书，受其影响当较少。口耳相传，未著竹帛的，自然更不必说了。

有历史的材料是一事，有史学上的见地又系一事。古代史官，虽各有专职，然大体不过奉行故事。民间传达，或出惊奇之念，或出仰慕之忱，所谓多识前言往行，以蓄其德。亦说不上什么史学上的见地。到司马谈、迁父子出，才网罗当时所有的史料，编纂成一部大书。这时的中国，在当时人的眼光中，实已可谓之天下。因为所知者限于此。在所知的范围中，并没有屏斥异国或异族的史料不载。所以《太史公书》，这是《史记》的本名。《汉书·艺文志》著录即如此。《史记》乃史籍通名，犹今言历史。《太史公书》，为史部中最早的著述，遂冒其一类的总名。实自国别史进于世界史，为史体一大进步。

从此以后，国家亦渐知史籍的重要了。后汉以后，乃有诏兰台、东观中人述作之事。魏晋以后，国家遂特设专官。此时作史的，在物力上，已非倚赖国家不行。一因材料的保存及搜辑，一因编纂时之费用。至于撰述，则因材料不多，还为私人之力所能及。所以自南北朝以前，大率由国家供给材料及助力，而司编撰之事的，则仍系一二人，为私家著述性质。唐以后史料更多，不徒保存、搜辑，即整理、排比，亦非私人之力所及，于是独力的著述，不得不变为集众纂修之局了。私家著述及集众纂修，昔人的议论，多偏袒前者，这亦是一偏之见。姑无论材料既多，运用为私人之力所不及。即舍此勿论，而昔时的正史，包括的门类很多，亦非一人所能兼通。所以即就学术方面论，二者亦各有长短。唐修《新晋书》，即今正史中的《晋书》。其志非前人所能及，即其一证。关于正史的历史，可参看《史通》的《六家》、《二体》、《古今正史》、《史官建置》各篇，及拙撰《史通评》中这几篇的评。商务印书馆本。

从前的历史，系偏重于政治方面的。而在政治方面，则所注重的，为理乱兴衰、典章经制两类。正史中的纪传，是所以详前者的，志则所以详后者。已见《绪论》中。编年史偏详前者。《通典》、《通考》一类的书，则偏详后者，都不如纪传表志体的完全。所以后来功令，独取纪传表志体为正史。然编年体和政书，《通典》、《通考》等。在观览上亦各有其便，所以其书仍并为学者所重。这是中国旧日所认为史部的重心的。纪传体以人为单位，编年史以时为系统，欲勾稽一事的始末，均觉不易。自袁枢因《通鉴》作《纪事本末》后，其体亦渐广行。

中国的史学，在宋时，可谓有一大进步。（一）独力著成一史的，自唐以后，已无其事。宋则《新五代史》出欧阳修一人；《新唐书》虽出修及宋祁两人，亦有私家著述性质，事非易得。（二）编年之史，自三国以后，久已废阙。至宋则有司马光的《资治通鉴》，贯串古今。朱嘉的《通鉴纲目》，叙事虽不如《通鉴》的精，体例却较《通鉴》为善。《通鉴》有目无纲，检阅殊为不便。司马光因此，乃有《目录》之作，又有《举要》之作。《目录》既不与本书相附丽。《举要》则朱子《答潘正叔书》，讥其“详不能备首尾，略不可供检阅”，亦系实情。所以《纲目》之作，确足以改良《通鉴》的体例。（三）讲典章经制的书，虽起于唐杜佑的《通典》，然宋马端临的《文献通考》，搜集尤备，分类亦愈精。又有会要一体，以存当代的掌故，并推其体例，以整理前代的史实。（四）郑樵《通志》之作，网罗古今。其书虽欠精审，亦见其魄力之大。（五）当代史料，搜辑綦详。如李焘《续资治通鉴长编》、李心传《建炎以来系年要录》、徐梦莘《三朝北盟会编》、王偁《东都纪略》等都是。（六）自周以前的古史，实系别一性质。至宋而研究加详。如刘恕《通鉴外纪》、金履祥《通鉴纲目前编》、苏辙《古史考》、胡宏《皇王大纪》、罗泌《路史》等都是。（七）研究外国史的，宋朝亦加多。如叶隆礼《契丹国志》、孟珙《蒙鞑备录》等是。（八）考古之学，亦起于宋时。如欧阳修的《集古录》、赵明诚的《金石录》等，始渐求材料于书籍之外。（九）倪思的《班马异同评》、吴缜的《新唐书纠谬》等，皆出于宋时。史事的考证，渐见精核。综此九端，可见宋代史学的突飞猛进。元明时代复渐衰。此因其时之学风，渐趋于空疏之故。但关于当代史料，明人尚能留心收拾。到清朝，文字之狱大兴，士不敢言当代的史事；又其时的学风，偏于考古，而略于致用；当代史料，就除官书、碑传之外，几乎一无所有了。但清代考据之学颇精。推其法以治史，能补正前人之处亦颇多。

研究史法之作，专著颇少。其言之成理，而又有条理系统的，当推刘知幾的《史通》。《史通》是在大体上承认前人的史法为不误，而为之弥缝匡救的。其回到事实上，批评历代的史法，是否得当；以及研究今后作史之法当如何的，则当推章学诚。其识力实远出刘知幾之上。此亦时代为之。因为刘知幾之时，史料尚不甚多，不虑其不可遍览，即用前人的方法撰述已足。章学诚的时代，则情形大不同，所以迫得他不得不另觅新途径了。然章氏的识力，亦殊不易及。他知道史与史材非一物，保存史材，当务求其备，而作史则当加以去取；以及作史当重客观等，见《文史通义·史德篇》。实与现在的新史学，息息相通。不过其时无他种科学，以为辅助。所以其论不如现在新史学的精审罢了。然亦不过未达一间而已，其识力亦很可钦佩了。

第十八章 宗　教

宗教的信仰，是不论哪一个民族都有的。在浅演之时固然，即演进较深之后，亦复如此。这是因为：学问之所研究，只是一部分的问题，而宗教之所欲解决，则为整个的人生问题。宗教的解决人生问题，亦不是全不顾知识方面的。它在感情方面，固然要与人以满足。在知识方面，对于当时的人所提出的疑问，亦要与以一个满意的解答。所以一种宗教，当其兴起之时，总是足以解决整个人生问题的。但既兴起之后，因其植基于信仰，其说往往不易改变；而其态度亦特别不宽容；经过一定时期之后，遂成为进化的障碍，而被人斥为迷信。

宗教所给与人的，既是当下感情上和知识上的满足，其教义，自然要随时随地而异。一种宗教，名目未变，其教义，亦会因环境而变迁。原始的人，不知道自然界的法则。以为凡事都有一个像人一般的东西，有知识，有感情，有意志，在暗中发动主持着。既不知道自然界的法则，则视外界一切变化，皆属可能。所以其视环境，非常之可畏怖。

而其视其所祈求的对象，能力之大，尤属不可思议。有形之物，虽亦为其所崇拜，然其所畏怖而祈求的，大概非其形而为寓于其中的精灵。无形可见之物，怎会令人深信不疑呢？原来古人不知道生物与无生物之别，更不知道动物与植物、人与动物之别，一切都看做和自己一样，而人所最易经验到而难于解释的，为梦与死。明明睡在这里没有动，却有所见，有所闻，有所作为；明明还是这个人，而顷刻之间，有知已变为无知了，安得不相信人身之中，别有一物以为之主？既以为人是如此，就推之一切物，以为都是如此了。这是我们现在，相信人有灵魂；相信天地、日月、山川等，都有神为之主；相信老树、怪石、狐狸、蛇等等，都可以成为精怪的由来。虽然我们现在，已知道自然界的法则了；知道生物与无生物、动物与植物、人与其他动物之别了；然此等见解，根株仍未拔尽。

人类所崇拜的灵界，其实是虚无缥缈的，都是人所想象造作出来的。所以所谓灵界，其实还是人间世界的反映。人类社会的组织变化了，灵界的组织，也是要跟着变化的。我们现在所看得到的，其第一步，便是从部族时代进于封建时代的变化。部族的神，大抵是保护一个部族的，和别一个部族，则处于敌对的地位。所以《左传》僖公十年说：“神不歆非类，民不祀非族。”孔子也说：“非其鬼而祭之，谄也。”《论语·为政》。到封建时代，各个神灵之间，就要有一个联系。既要互相联系，其间自然要生出一个尊卑等级来。在此时代，宗教家所要做的工作就是：（一）把神灵分类。（二）确定每一类之中及各类之间尊卑等级的关系。我们在古书上看得见的，便是《周官》大宗伯所分的（一）天神，（二）地祇，（三）人鬼，（四）物魁四类。四类相互之间，自然天神最尊，地祇次之，人鬼次之，物魁最下。天神包括日月、星辰、风雨等。地祇包括山岳、河海等。但又有一个总天神和总地祇。人鬼：最重要的，是自己的祖宗。其余一切有功劳、有德行的人，也都包括在内。物魁是列举不尽的。天神、地祇、人鬼等，都是善性居多。物魁则善恶无定。这是中国人最普通的思想，沿袭自几千年以前的。宗教发达到这一步，离一般人就渐渐地远了。“天子祭天地，诸侯祭其境内名山大川”，《礼记·王制》。和一般人是没有关系的。季氏旅于泰山，孔子就要讥其非礼了，《论语·八佾》。何况平民？昊天上帝之外，还有主四时化育的五帝：东方青帝灵威仰，主春生。南方赤帝赤熛怒，主夏长。西方白帝白招拒，主秋成。北方黑帝汁光纪，主冬藏。中央黄帝含枢纽，则兼主四时化育。每一朝天子的始祖，据说实在是上帝的儿子。譬如周朝的始祖后稷，他的母亲姜嫄，虽说是帝喾之妃，后稷却不是帝喾的儿子。有一次，姜嫄出去，见一个大的足印。姜螈一只脚，还不如他一个拇指大。姜嫄见了，觉得奇怪。把自己的脚，在这足印里踏踏看呢。一踏上去，身体就觉得感动。从此有孕了。生了一个儿子，就是后稷。又如商朝的始祖契。他的母亲简狄，也是帝喾之妃，然而契也不是帝窖的儿子。简狄有一次，到河里去洗澡，有一只玄鸟，掉下一个卵来。简狄取来吞下去，因此有孕了。后来就生了契。这个谓之"感生"。见《诗·生民》及《玄鸟》。《史记·殷周本纪》述契、后稷之生，即系《诗说》。《周官》大宗伯，以禋祀祀昊天上帝。小宗伯，兆五帝于四郊。郑玄谓天有六，即五帝和昊天上帝耀魄宝。可看《礼记·祭法疏》，最简单明了。五帝之名，虽出纬侯，然其说自系古说。所以《礼记·礼运》："因名山以升中于天，因吉土以飨帝于郊"已经把天和帝分说了。契、稷等因系上帝之子，所以其子孙得受命而为天子。按诸"神不歆非类，民不祀非族"之义，自然和平民无涉的，用不着平民去祭。其余如"山林、川谷、丘陵，能出云，为风雨，见怪物"，而且是"民所取材用"的，《礼记·祭法》。虽和人民有关系。然因尊卑等级，不可紊乱之故，也就轮不着人民去祭了。宗教发达到此，神的等级愈多，上级的神威权愈大，其去一般人却愈远，正和由部族之长，发展到诸侯，由列国并立的诸侯，进步到一统全国的君主，其地位愈尊，而其和人民相去却愈远一样。

人，总是讲究实际的。所敬畏的，只会是和自己切近而有关系的神。日本田崎仁义所著《中国古代经济思想及制度》说：古代宗教思想，多以生物之功，归之女性；又多视日为女神。中国古代，最隆重的是社祭。《礼记·郊特牲》说："惟为社事，单出里。惟为社田，国人毕作。惟社，丘乘共粢盛。"单同殚。而这所谓社，则只是一地方的土神。据《礼记·祭法》，王、诸侯、大夫等，均各自立社。并不是与天神相对的后土。《易经·说卦传》：离为日，为中女。《山海经》和《淮南子》，以生日驭日的羲和为女神，《山海经·大荒南经》："东南海之外，甘水之间，有羲和之国。有女子，名羲和，方浴日于甘渊。羲和者，帝俊之妻，生十日。"《淮南子·天文训》："至于悲泉，爰止其女，爰息其马，是谓县车。"而《礼记·郊特牲》说，郊之祭，乃所以迎"长日之至"。可见以郊祭为祭天，乃后起之事，其初只是祭日；而祭日与祭社，则同是所以报其生物之功。后来虽因哲学观念的发达，而有所谓苍苍者天，抟抟者地，然这整个的天神和整个的地神，就和人民关系不切了，虽没有政治上"天子祭天地"的禁令，怕也不会有什么人去祭它的。日月星辰风雨等，太多了，祭不胜祭；亦知道其所关涉者广，用不着一地方去祭它。只有一地方的土神，向来视为于己最亲的，其祭祀还相沿不废。所以历代以来，民间最隆重的典礼是社祭，最热闹的节场是作社。还有所谓八蜡之祭，是农功既毕之后，举凡与农事有关之神，一概祭飨它一次。见《郊特牲》。又古代视万物皆有神，则有所谓中霤，有所谓门，有所谓行，有所谓户，有所谓灶，均见《祭法》。此等崇拜，倒也有残留到后世的。又如古代的司命，是主人的生死的。司命亦见《祭法》。《庄子·至乐》云："庄子之楚，见髑髅而问之。夜半，髑髅见梦。庄子曰：吾使司命复生子形，为子骨肉肌肤"，知古谓人生死，皆司命主之。后世则说南斗主生，北斗主死，所以南北斗去人虽远，倒也有人崇拜它。诸如此类，悉数难终。总之于人有切近的关系的，则有人崇拜，于人无切近的关系的，则位置虽高，人视之，常在若有若无之间。现在人的议论，都说：一神教比多神教进化，中国人所崇拜的对象太杂，所以其宗教，还是未甚进化的。其实不然。从前俄国在专制时代，人民捐一个钱到教堂里去，名义上也要以俄皇的命令允许的。这和佛教中的阿弥陀佛有一个人皈依他，到临死时，佛都自己来接引他到净土去一样。中国的皇帝，向来是不管小事的，所以反映着人间社会而成的灵界组织，最高的神，亦不亲细务。假使中国宗教上的灵界组织，是以一个大神，躬亲万事的，中国人也何尝不会专崇拜这一个神？然而崇拜北斗，希冀长生，和专念阿弥陀佛，希冀往生净土的，根本上有什么区别呢？若说一神教的所谓一神，只是一种自然力的象征，所以崇拜一神教的，其哲学上的见地，业已达于泛神论了，要比多神教高些。则崇拜一神教的，都是当他自然力的象征崇拜的么？老实说：泛神论与无神论，是一而二，二而一的。真懂得泛神论的，也就懂得无神的意义，不会再有现在宗教家的顽固见解了。

较神的迷信进一步的，则为术。术数二字，古每连称，其实二者是不同的，已见上章。术之起源，由于因果的误认。如说做一个木人，或者束一个草人，把他当做某人，用箭去射他，就会使这个人受伤。又如把某人贴身之物，加以破坏，就能使这个人受影响之类。苌弘在周朝，把狸首象征不来的诸侯去射它，以致为晋人所杀。见《史记·封禅书》。豫让为赵襄子所擒，请襄子之衣，拔剑三跃而击之，衣尽出血，襄子回车，车轮未周而亡。就是此等见解。凡厌胜咒诅之术，均自此而出。又有一种，以为此地的某种现象，与彼地的某种现象；现在的某种现象，和将来的某种现象有连带关系的。因欲依据此时此地的现象，以测知彼时彼地的现象，是为占卜之术所自始。此等都是所谓术。更进一步则为数。《汉书·艺文志》说形法家之学道："形人及六畜骨法之度数，器物之形容，以求其声气贵贱吉凶，犹律有长短，而各征其声，非有鬼神，数自然也。”全然根据于目可见、身可触的物质，以说明现象的原因，而否认目不可见的神秘之说，卓然是科学家的路径。惜乎这种学派中人，亦渐渐地枉其所信，而和术家混合为一了。《汉志·术数略》，共分六家：曰天文、曰历谱、曰五行、曰蓍龟、曰杂占、曰形法。蓍龟和杂占，纯粹是术家言。天文、历谱、五行、形法都饶有数的意味，和术家混合了，为后世星相之学所自出。

中国古代所崇拜的对象，到后世，都合并起来，而被收容于道教之中。然所谓道教，除此之外，尚有一个元素，那便是神仙家。当春秋战国时，就有所谓方士者，以不死之说，诳惑人主。《左传》昭公二十年，齐景公问于晏子，说“古而无死，其乐何如”？古代无论哲学、宗教，都没有持不死之说的，可见景公所问，为受神仙家的诳惑了。此后齐威宣王、燕昭王，亦都相信它，见于《史记·封禅书》。而秦始皇、汉武帝信之尤笃，其事为人人所知，无烦赘述了。事必略有征验，然后能使人相信。说人可不死，是最无征验的。齐景公等都系有为之主，何以都为所蛊惑呢？以我推测，因燕齐一带，多有海市。古人明见空中有人物城郭宫室，而不知其理，对于神仙之说，自然深信不疑了。神仙家，《汉志》列于方技，与医经、经方、房中并列。今所传最古的医书《素问》，中亦多载方士之言。可见方士与医药，关系甚密。想藉修炼、服食、房中等术，以求长生，虽然误缪，要不能视为迷信。然此派在汉武时，就渐渐的和古代的宗教混合了。汉武时，所谓方士，实分两派：一派讲炼丹药，求神仙，以求长生。一派则从事祠祭以求福。其事具见于《史记·封禅书》、《汉书·郊祀志》。《郊祀志》所载各地方的山川，各有其当祭之神，即由献其说的方士主持。此乃古代各部族的宗教，遗留到后世的。《山海经》所载，某水某山有某神，当用何物祠祭，疑即此等方士所记载。此派至元帝后，多被废罢；求神仙一派，亦因其太无效验，不复为时主所信，乃转而诳惑人民。其中规模最大的，自然是张角。次之则是张鲁。他们也都讲祠祭。但因人民无求长生的奢望，亦无炼金丹等财力，依《抱朴子》讲，当时方士炼丹，所费甚巨。葛洪即自憾无此资财，未能从事。所以不讲求神仙，而变为以符咒治病了。符咒治病，即是祝由之术，亦古代医术中的一科。其牵合道家之学，则自张鲁使其下诵习《老子》五千言始。张鲁之道，与老子毫无干涉，何以会使人诵习《老子》呢？依我推测，大约因汉时以黄、老并称，神仙家自托于黄帝，而黄帝无书，所以牵率及于老子。张鲁等的宗教，有何理论可讲？

不过有一部书，以资牵合附会就够了，管什么实际合不合呢？然未几，玄学大兴，《老子》变为时髦之学，神仙家诳惑上流社会的，亦渐借其哲理以自文。老子和所谓方士，所谓神仙家，就都生出不可分离的关系来了。此等杂多的迷信，旁薄郁积，毕竟要汇合为一的。享其成的，则为北魏时的寇谦之。谦之学张鲁之术，因得崔浩的尊信，言于魏明元帝而迎之，尊之为天师，道教乃成为国家所承认的宗教，俨然与儒释并列了。此事在民国纪元前1489年，公元423年。刘宋少帝景平元年，魏明元帝泰常八年。后世谈起道教来，均奉张陵为始祖。陵乃鲁之祖父。据《后汉书》说：陵客蜀，学道于鹄鸣山中。受其道者，辄出米五斗，故谓之米贼，陵传子衡，衡传于鲁。然其事并无证据。据《三国志》《注》引《典略》，则为五斗米道的，实系张修。修乃与鲁并受命于刘焉，侵据汉中，后来鲁又袭杀修而并其众的。鲁行五斗米道于汉中，一时颇收小效。疑其本出于修，鲁因其有治效而沿袭之，却又讳其所自出，而自托之于父祖。历史，照例所传的，是成功一方面的人的话，张陵就此成为道教的始祖了。

从外国输入的宗教，最有权威的，自然是佛教。佛教的输入，旧说都以为在后汉明帝之世。说明帝梦见金人，以问群臣，傅毅对以西方有圣人，乃遣郎中蔡愔、博士弟子秦景等使于天竺。得佛经四十二章，及释迦立像，与沙门摄摩腾、竺法兰，以白马负经而至。因立白马寺于洛城西。此乃因其说见于《魏书·释老志》，以为出于正史之故。梁启超作《佛教之初输入》，考此说出于西晋道士王浮的《老子化胡经》，其意乃欲援释入道，殊为妖妄。然《魏书》实未以金人入梦，为佛教入中国之始。据《魏书》之意，佛教输入，当分三期：（一）匈奴浑邪王降，中国得其金人，为佛教流通之渐。（二）张骞至大夏，知有身毒，行浮屠之教。哀帝元寿元年，博士弟子秦景宪，受大月氏使伊存口授浮屠经。（三）乃及明帝金人之梦。金人实与佛教无涉。大月氏使口授浮屠经，事若确实，当可称为佛教输入之始。元寿元年，为民国纪元前1913年，即西历公元前2年。然则佛教输入中国，实在基督诞生后两年了。基督降生，在纪元前4年。西人因纪年行用已久，遂未改正。据《后汉书》所载，光武帝子楚王英业已信佛，可见其输入必不在明帝之世。秦景宪与秦景，当即一人。此等传说中的人物，有无尚不可知，何况确定其名姓年代？但大月氏为佛教盛行之地；汉与西域，交通亦极频繁，佛教自此输入，理有可能。梁启超以南方佛像涂金；《后汉书·陶谦传》，说谦使笮融督广陵、下邳、彭城运粮，融遂断三郡委输，大起浮屠寺，作黄金屠像，疑佛教本自南方输入。然此说太近臆测。即谓其系事实，亦不能断定其输入在北方之先。梁氏此文，破斥旧说之功甚大，其所建立之说，则尚待研究。柳诒徵《梁氏佛教史评》，可以参看。佛教的特色在于（一）其说轮回，把人的生命延长了，足以救济中国旧说，（甲）限善报于今世及其子孙，及（乙）神仙家飞升尸解等说的太无征验，而满足人的欲望。（二）又其宗旨偏于出世，只想以个人的修养，解脱苦痛，全不参加政治斗争。在此点，佛教与张角、张鲁等，大不相同。所以不为政治势力所摧残，而反为其所扶植。（三）中国是时，尚缺乏统一全国的大宗教。一地方一部族之神，既因其性质褊狭而不适于用，天子所祭的天地等，亦因其和人民相去远了，而在若无若有之间。张角、张鲁等的宗教运动，又因其带有政治斗争性质；且其教义怕太浅，而不足以餍上中流社会之望；并只适于秘密的结合，而不宜于平和的传布，不能通行。只有佛教，既有哲理，又说福报，是对于上中下流社会都适宜的。物我无间，冤亲平等，国界种界尚且不分，何况一国之中，各地方各民族等小小界限？其能风行全国，自然无待于言了。至佛教的哲理方面，及其重要宗派，上章已略言之，今不赘述。

把一个中空的瓶抛在水中，水即滔滔注入，使其中本有水，外面的水就不容易进去了。这是先入为主之理，一人如是，一国亦然。佛教输入时，中国的宗教界，尚觉贫乏，所以佛教能够盛行。佛教输入后，就不然了。所以其他外教，输入中国的虽多，都不能如佛教的风行无阻。其和中国文化的关系亦较浅。

佛教以外，外国输入的宗教，自以回教为最大。此教缘起，人人知之，无待赘述。其教本名伊思兰，在中国则名清真，其寺称清真寺。其经典名《可兰》。原来为阿剌伯文，非其教中有学问的人不能读；而其译本及教中著述，流布于社会上的很少；所以在中国，除教徒外，罕有了解回教教义的。又回教教规，极为严肃。教徒生活，与普通人不甚相合。所以自元代盛行输入以来，已历七百年，仍不能与中国社会相融化。现在中国信奉回教的人，约有五千万。其中所包含的民族实甚多，然人皆称为回族，俨然因宗教而结合成一个民族了。因宗教而结合成一个民族，在中国，除回教之外，是没有的。

中国人称伊思兰教为回教，乃因其为回鹘人所信奉而然。然回鹘在漠北，实本信摩尼教。其信伊思兰教，乃走入天山南路后事。摩尼教原出火教。火教为波斯国教，中国称为胡天。又造祆字，称为祆教。其字从示从天，读他烟切。或误为从夭，读作于兆切，就错了。火教当南北朝时，传至葱岭以东，因而流入中国。然信奉它的，只有北朝的君主。唐朝时，波斯为大食所灭，中亚细亚亦为所据，火教徒颇有东行入中国的，亦未和中国社会，发生甚么影响。摩尼教则不然。唐朝安史乱后，回鹘人多入中国，其教亦随之而入。自长安流行及于江淮。武宗时，回鹘败亡，会昌五年，西历845年，民国纪元前1067年。中国乃加以禁断。然其教流行至南宋时仍不绝。其人自称为明教。教外人则谓之吃菜事魔，以其教徒均不肉食之故。按宗教虽似专给人以精神上的慰安，实则仍和现实生活有关系。现实生活，经济问题为大。流行于贫苦社会中的宗教，有教人团结以和现社会相斗争的，如太平天国所创的上帝教，实行均田和共同生活之法是。有教教徒自相救恤，对于现社会的组织，则取放任态度的，如张鲁在汉中，教人作义合，置米肉其中，以便行人；令有小过者修路；禁酒，春夏禁杀；明教徒戒肉食，崇节俭，互相救恤是。入其教的，生活上既有实益，所以宋时屡加禁断不能尽绝。然社会秩序未能转变时，与之斗争的，固然不免灭亡；即欲自成一团体，独立于现社会组织之外的，亦必因其和广大的社会秩序不能相容，而终遭覆灭。所以到元朝以后，明教也就默默无闻了。张鲁之治汉中，所以能经历数十年，乃因其政治尚有规模，人民能与之相安，并非由其教义，则明教的流行较久，亦未必和其教义有甚关系了。火教及摩尼教流行中国的历史，详见近人陈垣所撰《火祆教入中国考》。

基督教入中国，事在民国纪元前1274年。西历638年，唐太宗贞观十二年。波斯人阿罗本（Olopen），始赍其经典来长安。太宗许其建寺，称为波斯，玄宗因其教本出大秦，改寺名为大秦寺。其教在当时，称为景教。德宗时，寺僧景净，立《景教流行中国碑》，明末出土，可以考见其事的始末。蒙古时，基督教又行输入。其徒谓之也里可温。陈垣亦有考。元时，信奉基督教的，多是蒙古人。所以元亡而复绝。直到明中叶后，才从海路复行输入。近代基督教的输入，和中国冲突颇多。推其源，实出于政治上的误解。基督教的教义，如禁拜天、拜祖宗、拜孔子等，固然和中国的风俗，是冲突的。然前代的外教，教规亦何尝不和中国风俗有异同？况近代基督教初输入时，是并不禁拜天、拜祖宗、拜孔子的。明末相信基督教的，如徐光启、李之藻辈，并非不了解中国文化的人。假使基督教义和中国传统的风俗习惯实不相容，他们岂肯因崇信科学之故，把民族国家，一齐牺牲了？当时反对西教的，莫如杨光先。试看他所著的《不得已书》。他说：他们“不婚不宦，则志不在小”。又说：“其制器精者，其兵械亦精。”又说：他们著书立说，谓中国人都是异教的子孙。万一他们蠢动起来，中国人和他相敌，岂非以子弟敌父兄？又说："以数万里不朝不贡之人，来不稽其所从来，去不究其所从去；行不监押，止不关防。十三省山川形势，兵马钱粮，靡不收归图籍。百余年后，将有知余言之不得已者。"因而断言："宁可使中国无好历法，不可使中国有西洋人。"原来中国历代，军政或者废弛，至于军械，则总是在外国之上的。到近代，西人的船坚炮利，中国才自愧弗如。而中国人迷信宗教，是不甚深的。西洋教士艰苦卓绝的精神，又非其所了解。自然要生出疑忌来了。这也是在当日情势之下，所不能免的，原不足以为怪，然攻击西教士的虽有，而主张优容的，亦不在少数。所以清圣祖初年，虽因光先的攻击，汤若望等一度获罪，然教禁旋复解除。康熙一朝，教士被任用者不少。于中国文化，裨益实非浅鲜。此亦可见基督教和中国文化，无甚冲突了。教禁之起，实由1704年，康熙四十三年。教皇听别派教士的话，以不禁中国教徒拜天、拜祖宗、拜孔子为不然，派多罗（Tourmon）到中国来禁止。此非但教义与中国相隔阂，亦且以在中国传教的教士，而受命于外国的教皇，亦非当时中国的见解，所能容许。于是有康熙五十六年重申教禁之事。世宗即位后，遂将教徒一律安置澳门；各省的天主堂，尽行改为公廨了。自此以后，至五口通商后教禁解除之前，基督教在中国，遂变为秘密传播的宗教。中国人既不知道它的真相，就把向来秘密教中的事情，附会到基督教身上：什么挖取死人的眼睛咧；聚集教堂中的妇女，本师投以药饵，使之雉鸣求牡咧。种种离奇怪诞之说，不一而足，都酿成于此时。五口通商以后，（一）中国人既怀战败之忿，视外国的传教，为藉兵力胁迫而成。（二）教民又恃教士的干涉词讼为护符，鱼肉乡里。（三）就是外国教士，也有倚势妄为，在中国实施其敲诈行为的。见严复译英人宓克所著《中国教案论》。于是教案迭起，成为交涉上的大难题了。然自庚子事变以后，中国人悟盲目排外之无益，风气翻然一变，各省遂无甚教案。此亦可见中国人对于异教的宽容了。

基督教原出犹太。犹太教亦曾输入中国。谓之一赐乐业教。实即以色列的异译。中国谓之挑筋教。今存于河南的开封。据其教中典籍所记，其教当五代汉时，民国纪元前965至962，公元947至950年。始离本土，至宋孝宗隆兴元年，民国纪元前749，公元1163年。始在中国建寺。清圣祖康熙四十一年，有教徒二三千人。宣宗道光末，存者止三百余。宣统元年二百余。民国八年，止有一百二十余人。初来时凡十七姓，清初，存者止有七姓了。详见陈垣《一赐乐业教考》。

社会变乱之际，豪杰之士，想结合徒党，有所作为的，亦往往藉宗教为工具。如前代的张角、孙恩，近代的太平天国等都是。此特其荦荦大者，其较小的，则不胜枚举。此等宗教，大率即系其人所创造，多藉当时流行之说为资料。如张角讹言“苍天已死，黄天当立”，苍，疑当作赤，为汉人所讳改。系利用当时五行生胜之说；白莲教依托佛教；上帝教依托基督教是。然此实不过借为资料，利用其业已流行于社会。其教理，实与其所依附之说，大不相同。其支离灭裂，往往使稍有智识之人，闻之失笑。上帝教和义和团之说，因时代近，传者较多，稍一披览，便可见得。然非此不足以煽动下流社会中人。我们现在的社会，实截然分为两橛。一为上中流知识阶级，一为下流无知识阶级。我们所见，所闻，所想，实全与广大的为社会基础的下层阶级相隔绝。我们的工作，所以全是浮面的，没有真正的功效，不能改良社会，即由于此。不可不猛省。

中国社会，迷信宗教，是不甚深的。此由孔教盛行，我人之所祈求，都在人间而不在别一世界之故。因此，教会之在中国，不能有很大的威权。因此，我们不以宗教问题和异族异国，起无谓的争执。此实中国文化的一个优点。现今世界文化进步，一日千里。宗教因其性质固定之故，往往成为进化的障碍。若与之争斗，则又招致无谓的牺牲，欧洲的已事，即其殷鉴。这似乎是文化前途一个很大的难题。然实际生活，总是顽强的观念论的强敌。世界上任何宗教，其教义，总有几分禁欲性的，事实上，却从没看见多数的教徒，真能脱离俗生活。文化愈进步，人的生活情形，变更得愈快。宗教阻碍进步之处，怕更不待以干戈口舌争之了。这也是史事无复演，不容以旧眼光推测新变局的一端。

下 编

第十九章 中国民族的由来

在上册中，我曾按文化的项目，把历代文化的变迁，叙述了一个大略，现在却要依据时代，略叙我们这一民族国家几千年来盛衰的大略了。社会是整个的，作起文化史来，分门别类，不过是我们分从各方面观察，讲到最后的目的，原是要集合各方面，以说明一个社会的盛衰，即其循着曲线进化的状况的。但是这件事很不容易。史事亡失的多了，我们现在对于各方面，所知道的多很模糊，不但古代史籍缺乏之时，即至后世，史籍号称完备，然我们所要知道的事，仍很缺乏而多伪误。用现代新史学的眼光看起来，现在人类对于过去的知识，实在是很贫乏的。贸贸然据不完不备的材料，来说明一时代的盛衰，往往易流于武断。而且从中学到大学，永远是以时为经、以事为纬的，将各时代的事情，复述一遍，虽然详略不同，而看法失之单纯，亦难于引起兴趣。所以我这部书，变换一个方法，上册依文化的项目，把历代的情形，加以叙述，然后这一册依据时代，略述历代的盛衰。读者在读这一册时，对于历代的社会状况，先已略有所知，则涉及时措辞可以从略，不至有头绪纷繁之苦；而于历代盛衰的原因，亦更易于明了了。

叙述历代的盛衰，此即向来所谓政治史。中国从前的历史，所以被人讥诮为帝王的家谱，为相斫书，都由其偏重这一方面之故。然而矫枉过正，以为这一方面，可以视为无足重轻，也是不对的。现在的人民，正和生物在进化的中途需要外骨保护一样。这话怎样说呢？世界尚未臻于大同之境，人类不能免于彼此对立，就不免要靠着武力或者别种力量互相剥削。在一个团体之内，虽然有更高的权力以评判其是非曲直，而制止其不正当的竞争，在各个团体之间却至今还没有，到被外力侵犯之时，即不得不以强力自卫，此团体即所谓国家。一个国家之中，总包含着许多目的简单，有意用人力组成的团体，如实业团体、文化团体等都是。此等团体和别一个国家内性质相同的团体，是用不着分界限的，能合作固好，能合并则更好。无如世界上现在还有用强力压迫人家，掠夺人家的事情，我们没有组织，就要受到人家的压迫、掠夺，而浸至无以自存了。这是现今时代国家所以重要的原因。世界上的人多着呢？为什么有些人能合组一个国家，有些人却要分做两国呢？这个原因，最重要的，就是民族的异同，而民族的根柢，则为文化。世界文化的发达，其无形的目的，总是向着大同之路走的，但非一蹴可几。未能至于大同之时，则文化相同的人民可以结为一体，通力合作，以共御外侮；文化不相同的则不能然，此即民族国家形成的原理。在现今世界上，非民族的国家固多，然总不甚稳固。其内部能平和相处，强大民族承认弱小民族自决权利的还好，其不然的，往往演成极激烈的争斗；而一民族强被分割的，亦必出死力以求其合，这是世界史上数见不鲜的事。所以民族国家，在现今，实在是一个最重要的组织。若干人民，其文化能互相融和而成为一个民族，一个民族而能建立一个强固的国家，都是很不容易的事。苟其能之，则这一个国家，就是这一个民族在今日世界上所以自卫，而对世界的进化尽更大的责任的良好工具了。

中国是世界上最大的一个民族国家，这是无待于言的。一个大民族，固然总是融合许多小民族而成，然其中亦必有一主体。为中国民族主体的，无疑是汉族了。汉族的由来，在从前是很少有人提及的。这是因为从前人地理知识的浅薄，不知道中国以外还有许多地方之故。至于邃古时代的记载，自然是没有的。后来虽然有了，然距邃古的时代业已很远；又为神话的外衣所蒙蔽。一个民族不能自知其最古的历史，正和一个人不能自知其极小时候的情形一样。如其开化较晚，而其邻近有先进的民族，这一个民族的古史，原可藉那一个民族而流传，中国却又无有。那么，中国民族最古的情形，自然无从知道了。直至最近，中国民族的由来，才有人加以考究，而其初还是西人，到后来，中国人才渐加注意。从前最占势力的是“西来说”，即说中国民族，自西方高地而来。其中尤被人相信的，为中国民族来自黄河上源昆仑山之说。此所谓黄河上源，乃指今新疆的于阗河；所谓昆仑山，即指于阗河上源之山。这是因为：（一）中国的开化，起于黄河流域。（二）汉武帝时，汉使穷河源，说河源出于于阗。《史记·大宛列传》说，天子案古图书，河源出于昆仑。后人因汉代去古未远，相信武帝所案，必非无据之故。其实黄河上源，明明不出于阗。若说于阗河伏流地下南出而为黄河上源，则为地势所不容，明明是个曲说。而昆仑的地名，在古书里也是很神秘的，并不能实指其处，这只要看《楚辞》的《招魂》、《淮南子》的《地形训》和《山海经》便知。所以以汉族开化起于黄河流域，而疑其来自黄河上源，因此而信今新疆西南部的山为汉族发祥之地，根据实在很薄弱。这一说，在旧时诸说中，是最有故书雅记做根据的，而犹如此，其他更不必论了。

范昧的古史，虽然可以追溯至数千年以上，然较诸民族的缘起，则是远后的。所以追求民族的起源实当求之于考古学，而不当求之于历史。考古学在中国，是到最近才略见曙光的。其所发现的人类，最古的是1903年河北房山县周口店所发现的北京人。Peking Man。按此名为安特生所名，协和医学院解剖学教授步达生（Davidson Black）名之为Sinanthropus Pekinensis，叶为耽名之曰震旦人，见所著《震旦人与周口店文化》，商务印书馆本。据考古学家的研究，其时约距今四十万年。其和中国人有无关系，殊不可知，不过因此而知东方亦是很古的人类起源之地罢了。其和历史时代可以连接的，则为民国十年辽宁锦西沙锅屯，河南渑池仰韶村，及十二三年甘肃临夏、宁定、民勤，青海贵德及青海沿岸所发现的彩色陶器，和俄属土耳其斯单所发现的酷相似。考古家安特生（J. G. Andersson）因谓中国民族，实自中亚经新疆、甘肃而来。但彩陶起自巴比仑，事在公元前3500年，传至小亚细亚，约在公元前2500年至前2000年，传至希腊，则在前2000年至前1000年，俄属土耳其斯单早有铜器，河南、甘肃、青海之初期则无之，其时必在公元2500年之前，何以传播能如是之速？制铜之术，又何以不与制陶并传？斯坦因（Sir Aurel Stein）在新疆考古，所得汉、唐遗物极多，而先秦之物，则绝无所得，可见中国文化在先秦世实尚未行于西北，安特生之说，似不足信了。此说据金兆梓《中国人种及文化由来》，见《东方杂志》第二十六卷第二期。民国十九年以后，山东历城的城子崖，滕县的安上村，都发现了黑色陶器。江苏武进的奄城，金山的戚家墩，吴县的磨盘山、黄壁山，浙江杭县的古荡、良渚，吴兴的钱山漾，嘉兴的双栖，平湖的乍浦，海盐的澉浦，亦得有新石器时代的石器、陶器，其中杭县的黑陶，颇与山东相类。又河域所得陶器，皆为条纹及席纹；南京、江、浙和山东邹县，福建武平，辽宁金县貔子窝及香港的陶器，则其文理为几何形。又山东、辽宁有有孔石斧，朝鲜、日本有有孔石厨刀，福建厦门、武平有有沟石锛，南洋群岛有有沟石斧，大洋洲木器所刻动物形，有的和中国铜器上的动物相像。北美阿拉斯加的土器，也有和中国相像的。然则中国沿海一带，实自有其文化。据民国十七年以后中央研究院在河南所发掘，安阳的侯家庄，浚县的大赉店，兼有彩色、黑色两种陶器，而安阳县北的小屯村，即1898、1899年发现甲骨文字之处，世人称为殷墟的，亦有几何纹的陶器。又江、浙石器中，有戈、矛及钺，河域惟殷墟有之。鬲为中国所独有，为鼎之前身，辽东最多，仰韶亦有之，甘肃、青海，则至后期才有。然则中国文化，在有史以前，似分东、西两系。东系以黑陶为代表，西系以彩陶为代表，而河南为其交会之地。彩陶为西方文化东渐的，代表中国固有的文化的，实为黑陶。试以古代文化现象证之：（一）“国君无故不杀牛，大夫无故不杀羊，士无故不杀犬豕”，而鱼鳖则为常食。（二）衣服材料以麻、丝为主，裁制极其宽博。（三）古代的人民，是巢居或湖居的。（四）其货币多用贝。（五）在宗教上又颇敬畏龙蛇。皆足证其文化起于东南沿海之处；彩陶文化之为外铄，似无疑义了。在古代，亚洲东方的民族，似可分为三系，而其处置头发的方法，恰可为其代表，这是一件极有趣味的事，即北族辫发、南族断发、中原冠带。《尔雅·释言》说：“齐，中也。”《释地》说：“自齐州以南戴日为丹穴，北戴斗极为空同，东至日所出为大平，西至日所入为大蒙。”“齐”即今之“脐”字，本有中央之义。古代的民族，总是以自己所居之地为中心的，齐州为汉族发祥之地，可无疑义了。然则齐州究在何处呢？我们固不敢断言其即后来的齐国，然亦必与之相近。又《尔雅·释地》说“中有岱岳”，而泰山为古代祭天之处，亦必和我民族起源之地有关。文化的发展，总是起于大河下流的，埃及和小亚细亚即其明证。与其说中国文化起于黄河上流，不如说其起于黄河下流的切于事情了。近来有些人，窥见此中消息，却又不知中国和南族之别，甚有以为中国人即是南族的，这个也不对。南族的特征是断发文身，断发即我国古代的髡刑，文身则是古代的黥刑。以南族的装饰为刑，可见其曾与南族相争斗，而以其俘虏为奴隶。近代的考古学证明长城以北的古物，可分为三类：（一）打制石器，其遗迹西起新疆，东至东三省，而限于西辽河、松花江以北，环绕着沙漠。（二）细石器，限于兴安岭以西。与之相伴的遗物，有类似北欧及西伯利亚的，亦有类似中欧及西南亚的，两者均系狩猎或畜牧民族所为。（三）磨制石器，北至黑龙江昂昂溪，东至朝鲜北境，则系黄河流域的农耕民族所为，其遗物多与有孔石斧及类鬲的土器并存，与山东龙口所得的土器极相似。可见我国民族，自古即介居南北两民族之间，而为东方文化的主干了。步达生言仰韶村、沙锅屯的遗骸，与今华北人同，日本清野谦次亦谓貔子窝遗骸，与仰韶村遗骸极相似。

第二十章
中国史的年代

讲历史要知道年代，正和讲地理要知道经纬线一般。有了经纬线，才知道某一地方在地球面上的某一点，和其余的地方距离如何关系如何。有了年代，才知道某一件事发生在悠远年代中的某一时，当时各方面的情形如何和其前后诸事件的关系如何。不然，就毫无意义了。

正确的年代，原于（一）正确，（二）不断的记载。中国正确而又不断的记载，起于什么时候呢？那就是周朝厉、宣两王间的共和元年。下距民国纪元2752年，公历纪元841年，在世界各国中，要算是很早的了。但是比之于人类的历史，还如小巫之见大巫。世界之有人类，其正确的年代虽不可知，总得在四五十万年左右。历史确实的纪年，只有二千余年，正像人活了一百岁，只记得一年不到的事情，要做正确的年谱，就很难了。虽然历史无完整的记载，历史学家仍有推求之法。那便是据断片的记载，涉及天地现象的，用历法推算。中国用这方法的也很多。其中较为通行的，一为

《汉书·律历志》所载刘歆之所推算，一为宋朝邵雍之所推算。刘歆所推算：周朝867年，殷朝629年，夏朝432年，虞舜在位五十年，唐尧在位七十年。周朝的灭亡，在民国纪元前2167年，公历纪元前256年，则唐尧的元年，在民国纪元前4215年，公历纪元前2305年。据邵雍所推算，则唐尧元年，在民国纪元前4268年，公历纪元前2357年。据历法推算，本是极可信据的，但前人的记载，未必尽确，后人的推算，也不能无误，所以也不可尽信。不过这所谓不可信，仅系不密合，论其大概，还是不误的。《孟子·公孙丑下篇》说："由周而来，七百有余岁矣。"《尽心下篇》说："由尧、舜至于汤，五百有余岁；由汤至于文王，五百有余岁；由文王至于孔子，五百有余岁。"乐毅报燕惠王书，称颂昭王破齐之功，说他"收八百岁之蓄积"。《韩非子·显学篇》说："殷、周七百余岁，虞、夏二千余岁。"此七百余岁但指周言。都和刘歆、邵雍所推算，相去不远。古人大略的记忆，十口相传，是不会大错的。然则我国历史上可知而不甚确实的年代，大约在四千年以上了。

自此以上，连断片的记录，也都没有，则只能据发掘所得，推测其大略，是为先史时期。人类学家把人类所用的工具，分别它进化的阶段，最早的为旧石器时期，次之为新石器时期，都在有史以前，更次之为青铜器时期，更次之为铁器时期，就在有史以后了。我国近代发掘所得，据考古学家的推测：周口店的遗迹，约在旧石器前期之末，距今二万五千年至七万年。甘、青、河南遗迹，早的在新石器时期，在公历纪元前2600至3500年之间；晚的在青铜器时期，在公历纪元前1700至2600年之间。按古代南方铜器的发明，似较北方为早，则实际上，我国开化的年代，或许还在此以前。

中国古书上，有的把古史的年代，说得极远而且极确实的，虽然不足为凭，然因其由来甚远，亦不可不一发其覆。按《续汉书·律历志》载蔡邕议历法的话，说《元命苞》、《乾凿度》都以为自开辟至获麟，获麟是《春秋》的末一年，在公元前481年。二百七十六万岁。司马贞《补三皇本纪》，则说《春秋纬》称自开辟至获麟，凡三百二十七万六千岁，分为十纪。据《汉书·律历志》刘歆的三统历法，以十九年为一章，四章为一蔀，二十蔀为一纪，三纪为一元。二百七十五万九千二百八十年，乃是六百十三元之数。《汉书·王莽传》说：莽下三万六千岁历，三万六千被乘于九十一，就是三百二十七万六千年了。这都是乡壁虚造之谈，可谓毫无历史上的根据。

第二十一章
古代的开化

中国俗说，最早的帝王是盘古氏。古书有的说他和天地开辟并生，有的说他死后身体变化而成日月、山河、草木等。徐整《三五历记》说："天地混沌如鸡子，盘古生其中。万八千岁，天地开辟，阳清为天，阴浊为地，盘古在其中。……天日高一丈，地日厚一丈，盘古日长一丈。如此万八千岁，天数极高，地数极深，盘古极长。"《五运历年记》说："首生盘古，垂死化身，气成风云，声为雷霆，左眼为日，右眼为月，四肢、五体为四极、五岳，血液为江河，筋脉为地理，肌肉为田土，发髭为星辰，皮毛为草木，齿骨为金石，精髓为珠玉，汗流为雨，身之诸虫，因风所感，化为黎虻。"这自然是附会之辞，不足为据。《后汉书·南蛮传》说：汉时长沙、武陵蛮长沙、武陵，皆后汉郡名。长沙，治今湖南长沙县。武陵，治今湖南常德县。的祖宗，唤做盘瓠，乃是帝喾高辛氏的畜狗。当时有个犬戎国，为中国之患。高辛氏乃下令，说有能得犬戎吴将军的头的，赏他黄金万镒，还把自己的女儿嫁给他。令下之后，盘瓠衔了吴将军的头来。遂背了高辛氏的公主，走入南山，生了六男六女，自相夫妻，成为长沙、武陵蛮的祖宗。现在广西一带，还有祭祀盘古的。闽、浙的畲民，则奉盘瓠为始祖，其画像仍作狗形。有人说：盘古就是盘瓠，这话似乎很确。但是《后汉书》所记，只是长沙、武陵一支，而据古书所载，则盘古传说，分布之地极广，而且绝无为帝喾畜狗之说，据《路史》：会昌有盘古山，湘乡有盘古堡，雩都有盘古祠，成都、淮安、京兆亦皆有盘古庙。会昌，今江西会昌县。湘乡，今湖南湘乡县。雩都，今江西雩都县。成都，今四川成都县。淮安，今江苏淮安县。京兆，今西京。则盘古、盘瓠，究竟是一是二，还是一个疑问。如其是一，则盘古本非中国民族的始祖；如其是二，除荒渺的传说外，亦无事迹可考，只好置诸不论不议之列了。

在盘古之后，而习惯上认为很早的帝王的，就是三皇、五帝。三皇、五帝之名，见于《周官》外史氏，并没说他是谁。后来异说甚多，三皇异说：《白虎通》或说，无遂人而有祝融。《礼记·曲礼正义》说：郑玄注《中候敕省图》引《运斗枢》，无遂人而有女娲。按《淮南子·天文训》、《览冥训》，《论衡·谈天》、《顺鼓》两篇，都说共工氏触不周之山，天柱折，地维缺，女娲炼五色石以补天，断鳌足以立四极。而司马贞《补三皇本纪》说系共工氏与祝融战，则女娲、祝融一人。祝融为火神，燧人是发明钻木取火的，可见其仍系一个部族。五帝异说：则汉代的古学家，于黄帝、颛顼之间，增加了一个少昊，于是五帝变成六人。郑玄注《中候敕省图》，乃谓德合五帝坐星，即可称帝，故“实六人而为五”。然总未免牵强。东晋晚出的《伪古文尚书》的《伪孔安国传序》，乃将三皇中的燧人除去，而将黄帝上升为三皇，于是六人为五的不通，给他弥缝过去了。《伪古文尚书》今已判明其为伪，人皆不之信，东汉古学家之说，则尚未显被推翻。但古学家此说，不过欲改五德终始说之相胜为相生，而又顾全汉朝之为火德，其作伪实无以异，而手段且更拙。按五德终始之说，创自邹衍，本依五行相胜的次序。依他的说法，是虞土、夏木、殷金、周火，所以秦始皇自以为水德，而汉初自以为土德。到刘向父子出，改五德的次序为五行相生，又以汉为尧后。而黄帝的称号为黄，黄为土色，其为土德，无可移易。如此，依五帝的旧次，颛顼金德，帝喾水德，尧是木德，与汉不同德了。于其间增一少昊为金德，则颛顼水德，帝喾木德，尧为火德，与汉相同；尧以后则虞土，夏金，殷水，周木，而汉以火德承之，秦人则被视为闰位，不算入五德相承次序。这是从前汉末年发生，至后汉而完成的一套五德终始的新说，其说明见于《后汉书·贾逵传》，其不能据以言古代帝王的统系，是毫无疑义的了。其较古的，还是《风俗通》引《含文嘉》，以燧人、伏羲、神农为三皇，《史记·五帝本纪》以黄帝、颛顼、帝喾、尧、舜为五帝之说。燧人、伏羲、神农，不是“身相接”的，五帝则有世系可考。

据《史记·五帝本纪》及《大戴礼记·帝系篇》，其统系如下：

黄帝
- 玄嚣——蟜极——帝喾——尧
- 昌意——帝颛顼
  - 穷蝉——敬康——句望——蟜牛——瞽叟——舜
  - 鲧——禹

按五帝之说，源于五德终始，五德终始之说，创自邹衍，邹衍是齐人，《周官》所述的制度，多和《管子》相合，疑亦是齐学。古代本没有一个天子是世代相承的；即一国的世系较为连贯的，亦必自夏以后。夏、殷两代，后世的史家都认为是当时的共主，亦是陷于时代错误的。据《史记·夏本纪》、《史记·殷本纪》所载，明明还是盛则诸侯来朝，衰则诸侯不至，何况唐、虞以上？所以三皇、五帝，只是后人造成的一个古史系统，实际上怕全不是这么一回事。但自夏以后，一国的世系，既略有可考；而自黄帝以后，诸帝王之间，亦略有不很正确的世系，总可藉以推测古史的大略了。

古代帝王的称号，有所谓德号及地号，服虔说，见《礼记·月令》《疏》。德号是以其所做的事业为根据的，地号则以其所居之地为根据。按古代国名、地名，往往和部族之名相混，还可以随着部族而迁移，所以虽有地号，其部族究在何处，仍难断言。至于德号，更不过代表社会开化的某阶段；或者某一个部族，特长于某种事业；并其所在之地而不可知，其可考见的真相，就更少了。然既有这些传说，究可略据之以为推测之资。传说中的帝王，较早而可考见社会进化的迹象的，是有巢氏和燧人氏。有巢氏教民构木为巢，燧人氏教民钻木取火，见于《韩非子》的《五蠹篇》。稍后则为伏羲、神农。伏羲氏始画八卦，作结绳而为网罟，以佃以渔；神农氏斫木为耜，揉木为耒，日中为市，见于《易经》的《系辞传》。有巢、燧人、神农都是德号，显而易见。伏羲氏，《易传》作包牺氏，包伏一声之转。据《风俗通》引《含文嘉》，是“下伏而化之”之意，羲化亦是一声。他是始画八卦的，大约在宗教上很有权威，其为德号，亦无疑义。这些都不过代表社会进化的一个阶段，究有其人与否，殊不可知。但各部族的进化，不会同时，某一个部族，对于某一种文化，特别进步得早，是可能有的。如此，我们虽不能说在古代确有发明巢居、取火、佃渔、耕稼的帝王，却不能否认对于这些事业，有一个先进的部族。既然有这部族，其时地就该设法推考了。伏羲古称为太昊氏，风姓，据《左传》僖公二十一年所载，任、宿、须句、颛臾四国，是其后裔。任在今山东的济宁县，宿和须句都在东平县，颛臾在费县。神农，《礼记·月令》《疏》引《春秋说》，称为大庭氏。《左传》昭公十八年，鲁有大庭氏之库。鲁国的都城，即今山东曲阜县。《帝王世纪》说伏羲都陈，乃因左氏有“陈太昊之墟”之语而附会，不足信，见下文。又说神农氏都陈徙鲁，则因其承伏羲之后而附会的。然则伏羲、神农，都在今山东东南部，和第十九章所推测的汉族古代的根据地，是颇为相合的了。

神农亦称炎帝，炎帝之后为黄帝，炎、黄之际，是有一次战事可以考见的，古史的情形，就更较明白了。《史记·五帝本纪》说：“神农氏世衰，诸侯相侵伐，弗能征，而蚩尤氏最为暴。”“黄帝乃征师诸侯，与蚩尤战于涿鹿之野，遂擒杀蚩尤。”又说：“炎帝欲侵陵诸侯，诸侯咸归轩辕。”《史记·五帝本纪》说黄帝名轩辕，他书亦有称为轩辕氏的。按古书所谓名，兼包一切称谓，不限于名字之名。轩辕“与炎帝战于阪泉之野，三战然后得其志”。其说有些矛盾。《史记》的《五帝本纪》，和《大戴礼记》的《五帝德》，是大同小异的，《大戴礼记》此处，却只有和炎帝战于阪泉，而并没有和蚩尤战于涿鹿之事。神农、蚩尤，都是姜姓。《周书·史记篇》说“阪泉氏徙居独鹿”，独鹿之即涿鹿，亦显而易见。然则蚩尤、炎帝，即是一人，涿鹿、阪泉，亦系一地。《太平御览·州郡部》引《帝王世纪》转引《世本》，说涿鹿在彭城南，彭城是今江苏的铜山县。服虔谓涿鹿为汉之涿郡，即今河北涿县。皇甫谧、张晏谓在上谷，则因汉上谷郡有涿鹿县而云然，皆据后世的地名附会，不足信。汉涿鹿县即今察哈尔涿鹿县。《世本》是古书，是较可信据的，然则汉族是时的发展，仍和鲁东南不远了。黄帝之后是颛顼，颛顼之后是帝喾，这是五帝说的旧次序。后人于其间增一少昊，这是要改五德终始之说相胜的次序为相生，又要顾全汉朝是火德而云然，无足深论。但是有传于后，而被后人认为共主的部族，在古代总是较强大的，其事迹仍旧值得考据，则无疑义。《史记·周本纪正义》引《帝王世纪》说：炎帝、黄帝、少昊，都是都于曲阜的，而黄帝自穷桑登帝位，少昊氏邑于穷桑，颛顼则始都穷桑，后徙帝丘。它说“穷桑在鲁北，或云穷桑即曲阜也”。《帝王世纪》，向来认为不足信之书，但只是病其牵合附会，其中的材料，还是出于古书的，只要不轻信其结论，其材料仍可采用。《左传》定公四年说伯禽封于少昊之墟，昭公二十年说：“少昊氏有四叔，世不失职，遂济穷桑”，则穷桑近鲁，少昊氏都于鲁之说，都非无据。帝丘地在今河北濮阳县，为后来卫国的都城。颛顼徙帝丘之说，乃因《左传》昭公十七年“卫颛顼之虚”而附会，然《左传》此说，与“陈太昊之墟”，“宋大辰之虚”，“郑祝融之虚”并举，大辰，无论如何，不能说为人名或国名，近人或谓即《后汉书》朝鲜半岛的辰国，证据未免太乏。则太昊、祝融、颛顼，亦系天神，颛顼徙都帝丘之说，根本不足信了。《史记·五帝本纪》说：黄帝正妃嫘祖“生二子，其后皆有天下。其一曰玄嚣，是为青阳，青阳降居江水”，此即后人指为少昊的。“其二曰昌意，降居若水，生高阳。”高阳即帝颛顼。后人以今之金沙江释此文的江水，鸦龙江释此文的若水，此乃大误。古代南方之水皆称江。《史记·殷本纪》引《汤诰》，说“东为江，北为济，西为河，南为淮，四渎已修，万民乃有居”，其所说的江，即明明不是长江。淮、泗、汝皆不入江，而《孟子·滕文公上篇》说禹“决汝、汉，排淮、泗，而注之江”，亦由于此。《吕览·古乐篇》说：“帝颛顼生自若水，实处空桑，乃登为帝。”可见若水实与空桑相近。《山海经·海内经》说：“南海之内，黑水、青水之间，有木焉，名曰若木，若水出焉。”《说文》桑字作叒，若水之若，实当作[illegible]，仍系桑字，特加[illegible]以象根形，后人认为若字实误。《楚辞》的若木，亦当作桑木，即神话中的扶桑，在日出之地。此据王筠说，见《说文释例》。然则颛顼、帝喾，踪迹仍在东方了。

继颛顼之后的是尧，继尧之后的是舜，继舜之后的是禹。尧、舜、禹的相继，据儒家的传说，是纯出于公心的，即所谓“禅让”，亦谓之“官天下”。但《庄子·盗跖篇》有尧杀长子之说，《吕览·去私》、《求人》两篇，都说尧有十子，而《孟子·万章上篇》和《淮南子·泰族训》，都说尧只有九子，很像尧的大子是被杀的。俞正燮即因此疑之，见所著《癸巳类稿·奡证》。后来《竹书纪年》又有舜囚尧，并偃塞丹朱，使不与尧相见之说。刘知幾因之作《疑古篇》，把尧、舜、禹的相继，看作和后世的篡夺一样。其实都不是真相。古代君位与王位不同，在第三章中，业经说过。尧、舜、禹的相继，乃王位而非君位，这正和蒙古自成吉思汗以后的汗位一样。成吉思汗以后的大汗，也还是出于公举的。详见第四十五章。前一个王老了，要指定一人替代，正可见得此时各部族之间，已有较密切的关系，所以共主之位，不容空缺。自夏以后，变为父子相传，古人谓之“家天下”，又可见得被举为王的一个部族，渐次强盛，可以久居王位了。

尧、舜、禹之间，似乎还有一件大事，那便是汉族的开始西迁。古书中屡次说颛顼、帝喾、尧、舜、禹和共工、三苗的争斗。《淮南子·天文训》、《兵略训》，都说共工与颛顼争，《原道训》说共工与帝喾争。《周书·史记篇》说：共工亡于唐氏。《书经·尧典》说：舜流共工于幽州。《荀子·议兵篇》说：禹伐共工。《书经·尧典》又说：舜迁三苗于三危。《甫刑》说："皇帝遏绝苗民，无世在下。"皇帝，《疏》引郑注以为颛顼，与《国语》、《楚语》相合。而《战国·魏策》，《墨子》的《兼爱》、《非攻》，《韩非子》的《五蠹》，亦均载禹征三苗之事。共工、三苗都是姜姓之国，似乎姬、姜之争，历世不绝，而结果是姬姓胜利的。我的看法，却不是如此。《国语·周语》说："共工欲壅防百川，堕高堙卑，鲧称遂共工之过，禹乃高高下下，疏川导滞。"似乎共工和鲧，治水都是失败的，至禹乃一变其法。然《礼记·祭法德》说"共工氏之霸九州也，其子曰后土，能平九州"，则共工氏治水之功，实与禹不相上下。后人说禹治水的功绩，和唐、虞、夏间的疆域，大抵根据《书经》中的《禹贡》，其实此篇所载，必非禹时实事。《书经》的《皋陶谟》载禹自述治水之功道："予决九川，距四海，濬畎浍距川。"九川特极言其多。四海的海字，乃晦暗之义。古代交通不便，又各部族之间，多互相敌视，本部族以外的情形，就茫昧不明，所以夷、蛮、戎、狄，谓之四海。见《尔雅·释地》，中国西北两面均无海，而古称四海者以此。州洲本系一字，亦即今之岛字，说见第十四章。《说文》川部："州，水中可居者。昔尧遭洪水，民居水中高土，故曰九州。"此系唐、虞、夏间九州的真相，决非如《禹贡》所述，跨今黄河、长江两流域。同一时代的人，知识大抵相类，禹的治水，能否一变共工及鲧之法，实在是一个疑问。堙塞和疏导之法，在一个小区域之内，大约共工、鲧、禹，都不免要并用的。但区域既小，无论堙塞，即疏导，亦决不能挽回水灾的大势，所以我疑心共工、鲧、禹，虽然相继施功，实未能把水患解决，到禹的时代，汉族的一支，便开始西迁了。尧的都城，《汉书·地理志》说在晋阳，即今山西的太原县。郑玄《诗谱》说他后迁平阳，在今山西的临汾县。《帝王世纪》说舜都蒲阪，在今山西的永济县。又说禹都平阳，或于安邑，或于晋阳，安邑是今山西的夏县。这都是因后来的都邑而附会。《太平御览·州郡部》引《世本》说：尧之都后迁涿鹿；《孟子·离娄下篇》说："舜生于诸冯，迁于负夏，卒于鸣条"。这都是较古之说。涿鹿在彭城说已见前。诸冯、负夏、鸣条皆难确考。然鸣条为后来汤放桀之处，桀当时是自西向东走的，则鸣条亦必在东方。而《周书·度邑解》说："自洛汭延于伊汭，居易无固，其有夏之居。"这虽不就是禹的都城，然自禹的儿了启以后，就不闻有和共工、三苗争斗之事，则夏朝自禹以后，逐渐西迁，似无可疑。然则自黄帝至禹，对姜姓部族争斗的胜利，怕也只是姬姓部族自己夸张之辞，不过只有姬姓部族的传说留遗下来，后人就认为事实罢了。为什么只有姬姓部族的传说留遗于后呢？

其中仍有个关键。大约当时东方的水患是很烈的，而水利亦颇饶。因其水利颇饶，所以成为汉族发祥之地。因其水患很烈，所以共工、鲧、禹，相继施功而无可如何。禹的西迁，大约是为避水患的。当时西边的地方，必较东边为瘠，所以非到水久治无功时，不肯迁徙。然既迁徙之后，因地瘠不能不多用人力，文明程度转而因此进步，而留居故土的部族，反落其后了。这就是自夏以后，西方的历史传者较详，而东方较为茫昧之故。然则夏代的西迁，确是古史上的一个转折，而夏朝亦确是古史上的一个界划了。

第二十二章
夏殷西周的事迹

夏代事迹，有传于后的，莫如太康失国少康中兴一事。这件事，据《左传》、《周书》、《墨子》、《楚辞》所载，《左传》襄公四年、哀公元年，《周书·尝麦解》，《墨子·非乐》，《楚辞·离骚》。大略是如此的。禹的儿子启，荒于音乐和饮食。死后，他的儿子太康兄弟五人，起而作乱，是为五观。太康因此失国，人民和政权，都入于有穷后羿之手。太康传弟仲康，仲康传子相。夏朝此时失掉的是王位，并非君位，所以仍旧相传。羿因荒于游畋，又为其臣寒浞所杀。寒浞占据了羿的妻妾，生了两个儿子：一个唤做浇，一个唤做豷。夏朝这时候，依靠他同姓之国斟灌和斟寻。寒浞使浇把他们都灭掉，又灭掉夏后相。使浇住在唤做过，豷住在唤做戈的地方。夏后相的皇后是仍国的女儿，相被灭时，正有身孕，逃归母家，生了一个儿子，是为少康。做了仍国的牧正。寒浞听得他有才干，使浇去寻找他。少康逃到虞国。虞国的国君，把两个女儿嫁给他，又把唤做纶的地方封他。有一个唤做靡的，当羿死时，逃到有鬲氏，就从有鬲氏收合斟灌、斟寻的余众，把寒浞灭掉。少康灭掉了浇，少康的儿子杼又灭掉了豷。穷国就此灭亡。这件事，虽然带些神话和传说的性质，然其匡廓尚算明白，颇可据以推求夏代的情形。旧说的释地，是全不足据的。《左传》说“后羿自鉏迁于穷石”，又说羿“因夏民以代夏政”，则穷石即非夏朝的都城，亦必和夏朝的都城相近。《路史》说安丰有穷谷、穷水，就是穷国所在，其地在今安徽霍邱县。《汉书·地理志》《注》引应劭说：有穷是偃姓之国，皋陶之后。据《史记·五帝本纪》，皋陶之后，都是封在安徽六安一带的。过不可考。戈，据《左传》，地在宋、郑之间。见《左传》哀公十二年。《春秋》桓公五年，天王使仍叔之子来聘，仍，《穀梁》作任，地在今山东的济宁县。虞国当系虞舜之后，旧说在今河南的虞城县。《周书》称太康兄弟五人为“殷之五子”。又说：“皇天哀禹，赐以彭寿，思正夏略。”殷似即后来的亳殷，在今河南的偃师县。即下文所引《春秋繁露》说汤作官邑于下洛之阳的。官宫二字古通用，作官邑就是造房屋和城郭。商朝的都城所在，都称为亳，此地大约本名殷，商朝所以又称殷朝。彭寿该是立国于彭城的。按《世本》说禹都阳城，地在今河南的登封县，西迁未必能如此之速。综观自太康至少康之事，似乎夏朝的根据地，本在安徽西部，而逐渐迁徙到河南去，入于上章所引《周书》所说的“自洛汭延于伊汭”这一个区域的。都阳城该是夏朝后代的事，而不是禹时的事。从六安到霍邱，地势比较高一些，从苏北鲁南避水患而迁于此，又因战争的激荡而西北走向河南，似乎于情事还合。

但在这时候，东方的势力，亦还不弱，所以后来夏朝卒亡于商。商朝的始祖名契，封于商。郑玄说地在大华之阳，即今陕西的商县，未免太远。《史记·殷本纪》说：“自契至于成汤八迁。”《世本》说契居蕃，契的儿子昭明居砥石，昭明的儿子相土居商丘，扬雄《兖州牧箴》说“成汤五徙，卒归于亳”，合之恰得八数。蕃当即汉朝的蕃县，为今山东的滕县。商丘，当即后来宋国的都城，为今河南的商丘县。五迁地难悉考。据《吕览·慎大》、《具备》两篇，则汤尝居郼，郼即韦，为今河南的滑县。《春秋繁露·三代改制质文篇》说“汤受命而王，作官邑于下洛之阳”，此当即亳殷之地。《诗·商颂》说：“韦，顾既伐，昆吾，夏桀。”顾在今山东的范县。昆吾，据《左传》昭公十二年《传》楚灵王说“昔我皇祖伯父昆吾，旧许是宅”，该在今河南的许昌县，而哀公十七年，又说卫国有昆吾之观，卫国这时候，在今河北的濮阳县，则昆吾似自河北迁于河南。《史记·殷本纪》说：“汤自把钺以伐昆吾，遂伐桀。”“桀败于有娀之虚，桀奔于鸣条。”《左传》昭公四年“夏桀为仍之会，有缗叛之”，《韩非子·十过篇》亦有这话，仍作娀，则有娀，即有仍。鸣条为舜卒处，已见上章。合观诸说，商朝似乎兴于今鲁、豫之间，汤先平定了河南的北境，然后向南攻桀，桀败后是反向东南逃走的。观桀之不向西走而向东逃，可见此时伊、洛以西之地，还未开辟。

据《史记》的《夏本纪》、《殷本纪》，夏朝传国共十七代，商朝则三十代。商朝的世数所以多于夏，大约是因其兼行兄终弟及之制而然。后来的鲁国，自庄公以前，都是一生一及，吴国亦有兄终弟及之法，请见第二章，这亦足以证明商朝的起于东方。商朝的事迹，较夏朝传者略多。据《史记》：成汤以后，第四代大甲，第九代大戊，第十三代祖乙，第十九代盘庚，第二十二代武丁，都是贤君，而武丁之时，尤其强盛。商朝的都城，是屡次迁徙的。第十代仲丁迁于隞地，在今河南荥泽县。隞，《书序》作嚣，《书序》不一定可信，所以今从《史记》。隞的所在，亦有异说。但古书皆东周至汉的人所述，尤其大多数是汉朝人写下来的，所以用的大抵多是当时的地名，所以古书的释地，和东周、秦、汉时地名相近的，必较可信。如隞即敖，今之荥泽县，为秦汉间敖仓所在，以此释仲丁所迁之隞，确实性就较大些。这是治古史的通例，不能一一具说，特于此发其凡。第十二代河亶甲居相，在今河南内黄县。第十三代祖乙迁于邢，在今河北邢台县。到盘庚才迁回成汤的旧居亳殷。第二十七代武乙，复去亳居河北。今河南安阳县北的小屯村，即发现龟甲兽骨之处，据史学家所考证，其地即《史记·项羽本纪》所谓殷墟，不知是否武乙时所都。至共第三十代即最后一个君主纣，则居于朝歌，在今河南淇县。综观商朝历代的都邑，都在今河南省里的黄河两岸，还是汤居鄗，营下洛之阳的旧观。周朝的势力，却更深入西北部了。

周朝的始祖名弃，是舜之时居稷官的，封于邰。历若干代，至不窋，失官，奔于戎狄之间。再传至公刘，居邠，仍从事于农业。又十传至古公亶父，复为狄所逼，徙岐山下。邰，旧说是今陕西的武功县。邠是今陕西的邠县，岐是今陕西的岐山县。近人钱穆说，《左传》昭公元年说金天氏之裔子台骀封于汾川，《周书·度邑篇》说武王升汾之阜以望商邑，汾即邠，邰则因台骀之封而得名，都在今山西境内。亶父逾梁山而至岐，梁山在今陕西韩城县，岐山亦当距梁山不远。见所著《周初地理考》。据他这说法，则后来文王居丰，武王居镐，在今陕西鄠县界内的，不是东下，乃是西上了。河、汾下流和渭水流域，地味最为肥沃，周朝是农业部族，自此向西拓展，和事势是很合的。古公亶父亦称太王，周至其时始强盛。传幼子季历以及文王，《论语》说他“三分天下有其二”。见《泰伯下篇》。文王之子武王，遂灭纣。文王时曾打破耆国，而殷人振恐，武王则渡孟津而与纣战，耆国，在今山西的黎城县，自此向朝歌，乃今出天井关南下的隘道，孟津在今河南孟县南，武王大约是出今潼关到此的，这又可以看出周初自西向东发展的方向。然武王虽胜纣，并未能把商朝灭掉，仍以纣地封其子武庚，而使其弟管叔、蔡叔监之。武王崩，子成王幼，武王弟周公摄政，管、蔡和武庚都叛。据《周书·作雒解》，是时叛者，又有徐、奄及熊、盈。徐即后来的徐国，地在泗水流域，奄即后来的鲁国，熊为楚国的氏族，盈即嬴，乃秦国的姓。可见东方诸侯，此时皆服商而不服周。然周朝此时颇有新兴之气。周公自己东征，平定了武庚和管叔、蔡叔，灭掉奄国。又使其子伯禽平定了淮夷、徐戎。于是封周公于鲁，使伯禽就国，又封太公望于齐，又经营今洛阳之地为东都，东方的旧势力，就给西方的新势力压服了。周公平定东方之后，据说就制礼作乐，摄政共七年，而归政于成王。周公死后，据说又有所谓“雷风之变”。这件事情，见于《书经》的《金縢篇》。据旧说：武王病时，周公曾请以身代，把祝策藏在金縢之匮中。周公死，成王葬以人臣之礼。天大雷雨，又刮起大风，田禾都倒了，大木也拔了出来。成王大惧，开金縢之匮，才知道周公请代武王之事，乃改用王礼葬周公，这一场灾异，才告平息。据郑玄的说法，则武王死后三年，成王服满了，才称自己年纪小，求周公摄政。摄政之后，管叔、蔡叔散布谣言，说周公要不利于成王，周公乃避居东都。成王尽执周公的属党。遇见了雷风之变，才把周公请回来。周公乃重行摄政。此说颇不合情理，然亦不会全属子虚。《左传》昭公七年，昭公要到楚国去，梦见襄公和他送行。子服惠伯说：“先君未尝适楚，故周公祖以道之，襄公适楚矣，而祖以道君。”据此，周公曾到过楚国，而《史记·蒙恬列传》，亦有周公奔楚之说，我颇疑心周公奔楚及其属党被执，乃是归政后之事。后来不知如何，又回到周朝。周公是否是善终，亦颇有可疑，杀害了一个人，因迷信的关系，又去求媚于其鬼魂，这是野蛮时代常有的事，不足为怪。如此，则两说可通为一。楚国封于丹阳，其地实在丹、淅两水的会口，宋翔凤说，见《过庭录·楚鬻熊居丹阳武王徙郢考》。正当自武关东南出之路，据周公奔楚一事，我们又可见得周初发展的一条路线了。

成王和他的儿子康王之时，称为西周的盛世。康王的儿子昭王，“南巡守不返，卒于江上”。《史记·周本纪》文。这一个江字，也是南方之水的通称。其实昭王是伐楚而败，淹死在汉水里的，所以后来齐桓公伐楚，还把这件事情去诘问楚国。见《左传》僖公四年。周朝对外的威力，开始受挫了。昭王子穆王，西征犬戎。其时徐偃王强，《后汉书·东夷传》谓其“率九夷以伐宗周，西至河上”。《后汉书》此语，未知何据。《博物志》亦载徐偃王之事，但《后汉书》所据，并不就是《博物志》，该是同据某一种古说的。《礼记·檀弓下篇》载徐国容居的话，说“昔我先君驹王，西讨济于河”。驹王疑即偃王，则《后汉书》之说亦非全属子虚，被压服的东方，又想恢复其旧势了。然穆王使楚伐徐，偃王走死，则仍为西方所压服。穆王是周朝的雄主，在位颇久，当其时，周朝的声势，是颇振起的，穆王死后，就无此盛况了。穆王五传至厉王；因暴虐，为国人所逐，居外十四年。周朝的卿士周公、召公当国行政，谓之共和。厉王死于外，才立其子宣王。宣王号称中兴，然其在位之三十九年，与姜氏之戎战于千畆，为其所败。千畆在今山西的介休县，则周朝对于隔河的地方，业经控制不住，西方戎狄的势力，也渐次抬头了。至子幽王，遂为犬戎和南阳地方的申国所灭。幽王灭亡的事情，《史记》所载的，恢诡有类平话，决不是真相。《左传》昭公二十六年，载周朝的王子朝告诸侯的话，说这时候“携王干命，诸侯替之，而建王嗣，用迁郏鄏”。即东都之地，见《左传》宣公三年。则幽王死后，西畿之地，还有一个携王。周朝当时，似乎是有内忧兼有外患的。携王为诸侯所废，周朝对于西畿之地，就不能控制了。而且介休败了；出武关向丹、淅的路，又已不通，只有对于东畿，还保存着相当的势力。平王于是迁居洛阳，号称东周，其事在公元前770年。

第二十三章
春秋战国的竞争和秦国的统一

文化是从一个中心点，逐渐向各方面发展的。西周以前所传的，只有后世认为共主之国一个国家的历史，其余各方面的情形，都很茫昧。固然，书阙有间，不能因我们之无所见而断言其无有，然果有文化十分发达的地方，其事实也决不会全然失传的，于此，就可见得当时的文明，还是限于一个小区域之内了。东周以后则不然，斯时所传者，以各强国和文化较发达的地方的事迹为多，所谓天子之国，转若在无足重轻之列。原来古代所谓中原之地，不过自泰岱以西，华岳以东，太行以南，淮、汉以北，为今河南、山东的大部分，河北、山西的小部分。渭水流域的开发，怕还是西周兴起以来数百年间之事。到春秋时代，情形就大不然了。当时号称大国的，有晋、楚、齐、秦，其兴起较晚的，则有吴、越，乃在今山西的西南境，山东的东北境，陕西的中部，甘肃的东部，及江苏、浙江、安徽之境。在向来所称为中原之地的鲁、卫、宋、郑、陈、蔡、曹、许等，反夷为二三等国了。这实在是一个惊人的文化扩张。其原因何在呢？居于边地之国，因为和异族接近，以竞争磨砺而强，而其疆域亦易于拓展，该是其中最主要的。

“周之东迁，晋、郑焉依。”见《左传》隐公六年。即此便可见得当时王室的衰弱。古代大国的疆域，大约方百里，至春秋时则夷为三等国，其次等国大约方五百里，一等国则必方千里以上，已见第三章。当西周之世，合东西两畿之地，优足当春秋时的一个大国而有余，东迁以后，西畿既不能恢复，东畿地方，又颇受列国的剥削，周朝自然要夷于鲁、卫了。古语说“天无二日，民无二王”，这只是当时的一个希望。事实上，所谓王者，亦不过限于一区域之内，并不是普天之下，都服从他的。当春秋时，大约吴、楚等国称雄的区域，原不在周朝所管辖的范围内，所以各自称王。周天子所管辖的区域，因强国不止一个，没有一国能尽数慑服各国，所以不敢称王，只得以诸侯之长，即所谓霸主自居，这话在第三章中，亦已说过。所以春秋时代，大局的变迁，系于几个霸国手里。春秋之世，首起而称霸的是齐桓公。当时异民族杂居内地的颇多，也有相当强盛的，同族中的小国，颇受其压迫。（一）本来古代列国之间，多有同姓或婚姻的关系。（二）其不然的，则大国受了小国的朝贡，亦有加以保护的义务。（三）到这时候，文化相同之国，被文化不同之国所压迫，而互相救援，那更有些甫有萌芽的微茫的民族主义在内了。所以攘夷狄一举，颇为当时之人所称道。在这一点上，齐桓公的功绩是颇大的。他曾却狄以存邢、卫，又尝伐山戎以救燕。这个燕该是南燕，在今河南的封丘县。《史记》说它就是战国时的北燕，在今河北蓟县，怕是弄错了的，因为春秋时单称为燕的，都是南燕。即北燕的初封，我疑其亦距封丘不远，后来才迁徙到今蓟县，但其事无可考。而他对于列国，征伐所至亦颇广。曾南伐楚，西向干涉晋国内乱，晚年又曾经略东夷。古人说“五霸桓公为盛”，信非虚语了。齐桓公的在位，系自前685至643年。桓公死后，齐国内乱，霸业遽衰。宋襄公欲继之称霸。然宋国较小，实力不足，前638年，为楚人所败，襄公受伤而死，北方遂无霸主。前632年，晋文公败楚于城濮，今山东濮县。楚国的声势才一挫。此时的秦国，亦已尽取西周旧地，东境至河，为西方一强国，然尚未能干涉中原之事。秦穆公初和晋国竞争不胜，前624年，打败了晋国的兵，亦仅称霸于西戎。中原之地，遂成为晋、楚争霸之局。前597年，楚庄王败晋于邲，今河南郑县。称霸。前591年卒。此时齐顷公亦图与晋争霸。前589年，为晋所败。前575年，晋厉公又败楚于鄢陵。今河南鄢县。然楚仍与晋兵争不息。至前561年，楚国放弃争郑，晋悼公才称复霸。前546

年，宋大夫向戌，善于晋、楚的执政，出而合二国之成，为弭兵之会，晋、楚的兵争，至此才告休息。自城濮之战至此，凡八十七年。弭兵盟后，楚灵王强盛，北方诸侯多奔走往与其朝会。然灵王奢侈而好兵争，不顾民力，旋因内乱被弑。此时吴国日渐强盛，而楚国政治腐败，前506年，楚国的都城，为吴阖闾所破，楚昭王藉秦援，仅得复国，楚国一时陷于不振，然越国亦渐强，起而乘吴之后。前496年，阖闾伐越，受伤而死。前494年，阖闾子夫差破越。夫差自此骄侈，北伐齐、鲁，与晋争长于黄池，今河南封丘县。前473年，越勾践灭吴，越遂徙都琅邪，与齐、晋会于徐州，今山东诸城县。称为霸王。然根基因此不固，至前333年而为楚所灭。

此时已入于战国之世了。春秋时代，始于周平王四十九年，即鲁隐公元年，为公元前722年，终于前481年，共242年。其明年为战国之始，算至前222年秦灭六国的前一年为止，共259年。春秋之世，诸侯只想争霸，即争得二三等国的服从，一等国之间，直接的兵争较少，有之亦不过疆场细故，不甚剧烈。至战国时，则（一）北方诸侯，亦不复将周天子放在眼里，而先后称王。（二）二三等国，已全然无足重轻，日益削弱，而终至于夷灭，诸一等国间，遂无复缓冲之国。（三）而其土地又日广，人民又日多，兵甲亦益盛，战争遂更烈。始而要凌驾于诸王之上而称帝，再进一步，就要径图并吞，实现统一的欲望了。春秋时的一等国，有发展过速，而其内部的组织，还不甚完密的，至战国时，则臣强于君的，如齐国的田氏，竟废其君而代之；势成分裂的，如晋之赵、韩、魏三家，则索性分晋而独立。看似力分而弱，实则其力量反更充实了。边方诸国，发展的趋势，依旧进行不已，其成功较晚的为北燕。天下遂分为燕、齐、赵、韩、魏、秦、楚七国。六国都为秦所并，读史的人，往往以为一入战国，而秦即最强，这是错误了的。秦国之强，起于献公而成于孝公，献公之立，在公元前385年，是入战国后的九十六年，孝公之立，在公元前361年，是入战国后的一百二十年了。先是魏文侯任用吴起等贤臣，侵夺秦国河西之地。后来楚悼王用吴起，南平百越，北并陈、蔡，却三晋，西伐秦，亦称雄于一时。楚悼王死于公元前381年，恰是入战国后的一百年，于是楚衰而魏惠王起，曾攻拔赵国的邯郸。今河北邯郸县。后又伐赵，为齐救兵所败，秦人乘机恢复河西，魏遂弃安邑，徙都大梁。今河南开封县。秦人渡蒲津东出的路，就开通了。然前342年，魏为逢泽之会。在开封。《战国·秦策》称其“乘夏车，称夏王，此“夏”字该是“大”字的意思。朝天子，天下皆从”，则仍处于霸主的地位。其明年，又为齐所败。于是魏衰而齐代起，宣王、湣王两代，俨然称霸东方，而湣王之时为尤盛。相传苏秦约六国，合纵以摈秦，即在湣王之时。战国七雄，韩、魏地都较小，又逼近秦，故其势遂紧急，燕、赵则较偏僻，国势最盛的，自然是齐、秦、楚三国。楚袭春秋以来的声势，其地位又处于中部，似乎声光更在齐、秦之上，所以此时，齐、秦二国似乎是合力以谋楚的。《战国策》说张仪替秦国去骗楚怀王：肯绝齐，则送他商於的地方六百里。即今商县之地。楚怀王听了他，张仪却悔约，说所送的地方只有六里。怀王大怒，兴兵伐秦。两次大败，失去汉中。后来秦国又去诱他讲和，前299年，怀王去和秦昭王相会，遂为秦人所诱执。这种类乎平话的传说，是全不足信的，事实上，该是齐、秦合力以谋楚。然而楚怀王入秦的明年，齐人即合韩、魏以伐秦，败其兵于函谷。在今河南灵宝县西南，此为自河南入陕西的隘道的东口，今之潼关为其西口。前296年，怀王死于秦，齐又合诸侯以攻秦；则齐湣王似是合秦以谋楚，又以此为秦国之罪而伐之的，其手段亦可谓狡黠了。先是前314年，齐国乘燕内乱攻破燕国。宋王偃称强东方，前286年，又为齐、楚、魏所灭。此举名为三国瓜分，实亦是以齐为主的，地亦多入于齐。齐湣王至此时，可谓臻于极盛。然过刚者必折。前284年，燕昭王遂合诸侯，用乐毅为将，攻破齐国，湣王走死，齐仅存聊、莒、即墨三城。聊，今山东聊城县。莒，今山东莒县。即墨，今山东平度县。后来虽藉田单之力，得以复国，然已失其称霸东方的资格了。东方诸国中，赵武灵王颇有才略。他不与中原诸国争衡，而专心向边地开拓。先灭中山，今河北定县。又向今大同一带发展，意欲自此经河套之地去袭秦。前295年，又因内乱而死。七国遂惟秦独强。秦人遂对诸侯施其猛烈的攻击。前279年，秦白起伐楚，取鄢、邓、西陵。明年，遂破楚都郢，楚东北徙都陈，后又迁居寿春，鄢，即鄢陵。邓，今河南邓县。西陵，今湖北宜昌县。郢，今湖北江陵县西北。吴阖庐所入之郢，尚不在江陵，但其地不可考，至此时之郢，则必在江陵，今人钱穆、童书业说皆如此。直逃到今安徽境内了。对于韩、魏，亦时加攻击。前260年，秦兵伐韩，取野王，上党路绝，降赵，秦大败赵兵于长平，坑降卒四十万，野王，今河南沁阳县。上党，今山西晋城县。长平，今山西长平县。遂取上党，北定太原。进围邯郸，为魏公子无忌合诸国之兵所败。前256年，周朝的末主赧王为秦所灭。前249年，又灭其所分封的东周君。前246年，秦始皇立。《史记·秦本纪》说，这时候，吕不韦为相国，招致宾客游士，欲以并天下。大概并吞之计，和吕不韦是很有关系的。后来吕不韦虽废死于蜀，然秦人仍守其政策不变。前230年，灭韩，前228

年，灭赵。燕太子丹使荆轲刺秦王，不中，秦大发兵以攻燕。前226年，燕王喜夺辽东。前225年，秦人灭魏。前223年，灭楚。前222年，发兵攻辽东，灭燕。前221年，即以灭燕之兵南灭齐，而天下遂统一。

秦朝的统一，决不全是兵力的关系。我们须注意：此时交通的便利，列国内部的发达，小国的被夷灭，郡县的渐次设立，在政治上、经济上、文化上，本有趋于统一之势，而秦人特收其成功。秦人所以能收成功之利，则（一）它地处西垂，开化较晚，风气较为诚朴。（二）三晋地狭人稠，秦地广人稀，秦人因招致三晋之民，使之任耕，而使自己之民任战。（三）又能奉行法家的政策，裁抑贵族的势力，使能尽力于农战的人民，有一个邀赏的机会。该是其最重要的原因。

第二十四章 古代对于异族的同化

中国民族，以同化力的伟大闻于天下，究竟我们对于异族的同化，是怎样一回事呢？说到这一点，就不能不着眼于中国的地理。亚洲的东部，在世界上，是自成其为一个文化区域的。这一个区域，以黄河、长江两流域为其文化的中心。其北为蒙古高原，便于游牧民族的住居。其南的粤江、闽江两流域，则地势崎岖，气候炎热，开化虽甚早，进步却较迟。黄河、长江两流域，也不是没有山地的，但其下流，则包括淮水流域，以古地理言之，则江、河之间，包括淮、济二水。今黄河下流，为古济水入海之道，黄河则在今天津入海。扩展为一大平原，地味腴沃，气候适宜，这便是中国民族的文化最初函毓之处。汉族，很早的就是个农耕民族，惯居于平地。其所遇见的民族，就其所居之地言之，可以分为两种：一种是住在山地的，古代称为“山戎”，多数似亦以农为业，但其农业不及中国的进步。一种是住在平地，大约是广大的草原上，而以畜牧为业的，古人称为“骑寇”。春秋以前，我族所遇的，以山戎为多，战国以后，才开始和骑寇接触。

夷、蛮、戎、狄，是按着方位分别之辞，并不能代表民族，但亦可见得一个大概。在古代，和中国民族争斗较烈的，似乎是戎狄。据《史记·五帝本纪》，黄帝就北逐獯粥，未知确否。如《史记》此说是正确的，则当时的獯粥，决不在后来的獯粥所在之地。到周朝初年，则和所谓獯粥或称为猃狁，犬戎或称为昆夷、串夷的，争斗甚烈，猃狁亦作狁，犬戎亦作畎戎，戎又作夷。此犬或畎字乃译音，非贱视诋毁之辞，昆夷亦作混夷、绲夷，夷亦可作戎，和串夷亦都是犬字的异译，说见《诗经·皇矣正义》。而后来周朝卒亡于犬戎。犬戎在今陕西的中部，甘肃的东部，泾、渭二水流域间，东周以后，大约逐渐为秦人所征服。在其东方的，《春秋》所载，初但称狄，后分为赤狄、白狄。白狄在今陕西境内，向东蔓延到中山。赤狄在今山西、河北境内，大部为晋所并。据《左传》和杜预《注》，赤狄种类凡六：曰东山皋落氏，在今山西昔阳县。曰廧咎如，在今山西乐平县。曰潞氏，在今山西潞城县。曰甲氏，在今河北鸡泽县。曰留吁，在今山西屯留县。曰铎辰，在今山西长治县。白狄种类凡三：曰鲜虞，即战国时的中山。曰肥，在今河北藁城县。曰鼓，在今河北晋县。又晋国吕相绝秦，说“白狄及君同州”，则白狄亦有在陕西的。在周朝的西面的，主要的是后世的氐、羌。氐人在今嘉陵江流域，即古所谓巴。羌人，汉时在今黄河、大通河流域。大通河，古湟水。据《后汉书》所载，其初本在黄河之东，后来为秦人所攘斥，才逃到黄河以西去的。据《书经·牧誓》，羌人曾从武王伐纣。又《尚书大传》说：武王伐纣的兵，前歌后舞，《后汉书》说这就是汉时所谓巴氐的兵。这话大约是对的，因为汉世还有一种出于巴氐的巴渝舞，有事实为证。然则这两族，其初必不在今四川、甘肃境内，大约因汉族的开拓，而向西南方走去的。和巴连称的蜀，则和后世的賨是一音之转，亦即近世之所谓暹。据《牧誓》，亦曾从武王伐纣。战国时，还在今汉中之境，南跨成都。后因和巴人相攻，为秦国所并。

在东北方的民族，古称为貉。此族在后世，蔓衍于今朝鲜半岛之地，其文明程度是很高的。但《诗经》已说“王锡韩侯，其追其貉”。《韩奕》。追不可考。《周官》亦有貉隶，可见此族本在内地，箕子所封的朝鲜，决不在今朝鲜半岛境内，怕还在山海关以内呢！在后世，东北之族，还有肃慎，即今满洲人的祖宗。《左传》昭公九年，周朝人对晋国人说：“自武王克商以来，肃慎、燕、亳，吾北土也。”此燕当即南燕，亳疑即汤所居之亳，则肃慎亦在内地，后乃随中国的拓展而东北徙。《国语·晋语》说：成王会诸侯于岐阳，楚与鲜卑守燎，则鲜卑本是南族，后来不知如何，也迁向东北了。据《后汉书》说：鲜卑和乌丸，都是东胡之后。此二族风俗极相像，其本系一个部落，毫无可疑。东胡的风俗，虽少可考，然汉代历史，传者已较详，汉人说它是乌丸、鲜卑所自出，其说该不至误。南族断发，鲜卑婚姻时尚先髡头，即其源出南族之证。然则东胡也是从内地迁徙出去的了。

在南方的有黎族，此即后世所谓俚。古称三苗为九黎之君，三苗系姜姓之国，九黎则系黎民。见《礼记·缁衣》《疏》引《书经·吕刑》郑《注》。此即汉时之长沙武陵蛮，为南蛮的正宗。近世所云苗族，乃蛮字的转音，和古代的三苗之国无涉，有人将二者牵合为一，就错了。《史记》说三苗在江、淮、荆州，《史记·五帝本纪》。《战国·魏策》，吴起说三苗之国，在洞庭、彭蠡之间。《史记·吴起列传》，又见《韩诗外传》。则古代长江流域之地，主要的是为黎族所占据，楚国达到长江流域后，所开辟的，大约是这一族的居地。在沿海一带的，古称为越，亦作粤。此即现在的马来人，分布在亚洲大陆的沿岸和南洋群岛，地理学上称为亚洲大陆的真沿边的。此族有断发文身和食人两种风俗，在后世犹然，古代沿海一带，亦到处有这风俗，可知其为同族。吴、越的初期，都是和此族杂居的。即淮水流域的淮夷、徐戎，山东半岛的莱夷，亦必和此族相杂。《礼记·王制》说："东方曰夷，被发文身"，此被字为髲字之假错字，即断发，可见蛮夷之俗相同。《左传》僖公十九年，"宋公使邾文公用鄫子于次睢之社，欲以属东夷"，可见东夷亦有食人之俗。《续汉书·郡国志》："临沂有丛亭。"《注》引《博物志》曰："县东界次睢，有大丛社，民谓之食人社，即次睢之社。"临沂，今山东临沂县。随着吴、越等国的进步，此族亦渐进于文明了。西南的大族为濮，此即现在的倮儸。其居地，本在今河南、湖北两省间。《国语·郑语》韦《注》：濮为南阳之国。楚国从河南的西南部，发展向今湖北省的西部，所开辟的，大约是此族的居地。此族又从今湖北的西南境，向贵州、云南分布。战国时，楚国的庄蹻，循牂牁江而上，直达滇国，今云南昆明县。所经的，也是这一族之地。庄蹻到滇国之后，楚国的巴、黔中郡，巴郡，今四川江北县。黔中郡，今湖南沅陵县。为秦国所夺，庄蹻不能来，就在滇国做了一个王。其地虽未正式收入中国的版图，亦已戴汉人为君了，和现在西南土司，以汉人为酋长的一样了。

《礼记·王制》说：古代的疆域，"北不尽恒山"，此所谓恒山，当在今河北正定县附近，即汉朝恒山郡之地。后避文帝讳改常山。自此以南的平地，为汉族所居，这一带山地，则山戎所处，必得把它开拓了，才会和北方骑寇相接，所以汉族和骑寇的接触，必在太原、中山和战国时北燕之地开辟以后。做这件事业的，就是燕、赵两国。赵武灵王开辟云中、雁门、代郡，燕国则开辟上谷、渔阳、右北平、辽西、辽东五郡，云中，今山西大同县。雁门，今山西右玉县。代郡，今山西代县。上谷，今察哈尔怀来县。渔阳，今河北密云县。右北平，今河北卢龙县。辽西，今河北抚宁县。辽东，今辽宁辽阳县。把现在热、察、绥、辽宁四省，一举而收入版图。

综观以上所述，汉族因其文化之高，把附近的民族，逐渐同化，而汉族的疆域，亦即随之拓展。和汉族接近的民族，当汉族开拓时，自然也有散向四方，即汉族的版图以外去的，然亦多少带了些中原的文化以俱去，这又是中国的文化扩展的路径。这便是在古代中国同化异民族的真相。

第二十五章
古代社会的综述

周和秦，是从前读史的人看作古今的界线的。我们任意翻阅旧书，总可见到“三代以上”，“秦、汉以下”等辞句。前人的见解，固然不甚确实，也不会全属虚诬；而且既有这个见解，也总有一个来历。然则所谓三代以上，到底是怎样一个世界呢？

人，总是要维持其生命的；不但要维持生命，还要追求幸福，以扩大其生命的意义；这是人类的本性如此，无可怀疑。人类在生物史上，其互相团结，以谋生存，已不知其若干年了。所以其相亲相爱，看得他人的苦乐，和自己的苦乐一般；喜欢受到同类的嘉奖，而不愿意受到其批评；到人己利害不相容时，宁可牺牲自己，以保全他人；即古人之所谓仁心者，和其爱自己的心，一样的深刻。专指七尺之躯为我，或者专指一个极小的团体为我，实在是没有这回事的。人类为要维持生命，追求幸福，必得和自然斗争。和自然斗争，一个人的力量，自然是不够的，于是乎要合力；合力之道，必须分工，这都是自然的趋势。分工合力，自然是范围愈大，利益愈多，所以团体的范围，总是在日扩而大。但是人类的能力是有限的，在进行中，却不能不形成敌对的状态，这是为什么呢？皇古之世，因环境的限制，把人类分做许多小团体。在一个团体之中，个个人的利害，都是相同的，在团体以外却不然；又因物质的欲求，不能够都给足；团体和团体间就开始有争斗，有争斗就有胜败，有胜败就有征服者和被征服者之分。“人不可以害人的，害人的必自害。”这句话，看似迂腐，其实却是真理。你把迷信者流因果报应之说去解释这句话，自然是诬罔的，若肯博观事实，而平心推求其因果，那正见得其丝毫不爽。对内竞争和对外竞争，虽竞争的对象不同，其为竞争则一。既然把对物的争斗，移而用之于对人，自可将对外的争斗，移而用之于对内。一个团体之中，有征服者和被征服者之分，不必说了。即使无之，而当其争斗之时，基于分工的关系，自然有一部分人，专以战争为事，这一部分人，自将处于特殊的地位。前此团体之中，个个人利害相同的，至此则形成对立。前此公众的事情，是由公众决定的，至此，则当权的一个人或少数人，渐渐不容公众过问，渐渐要做违背公众利益的措置，公众自然不服，乃不得不用强力镇压，或者用手段对付。于是团体之中有了阶级，而形成现代的所谓国家。以上所述，是从政治上立论的。其变迁的根源，实由于团体和团体的互相争斗，而团体和团体的互相争斗，则由于有些团体迫于环境，以掠夺为生产的手段。所以其真正的根源，还是在于经济上。经济的根柢是生产方法。在古代，主要的生业是农业，农业的生产方法，是由粗而趋于精，亦即由合而趋于分的，于是形成了井田制度，因而固定了五口、八口的小家族，使一个团体之中，再分为无数利害对立的小团体。从前在一个团体之内，利害即不再对立的氏族制度，因此而趋于崩溃了。氏族既已崩溃，则专门从事于制造，而以服务性质，无条件供给大众使用的工业制度，亦随之而崩溃。人，本来是非分工合力不能生存的，至此时，因生活程度的增高，其不能不互相倚赖愈甚，分配之法既废，交易之法乃起而代之，本行于团体与团体之间的商业，乃一变而行于团体之内人与人之间，使人人的利害，都处于对立的地位。于是乎人心大变。在从前，团体与团体之间，是互相嫉视的，在一个团体之内，是互视为一体的。至此时，团体之内，其互相嫉视日深。在团体与团体之间，却因生活的互相倚赖而往来日密，其互相了解的程度，即随之而日深，同情心亦即随之而扩大。又因其彼此互相仿效，以及受了外部的影响，而内部的组织，不得不随之而起变化，各地方的风俗亦日趋于统一。民族的同化作用，即缘此而进行。政治上的统一，不过是顺着这种趋势推进。再彻底些说，政治上的统一，只是在当时情况之下，完成统一的一个方法。并不是政治的本身，真有多大的力量。随着世运的进展，井田制度破坏了。连公用的山泽，亦为私人所占。工商业愈活跃，其剥削消费者愈深。在上的君主和贵族，亦因其日趋于腐败、奢侈，而其剥削人民愈甚。习久于战争就养成一种特别阶级，视战斗为壮快、征服为荣誉的心理，认为与其出汗，毋宁出血。此即孔子和其余的先秦诸子所身逢的乱世。追想前一个时期，列国之间，战争还不十分剧烈。一国之内，虽然已有阶级的对立，然前此利害共同时的旧组织，还有存留，而未至于破坏净尽。秩序还不算十分恶劣，人生其间的，也还不至于十分痛苦，好像带病延年的人，虽不能算健康，还可算一个准健康体，此即孔子所谓小康。再前一个时期，内部毫无矛盾，对外毫无竞争，则即所谓大同了。在大同之世，物质上的享受，或者远不如后来，然而人类最亲切的苦乐，其实不在于物质，而在于人与人间的关系，所以大同时代的境界，永存于人类记忆之中。不但孔子，即先秦诸子，亦无不如此。道家无论已，即最切实际的法家亦然。如《管子》亦将皇、帝、王、霸分别治法的高下；《史记·商君列传》亦载商君初说秦孝公以帝王之道，秦孝公不能用，乃说之以富国强兵之术都是。这不是少数人的理想高尚，乃是受了大多数人的暗示而然的。人类生当此际，实应把其所以致此之由，彻底地加以检讨，明白其所以然之故，然后将现社会的组织，摧毁之而加以改造。这亦非古人所没有想到，先秦诸子，如儒、墨、道、法诸家，就同抱着这个志愿的，但其所主张的改革的方法，都不甚适合。道家空存想望，并没有具体实行的方案的，不必说了。墨家不讲平均分配，而专讲节制消费，也是不能行的。儒家希望恢复井田，法家希望制止大工商业的跋扈；把大事业收归官营；救济事业亦由国家办理，以制止富豪的重利盘剥，进步些了。然单讲平均地权，本不能解决社会的经济问题，兼讲节制资本，又苦于没有推行的机关。在政治上，因为民主政治废坠得久了，诸家虽都以民为重，却想不出一个使人民参与政治的办法，而只希望在上者用温情主义来抚恤人民，尊重舆论，用督责手段，以制止臣下的虐民。在国与国之间，儒家则希望有一个明王出来，能够处理列国间的纷争，而监督其内政；法家因为兴起较后，渐抱统一的思想，然秦朝的统一，和贵族的被裁抑，都只是事势的迁流，并不能实行法家的理想，所以要自此再进一步，就没有办法了。在伦理上，诸家所希望的，同是使下级服从上级，臣民该服从君主，儿子要服从父亲，妇女要服从男子，少年该服从老人。他们以为上级和下级的人，各安其分，各尽其职，则天下自然太平，而不知道上级的人受不到制裁，决不会安其分而尽其职。总而言之：小康之世，所以向乱世发展，是有其深刻的原因的。世运只能向前进，要想改革，只能顺其前进的趋势而加以指导。先秦诸子中，只有法家最看得出社会前进的趋势，然其指导亦未能全然得法。他家则都是想把世运逆挽之，使其回到小康以前的时代的，所以都不能行。

虽然如此，人类生来是避苦求乐的，身受的苦痛，是不能使人不感觉的，既然感觉了，自然要求摆脱。求摆脱，总得有个办法，而人类凭空是想不出办法来的。世运只有日新，今天之后，只会有明天，而人所知道的，最新亦只是今日以前之事，于是乎想出来的办法，总不免失之于旧，这个在今日尚然，何况古代？最好的时代是过去了，但永存于人类想望记忆之中。虽回忆之，而并不知其真相如何，乃各以其所谓最好者当之。合众人的所谓最好者，而调和折中，造成一个大略为众所共认的偶像，此即昔人所谓三代以前的世界。这个三代以前的世界，其不合实际，自然是无待于言的。这似乎只是一个历史上的误解，无甚关系，然奉此开倒车的办法为偶像而思实践之，就不徒不能达到希望，而且还要引起纠纷。

第二十六章
秦朝治天下的政策

秦始皇尽灭六国，事在公元前221年，自此至公元189年，董卓行废立，东方州郡，起兵讨卓，海内扰乱分裂，共四百年，称为中国的盛世。在这一时期之中，中国的历史，情形是怎样呢？“英雄造时势”，只是一句夸大的话。事实上，英雄之所以成为英雄，正因其能顺着时势，进行之故。“时势造英雄”这句话倒是真的，因为他能决定英雄的趋向。然则在这一个时期之内，时势的要求，是怎样呢？依我们所见到的，可以分为对内对外两方面：对内方面，在列国竞争之时，不能注全力于内治；即使注意到，亦只是局部的问题，而不能概括全体，只是一时的应付，而不能策划永久。统一之后，就不然了。阻碍之力既去，有志于治平的，就可以行其理想。对外方面，当时的人看中国已经是天下的一大部分了。未入版图的地方，较强悍的部落，虑其为中国之患，该有一个对策；较弱小的，虽然不足为患，然亦是平天下的一个遗憾，先知先觉的中国人，在力所能及的范围内，亦有其应尽的责任。所以在当日，我们所需要的是：一、对内建立一个久安长治的规模。二、对外把力所能及的地方，都收入中国版图之内，其未能的，则确立起一条防线来。

秦始皇所行的，正顺着这种趋势。

在古代，阻碍平天下最大的力量，自然是列国的纷争。所以秦并吞六国之后，决计不再行封建，“父兄有天下，而子弟为匹夫”。郡的设立，本来是军事上控扼之点，第三章中业经说过。六国新灭，遗民未曾心服，自然有在各地方设立据点的必要。所以秦灭六国，多以其地设郡。至六国尽灭之后，则更合全国的情形，加以调整，分天下为三十六郡。当时的郡守，就是一个不世袭的大国之君，自亦有防其专擅的必要。所以每郡又都派一个御史去监察他。当时还每郡都设立一个尉，但其权远在郡守之下，倒是不足重视的。

要人民不能反抗，第一步办法，自然是解除其武装。好在当时，金属铸成的兵器为数有限，正和今日的枪械一般，大略可以收尽的。于是收天下之兵，聚之咸阳，铸以为金人和锺、鐻。秦都咸阳，今陕西咸阳县。

最根本的，莫过于统一人民的心思了。原来古代社会，内部没有矛盾，在下者的意见，常和在上者一致，此即所谓“天下有道，则庶人不议”。《论语·季氏》。后世阶级分化，内部的矛盾多了，有利于这方面的就不利于那方面。自然人民的意见，不能统一。处置之法，最好的，是使其利害相一致；次之则当求各方面的协调，使其都有发表意见的机会，此即今日社会主义和民主政治的原理。但当时的人，不知此理。他们不知道各方面的利害冲突了，所以有不同的见解，误以为许多方面，各有其不同的主张，以致人各有心，代表全国公益的在上者的政策不能顺利进行。如此，自有统一全国人的心思的必要。所以在《管子·法禁》、《韩非子·问辨》两篇中，早有焚书的主张。秦始皇及李斯就把它实行了。把关涉到社会、政治问题的“诗、书、百家语”都烧掉，只留下关系技术作用的医药、卜筮、种树之书。涉及社会、政治问题的，所许学的，只有当代的法令；有权教授的人，即是当时的官吏。若认为始皇、李斯此举，不合时代潮流，他们是百口无以自解的，若认为有背于古，则实在冤枉。他们所想回复的，正是古代“政教合一，官师不分”之旧。古代的情形是如此，清朝的章学诚是发挥得十分透彻的。坑儒一举，乃因有人诽谤始皇而起，意非欲尽灭儒生，并不能与焚书之事并论。

以上是秦始皇对内的政策。至于对外，则北自阴山以南，南自五岭以南至海，秦始皇都认为应当收入版图。于是使蒙恬北逐匈奴，取河南之地，今之河套。把战国时秦、赵、燕三国北边的长城连接起来，东起现在朝鲜境内，秦长城起自乐浪郡遂城县，见《汉书·地理志》。西至现在甘肃的岷县，成立了一道新防线。南则略取现在广东、广西和越南之地，设立了桂林、南海、象三郡，大略桂林是今广西之地，南海是今广东之地，象郡是今越南之地。取今福建之地，设立了闽中郡。楚国庄蹻所开辟的地方，虽未曾正式收入版图，亦有一部分曾和秦朝交通，秦于其地置吏。

秦始皇，向来都说他是暴君，把他的好处一笔抹杀了，其实这是冤枉的。看以上所述，他的政治实在是抱有一种伟大的理想的。这亦非他一人所能为，大约是法家所定的政策，而他据以实行的。这只要看他用李斯为宰相，言听计从，焚诗书、废封建之议，都出于李斯而可知。政治是不能专凭理想，而要顾及实际的情形的，即不论实际的情形能行与否，亦还要顾到行之之手腕。秦始皇的政策虽好，行之却似过于急进。北筑长城，南收两越，除当时的征战外，还要发兵戍守；既然有兵戍守，就得运粮饷去供给；这样，人民业已不堪赋役的负担。他还沿着战国以前的旧习惯，虐民以自奉。造阿房宫，在骊山起坟茔，骊山，在今陕西临潼县。都穷极奢侈；还要到处去巡游。统一虽然是势所必至，然而人的见解，总是落后的，在当时的人，怕并不认为合理之举，甚而至于认为反常之态。况且不必论理，六国夷灭，总有一班失其地位的人，心上是不服的，满怀着报仇的愤恨，和复旧的希望；加以大多数人民的困于无告而易于煽动，一有机会，就要乘机而起了。

第二十七章 秦汉间封建政体的反动

秦始皇帝以前210年，东巡死于沙丘。今河北邢台县。他大的儿子，名唤扶苏，先已谪罚到上郡去，今陕西绥德县。做蒙恬军队中的监军了。从前政治上的惯例，太子是不出京城，不做军队中的事务的，苟其如此，就是表示不拟立他的意思。所以秦始皇的不立扶苏，是预定了的。《史记》说秦始皇的少子胡亥，宠幸宦者赵高，始皇死后，赵高替胡亥运动李斯，假造诏书，杀掉扶苏、蒙恬而立胡亥，这话是不足信的。《史记·李斯列传》所载的全是当时的传说，并非事实。秦汉间的史实，如此者甚多。胡亥既立，是为二世皇帝。他诛戮群公子，又杀掉蒙恬的兄弟蒙毅。最后，连劳苦功高、资格很老的李斯都被杀掉。于是秦朝的政府，失其重心，再不能钳制天下了。皇帝的家庭之中，明争暗斗，向来是很多的，而于继承之际为尤甚。这个并不起于秦朝，但在天下统一之后，皇室所管辖的地方大了，因其内部有问题而牵动大局，使人民皆受其祸，其所牵涉的范围，也就更广大了。秦始皇之死，距其尽灭六国，不过十二年，而此祸遂作。

秦始皇死的明年，戍卒陈胜、吴广起兵于蕲，今安徽宿县。北取陈。胜自立为王，号张楚。分兵四出徇地，郡县多杀其守令以应。六国之后，遂乘机并起。秦朝政治虽乱，兵力尚强；诸侯之兵，多是乌合之众；加以心力不齐，不肯互相救援；所以秦将章邯，倒也所向无敌。先镇压了陈胜、吴广，又打死了新立的魏王。战国时楚国的名将，即最后支持楚国而战死的项燕的儿子项梁，和其兄子项籍，起兵于吴，引兵渡江而西。今江苏之江南，古称江东。古所谓江南，指今之湖南。以居巢人范增的游说，立楚怀王的后裔于盱眙，居巢，今安徽巢县。盱眙，今安徽盱眙县。仍称为楚怀王。以祖谥为生号。项梁引兵而北，兵锋颇锐，连战皆胜，后亦为章邯所袭杀。章邯以为楚地兵不足忧，乃北围赵王于巨鹿。今河北平乡县。北强南弱，乃是东晋以后逐渐转变成功的形势。自此以前，都是北方的军队，以节制胜，南方的军队，以剽悍胜的。尤其是吴、越之士，《汉书·地理志》上，还称其"轻死好用剑"。项梁既死，楚怀王分遣项籍北救赵，起兵于沛的刘邦即汉高祖西入关。沛，今江苏沛县。项籍大破秦兵于巨鹿。汉高祖亦自武关而入。此时二世和赵高，不知如何又翻了脸，赵高弑二世，立其兄子婴，婴又刺杀高，正当纷乱之际，汉高祖的兵已到霸上，在今陕西长安县东。子婴只得投降，秦朝就此灭亡。此事在前206年。

既称秦之灭六国为无道，斥为强虎狼，灭秦之后，自无一人专据称尊之理，自然要分封。但是分封之权，出于何人呢？读史的人，都以为是项籍。这是错了的。项籍纵使在实际上有支配之权，形式上决不能专断，况且实际上也未必能全由项籍一个人支配？项籍既破章邯之后，亦引兵西入关。汉高祖先已入关了，即遣将守关。项羽怒，把他攻破。进兵至鸿门，在今陕西临潼县。和高祖几乎开战。幸而有人居间调解，汉高祖自己去见项籍，解释了一番，战事得以未成。此时即议定了分封之事。这一件事，《史记》的《自序》称为"诸侯之相王"，可见形式上是取决于公议的。其所封的：为（一）六国之后，（二）亡秦有功之人，（三）而楚怀王则以空名尊为义帝，（四）实权则在称为西楚霸王的项籍。都彭城，当时称其地为西楚。江陵为南楚，吴为东楚。这是摹仿东周以后，天子仅拥虚名，而实权在于霸主的。分封的办法，我们看《史记》所载，并不能说它不公平。汉朝人说：楚怀王遣诸将入关时，与之约：先入关者王之，所以汉高祖当王关中，项籍把他改封在巴、蜀、汉中为背约。姑无论这话的真假，即使是真的，楚怀王的命令，安能约束楚国以外的人呢？这且不必论它。前文业经说过：人的思想，总是落后的，观于秦、汉之间而益信。封建政体，既已不能维持，于是分封甫定，而叛乱即起于东方。项籍因为是霸王，有征讨的责任，用兵于齐。汉高祖乘机北定关中。又出关，合诸侯之兵，攻破彭城。项籍虽然还兵把他打败，然汉高祖坚守荥阳、成皋，荥阳，今河南荥泽县。成皋，今河南汜水县。得萧何镇守关中，继续供给兵员和粮饷。遣韩信渡河，北定赵、代，东破齐。彭越又直接扰乱项籍的后方。至前202年，项籍遂因兵少食尽，为汉所灭。从秦亡至此，不过五年。

事实上，天下又已趋于统一了。然而当时的人，怕不是这样看法。当楚、汉相持之时，有一策士，名唤蒯彻，曾劝韩信以三分天下之计。汉高祖最后攻击项籍时，和韩信、彭越相约合力，而信、越的兵都不会，到后来，约定把齐地尽给韩信，梁地尽给彭越，二人才都引兵而来，这不是以君的资格分封其臣，乃是以对等的资格立分地之约。所以汉高祖的灭楚，以实在情形论，与其说是汉灭楚，毋宁说是许多诸侯，亦即许多支新崛起的军队，联合以灭楚，汉高祖不过是联军中的首领罢了。楚既灭，这联军中的首领，自然有享受一个较众为尊的名号的资格，于是共尊汉高祖为皇帝。然虽有此称号，在实际上，未必含有沿袭秦朝皇帝职权的意义。做了皇帝之后，就可以任意诛灭废置诸王侯，怕是当时的人所不能想象的，这是韩信等在当时所以肯尊汉高祖为皇帝之故。不然，怕就没有这么容易了。汉初异姓之王，有楚王韩信、梁王彭越、赵王张敖、韩王信、淮南王英布、燕王臧荼、长沙王吴芮。这都是事实上先已存在，不得不封的，并非是皇帝的意思所设置。汉高祖灭楚之后，即从娄敬、张良之说，西都关中，当时的理由，是关中地势险固，且面积较大，资源丰富，易于据守及用以临制诸侯，可见他原只想做列国中最强的一国。但是事势所趋，人自然会做出不被思想所拘束的事情来的。不数年间，而韩信、彭越都以汉朝的诡谋被灭。张敖以罪见废。韩王信、英布、臧荼，都以反而败。臧荼之后，立了一个卢绾，是汉高祖生平第一个亲信人，亦因被谗而亡入匈奴。到前195年汉高祖死时，只剩得一个地小而且偏僻的长沙国了。天下至此，才真正可以算是姓刘的天下。其成功之速，可以说和汉高祖的灭楚，同是一个奇迹。这亦并不是汉高祖所能为，不过封建政体，到这时候业已自趋于没落罢了。

以一个政府之力统治全国，秦始皇是有此魄力的，或亦可以说是有此公心，替天下废除封建，汉高祖却无有了。既猜忌异姓，就要大封同姓以自辅，于是随着异姓诸侯的灭亡，而同姓诸国次第建立。其中尤以高祖的长子齐王肥，封地既大，人民又多，且居东方形胜之地，为当时所重视。又有淮南王长，燕王建，赵王如意，梁王恢，代王恒，淮阳王友，皆高帝子。楚王交，高帝弟。吴王濞，高帝兄子。宗法社会中，所信任的，不是同姓，便是外戚。汉初功臣韩信、彭越等，不过因其封地大，所以特别被猜忌，其余无封地，或者仅有小封土的，亦安能“与官同心”？汉高祖东征西讨，频年在外，中央政府所委任的，却是何人呢？幸而他的皇后吕氏是很有能力的。她的母家，大约亦是当时所谓豪杰之流；她的哥哥吕泽和吕释之，都跟随高祖带兵；妹夫樊哙，尤其是功臣中的佼佼者；所以在当时，亦自成为一种势力。高祖频年在外，京城里的事情，把持着的便是她，这只要看韩信、彭越都死在她手里，便可知道。所以高祖死后，嗣子惠帝虽然懦弱，倒也安安稳稳地做了七年皇帝。惠帝死后，嗣子少帝，又做了四年。不知何故，吕后女鲁元公主下嫁张敖，敖女为惠帝后。《史记》说他无子，佯为有身，取美人子，杀其母，名为己子。惠帝崩，立，既长，闻其事，口出怨言，为吕后所废。此非事实。张皇后之立，据《汉书》本纪，事在惠帝四年十月，至少帝四年仅七年，少帝至多不过七岁，安有知怨吕后之理。为吕后所废而立其弟。吕后临朝称制。又四年而死。吕后活着的时候，虽然封了几个母家的人为王，却都没有到国。吕后其实并无推翻刘氏、重用吕氏的意思，所任用的，还是汉初的几个功臣，这班人究竟未免有些可怕，所以临死的时候，吩咐带北军的吕禄、南军的吕产，禄，释之之子。产，泽子。“据兵卫宫”，不要出去送丧，以防有人在京城里乘虚作乱。此时齐王肥已经死了，子襄继为齐王。其弟朱虚侯章在京城里，暗中派人去叫他起兵。汉朝派功臣灌婴去打他。灌婴到荥阳，和齐王连和，于是前敌形成了僵局。丞相陈平、太尉周勃等，乃派人运动吕禄，交出兵权。吕禄犹豫未决，周勃用诈术突入北军，运动军人，反对吕氏。把吕禄、吕产和其余吕氏的人都杀掉。于是阴谋说惠帝的儿子都不是惠帝所生的，就高帝现存的儿子中，择其最长的，迎立了代王恒，是为文帝。齐王一支人，自然是不服的。文帝乃运用手腕，即分齐地，封朱虚侯为城阳王，朱虚侯之弟东牟侯兴居为济北王。城阳治莒，今山东莒县。济北治卢，今山东长清县。城阳王不久就死了。济北王以反被诛。汉初宗室、外戚、功臣的三角斗争，至此才告结束。

当时的功臣，所以不敢推翻刘氏，和汉朝同姓分封之多，确实是有关系的，所以封建不能说没有一时之用。然而异姓功臣都灭亡后，所患的，却又在于同姓了。要铲除同姓诸侯尾大不掉之患，自不外乎贾谊“众建诸侯而少其力”一语。

这话，当文帝时，其实是已经实行了的，齐王襄传子则，则死后没有儿子，文帝就把他的地方，分为齐、济北、济南、菑川、胶西、胶东六国，济南治东平陵，今山东历城县。菑川治剧，今山东寿光县。胶西治高苑，今山东桓台县。胶东治即墨，今山东即墨县。立了齐王肥的庶子六人。又把淮南之地，分成三国。但吴、楚仍是大国，吴王濞尤积有反心。晁错力劝文帝以法绳诸侯，文帝是个因循的人，没有能彻底实行。前157年，文帝死，子景帝立。晁错做了御史大夫，即实行其所主张。前154年，吴王联合楚、赵、胶西、胶东、菑川、济南造反，声势很盛。幸而吴王不懂得兵谋，“屯聚而西，无他奇道”，为周亚夫所败。于是景帝改定制度，诸侯王不得治民，令相代治其国。到武帝，又用主父偃之计，令诸侯得以其地，分封自己的子弟，在平和的手腕中，把“众建诸侯而少其力”一语，彻底实行了。封建政体反动的余波，至此才算解决。从秦二世元年六国复立起，到吴、楚之乱平定，共五十六年。

第二十八章 汉武帝的内政外交

在第二十六章里所提出的对内对外两个问题，乃是统一以后自然存在着的问题，前文业经说明了。这个问题，自前206年秦灭汉兴，至前141年景帝之死，共六十六年，久被搁置着不提了。这是因为高帝、吕后时，忙于应付异姓功臣，文帝、景帝时，又存在着一个同姓诸王的问题；高帝本是无赖子，文、景二帝亦只是个寻常人，凡事都只会蹈常习故之故。当这时候，天下新离兵革之患，再没有像战国以前年年打仗的事情了。郡县长官比起世袭的诸侯来，自然权力要小了许多，不敢虐民。诸侯王虽有荒淫昏暴的，比之战国以前，自然也差得远了。这时候的中央政府，又一事不办，和秦始皇的多所作为，要加重人民负担的，大不相同。在私有财产制度之下，人人都急于自谋，你只要不去扰累他，他自然会休养生息，日臻富厚。所以据《史记·平准书》说：在武帝的初年，海内是很为富庶的。但是如此就算了么？须知社会并不是有了钱就没有问题的。况且当时所谓有钱，只是总算起来，富力有所增加，并不是人人都有饭吃，富的人富了，穷的人还是一样的穷，而且因贫富相形，使人心更感觉不平，感觉不足。而对外的问题，时势亦逼着我们不能闭关自守。汉武帝并不是真有什么本领的人，但是他的志愿，却较文、景二帝为大，不肯蹈常习故，一事不办，于是久经搁置的问题，又要重被提起了。

当时对内的问题，因海内已无反侧，用不到像秦始皇一般，注意于镇压，而可以谋一个长治久安之策。这个问题，在当时的人看起来，重要的有两方面：一个是生计，一个是教化，这是理论上当然的结果。衣食足而知荣辱，生计问题，自然在教化之先；而要解决生计问题，又不过平均地权、节制资本两途，这亦是理论上当然的结果。最能解决这两个问题的，是哪一家的学术呢？那么，言平均地权和教化者，莫如儒家，言节制资本者，莫如法家。汉武帝，大家称他是崇儒的人，其实他并不是真懂得儒家之道的。他所以崇儒，大约因为他的性质是夸大的，要做些表面上的事情，如改正朔、易服色等，而此等事情，只有儒家最为擅长之故。所以当时一个真正的儒家董仲舒，提出了限民名田的主张，他并不能行。他的功绩，最大的，只是替《五经》博士置弟子，设科射策，劝以官禄，使儒家之学，得国家的提倡而地位提高。但是照儒家之学，生计问题本在教化问题之先；即以教化问题而论，地方上的庠序，亦重于京城里的大学，这只要看《汉书·礼志》上的议论，便可以知道。武帝当日，对于庠序，亦未能注意，即因其专做表面上的事情之故。至于法家，他用到了一个桑弘羊，行了些榷盐铁、酒酤、均输等政策。据《盐铁论》看来，桑弘羊是确有节制资本之意，并非专为筹款的。但是节制资本而藉官僚以行之，很难望其有利无弊，所以其结果，只达到了筹款的目的，节制资本，则徒成虚语，且因行政的腐败，转不免有使人民受累的地方。其余急不暇择的筹款方法，如算缗钱、舟车，令民生子三岁即出口钱，及令民入羊为郎、入谷补官等，更不必说了。因所行不顺民心，不得不用严切的手段，乃招致张汤、赵禹等，立了许多严切的法令，以压迫人民。秦以来的狱吏，本来是偏于残酷的，加以此等法律，其遗害自然更深了。他用此等方法，搜括了许多钱来，做些什么事呢？除对外的武功，有一部分，可以算是替国家开拓疆土、防御外患外，其余如封禅、巡幸、信用方士、大营宫室等，可以说全部是浪费。山东是当时诛求剥削的中心，以致末年民愁盗起，几至酿成大乱。

武帝对外的武功，却是怎样呢？当时还威胁着中国边境的，自然还是匈奴。此外秦朝所开辟的桂林、南海、象三郡和闽中郡，秦末汉初，又已分离为南越、闽越、东瓯三国了。现在的西康、云、贵和四川、甘肃的边境，即汉人所谓西南夷，则秦时尚未正式开辟。东北境，虽然自战国以来，燕国人业已开辟了辽东，当时的辽东，且到现在朝鲜境内，汉初守燕国的旧疆，以浿水为界，则秦界尚在浿水以西。浿水，今大同江。然汉族的移殖，还不以此为限，自可更向外开拓。而从甘肃向西北入新疆，向西南到青海，也正随着国力的扩张，而可有互相交通之势。在这种情势之下，推动雄才大略之主，向外开拓的，有两种动机：其一，可说是代表国家和民族向外拓展的趋势，又其一则为君主个人的野心。匈奴，自秦末乘中国内乱、戍边者皆去，复入居河南。汉初，其雄主冒顿，把今蒙古东部的东胡，甘肃西北境的月氏，都征服了。到汉文帝时，他又征服了西域，西域，即今新疆之地。西域二字，义有广狭。《汉书·西域传》说西域之地，“南北有大山，中央有河，东则接汉，阨以玉门、阳关，西则限以葱岭。”北方的大山，即今天山，南方的大山，即沙漠以南的山脉，略为新疆与西藏之界。河系今塔里木河。玉门、阳关，都在今甘肃敦煌县西。此乃今天山南路之地。其后自此西出，凡交通所及之地，亦概称为西域，则其界限并无一定，就连欧洲也都包括在内。汉时分为三十六国。后分至五十余。其种有塞，有氐羌。塞人属于高加索种，都是居国，其文明程度，远在匈奴、氐、羌等游牧民族之上。匈奴设官以收其赋税。汉高祖曾出兵征伐匈奴，被围于平城，今山西大同县。七日乃解。此时中国初定，对内的问题还多，不能对外用兵，乃用娄敬之策，名家人子为长公主，嫁给冒顿，同他讲和，是为中国以公主下嫁外国君主结和亲之始。文、景两代，匈奴时有叛服，文、景不过发兵防之而已，并没建立一定的对策。到武帝，才大出兵以征匈奴，前127年，恢复河南之地，匈奴自此移于漠北。前119年，又派卫青、霍去病绝漠攻击，匈奴损折颇多。此外较小的战斗，还有多次，兵事连亘，前后共二十余年，匈奴因此又渐移向西北。汉武帝的用兵，是很不得法的，他不用功臣宿将，而专用卫青、霍去病等椒房之亲。纪律既不严明，对于军需，又不爱惜，以致士卒死伤很多，物质亦极浪费。如霍去病，《史记》称其少而侍中，贵不省士。其用兵，“既还，重车余弃粱肉，而士有饥者。在塞外，卒乏粮，或不能自振，而去病尚穿域蹋鞠，事多类此。”卫青、霍去病大出塞的一役，汉马死者至十余万匹，从此以马少则不能大举兵事。李广利再征大宛时，兵出敦煌的六万人，私人自愿从军的，还不在其内，马三万匹，回来时，进玉门关的只有一万多人，马一千多匹。史家说这一次并不乏食，战死的也不多，所以死亡如此，全由将吏不爱士卒之故。可见用人不守成法之害。只因中国和匈奴，国力相去悬绝，所以终能得到胜利。然此乃国力的胜利，并非战略的胜利。至于其通西域，则更是动于侈心。他的初意，是听说月氏为匈奴所破，逃到今阿母河滨，要想报匈奴的仇，苦于无人和他合力，乃派张骞出使。张骞回来后，知道月氏已得沃土，无报仇之心，其目的已不能达到了。但武帝因此而知西域的广大，以为招致了他们来朝贡，实为自古所未有，于是动于侈心，要想招致西域各国。张骞在大夏时，看见邛竹杖、蜀布，问他从哪里来的？他们说从身毒买来。今印度。于是臆想，从四川、云南，可通西域。派人前去寻求道路，都不能通。当时蜀物入印度，所走的路，当系今自四川经西康、云南入缅甸的路。自西南夷求通西域的使者，“传闻其西可千余里，有乘象国，名曰滇越，而蜀贾奸出物者或至焉”，即当今缅甸之地。后来匈奴的浑邪王降汉，今甘肃西北部之地，收入中国版图，通西域的路，才正式开通。前104年，李广利伐大宛，大宛都贵山城，乃今之霍阐。不克。武帝又续发大兵，前101年，到底把它打下。大宛是离中国很远的国。西域诸国，因此慑于中国兵威，相率来朝。还有一个乌孙，也是游牧民族，当月氏在甘肃西北境时，乌孙为其所破，依匈奴以居。月氏为匈奴所破，是先逃到伊犁河流域的。乌孙借匈奴的助力，把它打败，月氏才逃到阿母河流域，乌孙即占据伊犁之地。浑邪王降汉时，汉朝尚无意开其地为郡县，张骞建议，招乌孙来居之。乌孙不肯来，而匈奴因其和中国交通，颇责怪它。乌孙恐惧，愿“婿汉氏以自亲”。于是汉朝把一个宗室女儿嫁给它。从此以后，乌孙和匈奴之间有问题，汉朝就不能置之不问，《汉书·西域传》说“汉用忧劳无宁岁”，很有怨怼的意思。按西域都是些小国，汉攻匈奴，并不能得它的助力，而因此劳费殊甚，所以当时人的议论，大都是反对的。但是史事复杂，利害很难就一时一地之事论断。（一）西域是西洋文明传布之地。西洋文明的中心古希腊、罗马等，距离中国很远，在古代只有海道的交通，交流不甚密切，西域则与中国陆地相接，自近代西力东渐以前，中西的文明，实在是恃此而交流的。（二）而且西域之地，设或为游牧民族所据，亦将成为中国之患，汉通西域之后，对于天山南北路，就有相当的防备，后来匈奴败亡后，未能侵入，这也未始非中国之福。所以汉通西域，不是没有益处的。但这只是史事自然的推迁，并非当时所能豫烛。当时的朝鲜：汉初燕人卫满走出塞，把箕子之后袭灭了，自王朝鲜。传子至孙，于前108年，为汉武帝所灭。将其地设置乐浪、临屯、真番、玄菟四郡。乐浪，今朝鲜平安南道及黄海、京畿两道之地。临屯为江原道地。玄菟为咸镜南道。真番跨鸭绿江上流。至前82年，罢真番、临屯，以并乐浪、玄菟。朝鲜半岛的主要民族是貉族，自古即渐染汉族的文化，经此长时期的保育，其汉化的程度愈深，且因此而输入半岛南部的三韩马韩，今忠清、全罗两道。弁韩、辰韩，今庆尚道。和海东的日本，实为中国文化在亚洲东北部最大的根据地。南方的东瓯，因为闽越所攻击，前138年，徙居江、淮间。南越和闽越，均于111年，为中国所灭。当时的西南夷：在今金沙江和黔江流域的，是夜郎、滇、邛都，在岷江和嘉陵江上源的，是徙、筰都、冉駹、白马。在今横断山脉和澜沧、金沙两江间的，是巂昆明。夜郎，今贵州桐梓县。滇，今云南昆明县。邛都，今西康西昌县。徙，今四川天全县。筰都，今西康汉源县。冉，今四川茂县。白马，今甘肃成县。巂昆明，在今昆明、大理之间，乃行国。两越既平，亦即开辟为郡县，确立了中国西南部的疆域。今青海首府附近，即汉人称为河湟之地的，为羌人所据。这一支羌人，系属游牧民族，颇为中国之患。前112年，汉武帝把它打破，设护羌校尉管理它，开辟了今青海的东境。

第二十九章 前汉的衰亡

汉武帝死后，汉朝是经过一次政变的，这件事情的真相，未曾有传于后。武帝因迷信之故，方士神巫，多聚集京师，至其末年，遂有巫蛊之祸，皇后自杀。太子据发兵，把诬陷他和皇后的江充杀掉。武帝认为造反，亦发兵剿办。太子兵败出亡，后被发觉，自缢而死。当太子死时，武帝儿子存在的，还有燕王旦、广陵王胥、昌邑王髆，武帝迄未再立太子。前87年，武帝死，立赵婕妤所生幼子弗陵，是为昭帝。霍光、上官桀、桑弘羊、金日磾同受遗诏辅政。赵婕妤先以谴死。褚先生《补外戚世家》说：是武帝怕身死之后，嗣君年少，母后专权，先行把她除去的。《汉书·霍光传》又说：武帝看中了霍光，使画工画了一幅周公负成王朝诸侯的图赏给他。武帝临死时，霍光问当立谁？武帝说："立少子，君行周公之事。"这话全出捏造。武帝生平溺于女色；他大约是个多血质的人，一生行事，全凭一时感情冲动，安能有深谋远虑，预割嬖爱？霍光乃左右近习之流，仅可以供驱使。上官桀是养马的。金日磾系匈奴休屠王之子，休屠王与浑邪王同守西边，因不肯降汉，为浑邪王所杀，乃系一个外国人，与中国又有杀父之仇。朝臣中即使无人，安得托孤于这几个人？当他们三个人以武帝遗诏封侯时，有一个侍卫，名唤王莽，他的儿子唤做王忽，扬言道：皇帝病时，我常在左右，哪里有这道诏书？霍光闻之，切责王莽，王莽只得把王忽杀掉。然则昭帝之立，究竟是怎样一回事，就可想而知了。昭帝既立，燕王谋反，不成而死。桑弘羊、上官桀都以同谋被杀。霍光的女儿，是上官桀的儿媳妇，其女即昭帝的皇后。上官桀大约因是霍光的亲戚而被引用，又因争权而翻脸的，殊不足论，桑弘羊却可惜了。金日磾于昭帝元年即死，故不与此次政变。前74年，昭帝死，无子。霍光迎立昌邑王的儿子贺，旋又为光所废，而迎太子据之孙病已于民间，是为宣帝。昌邑王之废，表面上是无道，然当昌邑群臣二百余人被杀时，在市中号呼道"当断不断，反受其乱"，则昌邑王因何被废，又可想而知了。太子据败时，妻妾子女悉被害，只有一个宣帝系狱，此事在前91年。到前87年，即武帝死的一年，据说，有望气者说："长安狱中有天子气。"武帝就派使者，"分条中都官狱系者，轻重皆杀之。"幸而有个丙吉，"拒闭使者"，宣帝才得保全，因而遇赦。按太子死后，武帝不久即自悔。凡和杀太子有关的人，都遭诛戮。太子系闭门自缢，脚蹋开门和解去他自缢的绳索的人都封侯。上书讼太子冤的田千秋，无德无能，竟用为丞相。武帝的举动如此，宣帝安得系狱五年不释？把各监狱中的罪人，不问罪名轻重，尽行杀掉，在中国历史上，是从来没有这回事的，这是和中国，至少是有史以来的中国的文化不相容的，武帝再老病昏乱些，也发不出这道命令。如其发出了，拒绝不肯执行的，又岂止一个丙吉？然则宣帝是否武帝的曾孙，又很有可疑了。今即舍此勿论，而昌邑王以有在国时的群臣，为其谋主，当断不断而败，宣帝起自民间，这一层自然无足为虑，这怕总是霍光所以迎立他的真原因了罢。宣帝既立，自然委政于光，立六年而光死，事权仍在霍氏手里。宣帝不动声色地，逐渐把他们的权柄夺去，任用自己的亲信。至前66年，而霍氏被诛灭。

霍光的事情，真相如此。因为汉时史料缺乏，后人遂认为他的废立是出于公心的，把他和向来崇拜的偶像伊尹联系在一起，称为伊、霍，史家的易欺，真堪惊叹了。当时朝廷之上，虽有这种争斗，影响却未及于民间。武帝在时，内行奢侈，外事四夷，实已民不堪命。霍光秉政，颇能轻徭薄赋，与民休息。宣帝起自民间，又能留意于吏治和刑狱。所以昭、宣二帝之世，即自前86至前

49年凡三十八年之间，政治反较武帝时为清明，其时汉朝对于西域的声威，益形振起。前60年，设立西域都护，兼管南北两道。匈奴内乱，五单于并立，后并于呼韩邪。又有一个郅支单于，把呼韩邪打败。前51年，呼韩邪入朝于汉。郅支因汉拥护呼韩邪，遁走西域。前49年，宣帝崩，子元帝立。前36年，西域副都护陈汤矫诏发诸国兵袭杀郅支。汉朝国威之盛，至此亦达于极点。然有一事，系汉朝政治败坏的根源，其端实开自霍光秉政之时的，那便是宰相之权，移于尚书。汉朝的宰相是颇有实权的。全国的政治，都以相府为总汇，皇帝的秘书御史，不过是他的助手，尚书乃皇帝手下的管卷，更其说不着了。自霍光秉政，自领尚书，宰相都用年老无气和自己的私人，政事悉由宫中而出，遂不能有正色立朝之臣。宣帝虽诛灭霍氏，于此却未能矫正。宦者弘恭、石显，当宣、元之世，相继在内用事。元帝时，士大夫如萧望之、刘向等，竭力和他们争斗，终不能胜。朝无重臣，遂至嬖倖得干相位，外戚得移朝祚，西汉的灭亡，相权的丧失实在是一个重要的原因。而且其事不但关涉汉朝，历代的政治，实都受其影响，参看第六章自明。

元帝以前33年死，子成帝立。成帝是个荒淫无度的人，喜欢了一个歌者赵飞燕，立为皇后，又立其女弟合德为婕妤。性又优柔寡断，事权遂入于外家王氏之手。前7年，成帝崩，哀帝立，颇想效法武、宣，振起威权。然宠爱嬖人董贤，用为宰相，朝政愈乱。此时王氏虽一时退避，然其势力仍在。哀帝任用其外家丁氏，祖母族傅氏，其中却并无人才，实力远非王氏之敌。前1年，哀帝崩，无子，王莽乘机复出，迎立平帝。诛灭丁、傅、董贤，旋弑平帝而立孺子婴。哀、平二帝皆元帝孙，孺子为宣帝曾孙。王莽从居摄改称假皇帝，又从假皇帝变做真皇帝，改国号为新，而前汉遂亡。此事在公元9年。

第三十章
新室的兴亡

前后汉之间是中国历史的一个转变。在前汉之世，政治家的眼光，看了天下，认为不该就这么苟安下去的。后世的政治家奉为金科玉律的思想，所谓“治天下不如安天下，安天下不如与天下安”，是这时候的人所没有的。他们看了社会还是可用人力控制的，一切不合理的事，都该用人力去改变，此即所谓“拨乱世，反之正”。出来负这个责任的，当然是贤明的君主和一班贤明的政治家。当汉昭帝时，有一个儒者，唤做眭弘，因灾异，使其朋友上书，劝汉帝“求索贤人，禅以帝位，而退自封百里”。宣帝时，有个盖宽饶，上封事亦说：“五帝官天下，三王家天下，家以传子，官以传贤，四序之运，成功者退，不得其人，则不居其位。”这两个人，虽然都得罪而死，但眭弘，大约因霍光专政，怕人疑心他要篡位，所以牺牲了他，以资辨白的。况且霍光是个不学无术的人，根本不懂得什么改革大计。盖宽饶则因其刚直之性，既触犯君主，又为有权势的人所忌，以致遭祸，都不是反对这种理论，视为大逆不道。至于不关涉政体，而要在政务上举行较根本的改革的，则在宣帝时有王吉，因为宣帝是个实际的政治家，不能听他的话。元帝即位，却征用了王吉及和他志同道合的朋友贡禹。王吉年老，在路上死了。贡禹征至，官至御史大夫。听了他的话，改正了许多奢侈的制度，又行了许多宽恤民力的政事。其时又有个翼奉，劝元帝徙都成周。他说：长安的制度，已经坏了，因袭了这种制度，政治必不能改良，所以要迁都正本，与天下更始，则其规模更为阔大了。哀帝多病，而且无子，又有个李寻，保荐了一个贺良，陈说“汉历中衰，当更受命”，劝他改号为陈圣刘皇帝。陈字和田字同音，田地二字，古人通用，地就是土，陈圣刘皇帝，大约是说皇帝虽然姓刘，所行的却是土德。西汉人五德终始之说，还不是像后世专讲一些无关实际，有类迷信的空话的，既然要改变“行序”，同时就有一大套实际的政务，要跟着改变。这只要看贾谊说汉朝应当改革，虽然要“改正朔，易服色”，也要“法制度，定官名”，而他所草拟的具体方案，“为官名，悉更秦之故”，便可知道。五德终始，本来不是什么迷信，而是一套有系统的政治方案，这在第十七章中，业经说过了。这种根本的大改革，要遭到不了解的人无意识的反对，和实际于他权利有损的人出死力的抵抗，自是当然之事。所以贺良再进一步，要想改革实际的政务，就遭遇反对而失败了。但改革的气势，既然如此其旁薄郁积，自然终必有起而行之之人，而这个人就是王莽。所以王莽是根本无所谓篡窃的。他只是代表时代潮流，出来实行改革的人。要实行改革，自然要取得政权；要取得政权，自然要推翻前朝的皇帝；而因实行改革而推翻前朝的皇帝，在当时的人看起来，毋宁是天理人情上当然的事。所以应天顺人，《易·鼎卦彖辞》：“汤武革命，顺乎天而应乎人”。在当时也并不是一句门面话。

要大改革，第一步自然还是生计问题，王莽所实行的是：（一）改名天下的田为王田，这即是现在的宣布土地国有，和附着于土地的奴隶，都不准卖买，而举当时所有的土田，按照新章，举行公平的分配。（二）立六筦之法，将大事业收归官营。（三）立司市、泉府，以平衡物价，使消费者、生产者、交换者，都不吃亏。收有职业的人的税，以供（甲）要生利而无资本的人，及（乙）有正当消费而一时周转不灵的人的借贷。其详已见第五章。他的办法，颇能综合儒法两家，兼顾到平均地权和节制资本两方面，其规模可称阔大，思虑亦可谓周详。但是徒法不能自行，要举行这种大改革，必须民众有相当的觉悟，且能作出相当的行动，专靠在上者的操刀代斫，是不行的。因为真正为国为民的人，总只有少数，官僚阶级中的大多数人，其利害总是和人民相反的，非靠督责不行。以中国之大，古代交通的不便，一个中央政府，督责之力本来有所不及；而况当大改革之际，普通官吏，对于法令，也未必能了解，而作弊的机会却特多；所以推行不易，而监督更难。王莽当日所定的法令，有关实际的，怕没有一件能够真正推行，而达到目的，因此而生的流弊，则无一事不有，且无一事不厉害。其余无关实际，徒资纷扰的，更不必说了。王莽是个偏重立法的人，他又“锐思于制作”，而把眼前的政务搁起。尤其无谓的，是他的改革货币，麻烦而屡次改变，势不可行，把商业先破坏了。新分配之法，未曾成立，旧交易之法，先已破坏，遂使生计界的秩序大乱，全国的人，无一个不受到影响。王莽又是个拘泥理论、好求形式上的整齐的人。他要把全国的政治区划，依据地理，重行厘定，以制定封建和郡县制度。这固然是一种根本之图，然岂旦夕可致？遂至改革纷纭，名称屡变，吏弗能纪。他又要大改官制，一时亦不能成功，而官吏因制度未定，皆不得禄，自然贪求更甚了。对于域外，也是这么一套。如更改封号及印章等，无关实际、徒失交涉的圆滑，加以措置失宜，匈奴、西域、西南夷，遂至背叛。王莽对于西域，未曾用兵。西南夷则连年征讨，骚扰殊甚。对于匈奴，他更有一个分立许多小单于，而发大兵深入穷追，把其不服的赶到丁令地方去的一个大计划。此乃欲将匈奴驱入今西伯利亚之地，而将漠北空出。这个计划，倒也是值得称赞的，然亦谈何容易？当时调兵运饷，牵动尤广，屯守连年，兵始终没有能够出，而内乱却已蔓延了。

莽末的内乱，是起于公元17年的。今山东地方，先行吃紧。湖北地方，亦有饥民屯聚。剿办连年弗能定。公元22年，藏匿在今当阳县绿林山中的兵，分出南阳和南郡。汉南阳郡，治宛，今河南南阳县。南郡，治江陵，今湖北江陵县。入南阳的谓之新市兵，入南郡的谓之下江兵。又有起于今随县的平林乡的，谓之平林兵。汉朝的宗室刘玄，在平林兵中。刘縯、刘秀则起兵舂陵，今湖北枣阳县。和新市、平林兵合。刘玄初称更始将军，后遂被立为帝。入据宛。明年，王莽派大兵四十万去剿办，多而不整，大败于昆阳。今河南叶县。莽遂失其控制之力，各地方叛者并起。更始分兵两支：一攻洛阳，一入武关。长安中叛者亦起。莽遂被杀。更始移居长安，然为新市、平林诸将所制，不能有为。此时海内大乱，而今河南、河北、山东一带更甚。刘縯为新市、平林诸将所杀。刘秀别为一军，出定河北。即帝位于鄗，改名高邑县。是为后汉光武皇帝。先打平了许多小股的流寇。其大股赤眉，因食尽西上，另立了一个汉朝的宗室刘盆子，攻入长安。更始兵败出降，旋被杀。光武初以河内为根据地，汉河内郡，治怀，在今河南武陟县。派兵留守，和服从更始的洛阳对峙。至此遂取得了洛阳，定都其地。派兵去攻关中，未能遽定，而赤眉又因食尽东走，光武自勒大兵，降之宜阳。今河南宜阳县。此时东方还有汉朝的宗室刘永割据睢阳。今河南商丘县。东方诸将，多与之合。又有秦丰、田戎等，割据今湖北沿江一带，亦被他次第打平。只有陇西的隗嚣，四川的公孙述，较有规模，到最后才平定。保据河西的窦融，则不烦兵力而自下。到公元36年，天下又算平定了。从公元17年东方及荆州兵起，算到这一年，其时间实四倍于秦末之乱；其破坏的程度，怕还不止这一个比例。光武平定天下之后，自然只好暂顾目前，说不上什么远大的计划了。而自王莽举行这样的大改革而失败后，政治家的眼光，亦为之一变。根本之计，再也没有人敢提及。社会渐被视为不可以人力控制之物，只能听其迁流所至。“治天下不如安天下，安天下不如与天下安”，遂被视为政治上的金科玉律了。所以说：这是中国历史上的一个大转变。

第三十一章 后汉的盛衰

后汉自公元25年光武帝即位起，至公元220年为魏所篡止，共计192年；若算到公元189年董卓行废立，东方起兵讨卓，实际分裂之时为止，则共得175年；其运祚略与前汉相等，然其国力的充实，则远不如前汉了。这是因为后汉移都洛阳，对于西、北两面的控制，不如前汉之便；又承大乱之后，海内凋敝已极，休养未几，而羌乱即起，其富力亦不如前汉之盛之故。两汉四百年，同称中国的盛世，实际上，后汉已渐露中衰之机了。光武帝是一个实际的政治家。他知道大乱之后，急于要休养生息，所以一味的减官省事。退功臣，进文吏。位高望重的三公，亦只崇其礼貌，而自己以严切之法，行督责之术，虽然有时不免失之过严，然颇得专制政治“严以察吏，宽以驭民”的秘诀，所以其时的政治，颇为清明。公元57年，光武帝崩，子明帝立。亦能守其遗法。公元75年，明帝崩，子章帝立，政治虽渐见宽弛，然尚能蒙业而安。章帝以公元88年崩。自公元36年公孙述平定至此，共计52

年，为东汉治平之世。匈奴呼韩邪单于约诸子以次继立。六传至呼都而尸单于，背约而杀其弟。前单于之子比，时领南边，不服。公元48年，自立为呼韩邪单于，来降。中国人处之于今绥远境内。匈奴自此分为南、北。北匈奴日益衰乱。公元89年，南单于上书求并北庭。时和帝新立，年幼，太后窦氏临朝。后见窦宪犯法，欲令其立功自赎，乃以宪为大将军，出兵击破匈奴。后年，又大破之于金微山。大约系今蒙古西北的阿尔泰山。北匈奴自此远遁，不能为中国之患了。西域的东北部，是易受匈奴控制的。其西南部，则自脱离汉朝都护的管辖后，强国如莎车、于阗等，出而攻击诸国，意图并吞。后汉初兴，诸国多愿遣子入侍，请派都护。光武不许。明帝时，才遣班超出使。班超智勇足备，带了少数的人，留居西域，调发诸国的兵，征讨不服，至公元91年而西域平定。汉朝复设都护，以超为之。后汉之于域外，并没有出力经营，其成功，倒亦和前汉相仿佛，只可谓之适值天幸而已。

后汉的乱源，共有好几个，其中最重要的，就是外戚和宦官。从前的皇室，其前身，本来是一个强大的氏族。氏族自有氏族的继承法。当族长逝世，合法继承人年幼时，从族中推出一个人来，暂操治理之权，谓之摄政。如由前族长之妻，现族长之母代理，则即所谓母后临朝。宗室分封于外，而中朝以外戚辅政，本来是前汉的一个政治习惯。虽然前汉系为外戚所篡，然当一种制度未至崩溃时，即有弊窦，人们总认为是人的不好，而不会归咎于制度的。如此，后汉屡有冲幼之君，自然产生不出皇族摄政的制度来，而只会由母后临朝；母后临朝，自然要任用外戚。君主之始，本来是和一个乡长或县长差不多的。他和人民是很为接近的。到后来，国家愈扩愈大，和原始的国家不知相差若干倍了，而君主的制度依然如故。他和人民，和比较低级的官吏，遂至因层次之多而自然隔绝。又因其地位之高，而自成养尊处优之势，关系之重，而不得不深居简出。遂至和当朝的大臣，都不接近，而只是和些宦官宫妾习狎。这是历代的嬖倖近习易于得志的原因，而也是政治败坏的一个原因。后汉外戚之祸，起于章帝时。章帝的皇后窦氏是没有儿子的。宋贵人生子庆，立为太子。梁贵人生子肇，窦后养为己子。后诬杀宋贵人，废庆为清河王，而立肇为太子。章帝崩，肇立，是为和帝。后兄窦宪专权。和帝既长，与宦者郑众谋诛之，是为后汉皇帝和宦官合谋以诛外戚之始。105年，和帝崩。据说和帝的皇子，屡次夭殇，所以生才百余日的殇帝，是寄养于民间的。皇后邓氏迎而立之。明年，复死。乃迎立清河王的儿子，是为安帝。邓太后临朝，凡十五年。太后崩后，安帝亲政，任用皇后的哥哥阎显，又宠信宦官和乳母王圣，政治甚为紊乱。阎皇后无子，后宫李氏生子保，立为太子。后谮杀李氏而废保。125年，安帝如宛，道崩。皇后秘丧驰归，迎立章帝之孙北乡侯懿。当年即死。宦者孙程等迎立废太子保，是为顺帝。程等十九人皆封列侯。然未久即多遭谴斥。顺帝任用皇后的父亲梁商。商死后，子冀继之，其骄淫纵恣，为前此所未有。144年，顺帝崩，子冲帝立。明年崩。梁冀迎立章帝的玄孙质帝。因年小聪明，为冀所弑。又迎立章帝的曾孙桓帝。桓帝立十三年后，才和宦者单超等五人合谋把梁冀诛戮，自此宦官又得势了。

因宦官的得势，遂激成所谓党锢之祸。宦官和阉人，本来是两件事。宦字的初义，是在机关中学习，后来则变为在贵人家中专事伺候人的意思，第十五章中，业经说过了。皇室的规模，自然较卿大夫更大，自亦有在宫中服事他的人，此即所谓宦官。据《汉书·本纪》，惠帝即位后，曾施恩于宦皇帝的人，此即是惠帝为太子时，在"太子家"中伺候他的人。本不专用阉人，而且其初，宦官的等级远较阉人为高，怕是绝对不能用阉人的。但到后来，刑罚滥了，士大夫亦有受到宫刑的；如司马迁受宫刑后为中书谒者令，即其好例。又有生来天阉的人；又有贪慕权势，自宫以进的，不都是俘虏或罪人。于是其人的能力和品格，都渐渐提高，而可以用为宦官了。后汉邓太后临朝后，宫中有好几种官，如中常侍等，都改用阉人，宦官遂成为阉人所做的官的代名词。虽然阉人的地位实已提高，然其初既是俘虏和罪人，社会上自然总还将他当作另一种人看待，士大夫更瞧他不起。此时的士大夫和贵族，都是好名的，都是好交结的。这一者出于战国之世贵族好养士，士人好奔走的习惯，一则出于此时选举上的需要，在第七章中，业经说过了。当时的宦官，多有子弟亲戚，或在外面做官暴虐，或则居乡恃势骄横。用法律裁制，或者激动舆论反对他，正是立名的好机会。士大夫和宦官遂势成水火。这一班好名誉好交结的士大夫，自然也不免互相标榜，互相结托。京城里的太学，游学者众多，而且和政治接近，便自然成为他们聚集的中心。结党以营谋进身，牵引同类，淆乱是非，那是政治上的一个大忌。当时的士大夫，自不免有此嫌疑。而且用了这一个罪名，则一网可以打尽，这是多么便利，多么痛快的事！宦官遂指当时反对他们的名士为党人，劝桓帝加以禁锢，后因后父窦武进言，方才把他们赦免。167年，桓帝崩，无子，窦后和武定策禁中，迎立了章帝的玄孙灵帝。太后临朝。窦武是和名士接近的，有恩于窦氏的陈蕃，做了太傅，则其本身就是名士中人。谋诛弄权的宦官，反为所害。太后亦被迁抑郁而死。灵帝年长，不徒不知整顿，反更崇信宦官，听其把持朝政，浊乱四海。而又一味聚敛奢侈。此时乱源本已潜伏，再天天给他制造爆发的机会，遂成为不可收拾之局了。

大伤后汉的元气的是羌乱。中国和外夷，其间本来总有边塞隔绝着的。论民族主义的真谛，先进民族本来有诱掖后进民族的责任，不该以隔绝为事。但是同化须行之以渐。在同化的进行未达相当程度时，彼此的界限是不能遽行撤废的。因为文化的不同就是生活的相异，不能使其生活从同，顾欲强使生活不同的人共同生活，自不免引起纠纷。这是五胡乱华的一个重要原因，而后汉时的羌乱，业已导其先路了。今青海省的东北境，在汉时本是羌人之地。王莽摄政时，讽羌人献地，设立了一个西海郡。既无实力开拓，边塞反因之撤废，羌人就侵入内地。后汉初年，屡有反叛，给中国征服了，又都把他们迁徙到内地来。于是降羌散居今甘肃之地者日多。安帝时，遂酿成大规模的叛乱。这时候，政治腐败，地方官无心守土，都把郡县迁徙到内地。人民不乐迁徙，则加以强迫驱遣，流离死亡，不可胜数。派兵剿办，将帅又腐败，历时十余年，用费达二百四十亿，才算勉强结束。顺帝时又叛，兵费又至八十余亿，桓帝任用段颎，大加诛戮，才算镇定下来。然而西北一方，凋敝已甚，将帅又渐形骄横，隐伏着一个很大的乱源了。

遇事都诉之理性，这只是受过优良教育的人，在一定的范围中能够。其余大多数人，和这一部分人出于一定范围以外的行为，还是受习惯和传统思想的支配的。此种习惯和传统的思想，是没有理由可以解说的，若要仔细追究起来，往往和我们别一方面的知识冲突，所以人们都置诸不问，而无条件加以承认，此即所谓迷信。给迷信以一种力量的则为宗教。宗教鼓动人的力量是颇大的。当部族林立之世，宗教的教义，亦只限于一部族，而不足以吸引别部族人。到统一之后就不然了。各种小宗教，渐渐混合而产生大宗教的运动，在第十八章中业经说过。在汉时，上下流社会，是各别进行的。在上流社会中，孔子渐被视为一个神人，看当时内学家东汉时称纬为内学。尊崇孔子的话，便可见得。但在上流社会中，到底是受过良好教育，理性较为发达的，不容此等迷信之论控制，所以不久就被反对迷信的玄学打倒。在下流社会，则各种迷信，逐渐结合，而形成后世的道教。在汉时是其初步。其中最主要的是张角的太平道和张修的五斗米道。道教到北魏时的寇谦之，才全然和政府妥协，前此，则是很激烈地反对政府的。他们以符咒治病等，为煽动和结合的工具。张修造反，旋即平定。张鲁后来虽割据汉中，只是设立鬼卒等，闭关自守，实行其神权政治而已，于大局亦无甚关系。张角却声势浩大。以公元184年起事。他的徒党，遍于青、徐、幽、冀、荆、扬、兖、豫八州，即今江苏、安徽、浙江、江西、湖北、湖南、山东、河南、河北各省之地。但张角似是一个只会煽惑而并没有什么政治能力的人，所以不久即败。然此时的小乱事，则已到处蔓延，不易遏止了，而黄巾的余党亦难于肃清。于是改刺史为州牧，将两级制变成了三级制，便宜了一部分的野心家，即仍称刺史的人以及手中亦有兵权的郡守。分裂之势渐次形成，静待着一个机会爆发。

第三十二章 后汉的分裂和三国

公元189年，灵帝崩。灵帝皇后何氏，生子辩。美人王氏，生子协。灵帝属意于协，未及定而崩，属协于宦者蹇硕。这蹇硕，大约是有些武略的。当黄巾贼起时，汉朝在京城里练兵，共设立八个校尉，蹇硕便是上军校尉，所以灵帝把废嫡立庶的事情付托他。然而这本是不合法的事，皇帝自己办起来，还不免遭人反对，何况在其死后？这自然不能用法律手段解决。蹇硕乃想伏兵把何皇后的哥哥大将军何进杀掉，然后举事。事机不密，被何进知道了，就拥兵不朝。蹇硕无可如何，而辩乃得即位，是为废帝。何进把蹇硕杀掉，因想尽诛宦官。而何氏家本寒微，向来是尊敬宦官的。何太后的母亲和何进的兄弟，又受了宦官的贿赂，替他们在太后面前说好话。太后因此坚持不肯。何进无奈，乃召外兵进京，欲以胁迫太后。宦官见事急，诱进入宫，把他杀掉。何进的官属，举兵尽诛宦官。京城大乱，而凉州将董卓适至，拥兵入京，大权遂尽入其手。董卓只是个强盗的材料。他把废帝废掉，而立协为皇帝，是为献帝。山东州郡起兵反对他，他乃移献帝于长安，接近自己的老家，以便负隅抵抗。东方州郡实在是人各有心的，都各占地盘，无意于进兵追讨。后来司徒王允，和董卓亲信的将官吕布相结，把董卓杀掉。董卓的将校李傕、郭汜，又回兵替董卓报仇。吕布出奔，王允被杀。李傕、郭汜又互相攻击，汉朝的中央政府就从此解纽，不再能号令全国了。

各地方割据的：幽州有公孙瓒。冀州有袁绍。兖州有曹操。徐州始而是陶谦，后来成为刘备和吕布争夺之场。扬州，今寿县一带，为袁术所据，江东则入于孙策。荆州有刘表。益州有刘焉。这是较大而在中原之地的，其较小较偏僻的，则汉中有张鲁，凉州有马腾、韩遂，辽东有公孙度。当时政治的重心，是在山东的。古书所谓山东，系指华山以东，今之河南、山东，都包括在内。袁绍击灭了公孙瓒，又占据了并州，地盘最大，而曹操最有雄才大略。献帝因不堪李傕、郭汜的压迫，逃归洛阳，贫弱不能自立，召曹操入卫，操移献帝于许昌，遂成挟天子以令诸侯之势。刘备为吕布所破，逃归曹操，曹操和他合力击杀了吕布。袁术因荒淫无度，不能自立，想走归袁绍，曹操又使刘备邀击，术退走，旋死。刘备叛操，操又击破之。河南略定。公元200年，袁绍举大兵南下，与操相持于官渡，城名，在今河南中牟县北。为操所败。绍气愤死。公元205年，绍二子并为操所灭。于是北方无与操抗者。208年，操南征荆州。刘表适死，其幼子琮，以襄阳降。今湖北襄阳县，当时荆州治此。刘备时在荆州，走江陵。操追败之。备奔刘表的长子琦于江夏，汉郡，后汉时，郡治在今湖北黄冈县境。和孙权合力败操于赤壁。山名，在今湖北嘉鱼县。于是刘备屯兵荆州，而孙权亦觊觎其地。后备乘刘焉的儿子刘璋暗弱，夺取益州。孙权想攻荆州，刘备同他讲和，把荆州之地平分了。时马腾的儿子马超和韩遂反叛，曹操击破之。又降伏了张鲁。刘备北取汉中。曹操自争之，不能克，只得退回。天下渐成三分之势。刘备初见诸葛亮时，诸葛亮替他计划，就是据有荆、益两州，天下有变，命将将荆州之兵以向宛、洛，而自率益州之众以出秦川的。这时的形势，颇合乎这个条件。备乃命关羽自荆州北伐，取襄阳，北方颇为震动，而孙权遣兵袭取江陵，羽还救，为权所杀。刘备忿怒，自将大兵攻权，又大败于猇亭。在今湖北宜都县西。于是荆州全入于吴。备旋以惭愤而死，此事在公元223年。先是220年，曹操死，子丕篡汉自立，是为魏文帝。其明年，刘备称帝于蜀，是为蜀汉昭烈帝。孙权是到229年才称帝的，是为吴大帝。天下正式成为三分之局。蜀的地方最小，只有今四川一省，其云南、贵州，全是未开发之地。吴虽自江陵而下，全据长江以南，然其时江南的开化，亦远在北方之后。所以三国以魏为最强，吴、蜀二国，常合力以与之抗。

三国的分裂，可以说是两种心理造成的。其一是封建的余习。人心是不能骤变的。在封建时代，本有各忠其君的心理，秦汉以后，虽然统一了，然此等见解，还未能全行破除。试看汉代的士大夫，仕于州郡的，都奉其长官为君，称其机关为本朝，有事为之尽忠，死则为之持服，便可知道。又其一则为南方风气的强悍。赤壁战时，孙权实在没有联合刘备抵抗曹操的必要。所以当时文人持重而顾大局的，如张昭等，都主张迎降。只有周瑜和鲁肃，主张抵抗，和孙权的意见相合。《三国志》载周瑜的话，说曹操名为汉相，实系汉贼，这是劫持众人的门面话，甚或竟是事后附会之谈。东吴的君臣，自始至终，所作所为，何曾有一件事有汉朝在心目之中？说这话要想欺谁？在当时东吴朝廷的空气中，这话何能发生效力？孙权一生最赏识的是周瑜，次之则是鲁肃。孙权当称帝时，说鲁子敬早有此议，鲁肃如此，周瑜可知。为什么要拥戴孙权做皇帝？这个绝无理由，不过是一种倔犟之气，不甘为人下，孙权的自始便要想做皇帝，则更不过是一种不知分量的野心而已。赤壁之战，是天下三分的关键，其事在公元208年，至280年晋灭吴，天下才见统一，因这一种蛮悍的心理，使战祸延长了七十二年。

刘备的嗣子愚弱，所以托孤于诸葛亮。诸葛亮是有志于恢复中原的；而且蜀之国势，非以攻为守，亦无以自立；所以自先主死后，诸葛亮即与吴弃衅言和，连年出兵伐魏。吴则除诸葛恪辅政之时外，多系疆埸小战。曹操自赤壁败后，即改从今安徽方面经略东南。三国时，吴、魏用兵，亦都在这一带，彼此均无大成功。魏文帝本来无甚才略。死后，儿子明帝继立，荒淫奢侈，朝政更坏。其时司马懿屡次带兵在关中和诸葛亮相持，又平定了辽东。明帝死后，子齐王芳年幼，司马懿和曹爽同受遗诏辅政。其初大权为曹爽所专。司马懿托病不出，而暗中运用诡谋，到底把曹爽推翻，大权遂尽入其手。司马懿死后，他的儿子司马师、司马昭相继把持朝局。扬州方面，三次起兵反对司马氏，都无成。蜀自诸葛亮死后，蒋琬、费祎继之，不复能出兵北伐。费祎死后，姜维继之，频年出兵北伐而无功，民力颇为疲敝。后主又信任宦官，政局渐坏。司马昭乘此机会，于263年发兵灭蜀。司马昭死后，他的儿子司马炎继之，于265年篡魏，是为晋武帝。至280年而灭吴统一中国。

第三十三章
晋初的形势

吴、蜀灭亡，天下复归于统一了，然而乱源正潜伏着。这乱源是什么呢？

自后汉以来，政治的纲纪久经废弛，试看第三十一章所述可知。政治上的纲纪若要挽回，最紧要的是以严明之法行督责之术。魏武帝和诸葛亮都是以此而收暂时的效果的。然而一两个严明的政治家，挽不回社会上江河日下的风气，到魏、晋之世，纲纪又复颓败了。试看清谈之风，起于正始，魏齐王芳年号，自公元240年至248年。至晋初而更甚，直绵延至南朝之末可知。所谓清谈，所谈的就是玄学。玄学的内容，请见第十七章。谈玄本不是坏事，以思想论，玄学要比汉代的儒学高明得多。不过学问是学问，事实是事实。因学问而忽视现实问题，在常人尚且不可，何况当时因谈玄而蔑视现实的，有许多是国家的官吏，所抛弃的是政治上的职务？

汉朝人讲道家之学的所崇奉的是黄、老，所讲的是清静不扰，使人民得以各安其生的法术。魏晋以后的人所崇奉的是老、庄，其宗旨为委心任运。

狡黠的讲求趋避之术，养成不负责任之风。懦弱的则逃避现实，以求解除痛苦。颓废的则索性蔑视精神，专求物质上的快乐。到底人是现实主义的多，物质容易使人沉溺，于是奢侈之风大盛。当曹爽执政时，曾引用一班名士。虽因政争失败，未能有所作为，然从零碎的材料看来，他们是有一种改革的计划，而其计划且颇为远大的。如夏侯玄有废郡之议，他指出郡已经是供镇压之用，而不是治民事的，从来讲官制的人，没有这么彻底注重民治的。曹爽等的失败，我们固然很难知其原因所在，然而奢侈无疑的总是其原因之一。代曹爽而起的是司马氏，司马氏是武人，武人是不知义理，亦不知有法度的，一奢侈就可以毫无规范。何曾、石崇等人正是这一个时代的代表。

封建时代用人本来是看重等级的。东周以后，世变日亟，游士渐起而夺贵族之席。秦国在七国中是最能任用游士的，读李斯《谏逐客书》可见。秦始皇灭六国后，仍保持这个政治习惯，所以李斯能做到宰相，得始皇的信任。汉高起自徒步，一时将相大臣，亦多刀笔吏或家贫无行者流，就更不必说了。汉武帝听了董仲舒的话，改革选法，博士、博士弟子、郡国上计之吏和州郡所察举的秀才、孝廉，都从广大的地方和各种不同的阶层中来。其他擢用上书言事的人，以及朝廷和各机关的征辟，亦都是以人才为主的。虽或不免采取虚誉，及引用善于奔走运动的人，究与一阶级中人世据高位者不同。魏晋以降，门阀制度渐次形成，影响及于选举，高位多为贵族所盘踞，起自中下阶层中较有活气的人，参与政治的机会较少，政治自然不免腐败。如上章所述，三国时代，南方士大夫的风气，还是颇为剽悍的。自东晋之初，追溯后汉之末，不过百余年，周瑜、鲁肃、吕蒙、陆逊等人物，未必无有。晋初的周处，即系南人，还很有武烈之风。倘使元帝东渡以后，晋朝能多引用这一班人，则除为国家戡乱以外，更加以民族的敌忾心，必有功效可见。然而大权始终为自北南迁的贵族所把持，使宋武帝一类的人物，直到晋末，才得出现于政治舞台之上，这也是一笔很大的损失。

两汉时儒学盛行。儒学是封建时代的产物，颇笃于君臣之义的。两汉时，此项运动，亦颇收到相当的效果。汉末政治腐败，有兵权的将帅，始终不敢背叛朝廷。说本《后汉书·儒林传论》。以魏武帝的功盖天下，亦始终只敢做周文王，参看《三国志·魏武帝纪》建安十五年《注》引是年十二月己亥令，这句句都是真话。就是为此。司马氏的成功是狡黠而不知义理的军阀得势，《晋书·宣帝纪》说："明帝时，王导侍坐，帝问前世所以得天下，导乃陈帝创业之始，及文帝末高贵乡公事。明帝以面覆床曰：'若如公言，晋祚复安得长远？’”司马氏之说可见。自此风气急变。宋、齐、梁、陈之君亦多是如此。加以运祚短促，自不足以致人忠诚之心。门阀用人之习既成，贵游子弟，出身便做好官，富贵吾所自有，朝代变换，这班人却并不更动，遂至“忠君之念已亡，保家之念弥切”。说本《南史·褚渊传论》。中国人自视其国为天下，国家观念，本不甚发达；五胡乱华，虽然稍稍激起民族主义，尚未能发扬光大；政治上的纲纪，还要靠忠君之义维持，而其颓败又如此，政治自更奄奄无生气了。

秦汉时虽有所谓都尉，调兵和统率之权，是属于太守的。其时所行的是民兵之制，平时并无军队屯聚；一郡的地方大小，亦不足以背叛中央，所以柳宗元说“有叛国而无叛郡”。见其所著《封建论》。自刺史变为州牧而地盘始大；即仍称刺史的，其实权亦与州牧无异；郡守亦有执掌兵权的，遂成尾大不掉之势。晋武帝深知其弊，平吴之后，就下令去刺史的兵权，回复其监察之职。然沿袭既久，人心一时难于骤变。平吴之后，不久内乱即起，中央政府，顾不到各地方，仍藉各州郡自行镇压，外重之势遂成，迄南朝不能尽革。

自秦汉统一之后，国内的兵争既息，用不到人人当兵。若说外征，则因路途窎远，费时失业，人民在经济上的损失太大，于是多用谪发及谪戍。至后汉光武时，省郡国都尉，而民兵之制遂废。第九章中，业经说过了。国家的强弱，固不尽系乎兵，然若多数人民，都受过相当的军事训练，到缓急之际，所表现出来的抵抗力，是不可轻侮的。后汉以来，此条件业经丧失，反因贪一时便利之故，多用降伏的异族为兵，兵权倒持在异族手里，遂成为五胡扰乱的直接原因。

晋初五胡的形势，是如此的：（一）匈奴。散布在并州即今山西省境内。（二）羯。史籍上说是匈奴的别种，以居于上党武乡的羯室而得名的。在今山西辽县。按古书上的种字，不是现在所谓种族之义。古书所谓种或种姓，其意义，与姓氏或氏族相当。羯人有火葬之俗，与氐、羌同，疑系氐、羌与匈奴的混种，其成分且以氐、羌为多。羯室正以羯人居此得名，并非匈奴的一支，因居羯室之地而称羯。（三）鲜卑。《后汉书》说东胡为匈奴所破，余众分保乌丸、鲜卑二山，因以为名。事实上，怕亦是山以部族名的。此二山，当在今蒙古东部苏克苏鲁、索岳尔济一带。乌桓在南，鲜卑在北。汉朝招致乌桓，居于上谷、渔阳、右北平、辽西、辽东塞上，以捍御匈奴。后汉时，北匈奴败亡，鲜卑徙居其地。其酋长檀石槐，曾一时控制今蒙古之地，东接夫余，与高句丽同属貉族。其都城，即今吉林的长春县。西至西域。所以乌丸和中国，较为接近，而鲜卑则据地较广。曹操和袁绍相争时，乌丸多附袁绍。袁氏既灭，曹操袭破之于柳城。汉县，今热河凌源县。乌桓自此式微，而鲜卑则东起辽东，西至今甘肃境内，部族历历散布，成为五胡中人数最多、分布最广的一族。（四）氐。氐人本来是居于武都的，即白马氐之地，今甘肃成县。魏武帝怕被蜀人所利用，把他迁徙到关中。（五）羌。即后汉时叛乱之余。氐、羌都在泾、渭二水流域。当时的五胡大部分是居于塞内的，间或有在塞外的，亦和边塞很为接近。其人亦多散处民间，从事耕织，然犷悍之气未消，而其部族首领，又有野心勃勃，想乘时恢复故业的。一旦啸聚起来，"掩不备之人，收散野之积"，江统《徙戎论》语。其情势，自又非从塞外侵入之比。所以郭钦、江统等要想乘天下初定，用兵力将他们迁回故地。这虽不是民族问题根本解决之方，亦不失为政治上一时措置之策，而晋武帝因循不能用。

第三十四章 五胡之乱（上）

五胡之乱，已经蓄势等待着了，而又有一个八王之乱，八王，谓汝南王亮、楚王玮、赵王伦、齐王冏、长沙王乂、成都王颖、河间王颙、东海王越。做它的导火线。封建亲戚以为屏藩之梦，此时尚未能醒。我们试看：魏武帝于建安十五年十二月己亥下令，说从前朝廷恩封我的几个儿子，我辞而不受，现在想起来，却又要受了，因为执掌政权年久，怕要谋害我的人多，想借此自全之故，就可见得这时候人的思想。魏虽亦有分封之制，但文帝当未做魏世子时，曾和他的兄弟争立，所以猜忌宗室诸王特甚，名为分藩，实同囚禁，绝不能牵掣晋朝的篡弑。晋人有鉴于此，所以得国之后，就大封同姓，体制颇为崇隆，而且各国都有卫兵。晋武帝是文帝的儿子，景帝之后，自然不甘退让。在武帝时，齐王攸颇有觊觎储位之意，似乎也有党附于他的人。然未能有成，惠帝卒立。惠帝是很昏愚的，其初太后父杨骏执政，皇后贾氏和楚王玮合谋，把他杀掉，而用汝南王亮，又把他杀掉，后又杀楚王，旋弑杨太后。

- 司马防
  - 宣帝懿
    - 景帝师——齐献王攸——武闵王冏
    - 文帝昭——武帝炎
      - 惠帝衷
      - 楚隐王玮
      - 长沙厉王乂
      - 成都王颖
    - 汝南文成王亮
    - 赵王伦
  - 安平献王孚——大原烈王瓌——河间王颙
  - 高密文献王泰——东海孝献王越

太子遹非后所生，后亦把他废杀。赵王伦时总宿卫，因人心不服，弑后，遂废惠帝而自立。时齐王冏镇许昌，成都王颖镇邺，今河南临漳县。河间王颙镇关中，连兵攻杀伦。惠帝复位，齐王入洛专政。河间王颙和长沙王乂合谋攻杀之，又和成都王颖合谋，攻杀乂。东海王越合幽、并两州的兵，把河间、成都两王打败，遂弑惠帝而立怀帝。此等扰乱之事，在公元291至306的十六年间。

匈奴单于，自后汉之末失位，入居中国。单于死后，中国分其部众为五，各立酋帅。其中左部最强，中国将其酋帅羁留在邺，以资驾驭，至晋初仍未释放。东海王之兵既起，刘渊说成都王回去合五部之众，来帮他的忙，成都王才释放了他。刘渊至并州，遂自立，是为十六国中的前赵。此时中原之地，盗贼蜂起，刘渊如能力征经营，很可以有所成就。然刘渊是个无甚才略的人，自立之后，遂安居不出。羯人石勒，才略却比较优长。东方群盗，尽为所并。名虽服从前赵，实则形同独立。东海王既定京师，出兵征讨，死于军中，其兵为石勒所追败。晋朝遂成坐困之势。310年，刘渊的族子刘曜攻破洛阳，怀帝被虏。明年，被弑。愍帝立于长安。316年，又被虏。明年，被弑。元帝时督扬州，从下邳迁徙到建业，下邳，今江苏邳县。建业，今南京。东晋后避愍帝讳，改曰建康。自立，是为东晋元帝。此时，在北方，只有幽州刺史王浚、并州刺史刘琨，崎岖和戎狄相持。南方则豫州刺史祖逖，从淮北经略今之豫东，颇有成绩。然王浚本是个狂妄的人，刘琨则窘困太甚，终于不能支持，为石勒所破灭。祖逖因中央和荆州互相猜忌，知道功不能成，愤慨而死，就无能抗拒石勒的人。328年，勒灭前赵。除割据凉州的前凉，辽东、西的前燕外，北方几尽入其手。

南方的情势，是荆州强于扬州。元帝即位之后，要想统一上流的事权，乃派王敦去都督荆州。王敦颇有才能，能把荆州的实权收归掌握，却又和中央互相猜忌。322年，终于决裂。王敦的兵入据京城。元帝忧愤而死。子明帝立，颇有才略。乘王敦病死，把其余党讨平。然明帝在位仅三年。明帝崩，子成帝立，年幼，太后庾氏临朝，后兄庾亮执政，和历阳内史苏峻不协。今安徽和县。苏峻举兵造反，亮奔温峤于寻阳。今江西九江县。温峤是很公忠体国的，邀约荆州刺史陶侃，把苏峻打平。陶侃时已年老，故无跋扈之心。侃死后，庾亮出镇荆州。庾亮死后，其弟庾翼、庾冰继之。此时内外的大权，都在庾氏手里，所以成帝、康帝之世，相安无事。344年，康帝崩，子穆帝立。明年，庾翼死，表请以其子继任，宰相何充不听，而用了桓温。于是上下流之间，又成对立之势了。

石勒死于333年。明年，勒从子虎杀勒子而自立。石虎是个淫暴无人理的，然兵力尚强。庾翼于343年出兵北伐，未能有功。349年，石虎死，诸子争立。汉人冉闵为虎养子，性颇勇悍，把石虎诸子尽行诛灭。闵下令道："与官同心者住，不同心者各任所之。"于是"赵人百里内悉入城"，而"胡、羯去者填门"。闵知胡之不为己用，遂下令大诛胡、羯。单是一个邺中，死者就有二十多万。四方亦都承令执行。胡、羯经此打击，就不能再振了。先是鲜卑慕容廆，兴于辽西，兼并辽东。至其子皝，迁都龙城。今热河朝阳县。慕容氏是远较前、后赵为文明的，地盘既广，兵力亦强。石虎死的前一年，慕容皝死，子儁立，乘北方丧乱，侵入中原。冉闵与战，为其所杀。于是河北之地，尽入于慕容氏。羌酋姚弋仲、氐酋苻洪，其初为后赵所压服的，至此亦乘机自立。苻洪死，子苻健入关。姚弋仲死，其子姚襄降晋，想借晋力以自图发展。晋朝因和桓温互相猜忌，引用了名士殷浩做宰相，想从下流去经略中原。殷浩亦不是没有才能的人，但扬州势成积弱，殷浩出而任事，又没有一个相当的时间以资准备，自然只得就固有的力量加以利用。于是即用姚襄为前锋，反为其所邀击，大败，军资丧失甚众。此事在354年。先是桓温已灭前蜀，至此，遂迫胁朝廷，废掉殷浩，他却出兵北伐，击破了姚襄，恢复洛阳，然亦未能再进。慕容儁死后，子慕容暐继之，虽年幼无知，然有慕容恪辅政，慕容垂带兵，仍有相当的力量。姚襄败后入关，为秦人所杀，弟苌以众降秦。秦苻健死后，子生无道，为苻坚所弑，自立，能任用王猛以修国政，其势尤张。此时的北方，已较难图，所以当后赵、冉闵纷纭争夺之时，晋朝实在坐失了一个恢复中原的机会。

此时燕人频年出兵，以经略河南，洛阳又为所陷。369年，桓温出兵伐燕，大败于枋头。城名，今河南濬县。桓温之意，本来要立些功业，再图篡夺的。至此，自顾北伐已无成功之望，乃于371年入朝，行废立之事。康帝崩，子穆帝立。崩，成帝子哀帝立。崩，弟海西公立。至是为桓温所废，而立元帝子简文帝。温以禅让之意，讽示朝臣。谢安、王坦之当国，持之以静。373年，桓温死。他的兄弟桓冲，是个没有野心的人，把荆州让出，政局乃获暂安。

第三十五章 五胡之乱（下）

东晋时的五胡十六国，实在并不成其为一个国家，所以其根基并不稳固。看似声势雄张，只是没有遇见强敌，一战而败，遂可以至于覆亡。枋头战后，慕容垂因被猜忌出奔。前秦乘机举兵，其明年，前燕竟为所灭。前秦又灭掉前凉，又有统一北方之势，然其根基亦并不是稳固的。此时北方的汉族，因为没有政府的领导，虽有强宗巨室和较有才力的人，能保据一隅，或者潜伏山泽，终产生不出一个强大的政权来，少数的五胡，遂得横行无忌。然他们亦是人各有心，而且野蛮成习，颇难于统驭的。五胡中苟有英明的酋长出来，亦只得希望汉族拥戴他，和他一心，要联合许多异族以制汉族，根本上是没有这回事的。若要专恃本族，而把汉族以外的异族铲除，则（一）因限于实力，（二）则汉族此时，并不肯替此等异族出死力，而此等异族，性本蛮悍，加以志在掠夺，用之为兵，似乎颇为适宜，所以习惯上都是靠他们做主力的军队，尽数剪除，未免削弱兵力，所以其势又办不到。苻坚的政策，是把氐人散布四方，行驻防政策，而将其余被征服的异族置之肘腋之下，以便监制。倘使他的威力，能够始终维持，原亦未为非计。然若一朝失足，则氐人散处四方，不能聚集，无复基本队伍，就糟了。所以当时，苻坚要想伐晋以图混一，他手下的稳健派，如王猛，如其兄弟苻融等，都是反对的。而苻坚志得意满，违众举兵，遂以383年大败于淝水。北方异族，乘机纷纷而起。而慕容垂据河北为后燕，姚苌据关中为后秦。苻坚于385年为姚苌所杀。子丕，族子登，相继自立，至394年，卒为姚苌之子姚兴所灭。此时侵入中原的五胡，已成强弩之末。因为频年攻战，死亡甚多，人口减少，而汉族的同化作用，仍在逐渐进行，战斗力也日益衰弱。其仍居塞外的，却比较气完力厚。此等情势，自公元4世纪末，夏及拓跋魏之兴，至6世纪前半尔朱氏、宇文氏等侵入中原，迄未曾变。自遭冉闵的大屠戮后，胡、羯之势，业已不能复振。只有匈奴铁弗氏，根据地在新兴，今山西忻县。还是一个比较完整的部落。拓跋氏自托于黄帝之后，说其初建国北荒，后来南迁大泽，因其地“昏冥沮洳”，乃再南迁至匈奴故地。自托于黄帝之后，自不足信，其起源发迹之地，该不是骗人的。它大约自西伯利亚迁徙到外蒙古，又逐渐迁徙到内蒙古的。晋初，其根据地在上谷之北，今滦河上源之西。刘琨藉其兵力以御匈奴，畀以雁门关以北之地。拓跋氏就据有平城，东至今察哈尔的西部。这时候，自辽东至今热河东部，都是慕容氏的势力范围。其西为宇文氏，再西就是拓跋氏。慕容氏盛时，宇文氏受其压迫，未能自强，拓跋氏却不然。拓跋氏和匈奴铁弗氏是世仇。苻坚时，拓跋氏内乱，铁弗的酋长刘卫辰引秦兵把他打破。苻坚即使刘卫辰和其族人刘库仁分管其部落。刘库仁是拓跋氏的女婿，反保护其遗裔拓跋珪。其时塞外，从阴山至贺兰山，零星部落极多，拓跋珪年长后，逐渐加以征服，势力复张。刘卫辰为其所灭，其子勃勃奔后秦，姚兴使其守御北边，勃勃遂叛后秦自立。后秦屡为所败，国势益衰。395年，慕容垂之子宝伐后魏，大败于参合陂。今山西阳高县。明年，慕容垂自将伐魏。魏人退出平城，以避其锋。慕容垂入平城，而实无所得。还至参合陂，见前此战败时的尸骸，堆积如山，军中哭声振天，惭愤而死。慕容宝继立。拓跋珪大举来攻，势如排山倒海。慕容宝弃其都城中山，逃到龙城，被弑。少子盛定乱自立，旋亦被弑。弟熙立，因淫虐，为其将冯跋所篡，是为北燕。其宗族慕容德南走广固，今山东益都县西。自立，是为南燕。拓跋珪服寒食散，散发不能治事，不复出兵。北方形势，又暂告安静。

南方当这时候，却产生出一种新势力来。晋朝从东渡以后，长江上流的形势，迄较下流为强，以致内外相持，坐视北方的丧乱而不能乘。当淝水战前六年，谢玄镇广陵，今江苏江都县。才创立一支北府兵，精锐无匹，而刘牢之为这一支军队的领袖。淝水之战，就是倚以制胜的。下流的形势，至此实已较上流为强。东晋孝武帝，是一个昏瞶糊涂的人。始而信任琅邪王道子，后来又猜忌他，使王恭镇京口，今江苏镇江。殷仲堪镇江陵以防之。慕容垂死的一年，孝武帝也死了，子安帝立。398年，王恭、殷仲堪同时举兵。道子嗜酒昏愚，而其世子元显，年少有些才气。使人勾结刘牢之倒戈，王恭被杀。而上流之兵已逼，牢之不肯再战。殷仲堪并不会用兵，军事都是委任南郡相杨佺期的。南郡，治江陵。而桓温的小儿子桓玄在荆州，仍有势力，此时亦在军中。晋朝乃以杨佺期刺雍州，桓玄刺江州，各给了一个地盘，上流之兵才退。后来殷仲堪和杨佺期，都给桓玄所并。402年，元显乘荆州饥馑，举兵伐玄，刘牢之又倒戈，桓玄入京城，元显和道子都被杀。桓玄是个狂妄的人，得志之后，夺掉了刘牢之的兵权，牢之谋反抗，而手下的人不满他的屡次倒戈，不肯服从，牢之自缢而死。桓玄以为天下无事了，就废安帝自立。然刘牢之虽死，北府兵中人物尚多。404年，刘裕等起兵讨玄，玄遂败死。安帝复位。刘裕入居中央，掌握政权，一时的功臣，都分布州郡，南方的形势一变。

409年，刘裕出兵灭南燕。想要停镇下邳，经营河、洛，而后方又有变故。先是399年，孙恩起兵会稽，今浙江绍兴。后为刘牢之及刘裕所破，入海岛而死。其党卢循袭据广州。桓玄不能讨，用为刺史。卢循又以其妹夫徐道覆为始兴相。今广东曲江县。刘裕北伐时，卢循、徐道覆乘机北出，沿江而下，直逼京城。此时情势确甚危急。刘裕速回兵，以疲敝之众，守住京城。卢循、徐道覆不能克，退回上流，为裕所袭败。裕又遣兵从海道袭据广州，把他们打平。刘裕于是剪除异己。至417年，复大举以灭后秦。此时后魏正值中衰；凉州一隅，自前秦亡后，复四分五裂，然其中并无强大之国；氐酋吕光，为苻坚将，定西域。苻坚败后，据姑臧自立，是为后凉。后匈奴酋沮渠蒙逊据张掖叛之，为北凉。汉族李暠据敦煌，为西凉。鲜卑秃发乌孤据乐都为南凉。后凉之地遂分裂。又有鲜卑乞伏国仁，据陇右，为西秦。后凉为后秦所灭。西凉为北凉所灭。南凉为西秦所灭。西秦为夏所灭。北凉为后魏所灭。姑臧，今甘肃武威县。张掖、敦煌，今县皆同名。乐都，今碾伯县。西秦初居勇士川，在今甘肃金县后徙苑川，在今甘肃靖远县。夏虽有剽悍之气，究系偏隅小国；倘使刘裕能在关中驻扎几年，扩清扫荡之效，是可以预期的，则当南北朝分立之初，海内即可有统一之望，以后一百七十年的分裂之祸，可以免除了。然旧时的英雄，大抵未尝学问。个人权势意气之争，重于为国为民之念。以致同时并起，资望相等的人物，往往不能相容，而要互相剪灭，这个实在使人才受到一个很大的损失。刘裕亦是如此，到灭秦时，同起义兵诸人，都已被剪除尽了。手下虽有几个勇将，资格都是相等的，谁亦不能统率谁。而刘裕后方的机要事务，全是交给一个心腹刘穆之的，这时候，刘穆之忽然死了，刘裕放心不下，只得弃关中而归，留一个小儿子义真，以镇守长安。诸将心力不齐，长安遂为夏所陷。刘裕登城北望，流涕而已。内部的矛盾，影响到对外，真可谓深刻极了。420年，刘裕篡晋，是为宋武帝。三年而崩。子少帝立，为宰相徐羡之等所废，迎立其弟文帝。文帝亦是个中主，然无武略，而功臣宿将，亦垂垂向尽。自北府兵创立至此，不足五十年，南方新兴的一种中心势力，复见衰颓。北魏拓跋珪自立，是为道武帝。道武帝末年，势颇不振。子明元帝，亦仅谨守河北。明元帝死，子太武帝立，复强。公元431年，灭夏。436年，灭燕。凉州之地，亦皆为其所吞并。天下遂分为南北朝。

第三十六章 南北朝的始末

南北朝的对立，起于公元420年宋之代晋，终于公元589年隋之灭陈，共一百七十年。其间南北的强弱，以宋文帝的北伐失败及侯景的乱梁为两个重要关键。南朝的治世，只有宋文帝和梁武帝在位时，历时较久。北方的文野，以孝文的南迁为界限，其治乱则以尔朱氏的侵入为关键。自尔朱氏、宇文氏等相继失败后，五胡之族，都力尽而衰，中国就复见盛运了。

宋文帝即位后，把参与废立之谋的徐羡之、傅亮、谢晦等都诛灭。初与其谋而后来反正的檀道济，后亦被杀。于是武帝手里的谋臣勇将，几于靡有孑遗了。历代开国之主，能够戡定大乱、抵御外患的，大抵在政治上、军事上，都有卓绝的天才，此即所谓文武兼资。而其所值的时局，难易各有不同。倘使大难能够及身戡定，则继世者但得守成之主，即可以蒙业而安。如其不然，则非更有文武兼资的人物不可。此等人固不易多得，然人之才力，相去不远，亦不能谓并时必无其人；尤其做一番大事业的人，必有与之相辅之士。倘使政治上无家天下的习惯，开国之主，正可就其中择贤而授，此即儒家禅让的理想，国事实受其益了。无如在政治上，为国为民之义，未能彻底明了，而自封建时代相沿下来的自私其子孙，以及徒效忠于豢养自己的主人的观念，未能打破，而君主时代所谓继承之法，遂因之而立。而权利和意气，都是人所不能不争的，尤其以英雄为甚。同干一番事业的人，遂至不能互相辅助，反要互相残杀，其成功的一个人，传之于其子孙，则都是生长于富贵之中的，好者仅得中主，坏的并不免荒淫昏暴，或者懦弱无用。前人的功业，遂至付诸流水，而国与民亦受其弊。这亦不能不说是文化上的一个病态了。宋初虽失关中，然现在的河南、山东，还是中国之地。宋武帝死后，魏人乘丧南伐，取青、兖、司、豫四州。时青州治广固，兖州治滑台，司州治虎牢，豫州治睢阳。滑台，今河南滑县。虎牢，今河南汜水县。睢阳，今河南商丘县。此时的魏人，还是游牧民族性质，其文化殊不足观，然其新兴的剽悍之气，却亦未可轻视，而文帝失之于轻敌。430年，遣将北伐，魏人敛兵河北以避之，宋朝得了虎牢、滑台而不能继续进取，兵力并不足坚守。至冬，魏人大举南下，所得之地复失。文帝经营累年，至450年，又大举北伐。然兵皆白丁，将非材勇，甫进即退。魏太武帝反乘机南伐，至于瓜步，镇名，今江苏六合县。所过之处，赤地无余，至于燕归巢于林木，元嘉之世，本来称为南朝富庶的时代的，经此一役，就元气大伤了，而北强南弱之势，亦于是乎形成。

公元453年，宋文帝为其子劭所弑。劭弟孝武帝，定乱自立。死后，子前废帝无道，为孝武弟明帝所废。孝武帝和明帝都很猜忌，专以屠戮宗室为务。明帝死后，大权遂为萧道成所窃。荆州的沈攸之和宰相袁粲，先后谋诛之，都不克。明帝子后废帝及顺帝，都为其所废。479年，道成遂篡宋自立，是为齐高帝。在位四年。子武帝，在位十一年。高、武二帝，都很节俭，政治较称清明。武帝太子早卒，立大孙郁林王，为武帝兄子明帝所废。明帝大杀高、武二帝子孙。明帝死后，子东昏侯立。时梁武帝萧衍刺雍州，其兄萧懿刺豫州。梁武帝兄弟本与齐明帝同党。其时江州刺史陈显达造反，东昏侯使宿将崔慧景讨平之。慧景还兵攻帝，势甚危急，萧懿发兵入援，把他打平。东昏侯反把萧懿杀掉，又想削掉萧衍。东昏侯之弟宝融，时镇荆州，东昏侯使就其长史萧颖胄图之。颖胄奉宝融举兵，以梁武帝为前锋。兵至京城，东昏侯为其下所弑。宝融立，是为和帝。旋传位于梁，此事在502年。

梁武帝在位四十八年，其早年政治颇清明。自宋明帝时，和北魏交兵，尽失淮北之地。齐明帝时又失沔北。东昏侯时，因豫州刺史裴叔业降魏，并失淮南。时豫州治寿阳，今安徽寿县。梁武帝时，大破魏兵于锺离，在今安徽凤阳县。恢复了豫州之地。对外的形势，也总算稳定。然梁武性好佛法，晚年刑政殊废弛。又因太子统早卒，不立嫡孙而立次子简文帝为太子，心不自安，使统诸子出刺大郡，又使自己的儿子出刺诸郡，以与之相参。彼此乖离，已经酝酿着一个不安的形势。而北方侯景之乱，又适于此时发作。

北魏太武帝，虽因割据诸国的不振，南朝的无力恢复，侥幸占据了北方，然其根本之地，实在平城，其视中国，不过一片可以榨取利益之地而已。他还不能自视为和中国一体，所以也不再图南侵。因为其所有的，业已不易消化了。反之，平城附近，为其立国根本之地，却不可不严加维护。所以魏太武帝要出兵征伐柔然、高车，且于北边设立六镇，武川，今绥远武川县。抚冥，在武川东。怀朔，在今绥远五原县。怀荒，在今大同东北察哈尔境内。柔玄，在今察哈尔兴和县。御夷，在今察哈尔沽源县。盛简亲贤，配以高门子弟，以厚其兵力。孝文帝是后魏一个杰出人物。他仰慕中国的文化，一意要改革旧俗。但在平城，终觉得环境不甚适宜。乃于公元493年，迁都洛阳。断北语，改姓氏，禁胡服，奖励鲜卑人和汉人通婚，自此以后，鲜卑人就渐和汉人同化了。然其根本上的毛病，即以征服民族自居，视榨取被征服民族以供享用为当然之事，因而日入于骄奢淫逸，这是不能因文明程度的增进而改变的，而且因为环境的不同，其流于骄奢淫逸更易。论者因见历来的游牧民族同化于汉族之后，即要流于骄奢淫逸，以致失其战斗之力，以为这是中国的文明害了它，摹仿了中国的文明，同时亦传染了中国的文明病。其实它们骄奢淫逸的物质条件，是中国人供给它的，骄奢淫逸的意志，却是它们所自有；而这种意志，又是与其侵略事业，同时并存的，因为它们的侵略，就是它们的生产事业。如此，所以像金世宗等，要禁止他的本族人华化，根本是不可能的。因为不华化，就是要一切生活都照旧，那等于只生产而不消费，经济学上最后的目的安在呢？所以以骄奢淫逸而灭亡，殆为野蛮的侵略民族必然的命运。后魏当日，便是如此。孝文帝传子宣武帝至孝明帝。年幼，太后胡氏临朝。荒淫纵恣，把野蛮民族的病态，悉数现出。中原之民，苦于横征暴敛，群起叛乱。而六镇将士，因南迁以后，待遇不如旧时，魏朝又怕兵力衰颓，禁其浮游在外，亦激而生变。有一个部落酋长，唤作尔朱荣，起而加以镇定。尔朱氏是不曾侵入中原的部族，还保持着犷悍之风。胡太后初为其亲信元义等所囚，后和明帝合谋，把他们诛灭。又和明帝不协。明帝召尔朱荣入清君侧，已而又止之。胡太后惧，弑明帝。尔朱荣举兵入洛，杀胡太后而立孝庄帝。其部众既劲健，而其用兵亦颇有天才。中原的叛乱，都给他镇定了。然其人起于塞外，缺乏政治手腕，以为只要靠兵力屠杀，就可以把人压服。当其入洛之日，就想做皇帝，乃纵兵士围杀朝士二千余人。居民惊惧，逃入山中，洛阳只剩得一座空城。尔朱荣无可如何，只得退居晋阳，遥执朝权。然其篡谋仍不息。孝庄帝无拳无勇，乃利用宣传为防御的工具。当尔朱荣篡谋急时，孝庄帝就散布他要进京的消息，百姓就逃走一空，尔朱荣只得自止。到后来，看看终非此等手段所能有济了。530年，乃索性召他入朝。孝庄帝自藏兵器于衣内，把他刺死。其侄儿尔朱兆，举兵弑帝，别立一君。此时尔朱氏的宗族，分居重镇，其势力如日中天。然尔朱兆是个鲁莽之夫，其宗族中人，亦与之不协。532年，其将高欢起兵和尔朱氏相抗。两军相遇于韩陵，山名，在今河南安阳县。论兵力，尔朱氏是远过于高欢，然因其暴虐过甚，高欢手下的人都齐心死战，而尔朱氏却心力不齐，遂至大败。晋阳失陷，尔朱兆逃至秀容川，在今山西朔县。为高欢所掩杀。其余尔朱氏诸人亦都被扑灭。高欢入洛，废尔朱氏所立，而别立孝武帝。高欢身居晋阳，继承了尔朱荣的地位。孝武帝用贺拔岳为关中大行台，图与高欢相抗。高欢使其党秦州刺史侯莫陈悦杀岳。秦州，今甘肃天水县。夏州刺史宇文泰攻杀悦，夏州，今陕西横山县。孝武帝即以泰继岳之任。534年，孝武帝举兵讨欢，高欢亦自晋阳南下，夹河而军，孝武帝不敢战，奔关中，为宇文泰所弑。于是高欢、宇文泰，各立一君，魏遂分为东、西。至550年，而东魏为高欢子洋所篡，是为北齐文宣帝。557年，西魏为宇文泰之子觉所篡，是为北周孝闵帝。

当东、西魏分裂后，高欢、宇文泰曾剧战十余年，彼此都不能逞志，而其患顾中于梁。这时候，北方承剧战之后，兵力颇强，而南方武备久废弛，欲谋恢复，实非其时，而梁武帝年老昏耄，却想乘机侥幸，其祸就不可免了。高欢以547年死。其将侯景，是专管河南的，虽然野蛮粗鲁，在是时北方诸将中，已经算是狡黠的了。高欢死后，其子高澄，嗣为魏相。侯景不服，遂举其所管之地来降。梁武帝使子渊明往援，为魏所败，渊明被擒。侯景逃入梁境，袭据寿阳，梁朝不能制。旋又中魏人反间之计，想牺牲侯景，与魏言和。侯景遂反，进陷台城，南朝之宫城。梁武帝忧愤而崩，时为549年。子简文帝立，551年，为侯景所弑。武帝子湘东王绎即位于江陵，是为元帝。时陈武帝陈霸先自岭南起兵勤王。元帝使其与王僧辩分道东下，把侯景诛灭。先是元帝与诸王互相攻击。郢州的邵陵王纶，郢州，今湖北武昌县。纶，武帝子。湘州的河东王誉，誉、詧皆昭明太子统之子。皆为所并。襄阳的岳阳王詧，则因求救于西魏而得免。至元帝即位后，武陵王纪亦称帝于成都，纪，武帝子。举兵东下。元帝亦求救于西魏，西魏袭陷成都。武陵王前后受敌，遂败死。而元帝又与西魏失和。554年，西魏陷江陵，元帝被害。魏人徙岳阳王詧于江陵，使之称帝，而对魏则称臣，是为西梁。王僧辩、陈霸先立元帝之子方智于建康，是为敬帝。而北齐又送渊明回国，王僧辩战败，遂迎立之。陈霸先讨杀僧辩，奉敬帝复位。557年，遂禅位于陈。这时候，梁朝骨肉相残，各引异族为助，南朝几至不国。幸得陈武帝智勇足备，卓然不屈，才得替汉族保存了江南之地。

陈武帝即位后三年而崩。无子，传兄子文帝。文帝死后，弟宣帝，废其子废帝而代之。文、宣二帝，亦可称中主，但南方当丧乱之余，内部又多反侧，所以不能自振。北方则北齐文宣、武成二帝，均极荒淫。武成帝之子纬，尤为奢纵。而北周武帝，颇能励精图治。至577年，齐遂为周所灭。明年，武帝死，子宣帝立，又荒淫。传位于子静帝，大权遂入后父杨坚之手。581年，坚废静帝自立，是为隋文帝。高齐虽自称是汉族，然其性质实在是胡化了的。隋文帝则勤政恤民，俭于自奉，的确是代表了汉族的文化。自西晋覆亡以来，北方至此才复建立汉人统一的政权。此时南方的陈后主，亦极荒淫。589年，为隋所灭。西梁则前两年已被灭。天下复见统一。

两晋、南北朝之世，是向来被看做黑暗时代的，其实亦不尽然。这一时代，只政治上稍形黑暗，社会的文化，还是依然如故。而且正因时局的动荡，而文化乃得为更大的发展。其中关系最大的，便是黄河流域文明程度最高的地方的民族，分向各方面迁移。《汉书·地理志》叙述楚地的生活情形，还说江南之俗，火耕水耨，果蓏蠃蛤，饮食还足，是故呰窳媮生而无积聚，而《宋书·孔季恭传》叙述荆、扬二州的富力，却是“膏腴上地，亩直一金，鄠、杜之间不能比”；鄠，今陕西鄠县；杜，在今陕西长安县南，汉时农业盛地价高之处。又说：“鱼、盐、杞、梓之利，充仞八方，丝棉、布帛之饶，覆衣天下”，成为全国富力的中心了。三国之世，南方的风气，还是很剽悍的，读第三十二章所述可见。而自东晋以来，此种风气，亦潜移默化。谈玄学佛，成为全国文化的重心，这是最彰明较著的。其他东北至辽东，西南至交阯，莫不有中原民族的足迹，其有裨于增进当地的文化，亦决非浅鲜，不过不如长江流域的显著罢了。还有一层，陶潜的《桃花源诗》，大家当他是预言，其实这怕是实事。自东汉之末，至于南北朝之世，北方有所谓山胡，南方有所谓山越。听了胡、越之名，似乎是异族蛰居山地的，其实不然。试看他们一旦出山，便可和齐民杂居，服兵役，输赋税，绝无隔阂，便可知其实非异族，而系汉族避乱入山的。此等避乱入山的异族，为数既众，历时又久，山地为所开辟，异族为所同化的，不知凡几，真是拓殖史上的无名英雄了。以五胡论：固然有荒淫暴虐，如石虎，齐文宣、武成之流的，实亦以能服从汉族文化的居其多数。石勒在兵戈之际，已颇能引用士人，改良政治。苻坚更不必说。慕容氏兴于边徼，亦是能慕效中国的文明的。至北魏孝文帝，则已举其族而自化于汉族。北周用卢辩、苏绰，创立法制，且有为隋、唐所沿袭的。这时候的异族，除血统之外，几乎已经说不出其和汉族的异点了。一到隋、唐时代，而所谓五胡，便已泯然无迹，良非偶然。

第三十七章 南北朝隋唐间塞外的形势

葱岭以东，西伯利亚以南，后印度半岛以东北，在历史上实自成其为一个区域。这一个区域中，以中国的产业和文化最为发达，自然成为史事的重心。自秦汉至南北朝，我们可以把它看做一个段落，隋唐以后，却又是一个新段落了。这一个新段落中，初期的形势，乃是从五胡侵入中原以后逐渐酝酿而成的，在隋唐兴起以前，实有加以一番检讨的必要。

漠南北之地，对于中国是一个最大的威胁。继匈奴而居其地的为鲜卑。自五胡乱华以来，鲜卑纷纷侵入中国。依旧保持完整的只有一个拓跋氏，然亦不过在平城附近。自此以东，则有宇文氏的遗落奚、契丹，此时部落尚小。其余的地方都空虚了，铁勒乃乘机入据。铁勒，异译亦作敕勒，即汉时的丁令。其根据地，东起贝加尔湖，西沿西域之北，直抵里海。鲜卑侵入中原后，铁勒踵之而入漠北。后魏道武帝之兴，自阴山以西，漠南零星的部落，几于尽被吞并。只有一个柔然不服，为魏太武帝所破，逃至漠北，臣服铁勒，藉其众以抗魏。魏太武帝又出兵把它打破。将降伏的铁勒迁徙到漠南。这一支，历史上特称为高车，其余则仍称铁勒。南北朝末年，柔然又强了。东、西魏和周、齐都竭力敷衍它。后来阿尔泰山附近的突厥强盛。公元552年，柔然为其所破。突厥遂征服漠南北，继承了柔然的地位，依旧受着周、齐的敷衍。

西域对中国，是无甚政治关系的，因为它不能侵略中国，而中国当丧乱之时，亦无暇经营域外之故。两晋、南北朝之世，只有苻坚，曾遣吕光去征伐过一次西域，其余都在平和的状态中。但彼此交通仍不绝。河西一带，商业亦盛，这只要看这一带兼用西域的金银钱可知。西域在这时期，脱离了中国和匈奴的干涉，所以所谓三十六国者，得以互相吞并。到隋、唐时，只剩得高昌、焉耆、龟兹、于阗等几个大国。

东北的文明，大略以辽东、西和汉平朝鲜后所设立的四郡为界线。自此以南，为饱受中国文明的貉族。自此以北，则为未开化的满族，汉时称为挹娄，南北朝、隋、唐时称为勿吉，亦作靺鞨。貉族的势力，在前汉时，曾发展到今吉林省的长春附近，建立一个夫余国。后汉时，屡通朝贡。晋初，为鲜卑慕容氏所破。自此渐归澌灭，而辽东、西以北，乃全入鲜卑和靺鞨之手。貉族则专向朝鲜半岛发展，其中一个部落，唤做高句丽的，自中国对东北实力渐衰，遂形成一个独立国。慕容氏侵入中原后，高句丽尽并辽东之地，侵略且及于辽西。其支族又于其南建立一个百济国。半岛南部的三韩，自秦时即有汉人杂居，谓之秦韩。后亦自立为国，谓之新罗。高句丽最强大，其初新罗、百济，尝联合以御之，后百济转附高句丽，新罗势孤，乃不得不乞援于中国，为隋唐时中国和高句丽、百济构衅的一个原因。

南方海路的交通，益形发达。前后印度及南洋群岛，入贡于中国的很多。中国是时方热心于佛学，高僧往印度求法，和彼土高僧来中国的亦不少。高句丽、百济亦自海道通南朝。日本当后汉时，其大酋始自通于中国。至东晋以后，亦时向南朝通贡，传受了许多文明。侯景乱后，百济贡使到建康来，见城阙荒毁，至于号恸涕泣，可见东北诸国，对我感情的深厚了。据阿剌伯人所著的古旅行记，说公元1世纪后半，西亚的海船，才达到交阯。公元1世纪后半，为后汉光武帝至和帝之时。其后桓帝延熹九年，当公元166年，而大秦王安敦 Marcus Aurelius Antoninus，生于公元121年，即后汉安帝建光六年，没于180年，即后汉灵帝光和三年，遣使自日南徼外通中国，可见这记载的不诬。他又说：公元3世纪中叶，中国商船开始西向，从广州到槟榔屿，4世纪至锡兰，5世纪至亚丁，终至在波斯及美索不达米亚独占商权。到7世纪之末，阿剌伯人才与之代兴。3世纪中叶，当三国之末，7世纪之末，则当唐武后时。这四百五十年之中，可以说是中国人握有东西洋航权的时代了。至于偶尔的交通所及，则还不止此。据《梁书·诸夷传》：倭东北七千余里有文身国，文身国东五千余里有大汉国，大汉国东二万余里有扶桑国。这扶桑国或说它是现在的库页岛，或说它是美洲的墨西哥，以道里方向核之，似乎后说为近。据《梁书》所载：公元499年，其国有沙门慧深来至荆州，又晋时法显著《佛国记》，载其到印度求法之后，自锡兰东归，行三日而遇大风，十三日到一岛，又九十余日而到耶婆提，自耶婆提东北行，一月余，遇黑风暴雨，凡七十余日，折西北行，十二日而抵长广郡。今山东即墨县。章炳麟作《法显发现西半球说》，说他九十余日的东行，实陷入太平洋中。耶婆提当在南美。自此向东，又被黑风吹入大西洋中，超过了中国海岸，折向西北，才得归来。衡以里程及时日，说亦可信。法显的东归，在公元416年，比哥伦布的发现美洲要早1077年了。此等偶然的漂泊，和史事是没有多大关系的，除非将来再有发现，知道美洲的开化，中国文化确占其中重要的成分。此时代的关系：在精神方面，自以印度的佛教为最大；在物质方面，则西南洋一带，香药、宝货和棉布等，输入中国的亦颇多。

第三十八章 隋朝和唐朝的盛世

北朝的君主，有荒淫暴虐的，也有能励精图治的，前一种代表了胡风，后一种代表了汉化。隋文帝是十足的后一种的典型。他勤于政事，又能躬行节俭。在位时，把北朝的苛捐杂税都除掉，而府库充实，仓储到处丰盈，国计的宽余，实为历代所未有。突厥狃于南北朝末年的积习，求索无厌。中国不能满其欲，则拥护高齐的遗族和中国为难。文帝决然定计征伐，大破其兵。又离间其西方的达头可汗和其大可汗沙钵略构衅，突厥由是分为东、西。文帝又以宗女妻其东方的突利可汗。其大可汗都蓝怒，攻突利。突利逃奔中国，中国处之夏、胜二州之间，夏州，在今陕西横山县北。胜州，在今绥远鄂尔多斯左翼后旗黄河西岸。赐号为启民可汗。都蓝死，启民因隋援，尽有其众，臣服于隋。从南北朝末期以来畏服北狄的心理，至此一变。

隋文帝时代，中国政局，确是好转了的。但是文化不能一时急转，所以还不能没有一些曲折。隋文帝的太子勇，是具有胡化的性质的。其次子炀帝，却又具有南朝君主荒淫猜忌的性质。太子因失欢于文帝后独孤氏被废。炀帝立，以洛阳为东都。开通济渠，使其连接邗沟及江南河。帝乘龙舟，往来于洛阳、江都之间。又使裴矩招致西域诸胡，所过之地，都要大营供帐。又诱西突厥献地，设立西海、河源、鄯善、且末四郡，西海郡，当系青海附近之地。河源郡该在其西南。鄯善、且末，皆汉时西域国名，郡当设于其故地。鄯善国在今罗布泊之南。且末国在车尔成河上。谪罪人以实之。又于611、613、614年，三次发兵伐高句丽，天下骚动，乱者四起。炀帝见中原已乱，无心北归，滞留江都，618年，为其下所弑。其时北方的群雄，以河北的窦建德、河南的李密为最大。而唐高祖李渊，以太原留守，于617年起兵，西据关中，又平定河西、陇右，形势最为完固。炀帝死后，其将王世充拥众北归，据洛阳。李密为其所败，降唐。又出关谋叛，为唐将所击斩。唐兵围洛阳，窦建德来救，唐兵大败擒之，世充亦降。南方割据的，以江陵的萧铣为最大，亦为唐所灭。江、淮之间，有陈稜、李子通、沈法兴、杜伏威等，纷纷而起，后皆并于杜伏威，伏威降唐。北边群雄依附突厥的，亦次第破灭。隋亡后约十年，而天下复定。

唐朝自称为西凉李暠之后，近人亦有疑其为胡族的，信否可不必论，民族的特征，乃文化而非血统。唐朝除太宗太子承乾具有胡化的性质，因和此时的文化不相容而被废外，其余指不出一些胡化的性质来，其当认为汉民族无疑了。唐朝开国之君虽为高祖，然其事业，实在大部分是太宗做的。天下既定之后，其哥哥太子建成和兄弟齐王元吉，要想谋害他，为太宗所杀。高祖传位于太宗，遂开出公元627至649的二十三年间的“贞观之治”。历史上记载他的治绩，至于行千里者不赍粮，断死刑岁仅三十九人，这固然是粉饰之谈，然其时天下有丰乐之实，则必不诬的了。隋、唐时的制度，如官制、选举、赋税、兵、刑等，亦都能将前代的制度加以整理，参看第六至第十章可明。

对外的情势，此时亦开一新纪元。突厥因隋末之乱，复强盛，控弦之士至百万。北边崛起的群雄，都尊奉它，唐高祖初起时亦然，突厥益骄。天下既定，赠遗不能满其欲，就连年入寇，甚至一年三四入，北边几千里，无处不被其患。太宗因其饥馑和属部的离叛，于630年，发兵袭击，擒其颉利可汗。突厥的强盛，本来是靠铁勒归附的。此时铁勒诸部，以薛延陀、回鹘为最强。突厥既亡，薛延陀继居其地。644年，太宗又乘其内乱加以剪灭。回鹘徙居其地，事中国颇谨。在西域，则太宗曾用兵于高昌及焉耆、龟兹，以龟兹、于阗、焉耆、疏勒之地为四镇。在西南，则绥服了今青海地方的吐谷浑。西藏之地，隋时始有女国和中国往来。唐时有一个部落，其先该是从印度迁徙到雅鲁藏布江流域的，是为吐蕃。其英主弃宗弄赞，太宗时始和中国交通，尚宗女文成公主，开西藏佛化的先声。太宗又通使于印度。适直其内乱，使者王玄策调吐蕃和泥婆罗的兵，把它打败。而南方海路交通，所至亦甚广。只有高句丽，太宗自将大兵去伐它，仍未能有功。此乃因自晋以来，东北过于空虚，劳师远攻不易之故。直至663、668两年，高宗才乘其内乱，把百济和高句丽先后灭掉。突厥西方的疆域，本来是很广的。其最西的可萨部，已和东罗马相接了。高宗亦因其内乱，把它戡定。分置两个都督府。其所辖的羁縻府、州，西至波斯。唐朝对外的声威，至此可谓达于最高峰了。因国威之遐畅，而我国的文化，和别国的文化，就起了交流互织的作用。东北一隅，自高句丽、百济平后，新罗即大注意于增进文化。日本亦屡遣通唐使，带了许多僧侣和留学生来。朝鲜半岛南部和日本的举国华文化，实在此时。其余波且及于满族。公元7世纪末年，遂有渤海国的建立，一切制度，都以中国为模范。南方虽是佛化盛行之地，然安南在此时，仍为中国的郡县，替中国在南方留了一个文化的据点。西方则大食帝国勃兴于此时，其疆域东至葱岭。大食在文化上实在是继承古希腊，而为欧洲近世的再兴导其先路的。中国和大食，政治上无甚接触，而在文化上则彼此颇有关系。回教的经典和历数等知识，都早经输入中国。就是末尼教和基督教，也是受了回教的压迫，才传播到东方来的。而称为欧洲近世文明之源的印刷术、罗盘针、火药，亦都经中国人直接传入回教国，再经回教国人之手，传入欧洲。

第三十九章 唐朝的中衰

唐朝对外的威力，以高宗时为极盛，然其衰机亦肇于是时。高宗的性质是失之于柔懦的。他即位之初，还能遵守太宗的成规，所以永徽之政，史称其比美贞观。公元655年，高宗惑于才人武氏，废皇后王氏而立之。武后本有政治上的才能，高宗又因风眩之故，委任于她，政权遂渐入其手。高句丽、百济及西突厥虽于此时平定，而吐蕃渐强。吐谷浑为其所破，西域四镇亦被其攻陷，唐朝的外患，于是开始。683年，高宗崩，子中宗立。明年，即为武后所废，徙之房州，今湖北竹山县。立其弟豫王旦。即后来的睿宗。690年，又废之，改国号为周，自称则天皇帝。后以宰相狄仁杰之言，召回中宗，立为太子。705年，宰相张柬之等乘武后卧病，结宿卫将，奉中宗复位。自武后废中宗执掌政权至此，凡二十二年，若并其为皇后时计之，则达五十五年之久。武后虽有才能，可是宅心不正。她是一种只计维持自己的权势地位而不顾大局的政治家。当其握有政权之时，滥用禄位，以收买人心；又任用酷吏，严刑峻法，以威吓异己的人，而防其反动；骄奢淫逸的事情，更不知凡几，以致政治大乱。突厥余众复强，其默啜可汗公然雄踞漠南北，和中国对抗。甚至大举入河北，残数十州县。契丹酋长李尽忠亦一度入犯河北，中国不能讨，幸其为默啜所袭杀，乱乃定。因契丹的反叛，居于营州的靺鞨，营州，今热河朝阳县，为唐时管理东北异族的机关。就逃到东北，建立了一个渤海国。此为满族开化之始，中国对东北的声威，却因此失坠了。设在今朝鲜平壤地方的安东都护府，后亦因此不能维持，而移于辽东。高句丽、百济旧地，遂全入新罗之手。西南方面，西域四镇，虽经恢复，青海方面对吐蕃的战事，却屡次失利。中宗是个昏庸之主，他在房州，虽备尝艰苦，复位之后，却毫无觉悟，并不能铲除武后时的恶势力。皇后韦氏专权，和武后的侄儿子武三思私通，武氏因此复盛。张柬之等反遭贬谪而死。韦后的女儿安乐公主，中宗的婕妤上官婉儿，亦都干乱政治。政界情形的混浊，更甚于武后之时。710年，中宗为韦后所弑。相王旦之子临淄王隆基定乱而立相王，是为睿宗。立隆基为太子。武后的女儿太平公主仍干政，惮太子英明，要想摇动他。幸而未能有成，太平公主被谪，睿宗亦传位于太子，是为玄宗。玄宗用姚崇为相，廓清从武后以来的积弊。又用宋璟及张九龄，亦都称为能持正。自713至741年，史家称为开元之治。末年，突厥复衰乱，744年，乘机灭之；连年和吐蕃苦战，把中宗时所失的河西九曲之地亦收复，国威似乎复振。然自武后以来，荒淫奢侈之习，渐染已深。玄宗初年，虽能在政治上略加整顿，实亦堕入其中而不能自拔。中岁以后，遂渐即怠荒。宠爱杨贵妃，把政事都交给一个奸佞的李林甫。李林甫死后，又用一个善于夤缘的杨国忠。天宝之乱，就无可遏止了。一个团体，积弊深的，往往无可挽回，这大约是历时已久的皇室，必要被推翻的一个原因罢。

唐朝的盛衰，以安史之乱为关键。安史之乱，皇室的腐败只是一个诱因，其根源是别有所在的。（一）唐朝的武功从表面看，虽和汉朝相等，其声威所至，或且超过汉朝，但此乃世运进步使然，以经营域外的实力论，唐朝实非汉朝之比。汉武帝时，攻击匈奴，前后凡数十次；以至征伐大宛，救护乌孙，都是仗自己的实力去摧破强敌。唐朝的征服突厥、薛延陀等，则多因利乘便，且对外多用蕃兵。玄宗时，府兵制度业已废坏，而吐蕃、突厥都强，契丹势亦渐盛。欲图控制、守御，都不得不加重边兵，所谓藩镇，遂兴起于此时，天下势成偏重。（二）胡字本是匈奴的专称，后渐移于一切北族。再后，又因文化的异同易混，种族的外观难改，遂移为西域白种人的专称。详见拙著《胡考》，在《燕石札记》中，商务印书馆本。西域人的文明程度，远较北族为高。他们和中国，没有直接的政治关系，所以不受注意。然虽无直接的政治关系，间接的政治关系却是有的，而且其作用颇大。从来北族的盛衰，往往和西胡有关涉。冉闵大诛胡、羯时，史称高鼻多须，颇有滥死，可见此时之胡，已非尽匈奴人。拓跋魏占据北方后，有一个盖吴，起而与之相抗，一时声势很盛，盖吴实在是个胡人。事在公元446年，即宋文帝元嘉二十三年，魏太武帝太平真君七年。见《魏书・本纪》和《宋书・索虏传》。唐玄宗时，北边有康待宾、康愿子相继造反，牵动颇广，事在公元721、722年，即玄宗开元九年、十年。康亦是西域姓。突厥颉利的衰亡，史称其信任诸胡，疏远宗族，后来回鹘的灭亡亦然，可见他们的沉溺于物质的享受，以致渐失其武健之风，还不尽由于中国的渐染。从反面看，就知道他们的进于盛强，如物质文明的进步，政治、军事组织的改良等，亦必有受教于西胡的了。唐朝对待被征服的异族，亦和汉朝不同。汉朝多使之入居塞内，唐朝则仍留之于塞外，而设立都护府或都督府去管理它。所以唐朝所征服的异族虽多，未曾引起像五胡乱华一般的杂居内地的异族之患。然环伺塞外的异族既多，当其种类昌炽，而中国政治力量减退时，就不免有被其侵入的危险了。唐末的沙陀，五代时的契丹，其侵入中国，实在都是这一种性质，而安史之乱，就是一个先期的警告。安禄山，《唐书》说他是营州柳城胡。他本姓康，随母嫁虏将安延偃，因冒姓安。安、康都是西域姓。史思明，《唐书》虽说他是突厥种，然其状貌，“鸢肩伛背，廞目侧鼻”，怕亦是一个混血儿。安禄山和史思明都能通六蕃译，为互市郎，可见其兼具西胡和北族两种性质。任用蕃将，本是唐朝的习惯，安禄山遂以一身而兼做了范阳、平卢两镇的节度使。平卢军，治营州。范阳军，治幽州，今北平。此时安禄山的主要任务，为镇压奚、契丹，他就收用其壮士，名之曰曳落河。其军队在当时藩镇之中，大约最为剽悍。目睹玄宗晚年政治腐败，内地守备空虚，遂起觊觎之念。并又求为河东节度使。755年，自范阳举兵反。不一月而河北失陷，河南继之，潼关亦不守，玄宗逃向成都。于路留太子讨贼，太子西北走向灵武，灵州，治今宁夏灵武县。即位，是为肃宗。安禄山虽有强兵，却无政治方略，诸将亦都有勇无谋，既得长安之后，不能再行进取。朔方节度使郭子仪，朔方军，治灵州。乃得先平河东，就借回鹘的兵力，收复两京。长安、洛阳。安禄山为其子庆绪所杀。九节度之师围庆绪于邺。因号令不一，久而无功。史思明既降复叛，自范阳来救，九节度之师大溃。思明杀庆绪，复陷东京。李光弼与之相持。思明又为其子朝义所杀。唐朝乃得再借回鹘之力，将其打平。此事在762年。其时肃宗已死，是代宗的元年了。安史之乱首尾不过八年，然对外的威力自此大衰，内治亦陷于紊乱，唐朝就日入于衰运了。

第四十章
唐朝的衰亡和沙陀的侵入

自从公元755年安史之乱起，直到公元907年朱全忠篡位为止，唐朝一共还有了一百五十二年的天下。在这一个时期中，表面上还维持着统一，对外的威风亦未至于全然失坠，然而自大体言之，则终于日入于衰乱而不能够复振了。

因安史之乱而直接引起的，是藩镇的跋扈。唐朝此时兵力不足，平定安史，颇藉回鹘的助力。铁勒仆骨部人仆固怀恩，于引用回鹘颇有功劳，亦有相当的战功。军事是要威克厥爱的，一个战将，没有人能够使之畏服，便不免要流于骄横，何况他还是一个蕃将呢？他要养寇自重，于是昭义、成德、天雄、卢龙诸镇，昭义军，治相州，今河南安阳县。成德军，治恒州，今河北正定县。天雄军，治魏州，今河北大名县。卢龙军，即范阳军。均为安、史遗孽所据，名义上虽投降朝廷，实则不奉朝廷的命令。唐朝自己所设的节度使，也有想学他们的样子，而且有和他们互相结托的。次之则为外患的复兴。自玄宗再灭突厥后，回鹘占据其地。因有助平安、史之功，骄横不堪。

而吐蕃亦乘中国守备空虚，尽陷河西、陇右，患遂中于京畿。又云南的南诏，诏为蛮语王之称，当时，今云南、西康境有六诏：曰蒙巂诏，在今西康西昌县。曰越析诏，亦称磨些诏，在今云南丽江县。曰浪穹诏，在今云南洱源县。曰邆赕诏，在今云南邓川县。曰施浪诏，在洱源县之东。曰蒙舍诏，在今云南蒙化县。地居最南，亦称南诏。余五诏皆为所并。天宝时，杨国忠与之构兵，南诏遂投降吐蕃，共为边患，患又中于西川。

公元779年，代宗崩，子德宗立，颇思振作。此时昭义已为天雄所并，卢龙亦因易帅恭顺朝廷，德宗遂因成德的不肯受代，发兵攻讨。成德和天雄、平卢连兵拒命。山南东道治襄州，今湖北襄阳县。亦叛与相应，德宗命淮西军讨平之。淮西军，治蔡州，今河南汝南县。攻三镇未克，而淮西、卢龙复叛，再发泾原兵东讨。泾原军，治泾州，今甘肃泾川县。过京师，因赏赐菲薄作乱。德宗出奔奉天。唐县，今山西武功县。乱军奉朱泚为主，大举进攻。幸得浑瑊力战，河中李怀光入援，河中军，治蒲州，今山西永济县。奉天才未被攻破。而李怀光因和宰相卢杞不合，又反。德宗再逃到梁州，今陕西南郑县。听了陆贽的话，赦诸镇的罪，专讨朱泚，才得将京城收复。旋又打平了河中。然其余的事，就只好置诸不问了。德宗因屡遭叛变，不敢相信臣下。回京之后，使宦官带领神策军。这时候，神策军饷糈优厚，诸将多自愿隶属，兵数骤增至十五万，宦官就从此握权。805年，德宗崩，子顺宗立。顺宗在东宫时，即深知宦官之弊。即位后，用东宫旧臣王叔文等，想要除去宦官。然顺宗在位仅八个月，即传位于子宪宗，王叔文等都遭斥逐，其系为宦官所逼，不言而喻了。宪宗任用裴度，削平了淮西，河北三镇亦惧而听命，实为中央挽回威信的一个良机。然宪宗死后，穆宗即位，宰相以为河北已无问题，对善后事宜，失于措置，河北三镇，遂至复叛，终唐之世，不能削平了。穆宗崩，敬宗立，为宦官刘克明所弑。宦官王守澄讨贼而立文宗。文宗初用宋申锡为宰相，与之谋诛宦官，不克。后又不次擢用李训、郑注，把王守澄毒死。郑注出镇凤翔，凤翔军，治凤翔府，今陕西凤翔县。想选精兵进京送王守澄葬，因此把宦官尽数杀掉。不知何故，李训在京城里，又诈称某处有甘露降，想派宦官往看，因而杀掉他们。事机不密，反为宦官所杀。郑注在凤翔，亦被监军杀掉。文宗自此受制于宦官，几同傀儡。相传这时候，有一个翰林学士，唤做崔慎由，曾缘夜被召入宫，有一班宦官，以仇士良为首，诈传皇太后的意旨，要他拟废掉文宗的诏书。崔慎由誓死不肯，宦官默然良久，乃开了后门，把崔慎由引到一个小殿里。文宗正在殿上，宦官就当面数说他，文宗低头不敢开口。宦官道：“不是为了学士，你就不能再坐这宝位了。”于是放崔慎由出宫，叮嘱他不许泄漏，泄漏了是要祸及宗族的。崔慎由虽然不敢泄漏，却把这件事情密记下来，临死时交给他的儿子。他的儿子便是唐末的宰相崔胤。文宗死后，弟武宗靠着仇士良之力，杀太子而自立。武宗能任用李德裕，政治尚称清明。宣宗立，尤能勤于政事，人称之为小太宗。然于宦官，亦都无可如何。宣宗死后，子懿宗立。886年，徐、泗卒戍桂州者作乱，徐州，今江苏铜山县。泗州，今安徽泗县。桂州，今广西桂林县。用沙陀兵讨平之，沙陀入据中原之祸，遂于是乎开始。

唐朝中叶后的外患，最严重的是回鹘、吐蕃，次之则南诏。南诏的归服吐蕃，本出于不得已，吐蕃待之亦甚酷。9世纪初，韦皋为西川节度使，乃与之言和，共击吐蕃，西南的边患，才算解除。西川军，治成都，今四川成都县。后来南诏仍有犯西川之事，并曾侵犯安南，但其性质，不如和吐蕃结合时严重。840年，回鹘为黠戛斯所破，遽尔崩溃。吐蕃旋亦内乱。849年，中国遂克复河、湟，河西之地亦来归。三垂的外患，都算靠天幸解除了。然自身的纲纪不振，沙陀突厥遂至能以一个残破的部落而横行中国。

沙陀是西突厥的别部，名为处月。朱邪，即处月之异译。西突厥亡后，依北庭都护府以居。今新疆迪化县。其地有大碛名沙陀，故称为沙陀突厥。河西、陇右既陷，安西、北庭，安西都护府，治龟兹。朝贡路绝，假道回鹘，才得通到长安。回鹘因此需索无厌。沙陀苦之，密引吐蕃陷北庭。久之，吐蕃又疑其暗通回鹘，想把它迁到河外。沙陀乃又投奔中国。吐蕃追之，且战且走。三万部落之众，只剩得两千到灵州。节度使范希朝以闻，诏处其众于盐州。今宁夏盐池县北。后来范希朝移镇河东，治太原府，今山西太原县。沙陀又随往，居于现在山阴县北的黄瓜堆。希朝简其精锐的为沙陀军。沙陀虽号称突厥，其形状，据史籍所载，亦是属于白种人的。既定徐、泗之乱，其酋长朱邪赤心，赐姓名为李国昌，镇守大同，治云州，今山西大同县。就有了一个地盘了。873年，懿宗崩，子僖宗立。年幼，信任宦官田令孜。时山东连年荒歉。875年，王仙芝起兵作乱，黄巢聚众应之。后来仙芝被杀，而黄巢到处流窜。从现在的河南打到湖北，沿江东下，经浙东入福建，到广东。再从湖南、江西、安徽打回河南，攻破潼关。田令孜挟僖宗走西川。黄巢遂入长安，时为880年。当黄巢横行时，藩镇都坐视不肯出兵剿讨。京城失陷之后，各路的援兵又不肯进攻。不得已，就只好再借重沙陀。先是李国昌移镇振武，治单于都护府。今绥远和林格尔县。其子李克用叛据大同，为幽州兵所败，父子都逃入鞑靼。居阴山。这时候，国昌已死，朝廷乃赦李克用的罪，召他回来。打败黄巢，收复长安。李克用镇守河东，沙陀的根据地更深入腹地了。

黄巢既败，东走攻蔡州。蔡州节度使秦宗权降之。后来黄巢被李克用追击，为其下所杀，而宗权转横，其残虐较黄巢为更甚。河南、山东被其剽掠之处，几于无复人烟。朝廷之上，宦官依然专横。关内一道，亦均为军人所盘踞。其中华州的韩建，邠州的王行瑜，镇国军，治华州，今陕西华县。邠宁军，治邠州，今陕西邠县。凤翔的李茂贞，尤为跋扈，动辄违抗命令，胁迫朝廷，遂更授沙陀以干涉的机会。

在此情势之下，汉民族有一个英雄，能够和沙陀抵抗的，那便是朱全忠。全忠本名温，是黄巢的将，巢败后降唐，为宣武节度使。治汴州，今河南开封县。初年兵力甚弱，而全忠智勇足备，先扑灭了秦宗权，渐并今河南，山东之地，又南取徐州。北服河北三镇。西并河中，取义武，义武军，治定州，今河北定县。又取泽、潞泽州，今山西晋城县。潞州，今山西长子县。及邢、洺、磁诸州。邢州，今河北邢台县。洺州，今河北永年县。磁州，今河北磁县。河东的形势，就处于其包围之中了。僖宗死于888年，弟昭宗立，颇为英武。然其时的事势，业已不能有为。此时朝廷为关内诸镇所逼，大都靠河东解围。然李克用是个无谋略的人，想不到挟天子以令诸侯。虽然击杀了一个王行瑜，关内的问题还是不能解决。朱全忠其初是不问中央的事务，一味扩充自己的实力的。到10世纪初年，全忠的势力已经远超出乎李克用之上了。唐朝的宰相崔胤，乃结合了他，以谋宦官。宦官见事急，挟昭宗走凤翔。全忠围凤翔经年，李茂贞不能抗，只得把皇帝送出，同朱全忠讲和。昭宗回到京城，就把宦官悉行诛灭。唐朝中叶后的痼疾，不是藩镇，实在是宦官。因为唐朝的藩镇，并没有敢公然背叛，或者互相攻击，不过据土自专，更代之际，不听命令而已。而且始终如此的，还不过河北三镇。倘使朝廷能够振作，实在未尝不可削平。而唐朝中叶后的君主，如顺宗、文宗、武宗、宣宗、昭宗等，又都未尝不可与有为。其始终不能有为，则全是因被宦官把持之故。事势至此，已非用兵力铲除，不能有别的路走了。一个集团，当其恶贯满盈，走向灭亡之路时，在它自己，亦是无法拔出泥淖的。

宦官既亡，唐朝亦与之同尽。公元903年，朱全忠迁帝于洛阳，弑之而立其子昭宣帝。至907年，遂废之而自立，是为梁太祖。此时海内割据的：淮南有杨行密，是为吴。两浙有钱镠，是为吴越。湖南有马殷，是为楚。福建有王审知，是为闽。岭南有刘岩，是为南汉。剑南有王建，是为前蜀。遂入于五代十国之世。

第四十一章 五代十国的兴亡和契丹的侵入

凡内争，是无有不引起外患的，沙陀的侵入，就是一个例。但沙陀是整个部族侵入中国的，正和五胡一样。过了几代之后，和汉族同化了，它的命运也就完了。若在中国境外，立有一国，以国家的资格侵入，侵入之后，其本国依然存在的，则其情形自又不同。自公元840年顷回鹘崩溃后，漠南北遂无强部，约历七十年而契丹兴。契丹，大约是宇文氏的遗落。其居中国塞外，实已甚久。但当6世纪初，曾遭到北齐的一次袭击，休养生息，到隋时元气才渐复。7世纪末，又因李尽忠的反叛而大遭破坏。其后又和安禄山相斗争，虽然契丹也曾打过一两次胜仗，然其不得安息，总是实在的。唐朝管理东北方最重要的机关是营州都督府，中叶后业已不能维持其威力，但契丹仍时时受到幽州的干涉，所以它要到唐末才能够兴起。契丹之众，是分为八部的。每部有一个大人。八个大人之中，公推一人司旗鼓。到年久了，或者国有疾疫而畜牧衰，则另推一个大人替代。它亦有一个共主，始而是大贺氏，后来是遥辇氏，似乎仅有一个虚名。它各部落间的连结，大概是很薄弱的，要遇到战斗的事情，才能互相结合，这或者也是它兴起较晚的一个原因。内乱是招引外族侵入中国的，又是驱逐本国人流移到外国去的。这种事情，在历史上已经不知有过若干次。大抵（一）外国的文明程度低而人数少，而我们移植的人数相当多时，可以把它们完全同化。（二）在人数上我们比较很少，而文明程度相去悬绝时，移殖的人民，就可在它们的部落中做蛮夷大长。（三）若它们亦有相当的程度，智识技术上，虽然要请教于我，政治和社会的组织，却决不容以客族侵入而握有权柄的，则我们移殖的人民，只能供它们之用，甚至造成了它们的强盛，而我们传授给它的智识技术，适成为其反噬之用。时间是进步的良友。一样的正史四裔传中的部族，名称未变，或者名称虽异而统系可寻，在后一代，总要比前一代进步些。所以在前代，中国人的移殖属于前两型的居多，到近世，就多属于后一种了，这是不可以不懔然的，而契丹就是一个适例。契丹太祖耶律阿保机，据《五代史》说，亦是八部大人之一。当公元10世纪之初，幽州刘守光暴虐，中国人逃出塞的很多。契丹太祖都把他招致了去，好好的抚慰他们，因而跟他们学得了许多知识，经济上和政治组织上，都有进步了。就以计诱杀八部大人，不再受代。公元916年，并废遥辇氏而自立。这时候，漠南北绝无强部，他遂得纵横如意。东北灭渤海，服室韦，西南服党项、吐谷浑，直至河西回鹘。《辽史》中所列，他的属国，有四五十部之多。

梁太祖的私德，是有些缺点的，所以从前的史家，对他的批评，多不大好。然而私德只是私德，社会的情形复杂了，论人的标准，自亦随之而复杂，政治和道德、伦理，岂能并为一谈？就篡弑，也是历代英雄的公罪，岂能偏责一人？老实说：当大局阽危之际，只要能保护国家、抗御外族、拯救人民的，就是有功的政治家。当一个政治家要尽他为国为民的责任，而前代的皇室成为其障碍物时，岂能守小信而忘大义？在唐、五代之际，梁太祖确是能定乱和恤民的，而历来论者，多视为罪大恶极，甚有反偏袒后唐的，那就未免不知民族的大义了。惜乎天不假年，梁太祖篡位后仅六年而遇弑。末帝定乱自立，柔懦无能，而李克用死后，其子存勖袭位，颇有英锐之气。梁、晋战争，梁多不利。河北三镇及义武，复入于晋。923年，两军相持于郓州，今山东东平县。晋人乘梁重兵都在河外，以奇兵径袭大梁，末帝自杀，梁亡。存勖是时已改国号为唐，于是定都洛阳，是为后唐庄宗。中原之地，遂为沙陀所占据。后唐庄宗，本来是个野蛮人，灭梁之后，自然志得意满。于是纵情声色，宠爱伶人，听信宦官，政治大乱。925年，使宰相郭崇韬傅其子魏王继岌伐前蜀，把前蜀灭掉。而刘皇后听了宦官的话，疑心郭崇韬要不利于魏王，自己下命令给魏王，叫他把郭崇韬杀掉。于是人心惶骇，谣言四起。天雄军据邺都作乱。庄宗派李克用的养子李嗣源去征伐。李嗣源的军队也反了，胁迫李嗣源进了邺城。嗣源用计，得以脱身而出。旋又听了女婿石敬瑭的话，举兵造反。庄宗为伶人所弑。嗣源立，是为明宗。明宗年事较长，经验亦较多，所以较为安静。933年，明宗死，养子从厚立，是为闵帝。时石敬瑭镇河东，明宗养子从珂镇凤翔，闵帝要把他们调动，从珂举兵反。闵帝派出去的兵，都倒戈投降。闵帝出奔被杀。从珂立，是为废帝。又要调动石敬瑭，敬瑭又反。废帝鉴于闵帝的失败，是预备了一个不倒戈的张敬达，然后发动的，就把石敬瑭围困起来。敬瑭乃派人到契丹去求救，许割燕、云十六州之地。幽州、云州已见前。蓟州，今河北蓟县。瀛洲，今河北河间县。莫州，今河北肃宁县。涿州，今河北涿县。檀州，今河北密云县。顺州，今河北顺义县。新州，今察哈尔涿鹿县。妫州，今察哈尔怀来县。儒州，今察哈尔延庆县。武州，今察哈尔宣化县。应州，今山西应县。寰州，今山西马邑县。朔州，今山西朔县。蔚州，今察哈尔蔚县。他手下的刘知远劝他：只要赂以金帛，就可如愿，不可许割土地，以遗后患。敬瑭不听。此时契丹太祖已死，次子太宗在位，举兵南下，反把张敬达围困起来，废帝不能救。契丹太宗和石敬瑭南下，废帝自焚死。敬瑭定都于大梁，是为晋高祖，称臣割地于契丹。942年，晋高祖死，兄子重贵立，是为出帝。听了侍卫景延广的话，对契丹不复称臣，交涉亦改强硬态度。此时契丹已改国号为辽。辽兵南下，战事亦互有胜负。但石晋国力疲敝，而勾通外敌，觊觎大位之例已开，即不能禁人的不效尤。于是晋将杜重威降辽，辽人入大梁，执出帝而去，时在946年。辽太宗是个粗人，不懂得政治的。既入大梁，便派人到各地方搜括财帛，又多派他的亲信到各地方去做刺史，汉奸附之以虐民。辽人的行军，本来是不带粮饷的，大军中另有一支军队，随处剽掠以自给，谓之打草谷军，入中国后还是如此。于是反抗者四起。辽太宗无如之何，只得弃汴梁而去，未出中国境而死。太宗本太祖次子，因皇后述律氏的偏爱而立。其兄突欲，汉名倍。定渤海后封于其地，谓之东丹王。东丹王奔后唐，辽太宗入中国时，为晋人所杀，述律后第三子李胡，较太宗更为粗暴，辽人怕述律后要立他，就军中拥戴了东丹王的儿子，是为世宗。李胡兴兵拒战，败绩。世宗在位仅四年，太宗之子穆宗继立，沉湎于酒，政治大乱，北边的风云，遂暂告宁静。此时侵入中国的，幸而是辽太宗，倘使是辽太祖，怕就没有这么容易退出去了。

契丹虽然退出，中原的政权，却仍落沙陀人之手。刘知远入大梁称帝，是为后汉高祖。未几而死，子隐帝立。950年，为郭威所篡，是为后周太祖。中原的政权，始复归于汉人。后汉高祖之弟旻，自立于太原，称侄于辽，是为北汉，亦称东汉。后周太祖立四年而死，养子世宗立。北汉乘丧来伐，世宗大败之于高平。今山西高平县。先是吴杨行密之后，为其臣李昪所篡，改国号为唐，是为南唐。并有江西之地，疆域颇广。而后唐庄宗死后，西川节度使孟知祥攻并东川而自立，是为后蜀。李昪之子璟，乘闽、楚之衰，将其吞并，意颇自负；孟知祥之子昶，则是一个昏愚狂妄之人，都想交结契丹，以图中原，世宗要想恢复燕、云，就不得不先膺惩这两国。唐代藩镇之弊，总括起来，是“地擅于将，将擅于兵”八个字。一地方的兵甲、财赋，固为节度使所专，中央不能过问。节度使更代之际，也至少无全权过问，或竟全不能过问。然节度使对于其境内之事，亦未必能全权措置，至少是要顾到其将校的意见，或遵循其军中的习惯的。尤其当更代之际，无论是亲子弟，或是资格相当的人，也必须要得到军中的拥戴，否则就有被杀或被逐的危险。节度使如失众心，亦会为其下所杀。又有野心的人，煽动军队，饵以重赏，推翻节度使而代之的。此等军队，真乃所谓骄兵。凡兵骄，则对外必不能作战，而内部则被其把持，一事不可为，甚且纲纪全无，变乱时作。唐中叶以后的藩镇，所以坐视寇盗的纵横而不能出击；明知强邻的见逼，也只得束手坐待其吞并；一遇强敌，其军队即土崩瓦解，其最大的原因，实在于此。这是非加以彻底的整顿，不足以有为的。周世宗本就深知其弊，到高平之战，军队又有兵刃未接，而望风解甲的，乃益知其情势的危险。于是将禁军大加裁汰，又令诸州募兵，将精强的送至京师，其军队乃焕然改观，而其政治的清明，亦足以与之相配合，于是国势骤张。先伐败后蜀，又伐南唐，尽取江北之地。959年，遂举兵伐辽，恢复了瀛、莫、易三州，直逼幽州。此时正直契丹中衰之际，倘使周世宗不死，燕、云十六州，是很有恢复的希望的，以后的历史，就全然改观了。惜乎世宗在途中遇疾，只得还军，未几就死了。嗣子幼弱，明年，遂为宋太祖所篡。

宋太祖的才略，亦和周世宗不相上下，或者还要稳健些。他大约知道契丹是大敌，燕、云一时不易取，即使取到了，也非有很重的兵力不能守的，而这时候割据诸国，非弱即乱，取之颇易，所以要先平定了国内，然后厚集其力以对外。

从梁亡后，其将高季兴据荆、归、峡三州自立，荆州，今湖北江陵县。归州，今湖北秭归县。峡州，今湖北西陵县。是为南平。而楚虽为唐所灭，朗州亦旋即独立。朗州，今湖南常德县。962年宋太祖因朗州和衡州相攻击，衡州，今湖南衡山县。遣人来求救，遣兵假道南平前往，把南平和朗州都破掉。衡州先已为朗州所破。956年，遣兵灭后蜀。971年，遣兵灭南汉。975年，遣兵灭南唐。是年，太祖崩，弟太宗立。976年，吴越纳土归降。明年，太宗遂大举灭北汉。于是中国复见统一。自907年朱梁篡唐至此，共计72年。若从880年僖宗奔蜀，唐朝的中央政权实际崩溃算起，则适得一百年。

第四十二章
唐宋时代中国文化的转变

两个民族的竞争，不单是政治上的事。虽然前代的竞争，不像现代要动员全国的人力和物力，然一国政治上的趋向，无形中总是受整个社会文化的指导的。所以某一民族，在某一时代中，适宜于竞争与否，就要看这一个民族，在这一个时代中文化的趋向。

在历史上，最威胁中国的是北族。它们和中国人的接触，始于公元前4世纪秦、赵、燕诸国与北方的骑寇相遇，至6世纪之末五胡全被中国同化而告终结，历时约一千年。其第二批和中国的交涉，起于4世纪后半铁勒侵入漠南北，至10世纪前半沙陀失却在中国的政权为止，历时约六百年。从此以后，塞外开发的气运，暂向东北，辽、金、元、清相继而兴。其事起于10世纪初契丹的盛强，终于1911年中国的革命。将来的史家，亦许要把它算到现在的东北问题实际解决时为止，然为期亦必不远了。这一期总算起来，为时亦历千余年。这三大批北族，其逐渐移入中国，而为中国人所同化，前后相同。惟第一二期，是以被征服的形式移入的，至第三期，则系以征服的形式侵入。

经过五胡和沙陀之乱，中国也可谓受到相当的创痛了。但是以中国之大，安能不把这个看做很大的问题？在当时中国人的眼光里，北族的侵入，还只是治化的缺陷，只要从根本上把中国整顿好了，所谓夷狄，自然不成问题。这时代先知先觉者的眼光，还是全副注重于内部，民族的利害冲突，虽不能说没有感觉，民族主义却未能因此而发皇。

虽然如此，在唐、宋之间，中国的文化，也确是有一个转变的。这个转变是怎样呢？

中国的文化，截至近世受西洋文化的影响以前，可以分做三个时期：第一期为先秦、两汉时代的诸子之学。第二期为魏、晋、南北朝、隋、唐时代的玄学和佛学。第三期为宋、元、明时代的理学。这三期，恰是一个正、反、合。

怎样说这三期的文化，是一个辩证法的进化呢？原来先秦时代的学术，是注重于矫正社会的病态的，所谓“拨乱世，反之正”，实不仅儒家，而为各家通有的思想。参看第五、第十七两章自明。王莽变法失败以后，大家认为此路不通，而此等议论，渐趋消沉。魏晋以后，文化乃渐转向，不向社会而向个人方面求解决。他们所讨论的，不是社会的组织如何，使人生于其间，能够获得乐利，可以做个好人，而是人性究竟如何？是好的？是坏的？用何法，把坏人改做好人，使许多好人聚集，而好的社会得以实现？这种动机，确和佛教相契。在这一千年中，传统的儒家，仅仅从事于笺疏，较有思想的人，都走入玄学和佛学一路，就是其明证。但其结果却是怎样呢？显然的，从个人方面着想，所能改良的，只有极小一部分，合全体而观之，依然无济于事。而其改善个人之法，推求到深刻之处，就不能不偏重于内心。工夫用在内心上的多，用在外务上的，自然少了。他们既把社会看做各个分子所构成，社会的好坏，原因在于个人的好坏，而个人的好坏，则源于其内心的好坏；如此，社会上一切问题，自然都不是根本。而他们的所谓好，则实和此世界上的生活不相容，所以他们最彻底的思想，是要消灭这一个世界。明知此路不通，则又一转变而认为现在的世界就是佛国；只要心上觉悟，一切行为虽和俗人一样，也就是圣人。这么一来，社会已经是好的了，根本用不着改良。这两种见解，都是和常识不相容的，都是和生活不相合的。凡是和生活不相合的，凭你说得如何天花乱坠，总只是他们所谓“戏论”，总要给大多数在常识中生活的人所反对的，而事情一到和大多数人的生活相矛盾，就是它的致命伤。物极必反，到唐朝佛学极盛时，此项矛盾，业经开始发展了，于是有韩愈的辟佛。他的议论很粗浅，不过在常识范围中批评佛说而已，到宋儒，才在哲学上取得一个立足点。这话在第十七章中，亦经说过。宋学从第11世纪的中叶起，到第17世纪的中叶止，支配中国的思想界，约六百年。他们仍把社会看做是各分子所构成的，仍以改良个人为改良社会之本；要改良个人，还是注重在内心上，这些和佛学并无疑异。所不同的，则佛家认世界的现状，根本是坏的，若其所谓好的世界而获实现，则现社会的组织，必彻底被破坏，宋学则认现社会的组织，根本是合理的，只因为人不能在此组织中，各处于其所当处的地位，各尽其所应尽的责任，以致不好。而其所认为合理的组织，则是一套封建社会和农业社会中的道德、伦理和政治制度。在商业兴起，广大的分工合作日日在扩充，每一个地方自给自足的规模，业已破坏净尽，含有自给自足性质的大家族，亦不复存在之时，早已不复适宜了。宋儒还要根据这一个时代的道德、伦理和政治制度，略加修改，制成一种方案，而强人以实行，岂非削足适履？岂非等人性于杞柳，而欲以为杯棬？所以宋儒治心的方法，是有很大的价值的，而其治世的方法，则根本不可用。不过在当时，中国的思想界，只能在先秦诸子和玄学、佛学两种思想中抉择去取、融化改造，是只能有这个结果的，而文化进化的趋向，亦就不得不受其指导。在君主专制政体下，政治上的纲纪所恃以维持的，就是所谓君臣之义。这种纲纪，是要秩序安定，人心也随着安定，才能够维持的。到兵荒马乱，人人习惯于裂冠毁裳之日，就不免要动摇了。南北朝之世，因其君不足以为君，而有“殉国之感无因，保家之念宜切”的贵族，第三十三章中，业经说过。到晚唐、五代之世，此种风气，又盛行了。于是既有历事五朝，而自称长乐老以鸣其得意的冯道，又有许多想借重异族，以自便私图的杜重威。由今之道，无变今之俗，如何可以一朝居？所以宋儒要竭力提倡气节。经宋儒提倡之后，士大夫的气节，确实是远胜于前代。但宋儒（一）因其修养的工夫，偏于内心，而处事多疏。（二）其持躬过于严整，而即欲以是律人，因此，其取人过于严格，而有才能之士，皆为其所排斥。（三）又其持论过高，往往不切于实际。（四）意气过甚，则易陷于党争。党争最易使人动于感情，失却理性，就使宅心公正，也不免有流弊，何况党争既启，哪有个个人都宅心公正之理？自然有一班好名好利、多方掩饰的伪君子，不恤决裂的真小人混进去。到争端扩大而无可收拾，是非淆乱而无从辨别时，就真有宅心公正、顾全大局的人，也苦于无从措手了。所以宋儒根本是不适宜于做政治事业的。若说在社会上做些自治事业，宋儒似乎很为相宜。宋儒有一个优点，他们是知道社会上要百废俱举，尽其相生相养之道，才能够养生送死无憾，使人人各得其所的。他们否认“治天下不如安天下，安天下不如与天下安”的苟简心理，这一点，的确是他们的长处。但他们所以能如此，乃是读了经书而然。而经书所述的，乃是古代自给自足，有互助而无矛盾的社会所留遗，到封建势力逐渐发展时，此等组织，就逐渐破坏了。宋儒不知其所主张的道德、伦理、政治制度，正和这一种规制相反，却要藉其所主张的道德、伦理和政治制度之力，以达到这一个目的。其极端的，遂至要恢复井田封建。平易一些的，亦视智愚贤不肖为自然不可泯的。一切繁密的社会制度，还是要以士大夫去指导着实行，而其所谓组织，亦仍脱不了阶级的对立。所以其结果，还是打不倒土豪劣绅，而宋学家，特如其中关学一派，所草拟的极详密的计划，以极大的热心去推行，终于实现的寥若晨星，而且还是昙花一现。这时候，外有强敌的压迫，最主要的事务，就是富国强兵，而宋儒却不能以全力贯注于此。最需要的，是严肃的官僚政治，而宋学家好作诛心之论，而忽略形迹；又因党争而淆乱是非，则适与之相反。宋学是不适宜于竞争的，而从第11世纪以来，中国的文化，却受其指导，那无怪其要迭招外侮了。

第四十三章 北宋的积弱

五代末年，偏方割据诸国，多微弱不振。契丹则是新兴之国，气完力厚的，颇不容易对付，所以宋太祖要厚集其力以对付它。契丹的立国，是合部族、州县、属国三部分而成的。属国仅有事时量借兵粮，州县亦仅有益于财赋，辽朝的汉兵，名为五京乡丁，只守卫地方，不出戍。只有部族，是契丹立国的根本，这才可以真正算是契丹的国民。它们都在指定的地方，从事于畜牧。举族皆兵，一闻令下，立刻聚集，而且一切战具，都系自备。马既多，而其行军又不带粮饷，到处剽掠自资，此即所谓“打草谷”。所以其兵多而行动极速。周世宗时，正是契丹中衰之会，此时却又兴盛了。辽惟穆宗最昏乱。969年，被弑，景宗立，即复安。983年，景宗死，圣宗立。年幼，太后萧氏同听政。圣宗至1030年乃死，子兴宗立，1054年死。圣宗时为辽全盛之世。兴宗时尚可蒙业而安，兴宗死，子道宗立，乃衰。宋朝若要以力服契丹，非有几十万大兵，能够连年出征，攻下了城能够守，对于契丹地方，还要能加以破坏扰乱不可。这不是容易的事，所以宋太祖不肯轻举。而太宗失之轻敌，灭北汉后，不顾兵力的疲敝，立刻进攻。于是有高梁河之败。在北平西。至公元985年，太宗又命将分道北伐，亦不利。而契丹反频岁南侵。自燕、云割弃后，山西方面，还有雁门关可守，河北方面，徒恃塘泺以限戎马，是可以御小敌，而不足以御大军的。契丹大举深入，便可直达汴梁对岸的大名，宋朝受威胁殊甚。1004年，辽圣宗奉其母入寇，至澶州。今河北濮阳县。真宗听了宰相寇準的话，御驾亲征，才算把契丹吓退。然毕竟以岁币成和。银十万两，绢二十万匹。宋朝开国未几，国势业已陷于不振了。

假使言和之后，宋朝能够秣马厉兵，以伺其隙，契丹是个浅演之国，它的强盛必不能持久，亦未必无隙可乘。宋朝却怕契丹启衅，伪造天书，要想愚弄敌人。宋朝伪造天书之真意在此，见《宋史·真宗本纪论》。敌人未必被愚弄，工于献媚和趁风打劫、经手侵渔的官僚，却因此活跃了。斋醮、宫观，因此大兴，财政反陷于竭蹶。而西夏之乱又起。唐朝的政策，虽和汉朝不同，不肯招致异族，入居塞内，然被征服的民族多了，乘机侵入，总是不免的。尤其西北一带，自一度沦陷后，尤为控制之力所不及。党项酋长拓跋氏，拓跋是鲜卑的民族，党项却系羌族，大约是鲜卑人入于羌部族而为其酋长的。于唐太宗时归化。其后裔拓跋思敬以平黄巢有功，赐姓李氏。做了定难节度使，据有夏、银、绥、宥、静五州，夏州，今陕西怀远县。银州，今陕西米脂县。绥州，今陕西绥德县。宥州，今鄂尔多斯右翼后旗。静州，在米脂县西。传八世至继捧，于宋太宗的时候来降，而其弟继迁叛去。袭据银州和灵州，降于辽，宋朝未能平定。继迁传子德明，三十年未曾窥边，却征服了河西，拓地愈广。1022年，真宗崩，仁宗立。1034年，德明之子元昊反，兵锋颇锐。宋朝屯大兵数十万于陕西，还不能戢其侵寇。到1044年，才以岁赐成和。银、绢、茶、彩，共二十五万五千。此时辽圣宗已死，兴宗在位，年少气盛，先两年，遣使来求关南之地，瓦桥关，在雄县。周世宗复瀛、莫后，与辽以此为界。宋朝亦增加了岁币，增银十万两，绢十万匹。然后和议得以维持。给付岁币的名义，《宋史》说是纳字，《辽史》却说是贡字，未知谁真谁假。然即使用纳字，亦已经不甚光荣了。仁宗在位岁久，政颇宽仁，然亦极因循腐败。兵多而不能战，财用竭蹶而不易支持，已成不能振作之势。1063年，仁崇崩，英宗立，在位仅四年。神宗继之，乃有用王安石变法之事。

王安石的变法，旧史痛加诋毁，近来的史家，又有曲为辩护的，其实都未免有偏。王安石所行的政事，都是不错的。但行政有一要义，即所行之事，必须要达到目的，因此所引起的弊窦，必须减至极少。若弊窦在所不免，而目的仍不能达，就不免徒滋纷扰了。安石所行的政事，不能说他全无功效，然因此而引起的弊端极大，则亦不容为讳。他所行的政事，免役最是利余于弊的，青苗就未必能然。方田均税，在他手里推行得有限，后人踵而行之，则全是徒有其名。学校、贡举则并未能收作育人才之效。参看第五、第七、第八三章自明。宋朝当日，相须最急的，是富国强兵。王安石改革的规模颇大，旧日史家的议论，则说他是专注意于富强的。尤其说王安石偏于理财。此因关于改革社会的行政，不为从前的政治家所了解之故。他改革的规模，固不止此，于此确亦有相当的注意。其结果：裁汰冗兵，确是收到很大的效果的，所置的将兵，则未必精强，保甲尤有名无实，而且所引起的骚扰极大，参看第九章自明。安石为相仅七年，然终神宗之世，守其法未变。1085年，神宗崩，子哲宗立。神宗之母高氏临朝，起用旧臣，尽废新法。其死后，哲宗亲政，复行新法，谓之“绍述”。1100年，哲宗崩，徽宗立，太后向氏权同听政，想调和新旧之见，特改元为建中靖国。徽宗亲政后，仍倾向于新法。而其所用的蔡京，则是反复于新旧两党间的巧宦。徽宗性极奢侈，蔡京则搜括了各方面的钱，去供给他浪用，政治情形一落千丈。恢复燕、云和西北，可说是神宗和王安石一个很大的抱负，但因事势的不容许，只得先从事于其易。王安石为相时，曾用王韶征服自唐中叶以后杂居于今甘、青境内的蕃族，开其地为熙河路。这可说是进取西夏的一个预备。然神宗用兵于西夏却不利。哲宗时，继续筑寨，进占其地。夏人力不能支，请辽人居间讲和。宋因对辽有所顾忌，只得许之。徽宗时，宦者童贯，继续用兵西北，则徒招劳费而已。总之：宋朝此时的情势，业已岌岌难支，幸辽、夏亦已就衰，暂得无事，而塞外有一个新兴民族崛起，就要大祸临头了。

金朝的先世，便是古代的所谓肃慎，南北朝、隋、唐时的靺鞨。宋以后则称为女真。女真二字，似即肃慎的异译。清人自称为满洲，据明人的书，实作满住，乃大酋之称，非部族之名。愚按靺鞨酋长之称为大莫弗瞒咄，瞒咄似即满住，而靺鞨二字，似亦仍系瞒咄的异译。至汉时又称为挹娄，据旧说：系今叶鲁二字的转音。而现在的索伦二字，又系女真的异译，此推测而确，则女真民族之名，自古迄今，实未曾变。其主要的部落，在今松花江流域。在江南的系辽籍，称为熟女真，江北的不系籍，谓之生女真。女真的文明程度，是很低的，到渤海时代，才一度开化。金朝的始祖名唤函普，是从高句丽旧地入居生女真的完颜部，而为其酋长的。部众受其教导，渐次开化。其子孙又以渐征服诸部族，势力渐强。而辽自兴宗后，子道宗立，政治渐乱。道宗死，子天祚帝立，荒于游畋，竟把国事全然置诸不顾。女真本厌辽人的羁轭，天祚帝遣使到女真部族中去求名鹰，骚扰尤甚，遂致激起女真的叛变。金太祖完颜阿骨打于1114年起兵与辽相抗。契丹控制女真的要地黄龙府、咸州、宁江州，黄龙府，今吉林农安县。咸州，今辽宁铁岭县。宁江州，在吉林省城北。次第失陷。天祚帝自将大兵东征，因有内乱西归。旋和金人讲和，又迁延不定。东京先陷，上京及中、西两京继之。上京临潢府，在今热河开鲁县南。中京大定府，在今热河建昌县。东京辽阳府，今辽宁辽阳县。南京析津府，即幽州。西京大同府，即云州。南京别立一君，意图自保，而宋人约金攻辽之事又起。先是童贯当权，闻金人攻辽屡胜，意图侥幸。遣使于金，求其破辽之后，将石晋所割之地，还给中国。金人约以彼此夹攻，得即有之。而童贯进兵屡败，乃又求助于金。金太祖自居庸关入，把南京攻下。太祖旋死，弟太宗立。天祚帝展转漠南，至1125年为金人所获，辽亡。

宋朝本约金夹攻的，此时南京之下，仍藉金人之力，自无坐享其成之理，乃输燕京代税钱一百万缗，并许给岁币，金人遂以石晋所割之地来归。女真本系小部族，此时吞并全辽，已觉消化不下，焉有余力经营中国的土地？这是其肯将石晋所割之地还给中国的理由。但女真此时，虽不以地狭为忧，却不免以土满为患。文明国民，生产能力高强的，自然尤为其所欢迎。于是军行所至，颇以掳掠人口为务。而汉奸亦已有献媚异族，进不可割地之议的。于是燕京的归还，仅系一个空城，尽掳其人民以去。而营、平、滦三州，平州，今河北卢龙县。滦州，今河北滦县。本非石晋所割让，宋朝向金要求时，又漏未提及，则不肯归还，且将平州建为南京，命辽降将张觉守之。燕京被掳的人民，流离道路，不胜其苦，过平州时，求张觉做主。张觉就据地来降。这是一件很重大的交涉。宋朝当时，应该抚恤其人民，而对于金朝，则另提出某种条件，以足其欲而平其愤。金朝此时，虽已有汉奸相辅，究未脱野蛮之习，且值草创之际，其交涉是并不十分难办的。如其处置得宜，不但无启衅之忧，营、平、滦三州，也未尝不可乘机收复。而宋朝贸然受之，一无措置。到金人来诘责，则又手忙脚乱，把张觉杀掉，函首以畀之。无益于金朝的责言，而反使降将解体，其手段真可谓拙劣极了。

辽朝灭亡之年，金朝便举兵南下。宗翰自云州至太原，为张孝纯所阻，而宗望自平州直抵汴京。时徽宗已传位于钦宗。初任李纲守御，然救兵来的都不能解围。不得已，许割太原、中山、河间三镇；中山，今河北定县。河间，今河北河间县。

宋主称金主为伯父；并输金五百万两，银五千万两，牛、马万头，表缎百万匹讲和。宗望的兵才退去。金朝此时，是不知什么国际的礼法的，宗翰听闻宗望得了赂，也使人来求赂。宋人不许。宗翰怒，攻破威胜军和隆德府。威胜军，今山西沁县。隆德府，今山西长治县。宋人认为背盟，下诏三镇坚守。契丹遗臣萧仲恭来使，又给以蜡书，使招降契丹降将耶律余睹。于是宗翰、宗望再分道南下，两路都抵汴京。徽、钦二宗，遂于1127年北狩。金朝这时候，是断没有力量，再占据中国的土地的，所希望的，只是有一个傀儡，供其驱使而已。乃立宋臣张邦昌为楚帝，退兵而去。张邦昌自然是要靠金朝的兵力保护，然后能安其位的。金兵既去，只得自行退位。而宋朝是时，太子、后妃、宗室多已被掳，只得请哲宗的废后孟氏出来垂帘。“虽举族有北辕之衅，而敷天同左袒之心”，孟后立高宗诏语。这时候的民族主义，自然还要联系在忠君思想上，于是孟后下诏，命高宗在归德正位。今河南商丘县。

第四十四章
南宋恢复的无成

语云：“败军之气，累世而不复”，这话亦不尽然。“困兽犹斗”，反败为胜的事情，决不是没有的，只看奋斗的精神如何罢了。宋朝当南渡时，并没有什么完整的军队，而且群盗如毛，境内的治安，且岌岌不可保，似乎一时间决谈不到恢复之计。然以中国的广大，金朝人能有多大的兵力去占据？为宋朝计，是时理宜退守一个可守的据点，练兵筹饷，抚恤人民。被敌兵蹂躏之区，则奖励、指导其人民，使之团结自守，而用相当的正式军队，为之声援。如此相持，历时稍久，金人的气焰必渐折，恢复之谋，就可从此开展了。苦于当时并没有这种眼光远大的战略家。而且当此情势，做首领的，必须是一个文武兼资之才，既有作战的策略，又能统驭诸将，使其不敢骄横，遇敌不敢退缩，对内不敢干政，才能够悉力对外。而这时候，又没有这样一个长于统率的人物。金兵既退，宗泽招降群盗，以守汴京。高宗既不能听他的话还跸，又不能驻守关中或南阳，而南走扬州。公元1129年，金宗翰、宗望会师濮州，在今山东濮县。分遣娄室入陕西。其正兵南下，前锋直打到扬州。高宗奔杭州。今浙江杭县。明年，金宗弼渡江，自独松关入，在今安徽广德县东。高宗奔明州。今浙江鄞县。金兵再进迫，高宗逃入海。金兵亦入海追之，不及乃还。自此以后，金人亦以“士马疲敝，粮储未丰”，宗弼语。不能再行进取了。其西北一路，则宋朝任张浚为宣抚使，以拒娄室，而宗弼自江南还，亦往助娄室。浚战败于富平，今陕西兴平县。陕西遂陷。但浚能任赵开以理财，用刘子羽、吴玠、吴璘等为将，卒能保守全蜀。

利用傀儡，以图缓冲，使自己得少休息，这种希冀，金人在此时，还没有变。其时宗泽已死，汴京失陷，金人乃立宋降臣刘豫于汴，畀以河南、陕西之地。刘豫却想靠着异族的力量反噬，几次发兵入寇，却又都败北。在金人中，宗弼是公忠体国的，挞懒却骄恣腐败。金朝并无一定之继承法，故宗室中多有觊觎之心。其时握兵权者，宗望、宗弼皆太祖子，宗翰为太祖从子，挞懒则太祖从弟。宗翰即有不臣之心。挞懒最老寿，在熙宗时为尊属，故其觊觎尤甚。熙宗、海陵庶人、世宗，皆太祖孙。秦桧是当金人立张邦昌时，率领朝官，力争立赵氏之后，被金人捉去的。后来以赐挞懒。秦桧从海路逃归。秦桧的意思，是偏重于对内的。因为当时，宋朝的将帅颇为骄横。“廪稍惟其所赋，功勋惟其所奏。”“朝廷以转运使主馈饷，随意诛求，无复顾惜。”“使其浸成疽赘，则非特北方未易取，而南方亦未易定。”叶适《论四大屯兵》语，详见《文献通考·兵考》。所以要对外言和，得一个整理内部的机会。当其南还之时，就说要“南人归南，北人归北”。高宗既无进取的雄才，自然意见与之相合，于是用为宰相。1137年，刘豫为宗弼所废。秦桧乘机，使人向挞懒要求，把河南、陕西之地，还给宋朝。挞懒允许了。明年，遂以其地来归。而金朝突起政变。1139年，宗弼回上京。今吉林阿城县。挞懒南走。至燕京，为金人所追及，被杀。和议遂废。宗弼再向河南，娄室再向陕西。宋朝此时，兵力已较南渡之初稍强。宗弼前锋至顺昌，今安徽阜阳县。为刘锜所败。岳飞从湖北进兵，亦有郾城之捷。今河南偃城县。吴璘亦出兵收复了陕西若干州郡。倘使内部没有矛盾，自可和金兵相持。而高宗、秦桧执意言和，把诸将召还，和金人成立和约：东以淮水，西以大散关为界；在陕西宝鸡县南。岁奉银、绢各二十五万两、匹；宋高宗称臣于金，可谓屈辱极了。于是罢三宣抚司，改其兵为某州驻扎御前诸军，而设总领以司其财赋，已见第九章。

金太宗死后，太祖之孙熙宗立，以嗜酒昏乱，为其从弟海陵庶人所弑，此事在1149年。海陵更为狂妄，迁都于燕，后又迁都于汴。1160年，遂大举南侵。以其暴虐过甚，兵甫动，就有人到辽阳去拥立世宗。海陵闻之，欲尽驱其众渡江，然后北还。至采石矶，为宋虞允文所败。改趋扬州，为其下所弑，金兵遂北还。1162年，高宗传位于孝宗。孝宗颇有志于恢复，任张浚以图进取。浚使李显忠进兵，至符离，集名，在今安徽宿县。大败。进取遂成画饼。1165年，以岁币各减五万，宋主称金主为伯父的条件成和。金世宗算是金朝的令主。他的民族成见，是最深的。他曾对其种人，屡称上京风俗之美，教他们保存旧风，不要汉化。臣下有说女真、汉人，已为一家的，他就板起脸说："女真、汉人，其实是二。"这种尖锐的语调，决非前此的北族，所肯出之于口的，其存之于心的，自亦不至如世宗之甚了。然世宗的见解虽如此，而既不能放弃中国之地，就只得定都燕京。并因是时叛者蜂起，不得不将猛安、谋克户移入中原，以资镇压。夺民地以给之，替汉人和女真之间，留下了深刻的仇恨。而诸猛安谋克人，则惟酒是务，竟有一家百口，垅无一苗的，征服者的气质，丧失净尽了。自太祖崛起至此，不过六十年。

公元1194年，孝宗传位于光宗。此时金世宗亦死，子章宗立，北边颇有叛乱，河南、山东，亦有荒歉之处，金朝的国势渐衰。宋光宗多病，皇后李氏又和太上皇不睦。1194年，孝宗崩，光宗不能出而持丧，人心颇为疑惑。宰相赵汝愚，因阁门使韩侂胄，请于高宗后吴氏，扶嘉王扩内禅，是为宁宗。韩侂胄排去赵汝愚，代为宰相，颇为士流所攻击，想立恢复之功，以间执众口。1206年遂贸然北伐。谁想金兵虽弱，宋兵亦不强。兵交之后，襄阳和淮东西州郡，次第失陷。韩侂胄又想谋和，而金人复书，要斩侂胄之首，和议复绝。皇后杨氏本和韩侂胄有隙，使其兄次山，勾结侍郎史弥远，把韩侂胄杀掉，函首以畀金。1208年，以增加岁币为三十万两、匹的条件成和。韩侂胄固然是妄人，宋朝此举，也太不成话了。和议成后两年，金章宗死，世宗子卫绍王立。其明年，蒙古侵金，金人就一败涂地。可见金朝是时，业已势成弩末，宋朝并没有急于讲和的必要了。

蒙古本室韦部落，但其后来和鞑靼混合，所以蒙人亦自称为鞑靼。其居地初在望建河，即今黑龙江上游之南，而后徙于不而罕山，即今外蒙古车臣、土谢图两部界上的布尔罕哈勒那都岭。自回鹘灭亡以后，漠北久无强部，算到1167年成吉思汗做蒙古的酋长的时候，已经三百六十多年了，淘汰，酝酿，自然该有一个强部出来。成吉思汗少时，漠南北诸部错列，蒙古并不见得怎样强大。且其内部分裂，成吉思汗备受同族的齮龁。但他有雄才大略，收合部众，又与诸部落合纵连横，至1206年，而漠南北诸部，悉为所征服。这一年，诸部大会于斡难河源，今译作鄂诺，又作敖嫩。上他以成吉思汗的尊号。成吉思汗在此时，已非蒙古的汗，而为许多部族的大汗了。1210年，成吉思汗伐夏，夏人降。其明年，遂伐金。金人对于北方，所采取的是一种防守政策。从河套斜向东北，直达女真旧地，筑有一道长城。汪古部居今归绥县之北，守其冲要之点。此时汪古通于蒙古，故蒙古得以安行而入长城。会河堡一战，会河堡，在察哈尔万全县西。金兵大败，蒙古遂入居庸关。留兵围燕京，分兵蹂躏山东、山西，东至辽西。金人弑卫绍王，立宣宗，与蒙古言和，而迁都于汴。蒙古又以为口实，发兵攻陷燕京。金人此时，尽迁河北的猛安、谋克户于河南，又夺汉人之地以给之。其民既不能耕，又不能战。势已旦夕待亡。幸1218年，成吉思汗用兵于西域，金人乃得少宽。这时候，宋朝亦罢金岁币。避强凌弱，国际上总是在所不免的；而此时金人，财政困难，对于岁币，亦不肯放弃，或者还希冀战胜了可以向宋人多胁取些，于是两国开了兵衅。又因场疆细故，与夏人失和。兵力益分而弱。1224年，宣宗死，哀宗立，才和夏人以兄弟之国成和，前此夏人称臣。而宋朝卒不许其和。时成吉思汗亦已东归，蒙古人的兵锋，又转向中原了。1227年，成吉思汗围夏，未克而死。遗命秘不发丧，把夏人灭掉。1229年，太宗立。明年，复伐金。时金人已放弃河北，以精兵三十万，守邳县到潼关的一线。太宗使其弟拖雷假道于宋，宋人不许。拖雷就强行通过，自汉中、襄、郧而北，大败金人于三峰山。在河南禹县。太宗亦自白坡渡河，在河南孟津县。使速不台围汴。十六昼夜不能克，乃退兵议和。旋金兵杀蒙古使者，和议复绝。金哀宗逃到蔡州。宋、元复联合以攻金。宋使孟珙、江海帅师会蒙古兵围蔡。1234年，金亡。

约金攻辽，还为金灭，这是北宋的覆辙，宋人此时，似乎又不知鉴而蹈之了。所以读史的人，多以宋约元攻金为失策，这亦未必尽然。宋朝和金朝是不共戴天之仇，不能不报的。若说保存金朝以为障蔽，则金人此时，岂能终御蒙古？不急进而与蒙古联合，恢复一些失地，坐视金人为蒙古所灭，岂不更糟？要知约金攻辽，亦并不算失策，其失策乃在灭辽之后，不能发愤自强，而又轻率启衅。约元灭金之后，弊亦仍在于此。金亡之前十年，宋宁宗崩，无子。史弥远援立理宗，仍专政。金亡前一年，史弥远死，贾似道继之。贾似道是表面上似有才气，而不能切实办事的人，如何当得这艰难的局面？金亡之后，宋朝人倡议收复三京，宋东京即大梁，南京即宋州，西京为洛阳，北京为大名。入汴、洛而不能守。蒙古反因此南侵，江、淮之地多陷。1241年，蒙古太宗死。1246年，定宗立。三年而死。1251年，宪宗方立。蒙古当此时，所致力的还是西域，而国内又有汗位继承之争，所以未能专力攻宋。至1258年，各方粗定，宪宗乃大举入蜀。忽必烈已平吐蕃、大理，亦东北上至鄂州。今湖北武昌县。宋将王坚守合州，今四川合川县。宪宗受伤，死于城下。贾似道督大军援鄂，不敢战，使人求和，许称臣，划江为界。忽必烈亦急图自立，乃许之而北归。贾似道掩其事，以大捷闻于朝。自此蒙古使者来皆拘之，而借和议以图自强，而待敌人之弊的机会遂绝。忽必烈北还后，自立，是为元世祖。世祖在宪宗时，本来是分治漠南的，他手下又多西域人和中国人，于是以1264年定都燕京。蒙古的根据地，就移到中国来了。明年，理宗崩，子度宗立。宋将刘整叛降元，劝元人攻襄阳。自1268年至1273年被围凡五年，宋人不能救，襄阳遂陷。明年，度宗崩，子恭帝立。伯颜自两湖长驱南下。1276年，临安不守，谢太后和恭帝都北狩。故相陈宜中立其弟益王于福州，今福建闽侯县。后来转徙，崩于碙州。在今广东吴川县海中。其弟卫王昺立，迁于崖山。在今广东新会县海中。1279年，汉奸张弘范来攻，宰相陆秀夫负帝赴海殉国。张世杰收兵图再举，到海陵山，在今广东海阳县海中。舟覆而死。宋亡。中国遂整个为北族所征服。

宋朝的灭亡，可以说是我国民族的文化，一时未能急剧转变，以适应于竞争之故。原来游牧民族以掠夺为生产，而其生活又极适宜于战斗，所以其势甚强，文明民族，往往为其所乘，罗马的见轭于蛮族，和中国的见轭于五胡和辽、金、元、清，正是一个道理。两国国力的强弱，不是以其所有的人力物力的多少而定，而是看其能利用于竞争的共有多少而定。旧时的政治组织，是不适宜于动员全民众的。其所恃以和异族抵抗的一部分，或者正是腐化分子的一个集团。试看宋朝南渡以后，军政的腐败，人民的困苦，而一部分士大夫反溺于晏安鸩毒、歌舞湖山可知。虽其一部分分子的腐化，招致了异族的压迫，却又因异族的压迫，而引起了全民族的觉醒，替民族主义，建立了一个深厚的根基，这也是祸福倚伏的道理。北宋时代可以说是中国民族主义的萌蘖时期。南宋一代，则是其逐渐成长的时期。试读当时的主战派，如胡铨等一辈人的议论，至今犹觉其凛凛有生气可知。见《宋史》卷三七四。固然，只论是非，不论利害，是无济于事的。然而事有一时的成功，有将来的成功。主张正义的议论，一时虽看似迂阔，隔若干年代后，往往收到很大的效果。民族主义的形成，即其一例。论是非是宗旨，论利害是手段。手段固不能不择，却不该因此牺牲了宗旨。历来外敌压迫时，总有一班唱高调的人，议论似属正大，居心实不可问，然不能因此而并没其真。所以自宋至明，一班好发议论的士大夫，也是要分别观之的。固不该盲从附和，也不该一笔抹杀。其要，在能分别真伪，看谁是有诚意的，谁是唱高调的，这就是大多数国民，在危急存亡之时，所当拭目辨别清楚的了。民族主义，不但在上流社会中，植下了根基，在下流社会中，亦立下了一个组织，看后文所述便知。

第四十五章
蒙古大帝国的盛衰

蒙古是野蛮的侵略民族所建立的最大的帝国，它是适值幸运而成功的。

蒙古所征服之地，几于包括整个亚洲，而且还跨有欧洲的一部分。其中最重要的，自然还是西域。葱岭以西，亚历山大东征后，安息、大夏，对立为两个大国。其后则变为波斯和月氏的对立。南北朝时，嚈哒兴，月氏为其所破，分为许多小国，波斯亦被其慑服。突厥兴，嚈哒又为所破。月氏旧地，大抵服属于西突厥。时大食亦已勃兴。公元641年，破波斯，葱岭以西之地，次第为其所吞并。是时中国亦灭西突厥，波斯以东之地，尽置羁縻府、州，两国的政治势力，遂相接触。然葱岭以西之地，中国本视属羁縻，故未至引起实际的冲突。公元750年，即唐玄宗天宝九年，唐将高仙芝伐今塔什干的石国。石国求救于大食。明年，大食来援，唐兵败于怛逻斯。未久安史之乱起，唐朝就不再经营西域了。安史乱后，中国对于西域，就不再过问了。辽朝灭亡后，其宗室耶律大石，会十八部王众于西州，唐西州，今新疆吐鲁番县。

简其精锐西行。此时大食的纪纲，久已颓废，东方诸酋，据土自专，形同独立。大石兵至，灭掉雄据呼罗珊的塞而柱克，Seljuks。并压服了花剌子模，Khorazme，《唐书》作货利习尔。使之纳贡，而立国于吹河之滨，是为西辽。成吉思汗平漠南北时，今蒙古西部乃蛮部的酋长古出鲁克奔西辽，运用阴谋，和花剌子模里应外合而取其国。又有在鄂尔坤、色楞格两河间的蔑儿乞，其酋长忽秃亦西奔，和古出鲁克都有卷土重来之意。成吉思汗怕根本之地动摇，乃于1213年北归，遣哲别、速不台把这二人击灭。先是天山南路的畏吾儿即回鹘异译。及其西之哈剌鲁，唐时西突厥属部葛逻禄。归顺蒙古，蒙古人西域之路已开。既灭古出鲁克，蒙古的疆域，就和花剌子模相接。兴于蒙古高原的北族，照例总是先向中国地方侵掠的；况且是时，蒙古与金，业已兵连祸结，所以蒙古对于西域，本来是无意于用兵的。但野蛮人所好的是奢侈享受，西域是文明发达之地，通商往来，自为其所欢迎；而商人好利，自亦无孔不入。成吉思汗乃因商人以修好于花剌子模。花剌子模王亦已允许。然花剌子模的军队多数系康里人，王母亦康里人，因之作威作福，花剌子模王不能制。锡尔河滨的讹打剌城为东西交通孔道，城主为王母之弟，蒙古人随商人西行的，一行共有四百多人，都被他认为奸细，捉起来杀掉，只有一个人脱逃归报。成吉思汗大怒，遂以1219年西征。破花剌子模，其王辗转入里海小岛而死。王子奔哥疾宁，成吉思汗追破之，略印度北境而还。哲别、速不台别将绕里海，越高加索山，破西北诸部。钦察酋长奔阿罗思，Kiptchac，亦译奇卜察克·阿罗思，即俄罗斯。又追败之，平康里而还。成吉思汗的攻西域，本来是复仇之师，但因西域高度的物质文明，及其抵抗力的薄弱，遂引起蒙古人继续侵掠的欲望。太宗立，命诸王西征。再破钦察，入阿罗思，进规孛烈儿即波兰。及马札剌，匈牙利。西抵威尼斯，是为蒙古西征最深入的一次，因太宗凶问至，乃班师。宪宗立，复遣弟旭烈兀西征。破木剌夷及报达，木剌夷（Mulahids），为天方教中之一派，在里海南岸。西域至此略定。东北一带，自高句丽、百济灭亡后，新罗亦渐衰。唐末，复分为高丽、后百济及新罗三国。石晋初，尽并于高丽王氏。北宋之世，高丽曾和契丹构兵，颇受其侵略，然尚无大关系。自高句丽灭亡后，朝鲜半岛的北部，新罗控制之力，不甚完全，高丽亦未能尽力经营，女真逐渐侵入其地，是为近世满族发达的一个原因，金朝即以此兴起。完颜部本曾朝贡于高丽，至后来，则高丽反为所胁服，称臣奉贡。金末，契丹遗族和女真人在今辽、吉境内扰乱，蒙古兵追击，始和高丽相遇，因此引起冲突，至太宗时乃成和。此后高丽内政，随时受蒙古人的干涉。有时甚至废其国号，而于其地立征东行省。元世祖时，中国既定，又要介高丽以招致日本。日本不听，世祖遂于1274、1281两年遣兵渡海东征。前一次损失还小，后一次因飓风将作，其将择坚舰先走，余众二十余万，尽为日本所虏，杀蒙古人、高丽人、汉人，而以南人为奴隶，其败绩可谓残酷了。世祖欲图再举，因有事于安南，遂不果。蒙古西南的侵略，是开始于宪宗时的。世祖自今青海之地入西藏，遂入云南，灭大理。即南诏。自将北还，而留兵续向南方侵略。此时后印度半岛之地，安南已独立为国。其南，今柬埔寨之地为占城，蒲甘河附近则有缅国。元兵侵入安南和占城，其人都不服，1284、1285、1287三年，三次发兵南征，因天时地利的不宜，始终不甚得利。其在南洋，则曾一度用兵于爪哇。此外被招致来朝的共有十国，都是今南洋群岛和印度沿岸之地。《元史》云：当时海外诸国，以俱蓝、马八儿为纲维，这两国，该是诸国中最大的。马八儿，即今印度的马拉巴尔。俱蓝为其后障，当在马拉巴尔附近。自成吉思汗崛起至世祖灭宋，共历一百一十二年，而蒙古的武功，臻于极盛。其人的勇于战斗；征服各地方后，亦颇长于统治，如不干涉各国的信教自由，即其一端。自有足称。但其大部分成功的原因，则仍在此时别些大国，都适值衰颓，而乏抵抗的能力，其中尤其主要的，就是中国和大食帝国；又有一部分人，反为其所用，如蒙古西征时附从的诸部族便是，所以我说它是适值天幸。

中国和亚、欧、非三洲之交的地中海沿岸，是世界上两个重要的文明起源之地。这两个区域的文明，被亚洲中部和南部的山岭，和北方的荒凉阻隔住了。欧洲文明的东渐，大约以古希腊人的东迁为最早。汉通西域时所接触的西方文化，就都是古希腊人所传播、所留遗。其后罗马兴，东边的境界仍为东西文化接触之地。至罗马之北境为蛮族所据而中衰。大食兴，在地理上，拥有超过罗马的大版图，在文化上亦能继承希腊的遗绪。西方的文化，因此而东渐，东方的文化，因此而西行者不少。但主要的是由于海路。至蒙古兴，而欧西和东方的陆路才开通。其时西方的商人，有经中央亚细亚、天山南路到蒙古来的，亦有从西伯利亚南部经天山北路而来的。基督教国亦派有使节东来。而意大利人马哥博罗（Marco Polo）居中国凡二十年，归而以其所见，著成游记，给与西方人以东方地理上较确实的知识，且引起其好奇心，亦为近世西力东侵的一个张本。

如此广大的疆域，自非一个大汗所能直接统治；况且野蛮人的征服，其意义原是掠夺，封建制度自然要随之而兴。蒙古的制度，宗室、外戚、功臣是各有

（一）太祖帖木真即成吉思汗
- 术赤
- （二）太宗阿阔台
  - （三）定宗贵由
  - 失烈门
  - 海都
- 察合台
- 拖雷
  - （四）宪宗蒙哥
  - 世祖忽必烈
  - 阿里不哥

分地的，而以成吉思汗的四个儿子为最大。当时的分封，大约他的长子朮赤，所得的是花剌子模和康里、钦察之地。次子太宗所得的是乃蛮之地。三子察合台所得的是西辽之地。而和林旧业，则依蒙古人幼子守灶之习，归于其季子拖雷。此据日本那坷通世说，见其所注《成吉思汗实录》，此书即《元秘史》的日译本。其后西北一带，朮赤之子拔都为其共主，而西南的平定，则功出于拖雷之子旭烈兀，其后裔世君其地。此即所谓阿阔台、察合台、钦察、伊儿四个汗国，阿阔台之后称Km. of Ogotai，亦称Naiman（乃蛮）。察合台之后称Km. Of Tchagatai。拔都之后称Km. of Kiptchac，亦称Golden Horde。旭烈兀之后称Km. of Iran。而分裂即起于其间。蒙古的汗本来是由诸部族公推的，到后来还是如此。每当大汗逝世之后，即由宗王、驸马和管兵的官，开一个大会，蒙古语为“忽力而台”。议定应继承汗位的人。太祖之妻孛儿帖曾给蔑儿乞人掳去，后太祖联合与部，把她抢回，就生了朮赤。他的兄弟，心疑他是蔑儿乞种，有些歧视他，所以他西征之后，一去不归，实可称为蒙古的泰伯。太祖死时，曾有命太宗承继之说，所以大会未有异议。太宗死后，其后人和拖雷的后人，就有争夺之意。定宗幸获继立而身弱多病，未久即死。拖雷之子宪宗被推戴。太宗后人，另谋拥戴失烈门，为宪宗所杀，并夺去太宗后王的兵柄。蒙古的内争，于是开始。宪宗死后，争夺复起于拖雷后人之间。宪宗时，曾命阿里不哥统治漠北，世祖统治漠南。宪宗死后，世祖不待大会的推戴而自立，阿里不哥亦自立于漠北，为世祖所败，而大宗之子海都自立于西北，察合台、钦察两汗国都附和他。伊儿汗国虽附世祖，却在地势上被隔绝了，终世祖之世不能定，直到1310年，海都之子才来归降。然自海都之叛，蒙古大汗的号令，就不能行于全帝国，此时亦不能恢复了。所以蒙古可说是至世祖时而臻于极盛，亦可说自世祖时而开始衰颓。

第四十六章 汉族的光复事业

辽、金、元三朝，立国的情形，各有不同。契丹虽然占据了中国的一部分，然其立国之本，始终寄于部族，和汉人并未发生深切的关系。金朝所侵占的重要之地，惟有中国。它的故土和它固有的部族、文化尚未发展，虽可藉其贫瘠而好掠夺的欲望，及因其进化之浅，社会组织简单，内部矛盾较少，因而以诚朴之气、勇敢之风而崛起于一时，然究不能据女真之地，用女真之人，以建立一个大国。所以从海陵迁都以后，它国家的生命，已经寄托在它所侵占的中国的土地上了。所以它压迫汉人较甚，而其了解汉人却亦较深。至蒙古，则所征服之地极广，中国不过是其一部分。虽然从元世祖以后，大帝国业已瓦解，所谓元朝者，其生命亦已寄托于中国，然自以为是一个极大的帝国，看了中国，不过是其所占据的地方的一部分的观念，始终未能改变。所以对于中国，并不能十分了解，试看元朝诸帝，多不通汉文及汉语可知。元朝诸帝，惟世祖较为聪明，所用的汉人和西域人较多，亦颇能

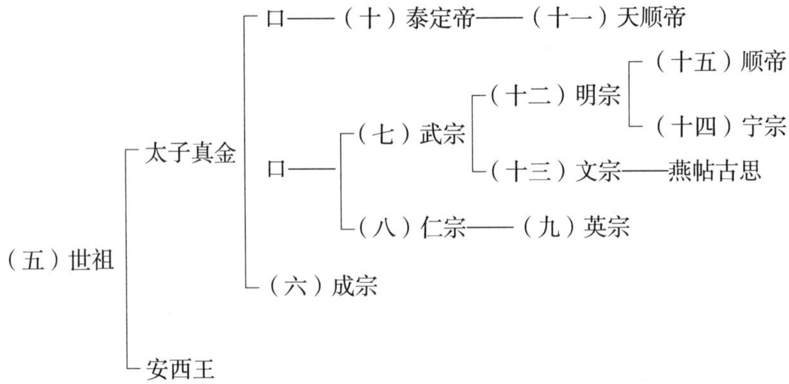

厘定治法。此后则惟仁宗在位较久，政治亦较清明。其余诸帝，大抵荒淫愚昧。这个和其继嗣之争，亦颇有关系。因为元朝在世祖之时，北边尚颇紧急。成宗和武宗都是统兵在北边防御，因而得立的。武宗即位之前，曾由仁宗摄位，所以即位之后，不得不立仁宗为太子。因此引起英宗之后泰定、天顺二帝间的争乱。文宗死后，又引起燕帖木儿的专权。时海都之乱未定，成宗和武宗都是统兵以防北边的。世祖之死，伯颜以宿将重臣，归附成宗，所以未有争议。成宗之死，皇后伯岳吾氏想立安西王。右丞相哈剌哈孙使迎仁宗监国，以待武宗之至。武宗至，弑伯岳吾后，杀安西王而自立。以仁宗为太子。仁宗既立，立英宗为太子，而出明宗于云南。其臣奉之奔阿尔泰山。英宗传子泰定帝，死于上都。子天顺帝，即在上都即位。签书枢密院事燕帖木儿为武宗旧臣，胁大都百官，迎立武宗之子。因明宗在远，先迎文宗监国。发兵陷上都，天顺帝不知所终。明宗至漠南，即位。文宗入见，明宗暴死。文宗后来心上觉得不安，遗令必立明宗之子。而燕帖木儿不肯。文宗皇后翁吉剌氏，坚持文宗的遗命。于是迎立宁宗，数月而死。再迎顺帝。顺帝的年纪却比宁宗大些了，燕帖木儿又坚持，顺帝虽至，不得即位。会燕帖木儿死，问题乃得解决。顺帝既立，追治明宗死事，翁吉剌后和其子燕帖古思都被流放到高丽，死在路上。元入中国后的继嗣之争，大略如此。中央的变乱频仍，自然说不到求治，而最后又得一个荒淫的顺帝，胡无百年之运，客星据坐，自然不能持久了。元世祖所创立的治法，是专以防制汉人为务的。试看其设立行省及行御史台；将边徼襟喉之地，分封诸王；遣蒙古军及探马赤军分守河、洛、山东；分派世袭的万户府，屯驻各处；及因重用蒙古、色目人而轻视汉人可知。这是从立法方面说。从行政方面说：则厚敛人民，以奉宗王、妃、主。纵容诸将，使其掠人为奴婢。选法混乱，贪黩公行。而且迷信喇嘛教，佛事所费，既已不赀，还要听其在民间骚扰。可谓无一善政，参看第三、第四、第六、第七、第九各章。所以仍能占据中国数十年，则因中国社会，自有其深根宁极之理，并非政治现象，所能彻底扰乱，所以其以异族入据中原，虽为人心所不服，亦不得不隐忍以待时。到顺帝时，政治既乱，而又时有水旱偏灾，草泽的英雄，就要乘机而起了。

“举世无人识，终年独自行。海中擎日出，天外唤风生。”郑所南先生诗语。所南先生名思肖。工画兰。宋亡后，画兰皆不画土。人或问之。则曰：“土为番人夺去，汝不知耶？”著有《心史》，藏之铁函，明季乃于吴中承天寺井中得之。其书语语沉痛，为民族主义放出万丈的光焰。清朝的士大夫读之，不知自愧，反诬为伪造，真可谓全无心肝了。表面上的平静是靠不住的，爆发的种子，正潜伏在不见不闻之处。这不见不闻之处是哪里呢？这便在各人的心上。昔人说：“雪大耻，复大仇，皆以心之力。”龚自珍文中语。文官投降了，武官解甲了，大多数的人民，虽然不服，苦于不问政治久了，一时团结不起来。时乎时乎？七年之病，求三年之艾，乃将一颗革命的种子，广播潜藏于人民的唯一组织，即所谓江湖豪侠的社会之中，这是近世史上的一件大事。明亡以后之事，为众所周知，然其事实不始于明亡以后，不过年深月久，事迹已陈，这种社会中，又没有记载，其事遂在若存若亡之间罢了。元朝到顺帝之世，反抗政府的，就纷纷而起。其中较大的是：台州的方国珍，今浙江临海县。徐州的李二，湖北的徐寿辉，濠州的郭子兴，今安徽凤阳县。高邮的张士诚，后迁平江，今江苏吴县。而刘福通以白莲教徒，起于安丰，今安徽寿县。奉其教主之子韩林儿为主。白莲教是被近代的人看作邪教的，然其起始决非邪教，试看其在当时，首举北伐的义旗可知。元朝当日，政治紊乱。宰相脱脱之弟也先帖木儿，当征讨之任，连年无功，后来反大溃于沙河，今河南遂平、确山、泌阳境上的沙河店。军资丧失殆尽。脱脱觉得不好，自将大军出征，打破了李二，围张士诚，未克，而为异党排挤以去。南方群雄争持，元朝就不能过问。1358年，刘福通分兵三道：一军入山、陕，一军入山东，自奉韩林儿复开封。此时元朝方面，亦有两个人出来替他挣扎，那便是察罕帖木儿和李思齐。他们是在河南起兵帮助元朝的。此时因陕西行省的求援，先入陕解围。又移兵山东，把刘福通所派的兵，围困起来。刘福通的将遣人把察罕刺死。其子库库帖木儿代总其兵，才把刘福通军打败，刘福通和韩林儿，走回安丰，后为张士诚所灭。然其打山西的一支兵，还从上都直打到辽东，今多伦县，元世祖自立于此，建为上都，而称今北平为大都。然后被消灭。军行数千里，如入无人之境，亦可谓虽败犹荣了。

首事的虽终于无成，然继起的则业已养成气力。明太祖初起时，本来是附随郭子兴的。后来别为一军，渡江取集庆。今南京，元集庆路。时徐寿辉为其将陈友谅所杀，陈友谅据江西、湖北，势颇强盛。寿辉将明玉珍据四川自立，传子昇，为明太祖所灭。后为太祖所灭。太祖又降方国珍、破张士诚，几乎全据了长江流域。而元朝是时，复起内乱。其时库库帖木儿据冀宁，元冀宁路，治今山西阳曲县。孛罗帖木儿据大同，孛罗想兼据晋冀，以裕军食，两人因此相争。顺帝次后奇氏，高丽人，生子爱猷识理达腊，立为太子。太子和奇后，阴谋内禅。是时高丽人自宫到元朝来充当内监的很多，奇后宫中，自更不乏，而朴不花最得信任，宰相搠思监就是走朴不花的门路得位的。他和御史大夫老的沙不协，因太子言于顺帝，免其职。老的沙逃奔大同，托庇于孛罗。搠思监诬孛罗谋反。孛罗就真个反叛，举兵犯阙，把搠思监和朴不花都杀掉。太子投奔库库。库库兴兵送太子还京，孛罗已被顺帝遣人刺死。太子欲使库库以兵力胁迫顺帝内禅，库库不肯。时顺帝封库库为河南王，使其总统诸军，平定南方。李思齐因与察罕同起兵，不愿受库库节制，陕西参政张良弼，亦和库库不协，二人连兵攻库库。太子乘机叫顺帝下诏，削掉库库的官爵，使太子统兵讨之。北方大乱。“天道好还，中国有必伸之理，人心效顺，匹夫无不报之仇。”太祖时讨胡檄中语。1368年，明太祖命徐达、常遇春两道北伐。徐达平河南，常遇春下山东，会师德州，今山东德县。北扼直沽。顺帝走上都。太祖使徐达下太原，乘胜定秦、陇，库库帖木儿奔和林。和林城，太宗所建，今之额尔德尼招，是其遗址。常遇春攻上都，顺帝再奔应昌。城名，在达里泊傍，为元外戚翁吉剌氏之地。1387年，顺帝死，明兵再出，爱猷识理达腊亦奔和林。不久便死，子脱古思帖木儿嗣。1387年，太祖使蓝玉平辽东，乘胜袭破脱古思帖木儿于捕鱼海。今达里泊。脱古思帖木儿北走，为其下所杀。其后五传皆被弑，蒙古大汗的统系遂绝。元宗室分封在内地的亦多降，惟梁王把匝剌瓦尔密据云南不服。1381年，亦为太祖所灭。中原之地，就无元人的遗孽了。自1279年元朝灭宋，至1368年顺帝北走，凡八十九年。

第四十七章
明朝的盛衰

明太祖起于草泽，而能铲除胡元，戡定群雄，其才不可谓不雄。他虽然起于草泽，亦颇能了解政治，所定的学校、科举、赋役之法，皆为清代所沿袭，行之凡六百年。卫所之制，后来虽不能无弊，然推原其立法之始，亦确是一种很完整的制度，能不烦民力而造成多而且强的军队。所以明朝开国的规模，并不能算不弘远。只可惜他私心太重。废宰相，使朝无重臣，至后世，权遂入于阉宦之手。重任公侯伯的子孙，开军政腐败之端。他用刑本来严酷，又立锦衣卫，使司侦缉事务，至后世，东厂、西厂、内厂遂纷纷而起。东厂为成祖所设，西厂设于宪宗时，内厂设于武宗时，皆以内监领其事。这都不能不归咎于诒谋之不臧。其封建诸子于各地，则直接引起了靖难之变。

明初的边防，规模亦是颇为弘远的。俯瞰蒙古的开平卫，即设于元之上都。其后大宁路来降，又就其地设泰宁、朵颜、福余三卫。泰宁在今热河东部，朵颜在吉林之北，福余则在农安附近。所以明初对东北，威棱远瞻。其极盛时的奴儿干都司设于黑龙江口，现在的库页岛，亦受管辖。《明会典》卷一〇九：永乐七年，设奴儿干都司于黑龙江口。清曹廷杰《西伯利亚东偏纪要》说庙尔以上二百五十余里，混同江东岸特林地方，有两座碑：一刻《敕建永宁寺记》，一刻《宣德六年重建永宁寺记》，均系太监亦失哈述征服奴儿干和海中苦夷之事。苦夷即库页。宣德为宣宗年号，宣德六年为公元1431年。但太祖建都南京，对于北边的控制，是不甚便利的。成祖既篡建文帝，即移都北京。对于北方的控制，本可更形便利。确实，他亦曾屡次出征，打破鞑靼和瓦剌。但当他初起兵时，怕节制三卫的宁王权要袭其后，把他诱执，而将大宁都司，自今平泉县境迁徙到保定。于是三卫之地，入于兀良哈，开平卫势孤。成祖死后，子仁宗立，仅一年而死。子宣宗继之。遂徙开平卫于独石口。从此以后，宣、大就成为极边了。距离明初的攻克开平，逐去元顺帝，不过六十年。明初的经略，还不仅对于北方。安南从五代时离中国独立，成祖于1406年，因其内乱，将其征服，于其地设立交趾布政使司，同于内地。他又遣中官郑和下南洋，前后凡七次。其事在1405至1433年之间，早于欧人的东航，有好几十年。据近人的考究：郑和当日的航路，实自南海入印度洋，达波斯湾及红海，且拂非洲的东北岸，其所至亦可谓远了。史家或说：成祖此举，是疑心建文帝亡匿海外，所以派人去寻求的。这话臆度而不中情实。建文帝即使亡匿海外，在当日的情势下，又何能为？试读《明史》的外国传，则见当太祖时，对于西域，使节所至即颇远。可见明初的外交，是有意沿袭元代的规模的。但是明朝立国的规模，和元朝不同。所以元亡明兴，西域人来者即渐少。又好勤远略，是和从前政治上的情势不相容的，所以虽有好大喜功之主，其事亦不能持久。从仁宗以后，就没有这种举动了。南方距中国远，该地方的货物，到中原即成为异物，价值很贵；又距离既远，为政府管束所不及，所以宦其地者率多贪污，这是历代如此的。明朝取安南后，还是如此。其时中官奉使的多，横暴太甚，安南屡次背叛。宣宗立，即弃之。此事在1427年，安南重隶中国的版图，不过二十二年而已。自郑和下南洋之后，中国对于南方的航行，更为熟悉，华人移殖海外的渐多。近代的南洋，华人实成为其地的主要民族，其发端实在此时。然此亦是社会自然的发展，得政治的助力很小。

明代政治的败坏，实始于成祖时。其一为用刑的残酷，其二为宦官的专权，而两事亦互相依倚。太祖定制，内侍本不许读书。成祖反叛时，得内监为内应，始选官入内教习。又使在京营为监军，随诸将出镇。又设立东厂，使司侦缉之事。宦官之势骤盛。宣宗崩，英宗立，年幼，宠太监王振。其时瓦剌强，杀鞑靼酋长，又胁服兀良哈。1449年，其酋长也先入寇。王振贸然怂恿英宗亲征。至大同，知兵势不敌，还师。为敌军追及于土木堡，英宗北狩。朝臣徐有贞等主张迁都，于谦力主守御，奉英宗之弟景帝监国，旋即位。也先入寇，谦任总兵石亨等力战御之。也先攻京城，不能克，后屡寇边，又不得利，乃奉英宗归。大凡敌兵入寇，京城危急之时，迁都与否，要看情势而定。敌兵强，非坚守所能捍御，而中央政府，为一国政治的中心，失陷了，则全国的政治，一时要陷于混乱，则宜退守一可据的据点，徐图整顿。在这情势之下，误执古代国君死社稷之义，不肯迁都，是要误事的，崇祯的已事，是其殷鉴。若敌兵实不甚强，则坚守京城，可以振人心而作士气。一移动，一部分的国土，就要受敌兵蹂躏，损失多而事势亦扩大了。瓦剌在当日，形势实不甚强，所以于谦的主守，不能不谓之得计。然徐有贞因此内惭，石亨又以赏薄怨望，遂结内监曹吉祥等，乘景帝卧病，闯入宫中，迎英宗复辟，是为“夺门”之变。于谦被杀。英宗复辟后，亦无善政。传子宪宗，宠太监汪直。宪宗传孝宗，政治较称清明。孝宗传武宗，又宠太监刘瑾。这不能不说是成祖恶政的流毒了。明自中叶以后，又出了三个昏君。其一是武宗的荒淫，其二是世宗的昏聩，其三是神宗的怠荒，明事遂陷于不可收拾之局。武宗初宠刘瑾，后瑾伏诛，又宠大同游击江彬，导之出游北边。封于南昌的宁王宸濠，乘机作乱，为南赣巡抚王守仁所讨平，武宗又借以为名，出游江南而还。其时山东、畿南群盗大起，后来幸获敉平，只可算得侥幸。武宗无子，世宗以外藩入继。驭宦官颇严，内监的不敢恣肆，是无过于世宗时的。但其性质严而不明，中年又好神仙，日事斋醮，不问政事。严嵩因之，故激其怒，以入人罪，而窃握大权，政事遂至大坏。其时倭寇大起，沿海七省，无一不被其患，甚至沿江深入，直抵南京。北边自也先死后，瓦剌复衰，鞑靼部落，入据河套，谓之“套寇”。明朝迄无善策。至世宗时，成吉思汗后裔达延汗复兴，击败套寇，统一蒙古。达延汗四子，长子早死。达延汗自与其嫡孙卜赤徙牧近长城，称为插汉儿部，就是现在的察哈尔部。次子为套寇所杀。三子系征服套寇的，有二子：一为今鄂尔多斯部之祖，亦早死。一为阿勒坦汗，《明史》称为俺荅，为土默特部之祖。第四子留居漠北，则为喀尔喀三部之祖。车臣，上谢图，札萨克图。其三音诺颜系清时增设。自达延汗以后，蒙古遂成今日的形势了，所以达延汗亦可称为中兴蒙古的伟人。俺荅为边患是最深的。世宗时，曾三次入犯京畿。有一次，京城外火光烛天，严嵩竟骗世宗，说是民家失火，其蒙蔽，亦可谓骇人听闻了。世宗崩，穆宗立，未久而死。神宗立，年幼，张居正为相。此为明朝中兴的一个好机会。当穆宗时，俺荅因其孙为中国所得，来降，受封为顺义王，不复为边患。插汉儿部强盛时，高拱为相，任李成梁守辽东，戚继光守蓟镇以敌之。成梁善战，继光善守，张居正相神宗，益推心任用此二人，东北边亦获安静。明朝政治，久苦因循。张居正则能行严肃的官僚政治。下一纸书，万里之外，无敢不奉行惟谨者，所以吏治大有起色。百孔千疮的财政，整理后亦见充实。惜乎居正为相，不过十年，死后神宗亲政，又复昏乱。他不视朝至于二十余年，群臣都结党相攻。其时无锡顾宪成，居东林书院讲学，喜欢议论时政，于是朝廷上的私党，和民间的清议，渐至纠结而不可分。神宗信任中官，使其到各省去开矿，名为开矿，实则藉此索诈。又在穷乡僻壤，设立税使，骚扰无所不至。日本丰臣秀吉犯朝鲜，明朝发大兵数十万以援之，相持凡七年，并不能却敌，到秀吉死，日本兵才自退。神宗死后，熹宗继之。信任宦官魏忠贤，其专横又为前此所未有。统计明朝之事，自武宗以后，即已大坏，而其中世宗、神宗，均在位甚久。武宗即位，在1506年，熹宗之死，在1627年，此一百二十二年之中，内忧外患，迭起交乘，明事已成不可收拾之局。思宗立，虽有志于振作，而已无能为力了。

第四十八章 明清的兴亡

文化是有传播的性质的，而其传播的路线，往往甚为纡曲。辽东、西自公元前4世纪，即成为中国的郡县，因其距中原较远，长驾远驭之力，有所不及，所以中国的政治势力，未能充分向北展拓，自吉林以东北，历代皆仅等诸羁縻。其地地质虽极肥沃，而稍苦寒；又北方扰攘时多，自河北经热河东北出之道，又往往为游牧民族所阻隔，所以中国民族，亦未能盛向东北拓殖。在这一个区域中，以松花江流域为最肥沃，其地距朝鲜甚近，中国的文化，乃从朝鲜绕了一个圈儿，以间接开化其地的女真民族。渤海、金、清的勃兴，都是如此。

清朝的祖先，据其自己说，是什么天女所生的，这一望而知其为有意造作的神话。据近人所考证，明时女真之地，凡分三卫：曰海西卫，自今辽宁的西北境，延及吉林的西部。曰野人卫，地在吉、黑的东偏。曰建州卫，则在长白山附近。海西卫为清人所谓扈伦部，野人卫清人谓之东海部，建州卫则包括满洲长白山西部。清朝真正的祖先，所谓肇祖都督孟特穆，就是1412年受职为建州卫指挥使的猛哥帖木儿，明人所授指挥使，清人则称为都督。孟特穆为孟哥帖木儿异译。其初曾入贡受职于朝鲜的李朝的。后为七姓野人所杀。其时的建州卫，还在朝鲜会宁府河谷。弟凡察立，迁居佟家江。后猛哥帖木儿之子董山，出而与凡察争袭。明朝乃分建州为左右两卫，以董山为左卫指挥使，凡察为右卫指挥使。董山渐跋扈，明朝檄致广宁诛之。部下拥其子脱罗扰边，《清实录》作妥罗，为肇祖之孙。其弟曰锡宝斋篇古。锡宝斋篇古之子曰兴祖都督福满，即景祖之父。声称报仇，但未久即寂然。自此左卫衰而右卫盛。右卫酋长王杲，居宽甸附近。为李成梁所破，奔扈伦部的哈达。叶赫在吉林西南，明人称为北关。哈达在开原北，明人称为南关。哈达执送成梁，成梁杀之。其子阿台，助叶赫攻哈达。满洲苏克苏浒部长尼堪外兰，为李成梁做向导，攻杀阿台。满洲酋长叫场，即清朝所谓景祖觉昌安，其子他失，则清朝所谓显祖塔克世，塔克世的儿子努尔哈赤，就是清朝的太祖了。阿台系景祖孙婿，阿台败时，清景、显二祖亦死。清太祖仍受封于明，后来起兵攻破尼堪外兰。尼堪外兰逃奔明边。明朝非但不能保护，反把他执付清太祖。且开抚顺、清河、宽甸、叆阳四关，和它互市。自此满洲人得以沐浴中国的文化，且藉互市以润泽其经济，其势渐强。先服满洲诸部。扈伦、长白山诸部联合蒙古的科尔沁部来攻，清太祖败之，威声且达蒙古东部。又合叶赫灭哈达。至1616年，遂叛明。

时值明神宗之世。以杨镐为经略，发大兵二十万，分四路东征，三路皆败。满洲遂陷铁岭，灭叶赫。明以熊廷弼为经略。廷弼颇有才能，明顾旋罢之，代以袁应泰。应泰有吏才，无将略，辽、沈遂陷。清太祖初自今之长白县清之兴京，其地本名赫图阿拉。迁居辽阳，后又迁居沈阳。明朝再起熊廷弼，又为广宁巡抚王化贞所掣肘。化贞兵败，辽西地多陷。明朝逮二人俱论死。旋得袁崇焕力守宁远。1626年，清太祖攻之，受伤而死。子太宗立，因朝鲜归心于明，屡犄满洲之后，太宗乃先把朝鲜征服了，还兵攻宁远、锦州，又大败。清人是时，正值方兴之势，自非一日可以削平，然其力亦并不能进取辽西。倘使明朝能任用如袁崇焕等人物，与之持久，辽东必可徐图恢复的，辽西更不必说了，若说要打进山海关，那简直是梦想。

所谓流寇，是无一定的根据地，流窜到哪里，裹胁到哪里的。中国疆域广大，一部分的天灾人祸，影响不到全国，局部的动乱，势亦不能牵动全国，只有当社会极度不安时，才会酿成如火燎原之势，而明季便是其时了。明末的流寇，是以1628年起于陕西的，正值思宗的元年。旋流入山西，又流入河北，蔓衍于四川、湖广之境。以李自成和张献忠为两个最大的首领。献忠系粗才，一味好杀，自成则颇有大略。清太宗既不得志于辽西，乃自喜峰口入长城，犯畿甸。袁崇焕闻之，亦兼程入援。两军相持，未分胜负。明思宗之为人，严而不明，果于诛杀。先是袁崇焕因皮岛守将毛文龙跋扈，将其诛戮，皮岛，今图作海洋岛。思宗疑之而未发。及是，遂信清人反间之计，把崇焕下狱杀掉，于是长城自坏。此事在1629年。至1640年，清人大举攻锦州。蓟辽总督洪承畴往援，战败，入松山固守。明年，松山陷，承畴降清。先是毛文龙死后，其将孔有德、耿仲明降清，引清兵攻陷广鹿岛，今图或作光禄岛。守将尚可喜亦降。清当太祖时，尚无意于入据中原，专发挥其仇视汉人的观念，得儒士辄杀，得平民则给满洲人为奴。太宗始变计抚用汉人，尤其优待一班降将。洪承畴等遂不恤背弃祖国，为之效力。于是政治军事的形势，又渐变了。但明兵坚守了山海关，清兵还无力攻陷。虽然屡次绕道长城各口，蹂躏畿甸，南及山东，毕竟不敢久留，不过明朝剿流寇的兵，时被其牵制而已。1643年，李自成陷西安。明年，在其地称帝。东陷太原，分兵出真定，今河北正定县。自陷大同、宣府，入居庸关。北京不守，思宗殉国于煤山。山海关守将吴三桂入援，至丰润，京城已陷。自成招三桂降，三桂业经允许了。旋闻爱妾陈沅被掠，大怒，遂走关外降清。“痛哭六军皆缟素，冲冠一怒为红颜”，民族战争时唯一重要的据点，竟因此兵不血刃而失陷，武人不知礼义的危险，真令人言之而色变了。

时清太宗已死，子世祖继立，年幼，叔父睿亲王多尔衮摄政，正在关外略地，闻三桂来降，大喜，疾趋受之。李自成战败，奔回陕西，清人遂移都北京。明人立神宗之孙福王由崧于南京，是为弘光帝。清人这时候，原只望占据北京，并不敢想全吞中国，所以五月三日入京，四日下令强迫人民剃发，到二十四日，即又将此令取消。而其传檄南方，亦说“明朝嫡胤无遗，用移大清，宅此北土，其不忘明室，辅立贤藩，戮力同心，共保江左，理亦宜然，予所不禁”。但弘光帝之立，是靠着凤阳总督马士英的兵力做背景的。士英遂引阉党阮大铖入阁，排去史可法。弘光帝又荒淫无度。清朝乃先定河南、山东。又分兵两道入关，李自成走死湖北。清人即移兵以攻江南。明朝诸将，心力不齐，史可法殉国于扬州，南京不守，弘光帝遂北狩，时在1645年。清朝既定江南，乃下令强迫人民剃发。当时有“留头不留发，留发不留头”之谚，其执行的严厉可想。此举是所以摧挫中国的民气的，其用意极为深刻酷毒。缘中国地大而人众，政治向主放任，人民和当地的政府，关系已浅，和中央政府，则几于毫无直接关系，所以朝代的移易，往往刺激不动人民的感情。至于衣服装饰，虽然看似无关紧要，然而习俗相沿，就是一种文化的表征，用兵力侵略的异族，强使故有的民族，弃其旧有的服饰而仿效自己，就不啻摧毁其文化，而且强替其加上一种屈服的标识。这无怪当日的人民，要奋起而反抗了。但是人民无组织已久了，临时的集合，如何能敌得久经征战的军队？所以当日的江南民兵，大都不久即败。南都亡后，明之遗臣，或奉鲁王以海监国绍兴，或奉唐王聿键正位福州，是为隆武帝。清人遣吴三桂陷四川，张献忠败死。别一军下江南，鲁王败走舟山。清兵遂入福建，隆武帝亦殉国，时为1647年。

西南之地，向来和大局是关系较浅的，龙拏虎攫，总在黄河、长江两流域。到明季，情形却又不同了。长江以南，以湘江流域开辟为最早。汉时杂居诸异族，即已大略同化。其资、沅、澧三水流域，则是隋、唐、北宋之世，逐渐开辟的。1413年，当明成祖之世，贵州之地，始列为布政司。其后水西的安氏，水东的宋氏，播州的杨氏，水西、水东，系分辖贵阳附近新土司的。播州，今遵义县。亦屡烦兵力，然后戡定。而广西桂林的古田，平乐的府江，浔州的大藤峡，梧州的岑溪，明朝亦费掉很大的兵力。云南地方，自唐时，大理独立为国，到元朝才把它灭掉。其时云南的学校，还不知崇祀孔子，而崇祀晋朝的王羲之，货币则所用的是海蚆。全省大都用土官，就正印是流官的，亦必以土官为之副。但自元朝创立土司制度以来，而我族所以管理西南诸族的，又进一步。其制：异族酋长归顺的，我都授以某某司的名目，如宣慰司、招讨司之类，此之谓土司。有反叛、虐民，或自相攻击的，则用政治手腕或兵力戡定，改派中国人治理其地，此之谓改土归流。明朝一朝，西南诸省，逐渐改流的不少，政治势力和人民的拓殖，都大有进步。所以到明末，已可用为抗敌的根据地。隆武帝亡后，明人立其弟聿𨮁于广州，旋为叛将李成栋所破。神宗之孙桂王由榔即位肇庆，是为永历帝，亦为成栋所迫，退至桂林。清又使降将孔有德、尚可喜、耿仲明下湖南，金声桓下江西。声桓、成栋旋反正。明兵乘机复湖南，川南、川东亦来归附。桂王一时曾有两广、云、贵、江西、湖南、四川七省之地，然声桓、成栋都系反复之徒，并无能力，不久即败，湖南亦复失。清兵且进陷桂林，永历帝逃到南宁，遣使封张献忠的余党孙可望为秦王。可望虽不过流寇，然其军队久经战阵，战斗力毕竟要强些。可望乃使其党刘文秀攻四川，吴三桂败走汉中。李定国攻桂林，孔有德伏诛。清朝乃派洪承畴守长沙，尚可喜守广东，又派兵驻扎保宁，以守川北，无意于进取了。而永历帝因可望跋扈，密召李定国，可望攻定国，大败，复降清。洪承畴因之请大举。1658年，清兵分三道入滇。定国扼北盘江力战，不能敌，乃奉永历帝走腾越，而伏精兵，大败清之追兵于高黎贡山。清兵乃还。定国旋奉永历帝入缅甸。1661年，吴三桂发大兵十万出边，缅甸人乃奉永历帝入三桂军。明年，被弑，明亡。当永历帝入缅时，刘文秀已前卒。定国和其党白文选崎岖缅甸，欲图恢复，卒皆赍志以终。定国等虽初为寇盗，而其晚节能效忠于国家、民族如此，真可使洪承畴、吴三桂等一班人愧死了。

汉族在大陆上虽已无根据地，然天南片土，还有保存着上国的衣冠的，是为郑成功。郑成功为郑芝龙的儿子。芝龙本系海盗，受明招安的。清兵入闽时，芝龙阴行通款，以致隆武帝败亡。成功却不肯叛国，退据厦门，练兵造船为兴复之计。鲁王被清兵所袭，失去舟山，也是到厦门去依靠他的。清兵入滇时，成功曾大举入江，直迫江宁。后从荷兰人之手，夺取台湾，务农、训兵、定法律、设学校，俨然独立国的规模。清朝平定西南，本来全靠降将之力，所以事定之后，清朝并不能直接统治，乃封尚可喜于广东，耿仲明之子继茂于福建，吴三桂于云南，是为三藩。三藩中，吴三桂功最高，兵亦最强。1673年，尚可喜因年老，将兵事交给其儿子之信，反为所制，请求撤藩，清人许之。三桂和耿继茂的儿子耿精忠不自安，亦请撤藩，以觇朝意。时清世祖已死，子圣祖在位，年少气盛，独断许之，三桂遂叛清。耿、尚二藩亦相继举兵。清朝在西南，本无实力，三桂一举兵，而贵州、湖南、四川、广西俱下。但三桂暮气不振，既不能弃滇北上，想自出应援陕西响应的兵，又不及，徒据湖南，和清兵相持；耿、尚二藩，本来是反复无常的，此时苦三桂征饷，又叛降清，三桂兵势遂日蹙。1678年，三桂称帝于衡州。旋死，诸将乖离，其孙世璠，遂于1681年为清人所灭。清平定西南，已经出于意外了，如何再有余力，觊觎东南海外之地？所以清朝是时，已有和郑氏言和，听其不剃发，不易衣冠之意。但又有降将作祟。先是郑成功以1662年卒，子经袭，初和耿氏相攻，曾略得漳、泉之地。后并失厦门，退归台湾。其将施琅降清，清人用为提督。1681年，郑经卒，内部乖离。1683年，施琅渡海入台湾，郑氏亡。

第四十九章 清代的盛衰

清朝的猾夏，是远较辽、金、元为甚的。这是因为女真民族，在渤海和金朝时，业已经过两度的开化，所以清朝初兴时，较诸辽、金、元，其程度已觉稍高了。当太宗时，已能任用汉人，且能译读《金世宗本纪》，戒谕臣下，勿得沾染华风。入关之后，圈占民地，给旗人住居，这也和金朝将猛安谋克户迁入中原，是一样的政策。他又命旗兵驻防各省，但多和汉人分城而居，一以免其倚势欺凌，挑起汉人的恶感，一亦防其与汉人同化。其尤较金人为刻毒的，则为把关东三省都封锁起来，禁止汉人移殖。他又和蒙古人结婚姻，而且表面上装作信奉喇嘛教，以联络蒙古的感情，而把蒙古也封锁起来，不许汉人移殖，这可称之为“联蒙制汉”政策。他的对待汉人，为前代异族所不敢行的，则为明目张胆，摧折汉人的民族性。从来开国的君主，对于前代的叛臣投降自己的，虽明知其为不忠不义之徒，然大抵把这一层抹杀不提，甚且还用些能知天命，志在救民等好看的话头，替他掩饰，这个可说是替降顺自己的人留些面子。清朝则不然，对于投顺它的人，特立贰臣的名目，把他的假面具都剥光了。康、雍、乾三朝，大兴文字之狱，以摧挫士气。乾隆时开四库馆，编辑四库全书，却借此大烧其书。从公元1763到1782年二十年之中，共烧书二十四次，被烧掉的书有五百三十八种，一万三千八百六十二部之多。不但关涉清朝的，即和辽、金、元等有关涉的，亦莫不加以毁灭。其不能毁灭的，则加以改窜。他岂不知一手不能掩尽天下目？他所造作的东西，并不能使人相信？此等行为，更不能使人心服？不过肆其狠毒之气，一意孤行罢了。他又开博学鸿词科，设明史馆，以冀网罗明季的遗民。然被其招致的，全是二等以下的人物，真正有志节的，并没有入他彀中的啊！

从前的人民，对于政权，实在疏隔得太厉害了。所以当异族侵入的时候，民心虽然不服，也只得隐忍以待时，清初又是这时候了。从1683年台湾郑氏灭亡起，到1793年白莲教徒起兵和清朝反抗为止，凡一百一十年，海内可说无大兵革。清圣祖的为人，颇为聪明，也颇能勤于政治；就世宗也还精明。他们是一个新兴的野蛮民族，其骄奢淫逸，比之历年已久的皇室，自然要好些。一切弊政，以明末为鉴，自然也有相当的改良。所以康、雍之世，政治还算清明，财政亦颇有余蓄。到乾隆时，虽然政治业已腐败，社会的元气，亦已暗中凋耗了，然表面上却还维持着一个盛况。

武功是时会之适然。中国的国情，是不适宜于向外侵略的。所以自统一以后，除秦、汉两朝，袭战国之余风，君主有好大喜功的性质，社会上亦有一部分人，喜欢立功绝域外，其余都是守御之师。不过因为国力的充裕，所以只要（一）在我的政治相当清明，（二）在外又无方张的强敌，即足以因利乘便，威行万里。历代的武功，多是此种性质，而清朝亦又逢着这种幸运了。蒙古和西藏的民族，其先都是喜欢侵略的。自唐中叶后，喇嘛教输入吐蕃，而西藏人的性质遂渐变。明末，俺荅的两个儿子侵入青海，其结果，转为青海地方的喇嘛教所感化，喇嘛教因此推行于蒙古，连蒙古人的性质，也渐趋向平和，这可说是近数百年来塞外情形的一个大转变。在清代，塞外的侵略民族，只剩得一个卫拉特了。而其部落较小，侵略的力量不足，卒为清人所摧破。这是清朝人的武功，所以能够煊赫一时的大原因。卫拉特即明代的瓦剌。当土木之变时，其根据地本在东方。自蒙古复强，它即渐徙而西北。到清时，共分为四部：曰和硕特，居乌鲁木齐。曰准噶尔，居伊犁。曰杜尔伯特，居额尔齐斯河。曰土尔扈特，居塔尔巴哈台。西藏黄教的僧侣，是不许娶妻的。所以其高僧，世世以“呼毕勒罕”主持教务。因西藏人信之甚笃，教权在名义上，遂出于政权之上。然所谓迷信，其实不过是这么一句话。从古以来，所谓神权政府，都是建立在大多数被麻醉的人信仰之上的，然教中的首领，其实并不迷信，试看其争权夺利，一切都和非神权的政府无异可知。达赖喇嘛是黄教之主宗喀巴的第一个大弟子，他在喇嘛教里，位置算是最高，然并不能亲理政务，政务都在一个称为“第巴”的官的手里。清圣祖时，第巴桑结，招和硕特的固始汗入藏，击杀了红教的护法藏巴汗，而奉宗喀巴的第二大弟子班禅入居札什伦布，是为达赖、班禅分主前后藏之始。和硕特自此徙牧青海，干涉西藏政权，桑结又恶之，招致准噶尔噶尔丹入藏，击杀了固始汗的儿子达颜汗。准噶尔先已慑服杜尔伯特，逐去土尔扈特，至此其势大张。1688年，越阿尔泰山攻击喀尔喀，三汗部众数十万，同时溃走漠南。清圣祖为之出兵击破噶尔丹。噶尔丹因伊犁旧地，为其兄子策妄阿布坦所据无所归，自杀。阿尔泰山以东平。固始汗的曾孙拉藏汗杀掉桑结。策妄阿布坦派兵入藏，袭杀拉藏汗。圣祖又派兵将其击破。1722年，圣祖死，世宗立。固始汗之孙罗卜藏丹津煽动青海的喇嘛反叛，亦为清兵所破。此时卫拉特的乱势，可谓蔓延甚广，幸皆未获逞志，然清朝亦未能犁庭扫穴。直至1754年，策妄阿布坦之子噶尔丹策凌死，其部落内乱，清高宗才于1757年将其荡平。至于天山南路，则本系元朝察哈尔后王之地，为回教区域。元衰后，回教教主的后裔有入居喀什噶尔的，后遂握有南路政教之权。准部既平，教主的后裔大小和卓木大和卓木名布罗尼特，小和卓木名霍集占。和清朝反抗，亦于1759年为清所破灭。清朝的武功，以此时为极盛。天山南北路既定，葱岭以西之国，敖罕、哈萨克、布鲁特、乾竺特、博罗尔、巴达克山、布哈尔、阿富汗等，都朝贡于清，仿佛唐朝盛时的规模。1792年，清朝又用兵于廓尔喀，将其征服，则其兵力又为唐时所未至。对于西南一隅，则清朝的武功，是掩耳盗铃的。当明初，中国西南的疆域，实还包括今伊洛瓦底江流域和萨尔温、眉公两江上游。看《明史·西南土司传》可知。但中国对于西南，实力并不充足，所以安南暂合而复离，而缅甸亦卒独立为国。中国实力所及，西不过腾冲，南不越普洱，遂成为今日的境界了。1767年，清高宗因缅甸犯边，发兵征之败没。1769年，又派大兵再举，亦仅因其请和，许之而还。这时候，暹罗为缅甸所灭。后其遗臣中国人郑昭，起兵复国，传其养子郑华，以1786年受封于中国，缅甸怕中国和暹罗夹攻它，对中国才渐恭顺。安南之王黎氏，明中叶后为其臣莫氏所篡。清初复国。颇得其臣阮氏之力，而其臣郑氏，以国戚执政，阮氏与之不协，乃南据顺化，形同独立。后为西贡豪族阮氏所灭，是为新阮，而顺化之阮氏，则称旧阮。新阮既灭旧阮，又入东京灭郑氏，并废黎氏。黎氏遗臣告难中国，高宗于1788年为之出兵，击破新阮，复立黎氏。然旋为新阮所袭败，乃因新阮的请降，封之为王。总而言之，中国用兵于后印度，天时地利，是不甚相宜的，所以历代都无大功，到清朝还是如此。清朝用兵域外，虽不得利，然其在湘西、云、贵、四川各省，则颇能竟前代所未竟之功。在今湖南、贵州间，则开辟永顺、乾州、凤皇、永绥、松桃各府、厅，在云南，则将乌蒙、乌撒、东川、镇雄各土官改流，乌蒙，今云南昭通县。乌撒，今贵州威宁县。在贵州，则平定以古州为中心的大苗疆，古州，今榕江县。这都是明朝未竟的余绪。四川西北的大小金川，大金川，今理番县的绥靖屯。小金川，今懋功县。用兵凡五年，糜饷至七千万，可谓劳费已甚，然综合全局看起来，则于西南的开拓，仍有裨益。

清朝的衰机，可说是起于乾隆之世的。高宗性本奢侈，在位时六次南巡，耗费无艺。中岁后又任用和珅，贪渎为古今所无。官吏都不得不剥民以奉之，上司诛求于下属，下属虐取于人民，于是吏治大坏。清朝历代的皇帝，都是颇能自握魁柄，不肯授权于臣下的。它以异族入主中原，汉族真有大志的人，本来未必帮它的忙。加以它们予智自雄，折辱大臣，摧挫言路，抑压士气，自然愈形孤立了。所以到乾、嘉之间，而局面遂一变。

第五十章 中西初期的交涉

世界是无一息不变的，人，因其感觉迟钝，或虽有感觉而行为濡滞之故，非到外界变动，积微成著，使其感觉困难时，不肯加以理会，设法应付，正和我们住的屋子，非到除夕不肯加以扫除，以致尘埃堆积，扫除时不得不大费其力一样。这话，在绪论中，业已说过了。中国自有信史以来，环境可说未曾大变。北方的游牧民族，凭恃武力，侵入我国的疆域之内是有的，但因其文化较落后，并不能改变我们的生活方式，而且它还不得不弃其生活方式而从我，所以经过若干年之后，即为我们所同化。当其未被同化之时，因其人数甚少，其暴横和掠夺，也是有一个限度的，而且为时不能甚久。所以我们未曾认为是极大的问题，而根本改变我们的生活方式以应之。至于外国的文明，输入中国的，亦非无有。其中最亲切的，自然是印度的宗教。次之则是古希腊文明，播布于东方的，从中国陆路和西域交通，海路和西南洋交通以后，即有输入。其后大食的文明，输入中国的亦不少。但宗教究竟是上层建筑，生活的基础不变，说一种宗教，对于全社会真会有什么大影响，是不确的。所以佛教输入中国之后，并未能使中国人的生活印度化，反而佛教的本身，倒起了变化，以适应我们的生活了。读第十八章所述可见。其余的文明，无论其为物质的、精神的，对社会上所生的影响，更其"其细已甚"。所以中国虽然不断和外界接触，而其所受的外来的影响甚微。至近代欧西的文明，乃能改变生活的基础，而使我们的生活方式，不得不彻底起一个变化，我们应付的困难，就从此开始了。但前途放大光明、得大幸福的希望，亦即寄托在这个大变化上。

西人的东来，有海、陆两路。而海路又分两路：（一）自大西洋向东行，于公元1516年绕过好望角，自此而至南洋、印度及中国。（二）自大西洋向西行，于1492年发现美洲，1519年环绕地球，其事都在明武宗之世。初期在海上占势力的是西、葡，后来英、荷继起，势力反驾乎其上。但其在中国，因葡萄牙人独占了澳门之故，势力仍能凌驾各国，这是明末的情形。清初，因与荷兰人有夹攻台湾郑氏之约，许其商船八年一到广东，然其势力，亦远非葡萄牙之敌。我们试将较旧的书翻阅，说及当时所谓洋务时，总是把"通商传教"四字并举的。的确，我们初期和西洋人的接触，不外乎这两件事。通商本两利之道，但这时候的输出入品，还带有奢侈性质，并非全国人所必需，而近世西人的东来，我们却自始对他存着畏忌的心理。这是为什么呢？其（一）中国在军事上，是畏恶海盗的。因为从前的航海之术不精，对海盗不易倾覆其根据地，甚而至于不能发现其根据地。（二）中国虽发明火药，却未能制成近世的枪炮。近世的枪炮，实在是西人制成的，而其船舶亦较我们的船舶为高大，军事上有不敌之势。（三）西人东来的，自然都是些冒险家，不免有暴横的行为。而因传教，更增加了中国畏忌的心理。近代基督教的传布于东方，是由耶稣会（Jesuit）开始的。其教徒利玛窦（Matteo Ricci）。以1581年始至澳门，时为明神宗万历五年。后入北京朝献，神宗许其建立天主堂。当时基督教士的传教，是以科学为先驱；而且顺从中国的风俗，不禁华人祭天、祭祖、崇拜孔子的。于是在中国的反应，发生两派：其一如徐光启、李之藻等，服膺其科学，因而亦信仰其宗教。其二则如清初的杨光先等，正因其人学艺之精，传教的热烈，而格外引起其猜忌之心。在当时，科学的价值，不易为一般人所认识，后一派的见解，自然容易得势。但是输入外国的文明，在中国亦由来已久了。在当时，即以历法疏舛，旧有的回回历法，不如西洋历法之精，已足使中国人引用教士，何况和满洲人战争甚烈，需要教士制造枪炮呢？所以1616年，基督教一度被禁止传播后，到1621年，即因命教士制造枪炮而复解禁。后更引用其人于历局。清初，汤若望（Joannes Adams Schall von Bell）亦因历法而被任用。圣祖初年，为杨光先所攻击，一时失势。其后卒因旧法的疏舛，而南怀仁（Ferdinandus Verbiest）复见任用。圣祖是颇有科学上的兴趣的，在位时引用教士颇多，然他对于西洋人，根本上仍存着一种畏恶的心理。所以在他御制的文集里，曾说“西洋各国，千百年后，中国必受其累”。这在当时的情势下，亦是无怪其然的。在中国一方面，本有这种心理潜伏着，而在西方，适又有别一派教士，攻击利玛窦一派于教皇，说他们卖教求荣，容许中国的教徒崇拜偶像。于是教皇派多罗（Tourmon）到中国来禁止。这在当时的中国，如何能说得明白？于是圣祖大怒，将多罗押还澳门，令葡萄牙人看管，而令教士不守利玛窦遗法的都退出。教皇仍不变其主张，且处不从今的教士以破门之罚。教士传教中国者，遂不复能顺从中国人的习惯，此亦为中西隔阂之一因。至1717年，碣石镇总兵陈昂说：“天主教在各省开堂聚众，广州城内外尤多，恐滋事端，请严旧例严禁”，许之。1723年，闽浙总督满保请除送京效力人员外，概行安置澳门；各省天主堂，一律改为公廨，亦许之。基督教自此遂被禁止传布，然其徒之秘密传布如故。中国社会上，本有一种所谓邪教，其内容仅得之于传说，是十分离奇的，以此观之，知历来所谓邪教者的传说，亦必多诬蔑之辞。至此，遂将其都附会到基督教身上去；再加以后来战败的耻辱，因战败而准许传教，有以兵力强迫传布的嫌疑，遂伏下了几十年教案之根。至于通商，在当时从政治上看起来，并没有维持的必要。既有畏恶外人的心理，就禁绝了，也未为不可的。但这是从推理上立说，事实上，一件事情的措置，总是受有实力的人的意见支配的。当时的通商，虽于国计民生无大关系，而在官和商，则都是大利之所在，如何肯禁止？既以其为私利所在而保存之，自然对于外人，不肯不剥削，就伏下了后来五口通商的祸根。海路的交通，在初期，不过是通商传教的关系，至陆路则自始即有政治关系。北方的侵略者，乃蒙古高原的民族，而非西伯利亚的民族，这是几千年以来，历史上持续不变的形势。但到近代欧洲的势力向外发展时，其情形也就变了。15世纪末叶，俄人脱离蒙古的羁绊而自立。其时可萨克族又附俄，Kazak，即哥萨克。为之东略。于是西伯利亚的广土，次第被占。至明末，遂达鄂霍次克海，骚扰且及于黑龙江。清初因国内未平，无暇顾及外攘，至三藩既平，圣祖乃对外用兵。其结果，乃有1688年的《尼布楚条约》，订定西以额尔古讷河，东自格尔必齐河以东，以外兴安岭为界，俄商得三年一至京师。此约俄人认为系用兵力迫胁而成，心怀不服，而中国对边陲，又不能实力经营，遂伏下咸丰时戊午、庚申两约的祸根。当《尼布楚条约》签订时，中、俄的边界问题，还只限于东北方面。其后外蒙古归降中国，前此外蒙古对清，虽曾通商，实仅羁縻而已。于是俄、蒙的界务，亦成为中、俄的界务。乃有1727年的《恰克图条约》，规定额尔古讷河以西的边界，至沙宾达巴哈为止。自此以西，仍属未定之界。至1755、1759两年，中国次第平定准部、回部，西北和俄国接界处尤多，其界线问题，亦延至咸丰时方才解决。

近代欧人的到广东来求通商，事在1516年，下距五口通商时，业经三百余年了。但在五口通商以前，中国讫未觉得其处于另一个不同的世界中，还是一守其闭关独立之旧。清开海禁，事在1685年，于澳门、漳州、宁波、云台山设关四处。其后宁波的通商，移于定海，而贸易最盛于广东。当时在中国方面，贸易之权，操于公行之手，剥削外人颇深。外人心抱不平，乃合粤而趋浙。1758年，清高宗又命把浙海关封闭，驱归广东，于是外人之不平更甚。英国曾于1792、1810年两次派遣使臣到中国，要求改良通商办法，均未获结果。其时中国官吏并不能管理外人，把其事都交给公行。官吏和外人的交涉，一切都系间接。自1781年以后，英国在中国的贸易，为东印度公司所专。其代理人，中国谓之大班，一切交涉，都是和他办的。1834年，公司的专利权被废止。中国说散商不便制驭，传令其再派大班。英人先后派商务监督和领事前来，中国都仍认为是大班，官厅不肯和他平等交涉。适会鸦片输入太甚，因输出入不相抵，银之输出甚多。银在清朝是用为货币的，银荒既甚，财政首受其影响。遂有1839年林则徐的烧烟，中、英因此酿成战衅，其结果，于1842年在南京订立条约。中国割香港，开广州、厦门、福州、宁波、上海五口通商。废除行商。中、英两国官员，规定了交际礼节。于是前此以天朝自居，英国人在陆上无根据地，及贸易上的制限都除去了。英约定后，法、美、瑞典，遂亦相继和中国立约。惟俄人仍不许在海口通商。中西积久的隔阂，自非用兵力迫胁，可以解除于一时。于是又有1857年的冲突。广州失陷，延及京、津。清文宗为之出奔热河。其结果，乃有1858年和1860年《天津》、《北京》两条约。此即所谓咸丰戊午、庚申之役。此两次的英、法条约，系将五口通商以后外人所得的权利，作一个总结束的。领事裁判，关税协定，内地通商及游历、传教，外国派遣使臣，都在此两约中规定。美国的《天津条约》，虽在平和中交换，然因各约都有最惠国条款，所以英、法所享的权利，美国亦不烦一兵而得享之。至于俄国，则自19世纪以还，渐以实力经营东方。至1850年顷，黑龙江北之地，实际殆已尽为所据。至1858年，遂迫胁黑龙江将军奕山，订立《瑷珲条约》，尽割黑龙江以北，而将乌苏里江以东之地，作为两国共管。1860年，又藉口调停英、法战事，再立《北京条约》，并割乌苏里江以东。而西北边界，应当如何分划，亦在此约中规定了一个大概。先是伊犁和塔尔巴哈台方面，已许俄国通商，至是再开喀什噶尔，而海口通商及传教之权，亦与各国一律。而且规定俄人得由恰克图经库伦、张家口进京。京城和恰克图间的公文，得由台站行走。于是蒙古、新疆的门户，亦洞开了。总而言之：自1838年林则徐被派到广东查办海口事件起，至1860年各国订立《北京条约》为止，中国初期与外国交涉的问题，告一结束。其所涉及的，为：（一）西人得在海口通商，（二）赴内地通商、游历、传教，（三）税则，（四）审判，（五）沿海航行，（六）中、俄陆路通商，及（七）边界等问题。

第五十一章
汉族的光复运动

一个民族，进步到达于某一程度之后，就决不会自忘其为一个独立的民族了。虽然进化的路径，是曲线的，有时不免暂为它族所压服。公元1729，即清世宗的雍正七年，曾有过这样一道上谕。他说："从前康熙年间各处奸徒窃发，辄以朱三太子为名，如一念和尚、朱一贵者，指不胜屈。近日尚有山东人张玉，假称朱姓，托于明之后裔，遇星士推算有帝王之命，以此希冀蛊惑愚民，现被步军统领拿获究问。从来异姓先后继统，前朝之宗姓，臣服于后代者甚多，否则隐匿姓名，伏处草野，从未有如本朝奸民，假称朱姓，摇惑人心若此之众者。似此蔓延不息，则中国人君之子孙，遇继统之君，必至于无噍类而后已，岂非奸民迫之使然乎？"这一道上谕，是因曾静之事而发的。曾静是湖南人，读浙江吕留良之书，受着感动，使其徒张熙往说岳钟琪叛清，钟琪将其事举发。吕留良其时已死，因此遭到了剖棺戮尸之祸。曾静、张熙暂时免死拘禁，后亦被杀。这件事，向来被列为清朝的文字狱之一，其实乃是汉族图谋光复的实际行动，非徒文字狱而已。1729年，为亡清入关后之八十六年，表面上业已太平，而据清世宗上谕所说，则革命行动的连续不绝如此，可见一部分怀抱民族主义的人，始终未曾屈服了。怀抱民族主义的人，是中下流社会中都有的。中流社会中人的长处，在其知识较高，行动较有方策，且能把正确的历史知识，留传到后代，但直接行动的力量较弱。下流社会中人，直接行动的力量较强，但其人智识缺乏，行动起来，往往没有适当的方策，所以有时易陷于失败，甚至连正确的历史，都弄得缪悠了。清朝最大的会党，在北为哥老会，在南为天地会，其传说大致相同。天地会亦称三合会，有人说就是三点会，南方的清水、匕首、双刀等会，皆其支派。据它们的传说：福建莆田县九连山中，有一个少林寺。僧徒都有武艺，曾为清征服西鲁国，后为奸臣所谗，清主派兵去把他们剿灭。四面密布火种，缘夜举火，想把他们尽行烧死。有一位神道，唤做达尊，使其使者朱开、朱光，把十八个和尚引导出来。这十八个和尚，且战且走，十三个战死了。剩下来的五个，就是所谓前五祖。又得五勇士和后五祖为辅，矢志反涓复汩。涓就是清字，汩就是明字，乃会中所用的秘密符号。他们自称为洪家。把洪字拆开来则是三八二十一，他们亦即用为符号。洪字大约是用的明太祖开国的年号洪武；或者洪与红同音，红与朱同色，寓的明朝国姓的意思，亦未可知。据他们的传说：他们会的成立，在1674年。曾奉明思宗之裔举兵而无成，乃散而广结徒党，以图后举。此事见于日本平山周所著的《中国秘密社会史》。平山周为中山先生的革命同志，曾身入秘密社会，加以调查。据他说："后来三合会党的举事，连续不绝。其最著者，如1787，即清高宗乾隆五十二年台湾林爽文之变便是。1832，即宣宗道光十二年，两广、湖南的瑶乱，亦有三合会党在内。鸦片战争既起，三合会党尚有和海峡殖民地的政府接洽，图谋颠覆清朝的。"其反清复明之志，可谓终始不渝了。而北方的白莲教徒的反清，起于1793年，即乾隆五十八年，蔓延四川、湖北、河南、陕西四省，至1804年，即仁宗嘉庆九年而后平定，此即向来的史家称为川、楚教匪，为清朝最大的内乱之始的，其所奉的王发生，亦诈称明朝后裔，可见北方的会党，反清复明之志，亦未尝变。后来到1813年，即嘉庆十八年，又有天理教首林清，图谋在京城中举事，至于内监亦为其内应，可见其势力之大。天理教亦白莲教的支派余裔，又可见反清复明之志，各党各派，殊途同归了。而其明目张胆，首传讨胡之檄的则为太平天国。

太平天国天王洪秀全，系广东花县人，生于1812年，恰在民国纪元之前百年。结合下流社会，有时是不能不利用宗教做工具的。广东和外人交通早，所以天王所创的宗教，亦含有西教的意味。他称耶和华为天父，基督为天兄，而己为其弟。乘广西年饥盗起，地方上有身家的人所办的团练和贫苦的客民冲突，以1850年，起事于桂平的金田村。明年，下永安，始建国号。又明年，自湖南出湖北，沿江东下。1853年，遂破江宁，建都其地，称为天京。当天国在永安时，有人劝其北出汉中，以图关中；及抵武、汉时，又有人劝其全军北上，天王都未能用。既据江宁，耽于声色货利，不免渐流于腐败。天王之为人，似只长于布教，而短于政治和军事。委政于东王杨秀清，尤骄恣非大器。始起诸王，遂至互相残杀。其北上之军，既因孤行无援，而为清人所消灭。溯江西上之兵，虽再据武、汉，然较有才能的石达开，亦因天京的政治混乱，而和中央脱离了关系。清朝却得曾国藩，训练湘军，以为新兴武力的中坚。后又得李鸿章，招募淮军，以为之辅。天国徒恃一后起之秀的李秀成，只身支柱其间，而其余的政治军事，一切都不能和他配合。虽然兵锋所至达十七省，内地十八省中，惟甘肃未到。前后共历十五年，也不得不陷于灭亡的悲运了。太平天国的失败，其责实不在于军事而在于政治。它的兵力，是够剽悍的。其扎实垒、打死仗的精神，似较之湘、淮军少逊，此乃政治不能与之配合之故，而不能悉归咎于军事。若再推究得深些，则其失败，亦可以说是在文化上。（一）社会革命和政治革命，很不容易同时并行，而社会革命，尤其对社会组织，前因后果，要有深切的认识，断非简单，手段灭裂的均贫富主义所能有济。中国的下流社会中人，是向来有均贫富的思想的，其宗旨虽然不错，其方策则决不能行。今观太平天国所定的把天下田亩，按口均分；二十五家立一国库，婚丧等费用，都取给国库，私用有余，亦须缴入国库等，全是极简单的思想，极灭裂的手段。知识浅陋如此，安能应付一切复杂的问题？其政治的不免于紊乱，自是势所必然了。（二）满洲人入据中原，固然是中国人所反对，而是时西人对中国，开始用兵力压迫，亦为中国人所深恶的，尤其是传教一端，太平天国初起时，即发布讨胡之檄。“忍令上国衣冠，沦于夷狄？相率中原豪杰，还我河山”，读之亦使人气足神王。倘使他们有知识，知道外力的压迫，由于满清的失政，郑重提出这一点，固能得大多数人的赞成；即使专提讨胡，亦必能得一部分人的拥护。而他们后来对此也模糊了，反而到处传播其不中不西的上帝教，使反对西教的士大夫，认他为文化上的大敌，反而走集于清朝的旗帜之下。这是太平天国替清朝做了掩蔽，而反以革命的对象自居，其不能成事，实无怪其然了。湘、淮军诸将，亦是一时人杰。并无一定要效忠于满清的理由，他们的甘为异族作伥，实在是太平天国的举动，不能招致豪杰，而反为渊殴鱼。所以我说它政治上的失败，还是文化上的落后。

和太平天国同时的，北方又有捻党，本蔓延于苏、皖、鲁、豫四省之间。1864年，天国亡，余众多合于捻，而其声势乃大盛。分为东西两股。清朝任左宗棠、李鸿章以攻之。至1867、1868两年，然后先后平定。天国兵锋，侧重南方，到捻党起，则黄河流域各省，亦无不大被兵灾了，而回乱又起于西南，而延及西北。云南的回乱，起于1855年，至1872年而始平，前后共历十八年。西北回乱，则起于1862年，自陕西延及甘肃，并延及新疆。浩罕人借兵给和卓木的后裔，入据喀什喀尔。后浩罕之将阿古柏帕夏杀和卓木后裔而自立，意图在英、俄之间，建立一个独立国。英、俄都和他订结通商条约，且曾通使土耳其。英使且力为之请，欲清人以天山南北路之地封之。清人亦有以用兵劳费，持是议者。幸左宗棠力持不可。西捻既平之后，即出兵以攻叛回。自1875至1878，前后共历四年，而南北两路都平定。阿古柏帕夏自杀。当回乱时，俄人虽乘机占据伊犁，然事定之后，亦获返还。虽然划界时受损不少，西北疆域，大体总算得以保全。

清朝的衰机，是潜伏于高宗，暴露于仁宗，而大溃于宣宗、文宗之世的。当是时，外有五口通商和咸丰戊午、庚申之役，内则有太平天国和捻、回的反抗，几于不可收拾了。其所以能奠定海宇，号称中兴，全是一班汉人，即所谓中兴诸将，替它效力的。清朝从道光以前，总督用汉人的很少，兵权全在满族手里。至太平天国兵起，则当重任的全是汉人。文宗避英、法联军，逃奔热河，1861年，遂死于其地。其时清宗室中，载垣、端华、肃顺三人握权。载垣、端华亦是妄庸之徒，肃顺则颇有才具，力赞文宗任用汉人，当时内乱的得以削平，其根基实定于此。文宗死，子穆宗立。载垣、端华、肃顺等均受遗诏，为赞襄政务大臣。文宗之弟恭亲王奕訢，时留守京师，至热河，肃顺等隔绝之，不许其和文宗的皇后钮钴禄氏和穆宗的生母叶赫那拉氏相见。后来不知如何，奕訢终得和她们相见了，密定回銮之计。到京，就把载垣、端华、肃顺都杀掉。于是钮钴禄氏和叶赫那拉氏同时垂帘听政，钮钴禄氏称母后皇太后，谥孝贞。叶赫那拉氏称圣母皇太后，死谥孝钦。世称孝贞为东宫太后，孝钦为西宫太后。钮钴禄氏是不懂得什么的，大权都在叶赫那拉氏手里。叶赫那拉氏和肃顺虽系政敌，对于任用汉人一点，却亦守其政策不变，所以终能削平大难。然自此以后，清朝的中央政府即无能为，一切内政、外交的大任，多是湘、淮军中人物，以疆臣的资格决策或身当其冲。军机及内阁中，汉人的势力亦渐扩张。所以在这个时候，满洲的政权，在实际上已经覆亡了，只因汉人一方面，一时未有便利把它推倒，所以名义又维持了好几十年。

第五十二章 清朝的衰乱

太平天国既亡，捻、回之乱复定，清朝一时号称中兴。的确，遭遇如此大难，而一个皇室，还能维持其政权于不敝的，在历史上亦很少见。然清室的气运，并不能自此好转，仍陵夷衰微以至于覆亡，这又是何故呢？这是世变为之。从西力东侵以后，中国人所遭遇到的，是一个旷古未有的局面，决非任何旧方法所能对付。孝钦皇后自亦有其相当的才具，然她的思想是很陈旧的。试看她晚年的言论，还时时流露出道、咸时代人的思想来可知。大约她自入宫以后，就和外边隔绝了，时局的真相如何，她是不得而知的。她的思想，比较所谓中兴名臣，还要落后许多。当时应付太平天国，应付捻、回，所用的都是旧手段，她是足以应付的。内乱既定之后，要进而发愤自强，以御外患，就非她所能及了。不但如此，即当时所谓中兴名臣，要应付这时候的时局，也远觉不够。他们不过任事久了，经验丰富些，知道当时的一种迂阔之论不足用，他们亦觉得中国所遭遇的，非复历史上所有的旧局面，但他们所感觉到的，只是军事。因军事而牵及于制造，因制造而牵及于学术，如此而已。后来的人所说的“西人自有其立国之本，非仅在械器之末”，断非这时候的人所能见得到的，这亦无怪其然。不但如此，在当时中兴诸将中，如其有一个首领，像晋末的宋武帝一般，入据中央，大权在握，而清朝的皇帝，仅保存一个名义，这一个中央政府，又要有生气些。而无如中兴诸将，地丑德齐，没有这样的一个人物。而且他们多数是读书人，既有些顾虑君臣的名义，又有些顾虑到身家、名誉，不敢不急流勇退。清朝对于汉人，自然也不敢任之过重。所以当时主持中枢的，都是些智识不足、软弱无力，甚至毫无所知之人。士大夫的风气，在清时本是近于阘茸而好利的。湘军的中坚人物，　时曾以坚贞任事的精神为倡。然少数人的提倡，挽回不过积重的风气来，所以大乱平定未久，而此种精神，即已迅速堕落。官方士习，败坏如故。在同、光之世，曾产生一批所谓清流，喜唱高调，而于事实茫无所知，几于又蹈宋、明人的覆辙。幸而当时的情势，不容这一种人物发荣滋长，法、越之役，其人有身当其冲而失败的，遂亦销声匿迹了，而士大夫仍成为一奄奄无气的社会。政府和士大夫阶级，其不振既如此，而宫廷之间，又发生了变故。清穆宗虽系孝钦后所生，顾与孝钦不协。立后之时，孝贞、孝钦，各有所主。穆宗顺从了孝贞的意思。孝钦大怒，禁其与后同居。穆宗郁郁，遂为微行，致疾而死。醇亲王奕譞之妻，为孝钦后之妹，孝钦因违众议立其子载湉，是为德宗。年方四岁，两宫再临朝。后孝贞后忽无故而死，孝钦后益无忌惮。宠任宦官，骄淫奢侈，卖官鬻爵，无所不为。德宗亲政之后，颇有意于振作，而为孝钦所扼，母子之间，嫌隙日深，就伏下戊戌政变的根源了。

内政的陵夷如此，外交的情势顾日急。中国历代所谓藩属，本来不过是一个空名，实际上得不到什么利益的。所以论政之家，多以疲民力、勤远略为戒。但到西力东侵以来，情形却不同了。所谓藩属，都是屏蔽于国境之外的，倘使能够保存，敌国的疆域，即不和我国直接，自然无所肆其侵略。所以历来仅有空名的藩属，到这时候，倒确有藩卫的作用了。但以中国外交上的习惯和国家的实力，这时候，如何说得上保存藩属？于是到19世纪，而朝贡于中国之国，遂悉为列强所吞噬。我们现在先从西面说起：哈萨克和布鲁特，都于公元1840年顷，降伏于俄。布哈尔、基华，以1873年，沦为俄国的保护国。浩罕以1876年为俄所灭。巴达克山以1877年受英保护。乾竺特名为两属，实际上我亦无权过问。于是自葱岭以西朝贡之国尽了。其西南，则哲孟雄，当英法联军入北京之年，英人即在其境内获得铁路敷设权。缅甸更早在1826和1851年和英人启衅战败，先后割让阿萨密、阿剌干、地那悉林及白古，沿海菁华之地都尽。安南旧阮失国后，曾介教士乞援于法。后来乘新阮之衰，借暹罗之助复国，仍受封于中国，改号为越南。当越南复国时，法国其实并没给与多大的助力。然法人的势力，却自此而侵入，交涉屡有葛藤。至1874年，法人遂和越南立约，认其为自主之国。我国虽不承认，法国亦置诸不理。甚至新兴的日本，亦于1879年将自明清以来受册封于中国的琉球灭掉。重大的交涉，在西北，则有1881年的《伊犁条约》。当回乱时，伊犁为俄国所据，中国向其交涉，俄人说：不过代中国保守，事定即行交还的。及是，中国派了一个昏聩糊涂的崇厚去，只收回了一个伊犁城，土地割弃既多，别种权利，丧失尤巨。中国将崇厚治罪，改派了曾纪泽，才算把地界多收回了些，别种条件，亦略有改正。然新疆全境，都准无税通商；肃州、吐鲁番，亦准设立领事；西北的门户，自此洞开了。在西南，则英国屡求派员自印度经云南入西藏探测，中国不能拒，许之。1857年，英人自印度实行派员入滇，其公使又遣其参赞，自上海至云南迎接。至腾越，为野人所杀。其从印度来的人员，亦被人持械击阻。这件事，云贵总督岑毓英，实有指使的嫌疑，几至酿成重大的交涉。次年，乃在芝罘订立条约：允许滇、缅通商，并开宜昌、芜湖、温州、北海为商埠。许英国派员驻扎重庆，察看商务情形，俟轮船能开抵时，再议开埠事宜。此为西人势力侵入西南之始。至1882年，而法、越的战事起。我兵初自云南、广西入越的都不利，海军亦败于福州。然后来冯子材有镇南关之捷，乘势恢复谅山。法人是时的情形，亦未能以全力作战，实为我国在外交上可以坚持的一个机会，但亦未能充分利用。其结果，于1885年，订立条约，承认法国并越，并许在边界上开放两处通商。后订开龙州、蒙自、蛮耗。1895年之约，又订以河口代蛮耗，增开思茅。英人乘机，于1885年灭缅甸，中国亦只得于其明年立约承认。先是《芝罘条约》中，仍有许英人派员入藏的条款，至是，中国乘机于《缅约》中将此款取消。然及1888年，英、藏又在哲孟雄境内冲突，至1890年，中国和英人订立《藏印条约》，遂承认哲孟雄归英保护。1893年，续议条约，复订开亚东关为商埠，而藏人不肯履行，又伏下将来的祸根。

对外交涉的历次失败，至1894年中、日之战而达于极点。中、日两国，同立国于东方，在历史上的关系，极为深切，当西力东侵之际，本有合作御侮的可能。但这时候，中国人对外情太觉隔阂，一切都不免以猜疑的态度出之，而日方则褊狭性成，专务侵略，自始即不希望和中国合作。中、日的订立条约，事在1871年。领判权彼此皆有。进口货物，按照海关税则完纳，税则未定的，则值百抽五，亦彼此所同。内地通商，则明定禁止。在中国当日，未始不想借此为基本，树立一改良条约之基，然未能将此意开诚布公，和日本说明。日本则本不想和中国合作，而自始即打侵略的主意，于是心怀不忿。至1874年，因台湾生番杀害日本漂流的人民，径自派兵前往攻击。1879年，又灭琉球。交涉屡有葛藤，而其时期朝鲜适衰微不振，遂为日本踏上大陆的第一步，成为中、日两国权利冲突的焦点。1894年，日人预备充足，蓄意挑衅，卒至以兵戎相见。我国战败之后，于其明年，订立《马关条约》。除承认朝鲜自主外，又割台湾和辽东半岛，赔款至二万万两。改订通商条约，悉以中国和泰西各国所定的约章为准，而开辟沙市、重庆、苏州、杭州为商埠，日人得在通商口岸从事于制造，则又是泰西各国所求之历年，而中国不肯允许的。此约既定之后，俄国联合德、法，加以干涉，日人乃加索赔款三千万两，而将辽东还我。因此而引起1896年的《中俄密约》，中国许俄国将西伯利亚铁路经过黑、吉两省而达到海参崴。当时传闻，俄国还有租借胶州湾的密约，于是引起德国的强占胶州湾而迫我立九十九年租借之约，并获得建造胶济铁路之权。俄人因此而租借旅、大，并许其将东省铁路展筑一支线。英人则租借威海卫，法人又租借广州湾。我国沿海业经经营的军港，就都被占据了。其在西南：则法国因干涉还辽之事，向我要索报酬。于1895年订立《续议界务商务专条》，云南、两广开矿时，许先和法人商办。越南已成或拟设的铁路，得接至中国境内。并将前此允许英国不割让他国的孟连、江洪的土地，割去一部分。于是英国再向我国要求，于1897年，订立《中缅条约附款》。云南铁路允与缅甸连接，而开放三水、梧州和江根墟。外人的势力，侵入西南益深了。又自俄、德两国，在我国获得铁路敷设权以来，各国亦遂互相争夺。俄人初借比国人出面，获得芦汉铁路的敷设权。英人因此要求津镇、河南到山东、九广、浦信、苏杭甬诸路。俄国则要求山海关以北铁路，由其承造。英国又捷足先得，和中国订定了承造牛庄至北京铁路的合同。英、俄旋自相协议，英认长城以北的铁路归俄承造，俄人则承认长江流域的铁路归英承造。英、德又自行商议，英认山西及白山西展筑一路至江域外，黄河流域的铁路归德，德认长江流域的铁路归英。凡铁路所至之处，开矿之权利亦随之。各国遂沿用分割非洲时的手段，指我国之某处，为属于某国的势力范围，而要求我以条约或宣言，承认其地不得割让给别国。于是瓜分之论，盛极一时，而我国人亦于其时警醒了。

第五十三章 清朝的覆亡

自西力东侵，而中国人遭遇到旷古未有的变局。值旷古未有的变局，自必有非常的手段，然后足以应付之，此等手段，自非本来执掌政权的阶级所有，然则新机从何处发生呢？其（一）起自中等阶级，以旧有的文化为根柢的，是为戊戌维新。其（二）以流传于下级社会中固有的革命思想为渊源，采取西洋文化，而建立成一种方案的，则为辛亥革命。戊戌变法，康有为是其原动力。康有为的学问，是承袭清代经学家今文之学的余绪，而又融合佛学及宋、明理学而成的。（一）因为他能承受今文之学的“非常异义”，所以能和西洋的民主主义接近。（二）因为他能承受宋学家彻底改革的精神，所以他的论治，主于彻底改革，主张设治详密，反对向来“治天下不如安天下，安天下不如与天下安”的苟简放任政策。（三）主张以中坚阶级为政治的重心，则士大夫本该有以天下为己任的大志，有互相团结的精神。宋、明人的讲学颇有此种风概。入清以来，内鉴于讲学的流弊，外慑于异族的淫威，此等风气，久成过去了。康有为生当清代威力已衰，政令不复有力之时，到处都以讲学为事。他的门下，亦确有一班英多磊落之才。所以康有为的学问及行为，可以说是中国旧文化的复活。他当甲午战前，即已上书言事。到乙未之岁，中、日议和的时候，他又联合入京会试的举人，上书主张迁都续战，因陈变法自强之计。书未得达。和议成后，他立强学会于北京，想联合士大夫，共谋救国。会被封禁，其弟子梁启超走上海，主持《时务报》旬刊，畅论变法自强之义。此报一出，风行海内，而变法维新，遂成为一时的舆论。康有为又上书两次。德占胶州湾时，又入京陈救急之计。于是康有为共上书五次，只一次得达。德宗阅之，颇以为然。岁戊戌，即1898年，遂擢用有为等以谋变法。康有为的宗旨，在于大变和速变。大变所以谋全盘的改革，速变则所以应事机而振精神。他以为变法的阻力，都是由于有权力的大臣，欲固其禄位之私，于是劝德宗勿去旧衙门，但设新差使。他以为如此即可减少阻力。但阻碍变法的，固非尽出于保存禄位之私；即以保存禄位论，权已去，利亦终不可保，此固不足以安其心。何况德宗和孝钦后素有嫌隙，德宗又向来无权？于是有戊戌的政变。政变以后，德宗被幽，有为走海外，立保皇党，以推翻孝钦后，扶德宗亲政相号召。然无拳无勇，复何能为？而孝钦后以欲捕康、梁不得；欲废德宗，又为公使所反对，迁怒及于外人。其时孝钦后立端郡王载漪之子溥儁为大阿哥，载漪因急欲其子正位，宗戚中亦有附和其事，冀立拥戴之功的。而极陈旧的，“只要中国人齐心，即可将外国人尽行逐去，回复到闭关时代之旧”的思想，尚未尽去。加以下层社会中人，身受教案切肤之痛，益以洋人之强惟在枪炮，而神力可以御枪炮之说，遂至酿成1900年间义和团之乱。亲贵及顽固大臣，因欲加以利用，乃有纵容其在京、津间杀教士，焚教堂，拆铁路，倒电杆，见新物则毁，见用洋货的人则杀的怪剧。并伪造外人的要求条件，以恐吓孝钦后，而迫其与各国同时宣战。意欲于乱中取利，废德宗而立溥儁。其结果，八国联军入京城，德宗及孝钦后走西安。1901年的和约，赔款至四百五十兆。京城通至海口路上的炮台，尽行拆去。且许各国于其通路上驻兵。又划定使馆区域，许其自行治理、防守。权利之丧失既多，体面亦可谓丧失净尽了。是时东南诸督抚，和上海各领事订立互保之约，不奉北京的伪令。虽得将战祸范围缩小，然中央的命令，自此更不行于地方了。而黑龙江将军又贸然向俄人启衅，致东三省尽为俄人所占。各国与中国议和时，俄人说东三省系特别事件，不肯并入和约之中讨论，幸保完整的土地，仍有不免于破碎之势。庚子一役闯出的大祸如此。而孝钦后自回銮以后，排外变而为媚外；前此之力阻变革者，至此则变为貌行新政，以敷衍国民。宫廷之中，骄奢淫逸，朝廷之上，昏庸泄沓如故。满清政府至此，遂无可维持，而中国国民，乃不得不自起而谋政治的解决。

19世纪之末，瓜分之论，盛极一时，已见上章。1899年，美国国务卿海约翰氏（John Hay）乃通牒英、俄、法、德、意、日六国，提出门户开放主义。其内容为：一、各国对于中国所获得的利益范围或租借地域，或他项既得权利，彼此不相干涉。二、各国范围内各港，对他国入港商品，都遵守中国现行海关税率，课税由中国征收。三、各国范围内各港，对他国船舶所课入口税，不得较其本国船舶为高，铁路运费亦然。这无非要保全其在条约上既得的权利。既要保全条约上的权利，自然要连带而及于领土保全，因为领土设或变更，既成的条约，在该被变更的领土上，自然无效了。六国都覆牒承认。然在此时，俄国实为侵略者，逮东三省被占而均势之局寝破。此时英国方有事于南非，无暇顾及东方，乃和德国订约，申明门户开放、领土保全之旨。各国都无异议。惟俄人主张其适用限于英、德的势力范围。英国力持反对。德国和东方关系究竟较浅，就承认俄国人的主张了。于是英国觉得在东方要和俄国相抗，非有更强力的外援不可，乃有1902年的英、日同盟。俄国亦联合法国，发表宣言，说如因第三国的侵略或中国的扰乱，两国利益受到侵害时，应当协力防卫。这时候，日本对于我国东北的利害，自然最为关切，然尚未敢贸然与俄国开战，乃有满、韩交换之论。大体上，日本承认俄国在东三省的权利，而俄人承认日本在韩国的权利。而俄人此时甚骄，并此尚不肯承认，其结果，乃有1904年的日俄战争。俄国战败，在美国的朴资茅斯，订立和约。俄人放弃在韩国的权利，割库页岛北纬五十度以南之地与日。除租借地外，两国在东三省的军队都撤退，将其地交还中国。在中国承认的条件之下，将旅顺、大连湾转租与日，并将东省铁路支线，自长春以下，让给日本。清廷如何能不承认？乃和日本订立《会议东三省事宜协议》，除承认《朴资茅斯条约》中有关中国的款项外，并在三省开放商埠多处。军用的安奉铁路，许日人改为商用铁路。且许合资开采鸭绿江左岸材木。于是东北交涉的葛藤，纷纷继起，侵略者的资格，在此而不在彼了。当日俄战争时，英国乘机派兵入藏，达赖出奔。英人和班禅立约，开江孜、噶大克为商埠。非经英国许可，西藏的土地不得租、卖给外国人。铁路、道路、电线、矿产不得许给外国或外国人。一切入款、银钱、货物，不得抵押给外国或外国人。一切事情，都不受外国干涉，亦不许外国派官驻扎和驻兵。中国得报大惊，然与英人交涉无效，不得已，乃于1906年，订立《英藏续约》，承认《英藏条约》为附约，但声明所谓外国或外国人者，不包括中国或中国人在内而止。在东北方面，中国拟借英款敷设新法铁路，日人指为南满铁路的平行线，东省铁路支线，俄人让给日本的，日人改其名为南满路。中国不得已作罢，但要求建造锦齐铁路时，日不反对。中国因欲借英、美的款项，将锦齐铁路延长至瑷珲。日人又唆使俄人出而反抗，于是美国人有满洲铁路中立的提议。其办法：系由各国共同借款给中国，由中国将东三省铁路赎回。在借款未还清前，由各国共同管理，禁止政治上、军事上的使用。议既出，日、俄两国均提出抗议。这时候，因英、美两国欲伸张势力于东北而无所成，其结果反促成日、俄的联合。两国因此订立协约，声明维持满洲现状，现状被迫时，彼此互相商议。据说此约别有密约，俄国承认日本并韩，而日本承认俄国在蒙、新方面的行动。此约立于1910年。果然，日本于其年即并韩，而俄人对蒙、新方面，亦于其明年提出强硬的要求，且用哀的美敦书迫胁中国承认了。

外力的冯凌，实为清季国民最关心的事项。清朝对于疆土的侵削，权利的丧失，既皆熟视而无可如何，且有许多自作孽的事情，以引进外力的深入。国民对于清政府，遂更无希望，且觉难于容忍。在庚子以前，还希冀清朝变法图强的，至庚子以后，则更无此念，激烈的主张革命，平和的也主张立宪，所要改革的，不是政务而是政体了。革命的领导者孙中山先生，是生于中国的南部，能承袭明季以来的民族革命思想，且能接受西方的民治主义的。他当1885年，即已决定颠覆清朝，创建民国。1892年在澳门立兴中会。其后漫游欧、美，复决定兼采民生主义，而三民主义，于是完成。自1892年以来，孙中山屡举革命之帜。其时所利用的武力，主要的为会党，次之则想运动防军。然防军思想多腐败，会党的思想和组织力，亦嫌其不足用，是以屡举而无成。自戊戌政变以后，新机大启，中国人士赴外国留学者渐多，以地近费省之故，到日本去的尤多。以对朝政的失望，革命、立宪之论，盛极一时。1905年，中山先生乃赴日本，将兴中会改组为同盟会。革命团体至此，始有中流以上的人士参加。中山先生说："我至此，才希望革命之事，可以及身见其有成。"中流以上的人士，直接行动的能力，虽似不如下流社会，然因其素居领导的地位，在宣传方面的力量，却和下流社会中人，相去不可以道里计，革命的思潮，不久就弥漫全国了。素主保皇的康有为，在此时，则仍主张君主立宪。其弟子梁启超，是历年办报，在言论界最有权威的。初主革命，后亦改从其师的主张，在所办的《新民丛报》内，发挥其意见，和同盟会所出的《民报》，互相辩论，于是立宪、革命成为政治上的两大潮流。因对于清朝的失望，即内外臣工中，亦有主张立宪的。日俄战争而后，利用日以立宪而胜，俄以专制而败为口实，其议论一时尤盛。清朝这时候，自己是并无主张的。于是于1906年下诏预备立宪。俟数年后，察看情形，以定实行的期限。人民仍不满足。1908年，下诏定实行立宪之期为九年。这一年冬天，德宗和孝钦后相继而死。德宗弟醇亲王载沣之子溥仪立。年幼，载沣摄政，性甚昏庸。其弟载洵、载涛则恣意妄为。居政府首席的庆亲王奕劻，则老耄而好贿，政局更形黑暗。人民屡请即行立宪，不许。1910年，号称为国会预备的资政院，亦以为请，乃勉许缩短期限，于三年后设立国会。然以当时的政局，眼见得即使召集国会，亦无改善的希望，人民仍觉得灰心短气。而又因铁路国有问题，和人民大起冲突。此时的新军，其知识已非旧时军队之比；其纪律和战斗力自亦远较会党为强。因革命党人的热心运动，多有赞成革命的。1911年10月10日，即旧历辛亥八月十九日，革命军起事于武昌。清朝本无与立，在无事时，亲贵虽欲专权，至危急时，仍不得不起用袁世凯。袁世凯亦非有诚意扶持清朝的，清人力尽势穷，遂不得不于其明年即中华民国元年二月十二日退位。沦陷了二百六十八年的中华，至此光复；且将数千年来的君主专制政体，一举而加以颠覆。自五口通商，我国民感觉时局的严重，奋起而图改革，至此不过七十年，而有如此的大成就，其成功，亦不可谓之不速了。

第五十四章 革命途中的中国

语云："大器晚成"，一人尚然，而况一国？中华民国的建立，虽已三十年，然至今仍在革命的途中，亦无怪其然了。策励将来，端在检讨以往，我现在，且把这三十年来的经过，述其大略如下：

民国的成立，虽说是由于人心的效顺，然以数千年来专制的积重，说真能一朝涤除净尽，自然是无此理的。大约当时最易为大众所了解的，是民族革命，所以清朝立见颠覆。而袁世凯则仍有运用阴谋，图遂其个人野心的余地。民党当日亦知道袁世凯之不足信，但为避免战祸，且急图推翻清朝起见，遂亦暂时加以利用。孙中山先生辞临时大总统之职，推荐袁世凯于参议院。于是袁世凯被举为临时大总统。民党因南方的空气较为清新，要其到南京来就职。袁世凯自然不肯来，乃唆使京、津、保定的兵哗变。民党乃只得听其在北京就职。此时同盟会已改组为国民党，自秘密的革命团体变成公开的政党。孙中山先生知道政局暂难措手，主张国民党退居在野的地位，而自己则专办实业。然是时的国民党员不能服从党纪，不听。二年四月八日，国会既开，国民党议员乃欲藉国会和内阁的权力，从法律上来限制袁氏。这如何会有效？酝酿复酝酿，到底有二年七月间的二次革命。二次革命失败后，孙中山先生在海外组织中华革命党。鉴于前此以纪律不严而败，所以此次以服从党魁为重要的条件。然一时亦未能为有效的活动。而袁氏在国内，则从解散国民党，进而停止国会议员的职务，又解散省议会，停办地方自治，召开约法会议，擅将宪法未成以前的根本大法《临时约法》修改为《中华民国约法》，世称为《新约法》，而称《临时约法》为《旧约法》。又立参议院，令其代行立法权。共和政体，不绝如缕。至四年底，卒有伪造民意帝制自为之举。于是护国军起于云南。贵州、两广、浙江、四川、湖南，先后响应。山东、陕西境内，亦有反对帝制的军队。袁氏派兵攻击，因人心不顺，无效，而外交方面又不顺利，乃于五年三月间下令将帝制取消，商请南方停战。南方要求袁氏退位，奉副总统黎元洪为大总统。事势陷于僵持。未久，袁氏逝世，黎氏代行职权，恢复《临时约法》和国会，问题乃得自然解决。然为大局之梗者，实并非袁氏一人。袁氏虽非忠贞，然当其未至溃败决裂时，北洋系军人，究尚有一个首领。到袁氏身败名裂之后，野心军人就更想乘机弄权。当南方要求袁氏退位而袁氏不肯时，江苏将军就主张联合未独立各省，公议办法。通电说："四省若违众论，固当视同公敌；政府若有异议，亦当一致争持"，这已经不成话了。后来他们又组织了一个各省区联合会，更形成了一种非法的势力。六年二月，因德国宣布无限制潜艇战争，我国与德绝交。国务总理段祺瑞进而谋对德参战。议案被国会搁置。各省、区督军、都统，遂分呈总统和国务总理，藉口反对宪法草案，要求解散国会。黎总统旋免段祺瑞之职。安徽遂首先宣告和中央脱离关系。直隶、山东、山西、河南、陕西、奉天、黑龙江、浙江、福建等省继之。在天津设立军务总参谋处。通电说："出兵各省，意在另订根本大法，设立临时政府和临时议会"，这更显然是谋叛了。黎总统无可如何，召安徽督军张勋进京共商国是。张勋至天津，迫胁黎总统解散国会而后入。七月一日，竟挟废帝溥仪在京复辟。黎总统走使馆，令副总统冯国璋代行职权，以段祺瑞为国务总理。祺瑞誓师马厂，十二日，克复京城。张勋所扶翼的清朝亡。流了无量数有名无名的先烈的血，然后造成的中华民国，因军人、政客私意的交争，而几至于倾覆，论理，同为中华民国的人民，应该可以悔过了。然而社会现象，哪有如此简单？北方的军人、政客，仍不能和南方合作。乃藉口于复辟之时，中华民国业经中断，可仿民国元年之例，重行召集参议院，不知当复辟的十一天中，所谓溥仪者，号令只行于一城；我们即使退一百步，承认当时督军团中的督军，可以受令于溥仪，而西南诸省固自在，中华民国，何尝一日中断来？然而这句话何从向当时的政客说起？于是云南、两广，当国会解散时，宣布径行禀承元首，不受非法内阁干涉的，仍不能和北方合作。国会开非常会议于广州，议决《军政府组织大纲》，在《临时约法》未恢复前，以大元帅任行政权，对外代表中华民国，举孙中山为大元帅。后又改为总裁制，以政务总裁七人，组织政务会议，由各部长所组织之政务院赞襄之，以行使军政府之行政权。北方则召集参政院，修改选举法，另行召集新国会，举徐世昌为总统，于七年十月十日就职。中华民国遂成南北分裂之局。而南北的内部，尚不免于战争。九年七月，北方的吴佩孚，自衡阳撤防回直隶，和段祺瑞所统率的定国军作战。定国军败，段氏退职，是为皖、直之战。南方亦因心力不齐，总裁中如孙中山等均离粤。是年十月，以粤军而驻扎于福建漳州的陈炯明回粤，政务总裁岑春煊等宣布取消自主。徐世昌据之，下令接收，孙中山等通电否认，回粤再开政务会议。十年四月，国会再开非常会议，选举孙中山为大总统，于五月五日就职，陈炯明遂进兵平定广西。

是时北方：曹锟为直、鲁、豫巡阅使，吴佩孚为副。王占元为两湖巡阅使，张作霖为东三省巡阅使，兼蒙疆经略使。湖南军队进攻湖北，王占元败走。旋为吴佩孚所败，进陷岳州，川军东下，亦为佩孚所败。十一年四五月间，奉军在近畿和直军冲突，奉军败退出关。孙中山本在广西筹备北伐。是年四月间，将大本营移至韶关。陈炯明走惠州。五月，北伐军入江西。六月，徐世昌辞职。曹锟等电黎元洪请复位。元洪复电，要求各巡阅使、督军先释兵柄，旋复许先行入都。撤销六年六月解散国会之令，国会再开。孙中山宣言：直系诸将，应将所部半数，先行改为工兵，余则留待与全国军队同时以次改编，方能饬所部罢兵。未几，广西粤军回粤，围攻总统府。孙中山走上海。岁杪，滇、桂军在粤的及粤军的一部分讨陈，陈炯明再走惠州。十二年二月，孙中山乃再回广州，以大元帅的名义主持政务。然滇、桂军并不肯进取东江，在广东方面的军事，遂成相持之局。此时北方各督军中，惟浙江卢永祥通电说，冯国璋代理的期限既满就是黎元洪法定的任期告终，不肯承认黎元洪之复职为合法。东三省则自奉、直战后，即由三省省议会公举张作霖为联省自治保安总司令，而以吉、黑两省督军为之副，不奉北京的命令。其余则悉集于直系旗帜之下。南方如陈炯明及四川省内的军人，亦多与之相结的。直系的势力，可谓如日中天，而祸患即起于其本身。十二年六月间，北京军、警围总统府索饷，黎元洪走天津，旋走南方。至十月，曹锟遂以贿选为大总统，于十月就职，同时公布宪法。浙江宣布与北京断绝关系，云南及东三省皆通电讨曹，然亦未能出兵。十三年九月，江、浙战起，奉、直之战继之，直系孙传芳自福建入浙，卢永祥败走。北方则冯玉祥自古北口回军，自称国民第一军。胡景翼、孙岳应之，称国民第二、第三军。吴佩孚方与张作霖相持于山海关，因后路被截，浮海溯江，南走湖北。奉军入关，张作霖与冯玉祥相会，共推段祺瑞为临时执政，段祺瑞邀孙中山入京，共商国是。孙中山主开国民会议，解决国是。段祺瑞不能用。段祺瑞亦主开善后会议，先解决时局纠纷，再开国民代表会议，解决根本问题。孙中山以其所谓会议者，人民团体无一得与，诫国民党员勿得加入。于是会商仍无结果。是年三月十二日，孙中山先生卒于北京。

是时北方张作霖为东北边防督办，冯玉祥为西北边防督办。胡景翼督办河南军务善后事宜，孙岳为省长。后胡景翼卒，孙岳改为督办陕西军务事宜。卢永祥为苏、皖、赣宣抚使，以奉军南下，齐燮元走海外。直隶李景林、山东张宗昌、江苏杨宇霆、安徽姜登选，均属奉系人物。直系残余势力，惟萧耀南仍踞湖北，孙传芳仍据浙江，吴佩孚亦仍居鸡公山。十四年十月，孙传芳入江苏。杨宇霆、姜登选皆退走。孙军北上至徐州。十一月，吴佩孚亦起于汉口。奉军驻扎关内的郭松龄出关攻张作霖，以为日本人所阻，败死。冯玉祥攻李景林，李景林走济南，与张宗昌合。吴佩孚初称讨奉，后又与张作霖合攻冯玉祥，冯军撤退西北。段祺瑞出走。北方遂无复首领。大局的奠定，不得不有望于南方的北伐。

先是孙中山以八年十月，改中华革命党为中国国民党。十二年十一月，又加改组。十三年一月十二日，始开全国代表大会于广州，将大元帅府改组为国民政府。十四年四月，国民政府平东江。还军平定滇、桂军之叛。广西亦来附。改组政府为委员制。十五年一月，开全国代表第二次大会。六月，中央执行委员会召集临时会，通过迅速北伐案。七月，克长沙。九月，下汉阳、汉口，围武昌，至十月而下。十一月，平江西。冯玉祥之国民军，亦以是月入陕，十二月，达潼关。东江之国民军，先以十月入福建。明年，国民军之在湖南者北入河南，与冯玉祥之军合。在福建者入浙江。在江西者分江左、江右两军，沿江而下，合浙江之兵克南京。旋因清党事起，宁、汉分裂，至七月间乃复合作。明年，一月，再北伐。至五月入济南，而五三惨案作。国民军绕道德州北伐。张作霖于六月三日出关，四日，至皇姑屯，遇炸死。其子张学良继任。至十二月九日，通电服从国民政府，而统一之业告成。

中国革命前途重要的问题，毕竟不在对内而在对外。军阀的跋扈，看似扰乱了中国好几十年，然这一班并无大略，至少是思想落伍，不识现代潮流的人，在今日的情势之下，复何能为？他们的难于措置，至少是有些外交上的因素牵涉在内的。而在今日，国内既无问题之后，对外的难关，仍成为我们生死存亡的大问题。所以中国既处于今日之世界，非努力打退侵略的恶势力，决无可以自存之理。外交上最大的压力，来自东北方。当前清末年，曾向英、美、德、法四国借款，以改革币制及振兴东三省的实业，以新课盐税和东三省的烟酒、生产、消费税为抵。因革命军起，事未有成。至民国时代，四国银行团加入日、俄，变为六国，旋美国又退出，变为五国，所借的款项，则变为善后大借款，这是最可痛心的事。至欧战起，乃有日本和英国合兵攻下胶州湾之举。日本因此而提出五号二十一条的要求。其后复因胶济沿路的撤兵，和青岛及潍县、济南日人所施民政的撤废，而有《济顺高徐借款预备契约》及胶济铁路日方归中、日合办的照会，由于复文有“欣然同意”字样，致伏巴黎和会失败之根。其后虽有华盛顿会议的《九国公约》，列举四原则，其第一条，即为尊重中国的主权独立和领土及行政的完整，然迄今未获实现。自欧战以后，与德、奥、俄所订的条约，均为平等。国民政府成立以来，努力于外交的改进。废除不平等条约，已定有办法。关税业已自主。取消领事裁判权，亦已有实行之期，租借地威海卫已交还。租界亦有交还的。然在今日情势之下，此等又都成为微末的问题。我们当前的大问题，若能得到解决，则这些都不成问题；在大问题还没解决之前，这些又都无从说起了。在经济上，我们非解除外力的压迫，更无生息的余地，资源虽富，怕我们更无余沥可沾。在文化上，我们非解除外力的压迫，亦断无自由发展的余地，甚至当前的意见，亦非此无以调和。总之：我们今日一切问题，都在于对外而不在于对内。

我们现在，所处的境界，诚极沉闷，却不可无一百二十分的自信心。岂有数万万的大族，数千年的大国、古国，而没有前途之理？悲观主义者流：“君歌且休听我歌，我歌今与君殊科。”我请诵近代大史学家梁任公先生所译英国大文豪拜伦的诗，以结吾书。

希腊啊！你本是平和时代的爱娇，你本是战争时代的天骄。撒芷波，歌声高，女诗人，热情好。更有那德罗士、菲波士荣光常照。此地是艺文旧垒，技术中潮。祇今在否？算除却太阳光线，万般没了。

马拉顿前啊！山容缥缈。马拉顿后啊！海门环绕。如此好河山，也应有自由回照。我向那波斯军墓门凭眺。难道我为奴为隶，今生便了？不信我为奴为隶，今生便了。

卅·九·一八于孤岛